THE GLORY AND THE

DREAM

A Narrative
History of America,

1932-1972

光荣与梦想

1932~1972年美国叙事史

[美] 威廉·曼彻斯特◎著

四川外国语大学翻译学院翻译组◎译

李龙泉 祝朝伟◎校译

William Manchester

1 1932~1941

中信出版集团 · CHINACITICPRESS · 北京

图书在版编目（CIP）数据

光荣与梦想 1 / （美）曼彻斯特著；四川外国语大学翻译学院翻译组译；李龙泉，祝朝伟校译.
—北京：中信出版社，2015.3（2025.12重印）
书名原文：The Glory and the Dream: A Narrative History of America, 1932-1972
ISBN 978-7-5086-4995-5
I. 光… II. ①曼… ②四… ③李… ④祝… III. 美国－现代史－1932~1941 IV. K712.5
中国版本图书馆CIP数据核字（2015）第303264号

光荣与梦想 1

著　　者：[美] 威廉・曼彻斯特
译　　者：四川外国语大学翻译学院翻译组
校　　译：李龙泉　祝朝伟
策划推广：中信出版社（China CITIC Press）
出版发行：中信出版集团股份有限公司
（北京市朝阳区东三环北路27号嘉铭中心　邮编　100020）

承 印 者：北京通州皇家印刷厂

开　　本：880mm×1230mm　1/32　　印　　张：11.75　　字　　数：308千字
版　　次：2015年3月第1版　　印　　次：2025年12月第50次印刷
京权图字：01－2012－9129
书　　号：ISBN 978-7-5086-4995-5 / K・427
定　　价：48.00元

服务热线：010-84849555　　服务传真：010-84849000
投稿邮箱：author@citicpub.com

献给劳芮 · 曼彻斯特

以及她的未来

William Manchester

那如幻的灵光逃到哪儿去了?

那光荣与梦想，如今到哪儿去了?

——威廉·华兹华斯

THE GLORY AND THE DREAM
A Narrative History of America, 1932-1972

目 录

序曲

谷底

1932 年夏，空气中弥漫着令人绝望的气息，美国华盛顿特区恰似欧洲小国四面楚歌的首府。5 月以来，已经有 25 000 多名身无分文的“一战”退伍军人带着妻儿在街区公园、垃圾场、废弃的仓库和歇业的商店安营扎寨。军人们不时操练，唱战歌，也曾在 10 万名华盛顿市民的沉默注视下，由一位荣誉勋章得主带领，高举褪色的棉布制国旗在宾夕法尼亚大道上游行。然而，大多数时候，他们只是默默等待、愁眉不展。他们一直在请求政府施以援手，从“大萧条”时期开始计算，这已经是第三年年末了，他们格外希望能立即得到退伍军人“补偿金”（这一补偿金是 1924 年《服役证明修正法》中规定的，但是要等到 1945 年才发放）。如果现在兑现，他们每人可以拿到约 500

美元。报刊编辑们将他们称为“补偿金军队”、“补偿金游行队”，他们则自称 “补偿金远征军”。

远征军成员曾希望国会能提供帮助，最终却是徒劳。现在他们只能向胡佛总统求助，乞求总统接见他们的领袖代表团。然而，总统传话说他太忙，接着就与外界隔离了：总统参观参议院的计划被取消，白宫周边地区日夜有警察巡逻。这是自停战以来，总统官邸的门第一次被锁上，《纽约每日新闻》报的标题是“胡佛自锁白宫”。胡佛甚至设立路障，白宫周边一个街区以内实施交通管制。一位断臂老兵试图穿过警戒线，却在被毒打了一顿之后关进了监狱。

现在回想起来，政府的反应过度似乎是出于恐惧和挫败感。远征军成员手无寸铁，激进分子被驱逐，尽管已经饥肠辘辘，但仍然没有当街乞讨。他们势单力薄，不足以构成任何威胁。《巴尔的摩太阳报》的一位记者——34 岁的德鲁 · 皮尔森，形容他们“衣衫褴褛，精疲力竭，精神萎靡，毫无神采”。连续数日的静坐示威已经让他们有些坚持不住了。一位卫生部巡视员称退伍军人住地的卫生条件“极其恶劣”。在很大程度上，临时搭建的军资供应处只能靠捐助维持：梅因市和新泽西州卡姆登市的朋友们给他们送来了几大卡车的食物；一位极为同情他们的面包店老板每天送来 100 个面包，另一位面包店老板送来 1 000 个馅饼；海外退伍军人协会捐了 500 美元；游行者们在格里菲斯体育场自行举办拳击比赛，又筹集到了 2 500 美元。一切都处于杂乱无章的状态。政府几乎什么都没有做（华盛顿的警察给这些不速之客提供面包、咖啡和炖菜，每人每天收取 6 美分，连这也引起了胡佛的强烈不满）。到 8 月中旬，酷热高温已逼近每年的气温最高值，越来越缺水，苦难加剧。

那时，英国外交部把华盛顿划归为亚热带气候。各国外交官们都恨透了华盛顿闷热潮湿的天气，除了市中心几家打着“清凉一夏”招牌的剧院，其余地方都没有空调。一到夏天，华盛顿就成为遍布遮阳篷、纱窗门廊、冰块手推车、夏季家具和凉席的城市，用官方指南的话来说，这里还是“研究昆虫的绝妙去处”。没有门帘和门廊，远征军暴晒在炙热的阳光下，他们的先头部队进入特区时，正是春光无限、春色满园之时。到了7月，盛开的玉兰花和杜鹃花已凋谢，樱桃树也变得光秃秃的，似乎连土地都毫无生气，远征军看起来就像生活在沙漠中一般。市中心的商户抱怨：“看到这么多萎靡不振的人，生意也不景气了。”的确，他们也仅能给国家带来这点儿威胁了。

然而，如果说远征军带来危险只是无中生有，那么在那个时代的国际舞台上，华盛顿地位低微且依赖欧洲则有根有据。那时世界上65个具有独立主权的国家中，只有一个超级大国：大英帝国。大英帝国占据地球上超过1/4的耕地面积——分布在欧洲、亚洲、非洲、美洲和大洋洲。阳光所到之处就有大英帝国的土地。大英帝国统治着4.85亿为其效忠的人民。如果你想说什么东西稳定，可以形容其“如直布罗陀的岩石般稳固”或“如英格兰银行般可靠”，当时美元与英镑4.86∶1的比值似乎是财政安全的基本准则。那时只有几个名不见经传的飞行员和一位被革职的美国将军——米切尔做着空军的白日梦。海军在那时极为受重视，实际上世界上没有一条航道可以不受英国的控制。直布罗陀海峡、苏伊士运河、亚丁湾、新加坡海峡和好望角都直接由英国海军部控制。马尔维纳斯群岛的英国海军站控制着麦哲伦海峡，连巴拿马运河都由英国皇家海军加勒比海舰队控制。结果，美国就如英国殖民地一般，完全处于英国皇家海军的控制之下。伦敦劳埃德保险公司针对美国入侵的危险提供了500倍的保险赔偿。

《财富》杂志向其读者们保证“无论船舶或飞机的速度有多快，大西洋和太平洋仍然并将永远是屏障”，该杂志认为，自美国有史料记载起，英国舰队已经称霸海洋。

华盛顿的想法也是如此，因为一个超级大国应有的地位、条件和大多数的抱负都是美国所欠缺的。夏季的华盛顿如沉睡的村庄，在其他季节就更无人问津。论城市面积，华盛顿在全美排名第 14，大部分国内重大问题的决策权都在金融中心纽约。只有需要联邦政府采取行动时，曼哈顿各大机构的律师们，如查尔斯 · 埃文斯 · 休斯、亨利 · L · 史汀生和伊莱休 · 鲁特，才会莅临华盛顿，为共和党人士出谋划策。柯立芝总统通常在午餐前就完成一天的工作。胡佛是在办公桌上安装电话的第一任总统，当时引起了不小的轰动。他还雇用了 5 名秘书（历届总统的秘书都没有超过一名），并通过传唤器系统传达命令。

美国国务院大楼所在地雾谷原来是一个黑人贫民区，现在的美国国防部（五角大楼）所在地曾经是农业实验站，因此也是典型的华盛顿辐射地带。《星期六晚邮报》指出：“靠近国家立法心脏地带的这一大片区域，其中很多仍然属于农场。”政府雇用的外事人员不到 2 000 人。令人奇怪的是，白宫对面那栋被数不清的栏杆、炮塔、圆柱门廊包围着的双重坡顶的大厦就是现在的行政办公楼，外表丑陋。当时国务卿、陆军部长、海军部长竟都挤在其中办公。实际上，1929 年的一场大火烧毁了总统椭圆形办公室后，总统和他的下属们就搬进了这栋大厦，并没有人感觉拥挤，自然更谈不上讲究排场。当时，后来军事武官和社交秘书所在的白宫东翼当时还没有修建，美国联邦特勤局还没有向公众封锁行政大楼西路，它还只是城市里一条普通的街道，平时离总统办公室掷石可及之处就可以停车。如果有人需要拜访国务卿，有时会在门口受到接见。在行政办公楼的同一层内，陆军参谋

长道格拉斯 · 麦克阿瑟与他唯一的副官只一门之隔。他需要帮忙时，只要喊一声“艾森豪威尔少校”，艾克（艾森豪威尔的昵称）就会急忙跑来。

《财富》杂志的一位作者（幸好是位匿名作者）曾描述这位将军“生性腼腆，不喜抛头露面”，这简直是无稽之谈。即使在当时，麦克阿瑟都会以第三人称称赞自己，边说话边点燃他那长长的烟嘴。他在身后放置了一面 15 英尺[①]高的红木框镜子，以使自己显得高大魁梧。正如艾森豪威尔后来回忆，当麦克阿瑟感到自己被怠慢时，就会“大发雷霆，说这个人追名逐利、没有礼貌、盲目判断、不讲信用、目中无人、违反宪法、麻木不仁，如今真是世风日下，等等”。这在当时也很正常，当时职业军人的日子很难熬，从下级军官升级到上校只能靠资历，而且在 20 世纪 30 年代初，从上尉升到少校，就要熬 22 年。除了数日历，无所事事。百无聊赖的生活几乎逼得艾森豪威尔解甲归田。那些年，他养成了阅读斯特里特–史密斯公司的低俗小说的习惯：《西部双枪骑士》、《西部故事》、《惊险西部》和《牛仔短篇小说》。在波多马克河彼岸的梅尔堡，总是可以看到小乔治 · 巴顿（1919 年就已升为少校）每星期三和星期六下午 4 点打马球。他经常驾驭自家的马参加赛马比赛，赢得了 400 条奖带和 200 座奖杯。那时他已因珍珠手柄的左轮手枪声名远播，但他仍然在追求更大的挑战——打猎、飞碟射击和飞行。和艾森豪威尔少校不一样，巴顿少校家底殷实。

要了解 40 年前美国多么目光短浅，也许没有比简单了解军队编制更形象直观的了。美国的兵力当时在世界上排名 16，位列捷克斯洛伐克[②]、土耳其、西班牙、罗马尼亚和波兰等国之后。美国仅有

① 1 英尺≈ 0.305 米。——编者注

② 1993 年 1 月 1 日，捷克斯洛伐克和平分裂为捷克和斯洛伐克。——编者注

132 069 名每月领取 17.85 美元军饷的士兵。理论上，他们可以勉强与南斯拉夫的军队（138 934 人）抗衡。但实际上，他们完全不是对手，因为麦克阿瑟的大部分官兵不是专注于文案工作，就是在毗邻墨西哥的边境巡逻或驻守在美国的各处海外属地。参谋长只留下 3 万兵力，这比 1776 年英王乔治派来镇压美国殖民地反叛军的兵力还少。

此外，陆军的质量也着实令人汗颜。当时的军费不到今天的 1/400，这么说来，也确实是一分钱，一分货。《财富》杂志称它为世界上“装备最差”的军队，大家也都默认了。一旦遭遇危机，麦克阿瑟只能派出 1 000 辆过时的坦克、1 509 架飞机（其中最快的时速不过 234 英里①），以及一个机械化步兵团（由骑兵带头，战马都套着芥子气防化护腿）。一位记者写道：美国军队给人的印象是“穿着松垮的制服，敞着怀，慵懒地扛着一支过时的步枪，在广袤的大地上没完没了地走来走去”。

麦克阿瑟是美国唯一一位四星上将（也没有三星上将）。作为参谋长，他年薪 10 400 美元，在梅尔堡有一处官邸，陆军唯一一辆豪华轿车供其专用。对麦克阿瑟的副官来说，他的地位似乎遥不可及。那时艾森豪威尔少校年俸 3 000 美元。因为他还兼任军队的国会说客，因此常去国会山。但麦克阿瑟从不把豪华轿车借给他，也不给他报销出租车费，因为华盛顿的任何部门都没有这一项支出。正如艾森豪威尔日后回忆道：当时他下楼穿过大厅，填写一份表格以换取两张电车乘车证，然后站在宾夕法尼亚大道边，等待从普莱森特山开来的电车。

通常不会等太久，因为华盛顿电车轨道交错，有将近 700 辆载客电车。除了冬天电车容易短路发生故障，其余时候它们都运转正常，

① 1 英里≈ 1.609 千米。——编者注

堵车是下一代人的事情了。如果开车上班（时速限22英里），可以把车停在办公楼前，停车位从不短缺。汽车种类繁多，包括帕卡德、斯塔德贝克、格雷厄姆、皮尔–箭、特拉–普雷恩和斯图茨等品牌的汽车。但以后来的企业标准来看，这些制造商只能算得上是小打小闹。

各阶层的人们，包括公务员，星期六上午都要上班。夏天，他们穿着应季的服装：白色亚麻或棉质套装、秸秆草帽或巴拿马草帽、软领衬衫和轻便内衣，但只有在最温暖的几个月才能这样穿，因为当时还没有中央供暖系统。1932年，华盛顿的五大日报充斥着各种社会动荡的消息，但没有一件是黑人引起的。虽然26%的华盛顿居民都是黑人（美国城市中的最高比例），但他们出奇一致地忍受着痛苦。官方指南提到，“皮肤黝黑的南部孩子”仅限于当用人和从事“手工劳动”。百货公司、电影院和政府自助餐厅都不接待黑人。黑人工人们在宾夕法尼亚大道上为新司法部大楼挖地基，只能自带午餐，否则就要挨饿。即使他们想要一杯水，也不得不步行到两英里外，在第7街上找一家肯接待他们的餐馆。霍华德大学是一所黑人大学，但校长是白人。当胡佛总统派金星奖章①得主的母亲们去法国时，黑人母亲只被分配坐次一等船的二等舱。《阿莫斯与安迪》是当时美国国内最流行的广播节目，每晚都会播放，内容关于种族歧视，由两名白人男子扮演黑人，用奇怪的腔调表演说唱。

黑人居住在华盛顿西南部的雾谷和整个乔治敦，那时尚未被猎奇爱好者们发现，可能也是因为城市别处风景如画。那时，华盛顿特区的绿化很好，人均享有6棵树。最具异国情调的街区是卡洛拉马高地和马萨诸塞大道。每个犹太人都知道，这些华丽的豪宅“禁止入内”，

① 金星奖章：美国阵亡将士奖章。——编者注

那时反犹太人不亚于歧视黑人；因为当时尚没有以色列这个国家，所以反犹太人甚至没有惊动外交界。现在位于马萨诸塞大道的使馆区，当时是在第16街，大使们穿着条纹裤和双排扣礼服，可以直接步行到白宫。他们在市中心漫步时，由于路面用鹅卵石铺就，他们不得不走得小心翼翼。大超市仅分布在加利福尼亚州，华盛顿则主要是小杂货店、大西洋和太平洋食品公司的红色门廊销售点、露天市场，或者是大马路上。大街上随处可以听到街头乞讨者的音乐演奏声、手推车小商贩的叫卖声，还有磨刀人的吆喝声，这是在招呼家庭主妇们拿出刀具来打磨。市中心，鲜花店和水果摊给街角带来缤纷的色彩；码头上，牡蛎市场热闹非凡。华盛顿特区市场位于宾夕法尼亚大道，即现在国家档案馆所在地。在K街农贸市场的繁荣盛景里，充斥着鱼贩的叫声和宰杀好的架上兔子的摇摆，马具店门前，伫立着一个与真马等身的木马。1932年的华盛顿仍然有上千匹拉活的马。K街的鹅卵石路上沾染了不少马的粪便。那些夹杂着大市场和街边摊的气味，很快就在伟大的柏油马路上消失了。

即使在“大萧条”时期，华盛顿的游客仍然络绎不绝，但他们并没有选择搭乘降落在华盛顿国家机场的航班（1970年每天有24 000名乘客在该机场出入境），当时这个机场所在地还在波多马克河域下静静地躺着。航空旅行十分罕见，劳动力市场供过于求，航空公司要求每位空姐都是注册护士，但客机通常只是福特三引擎飞机，不能在夜间或恶劣天气情况下飞行。当时也没有横跨全国的航班，客机的平均速度为每小时155英里。一名男子花了18个小时通过转机横跨全美，他的照片被刊登在了各大报纸上。尽管华盛顿当时有一个胡佛机场，位于弗吉尼亚州一侧，现在的第14街桥（当时叫公路大桥）所在地，每天只有250人次。绝大多数旅客（每年有1 100万人）会到达联合车站。蒸汽机的巅峰统治已经接近尾声，20 000 辆火车轰鸣着穿过村庄（1970 年时还不到 300 辆），这悠长的哀鸣声唤醒了举国上下那些躁动的年轻人，包括正在康涅狄格州沃灵福德镇的乔特学校上学的 15 岁少年约翰 · F · 肯尼迪、在休斯敦公开演讲的教师林登 · 约翰逊，还有在加利福尼亚州惠蒂尔学院的大学生理查德 · M · 尼克松，他正在想象横跨东方地平线的情景和华盛顿特区的样子。

来华盛顿的人看什么呢？他们首先会参观火车站，联合车站是按城市古典建筑计划建成的第一座石造建筑，气势宏伟，连同国会山一起，可以俯瞰整个城市。当时的国会山就和现在一般，正面朝东，因为某位建筑师认为东面是城市发展的方向。在那时，总统权力的持续扩张还没有开始，所以，国会才是华盛顿的权力集中点，像远征军这样的外来者会把国会山作为他们的第一站。对有些人来说，这也是最后一站，因为白宫不欢迎参观者，也没有什么其他景点。当然，有林肯纪念堂和华盛顿纪念碑（碑中附带新电梯，不过青少年总愿意去挑战那 898 级台阶），有开放的植物园和福尔杰莎士比亚图书馆。谢尔瓦设计的旋翼飞机（一个直升机原型）在史密森学会（博物馆群）的草坪上成功着陆后，该博物馆群逐渐备受欢迎。如果喜欢吊桥，可以参观阿灵顿纪念大桥，这是当年 1 月由胡佛总统剪彩启用的项目。最后，还有极少数的政府办公楼：C 街的农业部、第 18 街的老内政部大厦、第 7 街的文官委员会大厦，和椭圆广场边上的商务部大厦。这一占地 8 英亩[①]的建筑群，建于 20 世纪 20 年代，被时任商务部长胡佛选为美国经济的圣地。

① 1 英亩≈4 046.856 平方米。——编者注

1932年的华盛顿与现在最大的不同是，如今众所周知的地标当时都尚未建成[①]。没有杰斐逊纪念堂、海军陆战队纪念碑，也没有最高法院大楼。国会山里，法官们居于参议院和众议院之间，几乎就在圆形大厅下方；无名将士墓和华盛顿国家座堂正在建设，圣母无原罪堂还在规划阶段；我们今天所知的宪法大道当时并不存在，仅仅是B街的延伸段。宽广的国家广场也只有在设计蓝图上才看得到当时其所在地是另一个华盛顿公园，树林茂密、街道纵横，还有尚未清除的“一战”临时建筑的残骸。除了商务部大厦，联邦三角建筑群里尚无其他建筑。《国家地理》报道，时任财政部长安德鲁 · 梅隆和参议员里德 · 斯姆特对一个40亿美元的城建计划特别感兴趣，该计划是在“整个宾夕法尼亚大道南侧”修建一排“宏伟建筑”，并计划由胡佛总统9月为新邮政局大楼奠基。但这座宏伟大楼及其相邻建筑还未建成，包括劳工部、州际商务委员会、司法部、国家档案馆、联邦贸易委员会和国家美术馆。当时美国联邦调查局不对公众开放，也无缘得见《宪法》和《独立宣言》原件。直到最近，大部分土地仍然是商业用地，但个别土地已破土动工，还有一些已归属财政部的也都已动工。

其中最具戏剧性的是，宾夕法尼亚大道上原先的一大片土地，现在是国家美术馆、联邦贸易委员会和特区网球场所在地。1932年7月28日早晨，那里还伫立着一排丑陋的老式红砖建筑，里面曾经有仓库、廉价旅馆、汽车展厅、一家中国餐馆和殡仪馆。大部分墙已经被推倒，本来几星期前就该被夷为平地的。但在6月17日深夜，补偿金远征军悄悄潜入并占领了这里。主管这里的特区警察局局长是一位名叫佩勒姆 · D · 格拉斯福德的退伍陆军准将，他不愿将远征军赶

① 作者视角以原著成书时间（1974年）计，全书同。——编者注

出安身之处，尤其看到这么多人还带着妻儿。但到了盛夏时节，格拉斯福德自身难保。国会因为他让远征军进城而大加斥责。白宫传出消息，胡佛总统已经忍无可忍。总统决定必须驱逐这些衣衫褴褛的不速之客，即使动用军队也在所不惜。事实证明，他的确这样做了。

宾夕法尼亚大道并不是远征军的总部，他们的主力军在华盛顿东南的安那考斯迪亚河彼岸，刚好要横穿第11街桥。但宾夕法尼亚大道上的队伍是最显眼的，因为他们距离国会大厦不到三个街区。在政府看来，他们是眼中钉、肉中刺。政府下决心驱赶他们，这反映出强势群体对待弱势群体时普遍强硬的态度。但跟远征军打交道的人们并没有以这样的强硬态度对待他们，格拉斯福德将军、比利·米切尔将军和两次荣誉勋章获得者巴特勒将军都善待他们。德鲁·皮尔森写道："这些人什么都不知道。总之，他们没有工作，他们和家人忍饥挨饿，他们想拿到补偿金，别的都不管。"威尔·罗杰斯说："与世界各地记录在案的所有饥民相比，远征军是最本分的。"

但在那时还没有电视新闻，显而易见的事实也可能被否认。司法部长威廉·D·米切尔宣布，远征军已经犯了"乞讨以及其他行为"罪行。副总统查尔斯·柯蒂斯出动了海军陆战队两个连的兵力，身携刺刀，头戴钢盔，乘坐电车而来。然而格拉斯福德公开指出，副总统无权发布军事命令，命令士兵们返回军营。尽管如此，全国上下主张使用武力的呼声日盛。3月7日，在密歇根州迪尔伯恩，3 000名饥肠辘辘的男女试图在亨利·福特工厂外示威，警方开枪以驱散队伍，造成4人死亡、100人受伤（之后这些人被警方铐在病床上并被控暴动罪）。《底特律自由新闻报》公开谴责："责任人很好确定，煽动者就是威廉·Z·福斯特和其他远征军挑拨者。"其他报纸也怂恿总统。《华盛顿晚星报》在社论中说，为什么没有特区警察“狠狠地冲上去把那些企图通过示威得到补偿金的游行者揍一顿”；《纽约时报》报道，这些参加示威的退伍军人“拿的补偿金相当于其他国家退伍军人的七八倍，却仍然不满意”。其实除了残疾军人，其他人没有补偿金，但这些四肢健全的人开始提出愈加怪异的要求。乔治·莫斯利陆军准将是艾森豪威尔少校的朋友（艾森豪威尔称他是一位“机智”且“充满活力”的官员，“总是致力于钻研新点子”)。那年夏天，莫斯利想到一个新法子，他建议逮捕补偿金游行者和其他“低劣人种”，然后把他们集中关押在“夏威夷群岛中的某个孤岛上，那里连糖类作物都不生长且人烟稀少”，“任他们在那里自生自灭”。他还补充道：“我们也就不必担心，其中个案的法律裁定过程是否有所推迟。”

黑夜漫漫，迷雾笼罩，对于驻扎在宾夕法尼亚大道上的退伍军人来说算不了什么。麦克阿瑟曾答应他们其中一个带头人，如果到了不得不驱逐他们之时，会让他们体面地撤退，一个四星上将的承诺对于好士兵是非常奏效的。之后，他们得到消息，军队可能前来此地，可是他们却认为这是谣言，自以为身着卡其色军装的人都是他们的战友。在他们的营地里，褪色的国旗随处可见，他们完全不相信那些士兵会攻击自己的战友。7月28日星期四，这个早晨，他们最关心的是天气。上午9点，他们预感到整天都会很燥热，于是一边满怀期待，一边谈论着有空调的新剧院，那里上演着珍妮·盖诺和查尔斯·法雷尔主演的《第一年》、威廉·鲍威尔和凯·弗朗西斯主演的《风流大盗》以及杰基·库珀和奇克·塞尔主演的《淘哥儿》。相比他们此时的营房，有空调的房间就是田园诗歌般的梦想。他们能坐着免费火车来到这里，只是因为铁路公司想腾出车站的场地。火车货运单上写着“牲畜（目的地：华盛顿特区）55 名退伍军人”，他们几乎也已经开始自认是牲畜。妇孺们住进了已经拆除得残缺不全的建筑物内，格拉斯福德将军还给他们提供了草垫。一名记者称，男子们则躺在“钉着碎布的旧板子和包装箱搭建的帐篷小屋里”。到处都写着“愿上帝保佑我们的家园”。他们并不是圆滑，如此出身的人是不会拿上帝、家园和爱国主义（如果谈到爱国问题）开玩笑的。

他们来自美国的农耕家族，还算得上是下层中产阶级（若那时有这样的词语）。如果派兵到宾夕法尼亚大道对面袭击他们，有 5 个人不得不提。只有来自肯塔基州哈伦县的J · A · 宾厄姆曾经是前往法国的美国远征军队伍中的一名军官，也很难说他是有闲阶级的一员。在此之前，他受雇破坏罢工。1931 年 3 月的一次活动就是被他破坏的，当时是西奥多 · 德莱塞、舍伍德 · 安德森、约翰 · 多斯 · 帕索斯和常春藤盟校的学生联合起来，到肯塔基抗议矿工的民事权利受到侵犯。还有两人是来自萨克拉门托的约翰 · 奥尔森和查尔斯 · 鲁比，后者作为杰出服役十字勋章得主，曾在 1931 年被选为第一位给总统送新年祝福的人。这两位都因为在法国战场的英勇表现得到嘉奖。来自奥克兰的埃里克 · 卡尔森中过催泪弹的毒，正如他们所说，“还得了炮弹休克症”。威廉 · 鲁西卡曾经是第 41 步兵团的一等兵，他的一生为人们津津乐道。这 5 个人都失业了。鲁西卡本来是个屠夫，一直生活在芝加哥的西南部，住在他妻子的哥哥家一个没有窗户的地下室里。

大难临头，人们却往往察觉不到。对于这些人来说，在那个闷热的早晨 10 点，灾难随着两位财政部官员降临。他们站在人行道上，满头大汗，勒令远征军撤离，但遭到远征军的拒绝，官员只好离开。

一个小时过去了，除了温度不断攀升，什么也没有发生。11 点刚过，格拉斯福德将军骑着他的蓝色摩托车亲临，抵达第三大道与宾夕法尼亚大道的岔道口，他宣布已接到命令要清理该地区，他的手下立马手持警棍直接闯入。

整个过程推进得很缓慢，一开始几乎无人反抗，到正午时分，第一栋楼才清理完工。然而，与此同时，这边出事的消息已经传到了安那考斯迪亚河畔的主要阵营。姗姗来迟的警方不顾一切地试着把第 11 街桥升起来，但为时已晚，远征军的增援部队正在赶来，一见警察就朝他们投掷碎砖头。格拉斯福德一边脸被砸伤，吓得向后退了几步。他看到手下茫然地拿枪指着他，吓得不知所措，立马躲到柱子后面。他听到一个沙哑的声音喊："抓住他！"格拉斯福德从柱子后出来，看到一个人目露凶光，朝着一个退伍军人开枪。鲁西卡胸部中弹，当场毙命。其他军人还在顽强抵抗，不一会儿，又至少有三个退伍军人倒下，卡尔森身受重伤。格拉斯福德喊道："不许开枪！"所有人都停了下来。但消息已经传到白宫，司法部长米切尔已经下令将所有退伍军人驱逐出政府所有的楼房。胡佛总统在午餐时收到了消息。他命令战争部长[①]帕特里克 · J · 赫尔利动用军队，这一口头命令都被记录了下来。赫尔利立即传话给参谋长。

又一次尴尬的沉默。参谋长麦克阿瑟将军当时没有穿军装，他的副官认为他不应该穿。艾森豪威尔一再强调"这是政治、政治"，认为一个将军参与街角斗殴是非常不合适的。将军却不这么认为。麦克阿瑟宣布："麦克阿瑟决定执行命令，革命即将来临。"来自梅尔堡的士兵们都在白宫椭圆广场上集合，总统在椭圆形办公室里注视着他

① 美国战争部设于 1789 年，部门长官是战争部长，原为内阁成员，于 1947 年被陆军部长和空军部长取代，成为国防部长下的非内阁职位。——编者注

们，此时一个勤务兵猛冲过河，给参谋长送去军装、袖章、神枪手奖章和英式斜纹布军裤。将军还下令让艾森豪威尔也穿上军装。“我们要攻击远征军的中坚力量”，说完带着手下上了他的豪华轿车。在第六大道和宾夕法尼亚大道的交叉口（后来成为华盛顿最大的廉价酒庄商店）靠边停下，又等了一会儿。有人问：“我们为什么停下来？”麦克阿瑟回答：“等坦克。”他打算在这次行动中使用坦克。大家坐了回去，身上冒着冷汗，除了麦克阿瑟。这位将军超强的抗压能力首次被记录下来。他头脑冷静、泰然自若、强硬不屈，这赋予他很大的心理优势，但也有些人反感他这一点。

与此同时，白宫发布公报。胡佛总统宣布军队将“制止骚乱和镇压蔑视行政命令的分子”。几分钟后，白宫透露，曾与警方发生冲突的男子是“共产主义分子”。记者在车里找到了麦克阿瑟，询问他有何打算。他回答说：“看着我，只需要看着我。”然而，记者们看到的是武装大军从宾夕法尼亚大道气势汹汹地开来。巴顿少校率领第三骑兵团，挥舞着锋利的军刀，策马而来。马队后面是一支机枪分队——第 12 步兵团、第 13 工兵团和第 34 步兵团，阳光照在他们的刺刀上，反射出刺眼的光。这些队列之后排着 6 辆坦克，履带有条不紊地碾过沥青地面。现在是下午 4 点 45 分，这是麦克阿瑟职业生涯中最艰难的时刻。15 分钟前，特区的公务员们已经下班，开始涌入街头。20 000 人挤在人行道上，看着对面一脸茫然、混乱的老兵。如果骑兵指挥官稍不注意就会伤到人，而且众所周知，巴顿少校对群众的安全从不上心。

远征军们以为这是献给他们的一次阅兵仪式，鼓起掌来，观众也鼓掌，但观众首先意识到了真相。巴顿少校的队伍突然行动，冲入人群。J · F · 埃森是《巴尔的摩太阳报》华盛顿分社社长，他写道：“起初，对围观市民的攻击似乎只是几个武装骑兵的行为，但后来成为骑兵联合行动的一部分。”埃森报道说，士兵们“没有发出丝毫的警告”就闯入“成千上万毫无防备的人群”中。男女“都遭到冲击”，有人只是拒绝离开电报局前门，就被两个骑兵用刀背打得缩到了门口。康涅狄格州参议员海勒姆·宾厄姆也夹在人群中，头戴巴拿马草帽、身穿白色亚麻西装，也遭到连累。

“快离开！”骑兵们大声吼道。围观的人回应着：“不要脸！不要脸！”同时，退伍军人们急忙形成坚实的防线截断了大街，他们的带头人挥舞着国旗。于是这些颜色成为士兵们的第二个目标，他们重组成规模更大的队伍，越过宾夕法尼亚大道，冲向国旗。退伍军人们目瞪口呆，继而愤怒地冲上去把士兵拉下马，开始厮杀。“我的上帝！”一个头发花白的退伍军人喊道，“如果我们有枪就好了！”其他人也一边从骑兵手里抢枪，一边怒吼：“我们在阿尔贡参加世界大战时，你小子在哪里？”所有游行者都在喝倒彩起哄。一名不到 20 岁的士兵从当年远征欧洲的军士手中夺过旗帜，一脸不屑地骂道：“你就是个老混混！”一个靠近麦克阿瑟的人大声吼道：“美国国旗从此以后毫无意义。”将军怒道：“如果你再敢出声，立马逮捕。”

麦克阿瑟收到战争部长的书面指示，其中专门提到“该地区所有妇女和儿童”都必须“受到照顾和善待”。考虑到参谋长的计划，这实在很难做到。这项任务的准备过程中，麦克阿瑟已从阿伯丁试验场和埃奇伍德兵工厂征用了 3 000 枚催泪弹，气体可无法区分年龄和性别，唯一得到真正保护的参与者是戴着面罩的士兵。警察系上手帕遮住自己的脸，被警告过的杂货店店主猛然关上大门。退伍军人们一看见士兵戴面罩就奔走相告，因为他们知道将要发生什么，但已经来不及了。步兵紧随骑兵而来，拔出腰间的蓝色催泪弹向退伍军人们扔过去。顷刻间，空气立即被大面积污染，围观者迅速逃离。有毒阴霾笼罩着宾夕法尼亚大道，阴霾之下，快窒息的妇女们睁不开眼，慌忙抓起锅碗瓢盆和孩子从房屋里跌跌撞撞地逃出来。美联社报道："这就像1918年大战中无人地带的场景。"但不完全一样，华盛顿是和平时期的首都。这场实力相差悬殊的斗争就发生在国会山旁，在场的大部分人都是非战斗人员，如记者这样的中立职业者，虽然武装势力认为新闻记者并不会保持中立。一名士兵看见一位记者冲进加油站外的电话亭给报社打电话，往里面扔了一枚催泪弹，把他赶了出来。

远征军的反抗停止了，除了军刀和刺刀的要挟，还有愈加强劲的南风吹来令人窒息的毒气，受尽折磨的远征军朝着安那考斯迪亚河撤退。撤退显得异常艰难，妇女们带着孩子，丈夫拖着破旧的手提箱，还不断遭到催泪弹的围追堵截。加林格尔医院接收的伤亡人员数量不断增加。晚上的喧闹声令人恐惧：救护车和消防车的警笛声、前行的马蹄声、战士的脚步声、报童的叫卖声和作响的坦克声（自始至终坦克的作用都很模糊）。艾森豪威尔晚年时写道，"我的记忆中，这些坦克在驱赶老兵的运动中完全没有起作用"，尽管如此，坦克本可大逞威风，因为老兵"走得很慢"。到了晚上9点，受害者们已经穿过第11街桥，回到了对岸的远征军主阵营。麦克阿瑟的部队清理了C街、马里兰大道、缅因大道、码头沿岸和国会图书馆附近的其他阵营。晚上8点左右，部队士兵聚集在一个煤气厂附近，忙着在野外生火做饭，而他们的指挥官正在思考下一步的行动。

对麦克阿瑟而言，这个决定显而易见，他的使命是摧毁远征军。只许成功，不许失败。他只有侵入远征军河对岸的避难所，铲平总部，使命才算完成。格拉斯福德将军极力反对，他请求参谋长放弃夜袭计划，称此举"愚蠢至极"。麦克阿瑟很坚定，格拉斯福德只好服从上级，转身离开。但美国总统的直接命令却不能如此对待。胡佛作为总指挥官，知道如何动用他的军队，因此军队只是停驻在岸边。为了确保麦克阿瑟将军收到自己的命令，总统通过莫斯利将军和总参谋长秘书克莱门特·B·赖特上校再次传达了命令。艾森豪威尔说，总统“禁止任何部队过桥到对岸的空地上进入退伍军人的主阵营”。这已经很清楚了，如果是别的将军，肯定立即服从，但麦克阿瑟没有，他认为这是文官介入军事，很愤怒。他告诉莫斯利计划还要继续，莫斯利感到很惊讶，但麦克阿瑟不能容忍这样的干预。麦克阿瑟对艾森豪威尔强调自己“非常忙，不想自己或他的手下被前来传达命令的人打扰”，这是第一次，但不是最后一次，麦克阿瑟决定违抗总统的命令。

麦克阿瑟下令在桥上架起了重型机枪，以迎战反击。艾森豪威尔少校跟随他率领一队步兵越过大道桥，到了对岸。安那考斯迪亚河边退伍军人阵营一片混乱，遍地都是包装箱、水果箱、鸡笼、麻袋与防雨纸搭建的窝棚、帐篷、披屋、房车残骸和晦暗帐篷的栖身之所，任何人可能都忍受不了这样脏乱的环境，和垃圾共处，这却是远征军亲属们唯一的家。他们蜷缩在黑暗中，祈求解脱，得到的却是新一轮的催泪弹。有的尖叫着逃命，有的藏了起来。一支500人左右的队伍聚集在营边，边嘲笑队伍边唱：“胆小鬼！胆小鬼！胆小鬼！”种植菜园的退伍军人乞求步兵们不要践踏他们的庄稼，但是那些绿油油作物还是被踩得一片狼藉。据美联社报道，晚上10点14分，士兵们点燃了主阵营里所有棚舍，火焰在空中冒出50英尺高，并蔓延到附近的树林里，6所消防站的消防员都接到命令赶来救火。总统从白宫的窗口看到了东部被火焰照亮的天空，立即询问发生了什么事。艾森豪威尔回忆：“整个场面太悲惨了。无论他们进入华盛顿是否有错，这些衣衫褴褛、被虐待、被任意使唤的退伍军人都很可怜。整个营地燃烧的熊熊大火只能让人觉得更加凄惨。”

不是所有人都有艾森豪威尔少校这样的同情心。7 岁的尤金 · 金恩是一位退伍军人的儿子，他竭力想从帐篷里救出他的宠物兔。步兵却说：“快滚，你个小兔崽子！”男孩稍有迟疑，步兵就用刺刀刺穿了他的小腿。救护车再次从两公里外的加林格尔医院赶来，又有超过 100 名伤亡人员，其中包括两个已经断气的婴儿，远征军报纸一位愤怒的编辑建议这样给婴儿写墓志铭：“伯纳德 · 迈尔斯，夭折于三个月大，吸入胡佛总统的毒气致死。”这种说法固然不妥，但这次退伍军人真的被激怒了。他们看到士兵们朝他们的棚屋浇汽油，附近巡航游艇上的华盛顿富人却把这当作表演。晚上 11 点 15 分，退伍军人看着巴顿少校带着他的骑兵进行最后的破坏性袭击。被骑兵拖走的衣衫褴褛的游行者中，有一位名叫约瑟夫 · T · 安赫利诺。1918 年 9 月 26 日，他曾经因为在法国阿尔贡森林战场上救了一名年轻军官的性命而获得杰出服务十字勋章，这位年轻军官正是巴顿。

艾森豪威尔少校建议麦克阿瑟将军避开报社记者，因为这次事件是政治事件，而非军事行动，他继续争辩说这是应该由政客做的事情。麦克阿瑟摇了摇头，他很喜欢对新闻界发表讲话。而且，无论麦克阿瑟是否喜欢（显然他乐在其中），他跨越安那考斯迪亚河的决定已经将他置身于政治事件中心。零点 15 分，他与战争部长赫尔利一起出现在记者面前。一开始，麦克阿瑟的策略就显而易见——把一切都归功于胡佛，并对他大肆赞扬。他说：“要不是总统在 24 小时内采取行动，定会出现非常严重的危机，定会导致一场真正的战争。如果他再等一星期，我相信我们的政治制度定会受到严重威胁。”赫尔利补充道：“这是一场伟大的胜利。麦克（麦克阿瑟的昵称）完成得非常出色，他是时代的风云人物。”他若有所思地停顿了一下，补充道：“但是，现在我还不能断言这次行动造就了哪位英雄。”

真正的问题在于出现了那么多为了争取利益而牺牲的人。残害曾经为自己国家战斗过的人并不是政治高招，同情者们已经在马里兰州和弗吉尼亚州为远征军提供农田。亚拉巴马州的雨果 · 布莱克、爱达荷州的威廉 · 博拉和加利福尼亚州的海勒姆 · 约翰逊，这些参议员都因陆军的行为深感愤怒，纽约众议员菲奥雷洛 · 拉瓜迪亚发电报给总统：“在经济萧条、失业率和饥民量猛增的时期，热汤比催泪弹便宜，面包比子弹更能有效维护法律和秩序。”麦克阿瑟将军私下回答了这个问题，远征军是“叛军”，而不是退伍军人，他说：“如果说远征军里的 10 个人中有一个人是退伍军人，我都不相信。”

白宫传出消息，总统那晚一直熬到“深夜时分，查看远征军事件的前方简报”，抹黑远征军成为官方的坚定做法。后来胡佛应该私下训斥了不服从命令的麦克阿瑟将军，但现在他公开承认游行者“不是退伍军人”，而是“共产党和有犯罪记录的人”。每个发言人口中非退伍军人的比例都不一样：麦克阿瑟说在 90% 以上，赫尔利认为约 33%，胡佛在波士顿给美国退伍军人协会波士顿分会写邮件说，在他的“印象”中，“其中不到半数人曾经为美国军队效力”。格拉斯福德将军对此提出抗议，导致他在 10 月被勒令提前退休。但受过的污蔑是怎么也抹不掉的。骚乱后第二天，在对华盛顿大陪审团的控告中，一位特区法院的工作人员说：“据报道，叛乱者犯了实际暴力罪，其中几乎没有退伍军人，主要是共产党人和其他不法分子。我希望你查明事实确实如此，几乎没有退伍军人参与这场对法律和秩序的暴力攻击。”

不幸的是，在胡佛时期，谁也没有想到到退伍军人管理局查证远征军的身份。到远征军遭受催泪弹的袭击，被控侵犯法律法规之前，退伍军人管理局已经完成了对其成员的详尽调查。数据显示，94%的远征军曾在陆军或海军服役，67%曾远征海外，20%是残疾军人。格拉斯福德和他曾经支持的衣衫褴褛的人们都没有说谎，但情形并未好转。值得注意的是，几乎没有报刊转载这篇调查，社论更是直接忽略了它。《纽约时报》将这些老兵描述成“普通入侵者”，他们的“不服从导致政府采取武力，几乎升级成暴动”。《波士顿先驱报》公然说：“人民……已经受够了被无赖抢劫。”《纽约先驱论坛报》也说，远征军落到今天的境地，“任何方面都不值得给予一丝一毫的同情”。《克利夫兰老实人报》说：“在国会山露营”是“廉价的英勇”。虽然《时代周刊》批评了政府，但《财富》杂志的结论是，麦克阿瑟意识到“刺刀和展示压倒性的实力才是唯一能防止任何人送命的手段”（事实是已有人丧命，却被忽略了），他“巧妙地完成了”一项艰巨的任务，赢得了国家的感激。

骚乱后的第二天早晨，普通美国家庭的大体感觉是，政府已经让这些蓄意发动暴力革命的人受挫。但也有例外，在远征军遭受挫败期间，总统接见了一位重量级摔跤冠军、EUG女大学生联谊会的成员们和高中作文大赛的优胜者们。沃尔特·李普曼写道：“胡佛先生并不逃避开会和发表声明，他为什么就不能试着抽空与游行者协商一下呢？”

在纽约州奥尔巴尼的州长官邸，气氛十分凝重。埃莉诺·罗斯福读着报纸，她后来说“心里很不舒服”。她丈夫受到的影响似乎更大。哥伦比亚大学教授雷克斯福德·特格韦尔教授来他家做客，被叫到主卧室，看见州长罗斯福周围散乱着一堆报纸。特格韦尔走进卧室时，罗斯福遮住骚乱的图片，仿佛在为他的国家忏悔。罗斯福回忆起，1920年他曾提名胡佛为总统候选人，现在觉得自己错了。“这个人简直一无是处。”罗斯福气愤地说，“也许再也难有作为。为什么他就不能给游行的人提供咖啡和三明治，而是放任帕特里克·赫尔利和道格拉斯·麦克阿瑟的行为呢？”这就是富兰克林·罗斯福，他没有以原则或政策的角度来看待这次事件，而是将它视为人类的灾难。罗斯福告诉特格韦尔，如果不是因为退伍军人及其家属太可怜，他也许还会同情胡佛。“他们很可能在华盛顿外的道路上露宿。”他感慨万千地说，“他们现在状况一定很差。”

退伍军人的状况确实很糟糕，但他们没有在路上露宿。弗吉尼亚州和马里兰州的民主党州长早已预见到这样的事情。在阿灵顿县警察局局长霍华德·菲尔兹堵死波多马克河上的桥梁之前，大约200名退伍军人溜进了县城，警察局局长警告他们24小时内离开弗吉尼亚州，否则波拉德州长会出动国民警卫队。里奇州长下达至马里兰州警方的命令是：“让他们沿着去巴尔的摩的主要公路走，不许他们进入马里兰州。”让他们全部离开是不可能的，所以骑着摩托车的警察在区境线上遇到疲惫的游行者，通过沉睡的巴尔的摩，把他们驱赶到宾夕法尼亚州边界处。在宾夕法尼亚州，少数人在约翰斯顿的理想公园找到了临时避难所。然而，更多的人被州警赶到了俄亥俄州边界处，在那里等待他们的是新一轮的驱逐。就这样一直驱逐下去。一些人沿途寻求好心人的帮助，以乞讨为生。铁路公司开通了一辆专门的火车，将他们带到平原各州。为防火车中途停站，堪萨斯城公民领袖筹集了1 500美元，使棚车像那辆载着列宁的密封列车向前飞驰，无人知道它的最终目的地。我们只知道，到秋季时，大多数远征军成员已经融入了1932年爆发的人口大迁徙。

大约 200 万美国人（其中超过 25 万人的年龄在 16~21 岁）四处流浪。《财富》杂志称他们为“大萧条”时期的“流浪人口”。州警护送退伍军人从一个州的边界到另一个州的边界，州警一直遵循着“大萧条”早期州长已定好的规矩。各地方政府都要处理很多等待救济的人，让他们忙得不可开交。这些潦倒的外来人口被指控为流浪者，被送到邻县边界上。只有少数城市，如东圣路易斯，以它们乐善好施的救世军收容所而著名。大多数城市则冷漠无情。加利福尼亚州首次设立劳教所，然后在进入该州的高速公路上安排警卫以遣返那些试图入境的穷人。在亚特兰大市，那些寒酸的外来人会被带到富尔顿县做 30 天苦力作为惩罚。20 世纪 30 年代初，一个 20 岁名叫埃里克 · 塞瓦赖德的流浪者后来回忆说：“市民慷慨的施舍和铁路守卫员的品行成为判断和评价一个城市的基础，例如，如果有别的选择，你不会试图经过怀俄明州的夏延市。你很容易在遍布警棍和左轮手枪的地方被驱逐，到下一个目的地要长途跋涉很长一段路。”

流浪的都是些什么人呢？基本上是一些长期的流浪者，他们的“丛林”（露营地）可以为他人提供寒酸的避难所，但大多数美国流浪者还是第一次加入这样的队伍。他们是失去产业的佃农，是遭遇了三年干旱而放弃土地的农民，是从学校毕业没有找到工作的贫困年轻人——他们被叫作“封锁”的一代，塞瓦赖德本是银行家的儿子，其他青年出身于中产阶级家庭的比例非常高。四处奔走是美国的传统，他们喜欢说：“忘记我们的遭遇，只要你想取得成功，就一定可以变得更好”、“我正在努力”以及“你的叔叔达德利快要成功了”。一个失业的人往往会开着破车，带着家人，不问目的地，乐观地踏上找工作的征途，最终，仍然穷困潦倒，背井离乡。

“这些被邮局贴上‘地址不详’标签的人，被我们称为暂住居民。”牛顿·D·贝克当年在《纽约时报》上写道，“这个社会群体里包含各种各样身份的人，从大学毕业生到从没有见过校舍的孩子。孕妇、生病的婴儿、无子女的年轻夫妇、被迫下岗的中年人。国家不安定，人民就难以安稳。我们想起了沙漠中的游牧民族——现在我们就是‘大萧条’时期的游牧民族。”事实就是这样，每一个城市领救济品的队伍里一定会有穿着体面的人，地方法官从来不知道谁会因为被指控流浪罪，而被带到他们面前。一位被告人曾在布鲁克林的一块空地上睡了46天，他是美国科罗拉多大学的毕业生、土木工程师，曾为巴拿马、中国、智利和委内瑞拉政府工作。另一位则是20世纪20年代著名的厨师之一，他一直生活在已被政府征用的阁楼里，每天看着自己以前的菜谱，黯然神伤。

中产阶级衰落的速度之快令人咋舌。修建加利福尼亚州水库的那些打工者中，竟有农场主、牧师、工程师、学校校长以及密苏里州一家银行的前行长。在芝加哥，200名妇女整夜在格兰特公园或林肯公园露宿。她们既无寝棚，又无铺盖，没有任何遮挡的东西。每当夜幕降临，她们就躺在冰冷的地上，忍受着刺骨的寒冷，挨到天亮。在纽约巴比伦的长岛上，警察发现一名注册护士快饿死在一个私人住宅的枫树林里，她已经在一堆旧衣服和废纸中躺了整整两个星期。在艾奥瓦州的奥斯卡卢萨，一名失业的女教师带着两个孩子正准备在支起帐篷的洞里过第二个冬天。正如《纽约时报》记者卡贝尔·菲利普斯所说，晚上敲你家门的流浪者“有可能是几个月或一年前爽快地给你批过贷款的人、在你读的报纸上写过社论的人，或曾经是房地产龙头企业的副总裁”。

1932年，著名作家也属于贫困群体，有人记录下了这瞬息万变的生活。约翰·斯坦贝克洗衣服的肥皂是用猪油、草木灰和盐制成的，他甚至负担不起手稿的邮费，虽然一本都没有卖出，但他的经纪人还是替他支付了这笔钱。他后来回忆说，一点点疾病的征兆都会吓坏那些居无定所的人，“你必须有钱才敢生病。我牙齿曾出现问题，所以全部脱落”。斯坦贝克当时身处乡间，如果身处城市，情况就更糟。托马斯·沃尔夫常上纽约市政厅前的公共厕所，看着人们一边为了抢马桶而争吵，一边从他们破烂的大衣口袋里掏着面包屑或腐臭的肉末。他这样描述那里的流浪者：

> ……只是经济崩溃时代的淘汰品。其中诚实正直的中年男子脸上布满了辛劳贫穷烙下的皱纹，许多年轻人都还是十几岁的少年，顶着厚重蓬乱的头发。他们都是在城镇间漂泊的流浪者、货运列车的乘客、高速公路上搭便车的人，没有容身之处的美国人。他们四处漂泊，冬季来临时聚集到大城市，饥饿、挫败、空虚、绝望和烦躁驱使着他们不断流浪，四处寻找工作和可以糊口的食物，在凄惨的环境中挣扎。在纽约，这些流浪者来到混乱的聚会场所，钻到温暖的休息处，享受片刻的舒适……眼前的景象令人恶心，足以让一个人难过到说不出话来。

多年以后，林登·约翰逊夫人还记得，当她的丈夫成功将那些男孩“带出货运车厢，开始正经工作”时，他那兴奋的喊声。青年无所事事，这也正是流浪者问题的实质。对美国儿童局和国家游客援助协会的工作人员来说，这就像是一个民族的希望正在被摧毁。1932年，普尔曼的乘客发现客运车厢里只有一两个位置有人坐，但在车厢底下和货运车厢上挤满了人。平均每天700个无票乘车人经过堪萨斯城。据南太平洋铁路公司报道，铁路警卫员在12个月内将68.3万人赶下了货运车，因为吊在车厢外面是十分危险的。第72届国会小组委员会上，密苏里太平洋铁路公司的首席特约代理R · S · 米切尔提到他发出了关于387 313名“大萧条”时期流浪者的“官方通知”，其中有335名伤亡人员：

参议员科斯蒂根：人们通过这样的方式乘车，你是否注意到这存在的健康隐患？

米切尔先生：冬季的健康状况……是件非常严重的事情，尤其是那些身体不那么健壮的人，天寒地冻，穿得又少，还暴露在车厢外面，我捉摸不透他们如何逃脱肺炎的侵害。

参议员科斯蒂根：这些都是十分危险的？

米切尔先生：是的，先生。

除此之外，还存在别的危险。40年前，男女性别的界限划得很清，第一次加入流浪者队伍的女子经常会乔装打扮成男子，但很快会被拆穿。在很多事情上，她们缺乏男子所具备的力气和果敢，不敢白天躲在暗处，偷袭运送物资的卡车。为了让自己有个容身之所，她们只能出卖肉体，但一次交易的报酬只有10美分。为了这10美分，她们不仅要冒着怀孕的危险——9个月后也未必能找到医生，而且还可能感染性病。

在南方，还有另一种威胁。当时无论黑人白人都搭货车，他们之间的性交属于犯罪，一个被怀疑从事“黑市”交易的白人女子通常会哭喊着说是强奸（这会给她的顾客带来致命的后果）。事实上，此前一年，在一辆缓慢行驶在田纳西州的查塔努加和亚拉巴马州的斯科茨伯勒之间的敞篷车上，就发生了这种事情，这也是20世纪30年代伟大自由主义的成因之一。根据两个白人纺织女工给警方的证词记录，9个没有文化的黑人青年被判处死刑。其中一个女工的证词满是脏话，完全无效，连记者都无法使用。这个案子经历了无数次上诉和两次最高法院的撤销定罪，直到20年后，最后一个黑人囚犯最终死于癌症。共和党把“斯科茨伯勒男孩冤案”昭告天下，黑人知道了他们受到的迫害愈加绝望，而引发了后来的战争。

但在1932年，就算你不是黑人，流浪者的生活也充满艰辛。蹲监狱经常被视为享福，正如米切尔对参议员科斯蒂根所言，当流浪者受到要被逮捕的威胁时，他们会嘲笑警察说“这正是我们想要的，那里有食物和睡觉的地方”。为了找出他们宁愿坐牢的原因，美国明尼苏达大学的一名毕业生托马斯·迈尼汉乔装成衣衫褴褛的流浪者，加入了这帮年轻人的队伍。他发现，在布道所、教堂、医院、救世军收容所或地方福利站，人们都在排队领取救济食物。更准确地说，这些福利站应该被称为施舍处，“我亲自品尝了那汤，无料无味，不冷不热，一份只有一小杯。连过期的面包都舍不得给，更不用说苏打饼干了”。也从来不会给第二碗，而且领过一两天后就被赶出去是常事。

无论何处，迈尼汉都会看到人们因营养不良而造成的肋骨突出、腹部凹陷、胳膊和腿的皮肤松散、眼神空洞和举止紧张的特征。牛顿·D·贝克问：“我们承担得起对这一代青少年永久伤害的责任吗？”贝克被认为是位多嘴的政治家而被解职。直到8年后，“大萧条”时期的孩子们应征入伍时，他才得以平反。国民体质中心主任约翰·B·凯利（格蕾丝·凯利的父亲）发现，应征者中40%的青年男子身体不合格。不合格者大多因为存在牙齿问题。按照普遍程度，其他缺陷依次是：视力差、心脏和循环系统疾病、胳膊和腿畸形以及精神障碍。除此之外，还有一些隐性创伤是由于小偷、吸毒者和同性恋者造成的，有一个魁梧的大汉想以区区25美分诱奸年青的塞瓦赖德。

亨利·福特却不认同："为什么？四处漂泊对这些男孩来说才是世界上最好的教育！因为他们在几个月里获得的经验比在学校待几年还要多。"就算胡佛总统认为并非这样，他也没有反驳。因为他没有任何反驳的理由，他不愿看到人们受苦受难的场面，尽管威廉·艾伦·怀特一再恳求，胡佛也从未到过排队领救济品的地方或救助站。当他的豪华轿车开过街角的苹果摊时，他也从没有转头看过。从1929年3月4日宣誓就职到1932年秋，胡佛总统都没有离开过华盛顿。那时，他趁着夜色已深从戒备森严的车里望出去，看到数以万计的民众露宿街头，大多是年轻男女，正如金·史密斯所写，他们"白天漫无目的地在高速公路上前行，晚上就随意露宿街头"。

胡佛一直在考虑白宫膳食的缩减问题，但又考虑到这会有损国家的士气。每天晚上，他都西装革履地走进餐厅（他是最后一位每天穿着正装就餐的总统），并且独自享用7道菜。1928年共和党竞选总统时，有位记者曾经编出这样的口号："家家锅里有一只鸡，车库里有两辆车。"如今这位记者已经破产，落到了要申请贷款以抚养三个孩子的地步。但总统认为，如果第一家庭对美国复兴都丧失了信心，那全美民众定会绝望。

胡佛的餐桌上通常会有几道并非当季的菜，桌子上摆着鲜花。定制的雪茄盒里放着又长又粗的哈瓦那手工雪茄，都是按总统的要求专门制作的，一天抽20支。胡佛一家进餐时，周围有许多人候着：一名男管家和众多男仆（他们必须身高相同）以立正姿势站稳，保持绝对沉默，未经命令不准有任何举动。就连站在门口值勤的都是海军陆战队的军人，他们身穿蓝色制服——总统出行仪式的礼服。即使总统的妻子卢是唯一的共同进餐者，身着制服的号手们也会吹着明亮的号角，以宣布总统抵达和离开晚宴。胡佛总是以夫人卢为荣，因为她能流利地讲5国语言，曾经是美国女童子军首领，她亲手铺的餐桌是白宫历史上最精致的餐桌。但有时夫人也不知道总统是否真的如此热衷于美食，因为总统总是狼吞虎咽。

到了胡佛任期的第4年，赫伯特·克拉克·胡佛在全国人民眼中已成为一个捉摸不透的人。一个得克萨斯人以嘲笑的口吻给远征军写信："如此靠近世界上最大的食物管理者，你肯定不用担心会挨饿。"这也正是胡佛一直以来的做法，他拯救比利时饥民的壮举至今仍然是美国人道主义历史长河中最辉煌的一页。玛克西姆·高尔基曾这样描写他："你从死神手里拯救了350万儿童和550万成年人。"芬兰语中新加了一个动词"胡佛"，意为帮助。

现在形势大转，随着民族的愤怒愈演愈烈，关于胡佛的故事开始广为传播，比如他在比利时发了大财，连狗都本能地对他嗤之以鼻，还传说他是1932年3月绑架和谋杀查尔斯·林白儿子的幕后主谋。用锡铁罐、纸板和麻袋搭建的破旧寒酸的棚户村被称为"胡佛村"。曼哈顿有两大胡佛村，分别在河滨大道旁和中央公园的方尖碑附近。失业（这些年这个形容词已经成为一个名词）一族扛着的装废品的麻袋叫作"胡佛袋"。在北卡罗来纳州，贫困的农民将抛锚的廉价汽车的前脸锯下，安到骨瘦如柴的骡子身上，称之为"胡佛马车"（政府曾试图将其改名为"'大萧条'时期战车"，但无人理会）。"胡佛毯"是公园长椅睡客裹着取暖的旧报纸，"胡佛旗"就是被翻得底朝天的空口袋，"胡佛猪"是饥饿的农民抓来充饥的长耳大野兔。杂耍演员会大叫一声："什么？你说生意变好了？你的意思是胡佛死了吗？"有的报道讽刺说：胡佛向财政部长梅隆要5美分给朋友打电话，梅隆说："最小的都是10美分，拿去打给两个人吧。"

胡佛身处困境可谓绝妙的讽刺，因为以20世纪20年代的标准，他算得上是一个自由派政治家。在他担任商务部长时，柯立芝总统嘲笑他是“神奇员工”、“奇迹男孩”。对于胡佛将广播电台和电视台公有化的举措，共和党保守派毫无感激之情。在就职典礼上，他宣布自己的伟大梦想是成为一名伟大的社会工程师，掌控所有产业为公众谋福利。这与共和党的主张并不完全一致。《芝加哥论坛报》的记者刚发来胡佛就职演说的前几段，发行人麦考密克上校就致电华盛顿分社：“胡佛成不了大事。”胡佛曾尖锐地批评柯立芝和梅隆联合制定的低息贷款政策，也曾预测经济会因此衰退，所以他继任总统后的第一步就是说服美国联邦储备委员会收紧信贷，期望尽可能减轻遭受的打击。

然而，当形势不妙时，他就表现得没有那么特立独行。他说“掌控”不过意味着政府成为监督者和协调者。他解释说，掌控的目的是“为民营企业发展创造有利条件”。他还补充说，摆脱“大萧条”唯一“正当”的方式就是自力更生，人们在看到“各大厂商、铁路公司、公共事业、商业机构和政府部门”如此自强不息，定会重建信心。1932年以来，许多人已经明白，各大厂商和其同伙都是骗子，信任危机开始出现并不断恶化。

总统故意忽略这一点。他竭力鼓吹后来约翰·肯尼思·加尔布雷思所谓的“传统智慧”。他认为金本位制是神圣不可侵犯的，即使以英国为首的18个国家已经将其废弃。他坚信，收支平衡是“不可或缺的”，是“绝对必要的”，是“经济复苏最重要的因素”，是“国家的第一要素”和“所有公共和私人金融稳定性的基础”。尽管1932年联邦预算出现了财政赤字高达40亿美元的情况，他仍然坚持。当意识到政府最终必须有所作为时，他创办了复兴金融公司以支撑即将崩盘的银行，并同意拨款 2 500 万美元用于喂养农场牲畜，但前提条件是，国会必须搁置为饥饿人口拨款 12 万美元救济金的计划。

这些在今天听起来很荒谬，在那时有识之士却把它奉为准则。《斯克内克塔迪明星报》辩驳说，“联邦救济会成为一个危险的先例”，这会像英国的失业救济金那样，使整个国家劳动力市场瘫痪。“如果这个国家曾经为失业救济金投过赞成票，”美国总商会主席塞拉斯 · 斯特朗说，“作为一个国家，我们已经点燃了下滑的导火线。”每个人都知道英格兰是如何变得道德品行败坏的。据《美国杂志》报道，在英国，酒吧里挤满了领取失业救济金的酒徒。亨利 · 福特宣称，失业保险只会加剧失业。他的这个逻辑被认为无懈可击。《财富》杂志一位思想前卫的编辑解释说，企业应该拒绝社会责任这一概念，原因是引入任何非经济因素都只会破坏自由市场的良性运作。即使沃尔特 · 李普曼主张政府采取行动，他也认为资金应该由州议会筹集，而不是国会。

卡尔文 · 柯立芝曾说，美国是一个商业国家，所以它需要的是商业政府。他还补充道：“修建了工厂就是修建了教堂，在那里工作就是在那里祈祷。”在共和党执政的 20 世纪 20 年代，商业已经远不再只是赚钱的手段，它已成为学校、出版社甚至教堂的引路者。这些忠诚的崇拜者读着布鲁斯 · 巴顿所著的关于耶稣基督的畅销书《无人知晓之人》，书中诸多观念之一是，如果耶稣还活着，他会成为广告机构的业务代表，那些听着耶稣是木匠儿子的故事长大的人定会对此感到很惊讶。

越艰难的时期，胡佛对商业越有信心。他削减个人和企业所得税，从而在政府最需要资金时缩减了政府的税源。芝加哥银行查尔斯 · G · 道斯被任命主管复兴金融公司，这位银行家后来从复兴金融公司借了9 000万美元给自己的银行。随着僵局持续，总统向财政部长梅隆求助。作为达尔文社会主义者①，梅隆回答："清算劳工，清算股票，清算农场，清算房地产。"正如后来加尔布雷思所写，看起来好像每个被征求意见的人都"在传统智慧的推动下，提供了使事情变得更糟的建议"。

几年后，理查德·尼克松开始相信"胡佛是不幸的，可谓生不逢时"。毋庸置疑的是，胡佛拼命寻找解决办法。他一天工作18个小时，提出了延期偿付政府战争债务，甚至削减自己的工资。他满怀希望，认为自己所谓的"不屈不挠的个人主义"才能使他成为真正的赢家。

总统反复解释说，发放给穷人的救济金必须来自私人捐款和当地或州政府筹款。可以肯定的是，在富兰克林·罗斯福设立纽约州公共福利部门之前，没有一个州有公共福利部门，后来其他州也不得不遵从统治者这一先例。同时，胡佛总统坚定地说，绝对不会只是为了"做一点儿事情"而选取不负责任的项目。1932年5月20日，他给一个公共工程的倡导者写信说，美国"不能靠挥霍而使经济繁荣"。当民主党控制的国会通过了一项20亿美元的救市计划时，胡佛否决了它并对此提出了严厉的批评，称之为"史无前例地滥用公共财产"。他还补充说："我们的国家不是依靠'猪肉桶'②建立起来的，它的强大也不能依靠政客间互惠互利而取得的对自己有利的方案！"

这时，执政者逐渐发现有"外来煽动者"，他们总是陌生人。从来没有"值得可怜的人"，他们都是失去理智的暴徒。10年前，胡佛就开始在他的著作中蔑视暴徒了。在一本名为"美国的个人主义"的

① 达尔文社会主义者认为，适者生存在人类社会中也是适用的。——编者注

② 猪肉桶：美国政治俚语，指议员让政府拨款给自己州（选区）或与己有利益牵连的某个项目的做法。——编者注

小册子中，他写道："最重要的是加强防范群众！这些群众只凭感觉行事，他们没有自己的想法，容易轻信他人，乱搞破坏，挥霍无度，满腹仇恨，整日做梦，却毫无建树。"可以想象，他的结论是，这种"破坏性的批评"可能引发革命。破坏性的批评导致那些饥饿的工人在福特的迪尔伯恩工厂外游行、远征军索赔发生骚乱、肯塔基州哈伦县暴动，甚至两党"野蛮的个人主义者"把肯塔基大学的学生作为攻击的对象。大学生们被殴打、监禁，县检察官谴责他们是"无信仰、自大、不伦不类、大言不惭、离经叛道的少数利己主义者"。

有时浏览胡佛的文章会令人有种奇怪的感觉，总统认为"大萧条"是公共关系问题，他相信只要美国企业的形象得以改善，这样的噩梦就会结束。信仰是目的本身，"缺乏商业信心"是致命的问题。对于经济危机引发的暴跌，胡佛的第一反应是把它当作一种心理现象。他选择了"大萧条"这个词，因为它听起来没有"恐慌"或"危机"那么可怕。1929 年 12 月，他宣布"情况基本好转"。三个月后，他说最坏的状况会在 60 天后结束。1930 年 5 月底，他预计经济会在秋季恢复正常，然而市场在 6 月全面崩溃，他却告诉为公共工程项目请愿的代表们："先生们，你们晚来了 60 天，'大萧条'已经结束了。"

各界评论、斥责胡佛的预测完全站不住脚，但 1930 年 12 月 2 日，胡佛却在提交国会（当时无能的共和党"跛脚鸭"①国会正面对着刚刚被民主党横扫了中期选举的惨况）的咨文中说"根本的经济实力并未受损"。几乎同时，国际苹果经销商协会面临苹果滞销的困境，他们决定以每个 5 美分的价格赊售给失业者，以供他们零售。一夜之间，到处都是冻得发抖的苹果小贩。当被问及何以出现这种情况时，

① 跛脚鸭：美国政治俚语，指已无政治发展前途、无政治控制力的个人、团队等。——编者注

胡佛回答:“很多人都辞去了原有的工作转而投向更有利可图的事业,卖苹果就是其中之一。”记者们的问题很尖锐,总统被直戳痛处。现在他的身上开始表现出身处困境的总统们最不祥的特征,正如总统秘书西奥多·乔斯林在他回忆录里记录的,胡佛开始认为一些批评的出发点是“不爱国”。尽管如此,他还是坚持研究新的方式开展心理战。他告诉克里斯托弗·莫利:“这个国家需要的是一首伟大的歌。”于是在1932年春,他对鲁迪·瓦利说:“如果你能唱一首歌让人们忘记‘大萧条’,我会颁发给你一枚勋章。”瓦利没有拿到勋章。因为他唱道:

他们曾经告诉我,我在筑造一个梦想,
所以我与大家一起努力。
当需要耕地和扛枪时,
我总是冲在最前面。
我们修建铁路,日夜抢工,与时间赛跑。
我们修建铁路,现已竣工。
兄弟,你能施舍10美分吗?

但不是每个人都让胡佛失望。总统委派的一个委员会报告说,国家的头号难题是“法律和秩序”,在那时指的是违反当时禁酒令的匪徒。胡佛对该报告表示赞同,全国制造商协会发言人也赞同总统的观点:“很多所谓‘大萧条’造成的负面影响都是在说丧气话。”抓住总统乐观的思想,实业家们勇敢地充当前锋。但政府面临的麻烦是,华盛顿到纽约之间的那段宾夕法尼亚铁路两旁的几千个广告牌,一半是空白的,这让乘客们很疑惑。直到总统的追随者们开始租用广告牌来宣传他们的口号:难道之前的“大萧条”不可怕吗?它曾非常可怕,但已经过去了，为此国际狮子会俱乐部协会特意举办了一个“商业信心周”。

“我的天呐！”小孤儿安妮叫喊起来，这是总统最喜欢的漫画人物，“是谁说经济很糟糕？”不是哥伦比亚大学校长尼古拉斯·默里·巴特勒，因为巴特勒博士曾向哥伦比亚大学的师生们保证“有勇气坚持，这场低迷就会结束”；不是美国钢铁公司的总裁，因为他说“大萧条”的“高峰期”已经过去；不是通用电气公司的董事长欧文·D·扬，因为他宣布“‘大萧条’的最低谷”已经过去了；也不是商务部长托马斯·拉蒙特，他汇报说“国家的银行普遍处于强势地位”；肯定也不是《纽约时报》，早在1931年元旦，他们就说过如此可怕的情况将好转，人们将愿意拿出所有储蓄，并开始更新他们“破旧的私人物品”。

各大报刊上的确鲜有危言耸听的言论。扬斯敦市市长因想要失业救济而被当地报纸责骂为“自找麻烦”，编辑仍然坚持认为，不用救市计划，“大萧条”就会结束。1932年7月28日，“一战”的退伍军人和他们的妻儿像牲畜一般被驱逐出华盛顿，国际新闻社以该事件为引子，“我国大多数地区的发展表明，新兴繁荣的希望正在驱散经济阴霾，逐渐崛起”。同一星期，美国报刊上就出现了这些标题：

经济发展步伐不断加快

全国各地工厂重整旗鼓

新英格兰纺织作物迎来新的春天

城市的生产能力提升，失业者重新上岗

东部迎来经济复苏的里程碑

资本繁荣道路障碍清除

马克·沙利文表示冷静且充满信心：复苏的障碍已经清除

未来几星期各州储备银行形势将好转

预期商业将在90天内好转

美国商业重现闪光点

柯蒂斯将见证更好的时代

但这些报纸完全没有提及一个很重要的事实：在美国这个世界上最富有的国家，所有岗位填满以后，还富余1 500多万求职者。

THE

GLORY AND THE

DREAM

A Narrative
History of America,
1932-1972

第一部分

应运而起（1932~1941年）

第一章　世事维艰

1932年8月，一位《星期六晚邮报》的记者询问英国伟大的经济学家约翰·梅纳德·凯恩斯：此前是否出现过像“大萧条”这样的时期。他回答说：“有，持续了400年的黑暗时代。”如果视此为灭顶之灾，未免夸张，但这两个时期至少在一点上是共通的，即没人清楚人民为何受苦受难。

有人笼统地将其都归咎于“时势”，这是胡佛为了逃避责任的说法。其他人将“大萧条”与1929年的股市大崩盘混淆，“‘大萧条’以来我们还没有进过城”，或者他们会说“我去过，但是那是在‘大萧条’之前”。许多劳工竟被冠以消极怠工引发隐性危机的罪名，这是由全国制造商协会主席约翰·E·埃杰顿提出的：“许多对工作提出诸多要求的人，要么想罢工，要么就是根本不想工作，他们就是想利用这种境况鼓吹共产主义。”劳工们只能忍气吞声，原因在于 40 年前美国新教伦理的强大势力。虽然数百万人陷入了非常凄惨的境地，但可以确定他们并非咎由自取，社会工作者们再三强调失业者们忍受着自责的折磨。“我已经超过两年没有稳定工作了，”1932 年 2 月，一个被房东赶走的人告诉《纽约每日新闻》的记者，“有时候我觉得自己像个杀人犯。我到底怎么了？我竟然不能保护自己的孩子！”

基于从小接受的相关教育，这些人也曾经逐渐相信：你只要努力工作，就会成功。现在却无论表现如何一律失败，民众的士气逐渐低落。沃尔特 · 李普曼写道：“士气低落的人都孤立起来，不相信任何人、任何事，甚至不相信自己。”17 年后，理斯曼在《孤独的人群》中解释了这种在危机下，性格内向的人陷入困境时的痛苦：“如果屡次失败毁了他对未来成就的希望，那么他内心的力量可能再也抵挡不住外界的压力。他会感到极度内疚，因失败和不足鄙视自己。”那个时期的报纸都在报道，人们宁愿自杀也不愿意靠救济苟且偷生。爱米尔 · 涂尔干创造了一个特殊分类，“利他的自杀”指的是这些人选择自杀，而不成为社会的负担。

这一切应该归罪于柯立芝到胡佛时期繁荣“新时代”的基础不稳固。从某个角度看，“大萧条”似乎是工业革命最后的挣扎，也为技术革命的到来留出一个间隙。“一战”后，多种大规模生产的技术结合，将每工时效率提高了 40% 以上。大量的货物产出明确需要消费者购买力的相应提高，也就是说，需要涨工资。但在 20 世纪 20 年代，工人的收入并没有随着生产力的提高而增长。在 1929 年这个黄金年，据美国著名智库布鲁金斯学会的经济学家计算，一个家庭年收入要达到 2 000 美元才能满足最低的生活需求（超过 60% 的美国家庭在这一水平线下挣扎）。总之，购买力完全赶不上商品的产量增长。

当时人们认为产量激增毫无问题，“一个优秀的销售员什么都可以卖掉”，这体现出当时的愚钝，这意味着当有钱人（其中许多人并不富裕）在炒股时，热心的推销员就鼓励其大规模炒股。并不算富裕的人被说服，无论如何先买下产品，再通过信贷过渡。

信贷经纪人四处贷款，股市终于不堪重负而崩盘，推销员经手的百万宗小商业交易款就此打了水漂，因为这些推销员敢卖任何东西给那些无偿债能力的人。这也结束了“新时代”的繁荣，国家完全应付不了随之而来的恐慌。上一次大范围的经济危机发生在1893年，自那以来，美国的工业化程度使得回归农场已不可能。胡佛恰好在灾难前夕当上总统，这本身就是自讨苦吃。时任商务部长的他一心只关注生产力，却毫不关心缺乏购买力的危险。他卸任总统以后很久才意识到发生了什么：“一边只有几千人……却享受了绝大部分的生产成果；另一边超过20%的人，却只得到了很少的一部分……”

从股市大崩盘到1932年（“大萧条”最惨的一年），大家都坚信，对于经济螺旋式的加速下滑，应该采取使之复苏的措施。然而，事实上所采取的措施反而使之下滑得更快。为了保护投资者的利益，不得不维持价格，于是销量下滑，因此只好用裁员的方式削减成本，导致这些失业者也丧失了购买力，使销售进一步下滑，从而导致更大范围的裁员，引起购买力的全面收缩。结果，工人的贫困导致了农民的贫困，反过来，农民的贫困又加剧了工人的贫困。“任何一方都没有钱购买另一方的产品。”一位俄克拉何马州的证人在国会小组委员会上证实，并解释了此恶性循环，“因此，在同一个国家，同时存在生产过剩和消费不足的问题。”

1932年6月，常春藤盟校应届毕业生加入21 974名其他学校毕业生的队伍，开始找工作。那时，纽约百货公司的电梯操作员都要求拥有学士学位。对于大多数毕业生来说，这份工作已很不错。但也有特例，比如从亨特学院毕业的20岁毕业生西尔维娅·菲尔德·波特，她从英语专业转到经济学专业，原因是她后来所说的“想知道为什么我周围的一切都在崩溃，为什么人们会失去工作”。她凭借出色的口才进入一家投资咨询公司，同时开始系统地研究世界金融市场，希望有一天能开一个相关的专栏。（她于1935年起为《纽约邮报》撰稿。）不久，她发现自己的国家正在经历史无前例的经济危机。

自从1720年英格兰南海公司破产，“南海泡沫”一词一直被用来形容注定的商业风险。泡沫肯定会破裂，南海股票已经下跌到峰值的13.5%。但随后反弹，该公司又得以存活了80年。波特入行之时，美国钢铁公司和通用汽车公司的股价已下降到其崩溃前价格的8%。总体而言，主板上市的股票价值相当于1929年的11%。投资者已经损失了740亿美元，相当于“一战”费用的三倍。5 000多家美国银行倒闭（从胡佛老家西布兰奇跨越州际线便可到的艾奥瓦市有5家银行，全部倒闭），86 000家企业暂停营业。国民生产总值从1 040亿美元下降至410亿美元（1973年，该数值约为21 770亿美元）。1932年，有273 000个家庭被赶出出租屋，有工作的人平均周薪也只有16.21美元。

部分行业得以蓬勃发展。避孕药行业一年赚取了2.5亿美元（事实上那时的青年为人父母之后，很自然地就遗忘了这个事实）。超过一半的人每星期去看一次电影（成人25美分，小孩10美分）。吸烟者的数量每年都会增加，当时没有人意识到吸烟有害健康。家荣华冰箱和阿特沃特·肯特收音机迅速普及。小型高尔夫球场和流动图书馆也蓬勃发展起来。阿尔弗雷德·C·富勒与他带领的上门推销团队合作得非常出色，即使在经济形势严峻的1932年8月，他的销售业绩也从15 000美元跃升到了50 000美元，此后每年都以100万美元的速度增长。一个名叫保罗 · 格蒂的神童悄悄注意到了低价石油井的商机，那年2月，太平洋石油总公司100万股份中，他获得了52万股。各地都有那么一两个幸运的企业：在马萨诸塞州的昆西，一家有着橘黄色明亮屋顶、仿殖民地建筑的餐馆正濒临破产，此时餐馆对面的一家股份制公司开业，请来了表演团，第一个节目是尤金 · 奥尼尔的九幕剧《奇异的插曲》，每天晚上8点30分中场休息时，来吃夜宵的观众络绎不绝，餐馆老板霍华德 · 约翰逊以此得以保住他的餐馆。

但这些都是例外。美国钢铁公司是重工业的龙头企业，当年只卖出了产能的19.1%。因为美国机车公司不需要太多的钢材。20世纪20年代，美国机车公司已达到平均每年售出600台机车的水平，但在1932年只售出了1台。曾经是钢铁产业大客户的汽车产业，如今也风光不再。那些曾经大名鼎鼎的公司逐渐消失：斯图兹汽车公司、奥本公司、柯德公司、爱德华 · 皮亚利斯公司、皮尔斯–箭公司、杜森堡公司、富兰克林公司、杜兰特公司和洛克莫比公司。一个鲁莽的男子自创了一种名叫“洛克尼”的廉价车型，试图挑战福特，却最终因损失了2 100万美元而自杀身亡。1932年1月，一位很有创造天赋的细菌学家阿瑟 · G · 舍曼因为他的第一辆简陋的手工木拖车，成为底特律车展的黑马。但这一整年内，他仅售出80辆。航空运输也遇冷，那时的客机只有12个座位，商务部的报告称，平均每次航班空余7个。除了有声电影，大多数娱乐场所即将销声匿迹。4年里，爵士音乐家埃迪 · 康登只录了4张唱片。唱片业已经从年收入5 000万美元萎缩至年收入25万美元。脱衣舞皇后萨莉 · 兰德全靠她著名的扇子舞勉强维持生计，记者问她为什么选择这一职业，她回答说：

“我不脱裤子，哪里会有钱赚。”

因为贫穷被认为是可耻的，所以人们常常向邻居隐瞒真实情况，而且总能瞒过去。人们永远无法完全了解街对面的家庭。每天总是在同一时间穿着整洁离开家的年轻律师可能已经不再是律师，而是在一个偏僻的街区上门推销廉价领带、杂志、吸尘器、电压力锅或二合一鞋油等。他可能换掉他的衣服，去城市的另一边乞讨，或者已成为数以百万计的求职大军中的一员，看着他的孩子食不果腹，只能在夜里与失望抗争。长期在大街上晃荡的人也学会了一些生存的窍门。例如，用 5 美分买一杯咖啡，再要一杯免费热水，在热水里混入放在柜台上的番茄酱，就做成了番茄汤。冬季，你可以在你的衬衫下塞满报纸，以抵御寒冷。如果你知道要站在职业介绍所外排很长时间的队，可以用麻袋裹住你的双腿。鞋是一个非同寻常的问题，纸板可以用来补鞋里的洞，放一些棉花在脚后跟可以防止鞋子磨脚，但如果鞋破损得太厉害，什么方法也没用。路面会磨损纸板，然后就会露出打着补丁的袜子，雪浸入鞋里，在脚趾周围聚积，鞋钉会刺伤你的脚后跟，直到你学会用一种特殊的步态走路，才不至于太难受。

穷人家为节俭度日而想出的妙计实在是了不起。男士刮胡子的刀片反复打磨可以长时间使用，自己动手卷烟或抽翅膀牌香烟（10 美分一包），为了省电只用 25 瓦的灯泡。孩子们捡拾回收可抵两美分一个的饮料瓶，或站在面包店前排队买前一天剩下的特价面包。女人们则把床单纵向从中间裁开，再重新缝合使中间破损处成为两边；把她们自己的衣服改一改，给女儿们穿；和邻居家的女主人一样，装出一副一切游刃有余的样子（其实她们可能也靠着微薄的收入度日，做着同样的事情）。家人们整理出圣诞贺卡，这样就可以来年送给不同的朋友。有时男人会消失几个星期，所有邻居只知道，他“出差”去了。一个体贴的丈夫会向他的妻子隐瞒实情，因为他们经历的磨难，妻子往往难以想象。

当然，“出差”的丈夫是在找工作。到 1932 年，求职的传奇故事已经在民间传开，一些令人难以置信的故事确实存在。人们在底特律职业介绍所外过夜，为了第二天一大早可以排在队伍的最前面。一个阿肯色人步行了 900 英里找工作。人们简直是在“买”工作。在曼哈顿第六大道的一个招聘机构里，5 000 名求职者争抢 300 个岗位。根据第 72 届国会劳动小组委员会证词记录，有人在华盛顿州的森林放火，这样他们就可以受雇帮助扑灭大火。《商业周刊》证实了一个事实：很多不再热爱美国的人要么已经离开，要么企图离开。在整个 20 世纪 30 年代早期，国内向外移民的数量超过入境移民量。苏美贸易公司是一家位于纽约的苏联交易机构，每天会收到 350 份美国人想定居苏联的申请。有个最令人难忘的情景，苏美贸易公司贴出广告要招募 6 000 名技术工人，却有 10 万人前来应聘，包括管道工、油漆工、技工、厨师、火车机师、木匠、电工、推销员、印刷工、药剂师、鞋匠、图书管理员、教师、牙医以及一个清洁染色工、一名飞行员和一个殡仪工。

纽约从周边各州吸引了无数求职者，虽然纽约本身就有 100 万失业人口。少量外来者加入曼哈顿的 7 000 个擦鞋“男孩”的队伍（擦一次鞋得 5 美分），或做起了偷运煤炭的勾当（全市 10% 的煤炭是由宾夕法尼亚州的失业矿工偷运来的），但大多数外来人口只是排进了纽约 82 个救济队伍中。如果有 10 美分，就可以住在散发着汗水和消毒水味的廉价旅馆里。但如果身无分文，就只能带着捡回来的报纸走向中央公园，或是地铁入口处，或市政焚烧炉旁。焚烧炉的温度吸引了数百名男子在这里度过冬夜，即使他们不得不睡在垃圾堆上。

丈夫钻进空货车里或吊在空货运车下从这样一次远征中返回后，

开始和妻子一起盘算还可以坚持多久。卖掉结婚戒指，把家具拿去典当，凭人寿保险借钱，央求亲戚借钱，通常下一步就是尝试搞一个家庭作坊，此前的一切伪装，至此在邻居面前都露馅儿了。可能院子会变成一个迷你高尔夫球场，丈夫可能会开一个“客厅杂货店”，妻子可能会为其他主妇洗衣服、整理房间、修指甲，每次收取1美元。在马萨诸塞州，失业的纺织工会摆一台纺织机在客厅；在康涅狄格州，许多人家在电线上穿安全别针，全家人辛苦工作很长时间，一星期才能挣得5美元。

这些垂死挣扎鲜有获得成功的，因为几乎没有有钱的潜在客户，最后的希望也破灭了。父亲们跑到市政府，说自己身无分文，请求成为贫困人口中的一例。这些具体数据因为没有得到妥善保存而无人知晓。失业者大概有1 500万~1 700万，其中大部分是家庭中唯一的经济来源。1932年9月的《财富》杂志估计，有3 400万成年男女和儿童没有任何收入。这已将近总人口的28%，像其他所有研究一样，该统计尚未包括美国1 100万在农村地区忍受饥饿的农户。

尼克松总统任职期间，美国农村人口减少到总人口数的5.2%，考虑到这个比例在40年前还是25.1%，这一情况令人震惊。他们没有共享“新时代”的繁荣，经济危机也只使得他们所处的这一全国公认的困境进一步加剧。1932年，一位记者由美国的农民想到了在报纸画刊上看到的蒙古农民，以及平原地区遭遇饥荒带来的阴影。自伊丽莎白女王统治以来，农产品价格从没这样低过。1蒲式耳①小麦的价格不到25美分，1蒲式耳玉米7美分，1蒲式耳燕麦10美分，

① 1蒲式耳≈36升。——编者注

1 磅[1]棉花或羊毛 5 美分，1 磅糖 3 美分，1 磅猪肉或牛肉 2.5 美分，200 个一箱的苹果（假设它们都是毫无瑕疵的）40 美分。

如果把农民充满了苦难和汗水的劳作折现，这意味着一马车的燕麦买不到一双 4 美元的托姆 · 麦克安低质鞋。一马车的小麦可能刚好够，但抵押的利息是每英亩 3.6 美元，加上其他税 1.9 美元，种植小麦的农民每英亩亏损 1.5 美元。以棉花活来说，最强壮、手脚最麻利的人从太阳升起一直辛苦劳作到太阳下山，一共 14 个小时，采 300 磅棉花只赚到 60 美分。用玉米做燃料比卖掉玉米买煤烧更划算。肉类的价格也跌到了谷底，一个人花 1.1 美元把羊送到市场，最终得到的回报还不到 1 美元。在蒙大拿州，一个农场主通过借贷买了子弹，花了两个小时宰杀了一群牲畜，却只把它们丢在峡谷里任其腐烂。喂养牲畜花费的钱是赚不回来的。转身离开时，他对一名记者喃喃道："这是打击'大萧条'的一种方式，对吧？"

随着农产品价格的暴跌，数以万计的抵押拍卖通知贴在了住户门柱上和州法院门口。据估计，密西西比州 1/4 的房屋被拍卖。共和党农村报纸编辑威廉 · 艾伦 · 怀特曾经恳求胡佛总统去看一看中西部地区的情况，他写道："每个农民，无论他的农场是不是已抵押，都知道以今天农产品的价格，迟早有一天会破产。"农场主破产了，甚至买不起麻绳，付不起工具维修费，买不起种子，放贷的银行会收回这片土地，而世代拥有这片土地的人只能沦为银行的佃农。与此同时，牧场主用羊肉喂秃鹰，烧玉米取暖，数以百万计的城里人连这足以击垮农民的低价都难以承受（每磅黄油 39 美分，烤肋排 21 美分，两打鸡蛋 41 美分），因为城市里有诸多闲杂人等，所以那些在职人员的工资往往只能维持在"饿不死人"的水平。

① 1 磅≈0.454 千克。——编者注

没有人来保护他们。总统不赞成削减工资，但他也反对小时工资制，因此，在1932年春，当美国钢铁公司第二次削减工资时，工人们深感无助。工人运动几乎绝迹，美国劳工联合会（简称“劳联”）的成员人数从1920年的410万减少到220万，约占劳动力的6%。1932年爆发了多起殊死搏斗的罢工，全部以失败告终。矿工每月收入10.88美元，还要受检量员的摆布，被迫以高价在公司的商店购物，一旦他们反抗，国民警卫队带领的资方武装队伍就会实行血腥镇压。矿工联合会势单力薄，除了对受害者表示同情，其他什么都做不了。

在林恩和洛厄尔这样的新英格兰工厂小镇，只有1/3的工人有工作，像农奴一般被使唤。其中一个工人离开新罕布什尔州的曼彻斯特，到纽黑文找工作居然被捕了，因为流浪罪被送至法院，法官下令让他回到曼彻斯特的工厂。大量求职者使得雇主们一再削减工资。百货公司职员的周薪只有5美元。芝加哥的一项调查显示，大部分女性工作者的时薪不到25美分，其中1/4的人还不到10美分。1932年，伐木工的时薪已降至10美分，一般承包服务业7.5美分，砖瓦制造业6美分，锯木厂5美分。“大萧条”之前，马萨诸塞州纺织厂很少需要熟练的操作人员，每天工作8个小时，负责20多台织机。现在工厂引入了加速制和加班工作制，作家路易斯·亚当米克看到十几岁的女童工操作着30台宽式纺织机，从黎明到黄昏不停歇。

在布鲁克林的血汗工厂里，15岁童工的周薪只有2.78美元。女工每星期工作50小时，只有2.39美元。1932年夏，康涅狄格州劳工部专员报告说，超过100家商店仅支付每星期工作55小时的店员60美分。纽约市是纽约州压榨劳动力最严重的地方，其服装行业雇用的5万名妇女受剥削程度最深。《时代周刊》报道“无良雇主”将“工资削减到中国的水平了”。织帽子的工人工资是40美分一打，一个工人每星期只能织两打；做围裙是 2.5 美分一条，一个女孩一天只挣到 20 美分；做拖鞋衬垫的人做 72 双才有 21 美分，如果她每 45 秒完成一只，一天工作 9 个小时也才 1.05 美元；制裤厂的女清洁工缝合熨烫一条裤子可以挣 0.5 美分，通常 5 分钟可以完成一条，所以时薪是 6 美分。厚道的雇主在这种竞争中是无法生存的。需要福利救济的人越来越多，总统还是不肯给予他们联邦政府的帮助，“大萧条”时期第 4 个冬季来临时，救济开始瓦解。

一名参议员公开呼吁，要用一两天的工资维持一个星期，工人根本没有办法生存，全国制造商协会主席埃杰顿却说：“什么？我支付工资，从来没有想过要以工人的需求为基础，我以效率为准。就个人而言，我上教堂就尽了社会福利责任。”毫无疑问，他认为自己尽到了责任。正如《财富》杂志解释说，当时的理论与过去一致，认为私人慈善机构和半公共福利团体可以照顾老人、病人和穷人。

现在这些机构完全不起作用。“大萧条”使得慈善机构的负担加重，已经耗尽了它们所有捐款。1932 年，私人捐款锐减至救济资金的 6%，剩下的约 3 000 万人只能依赖公共福利。不幸的是，地方政府完全负担不起。1930 年以来，州政府和市政府财政一直呈现赤字状态。约 90% 的市政收入来自房地产税收，就“大萧条”时期的美元市值而言，房地产的估价高得令人觉得可笑。如果房东持有建筑物的所有权，那么他们应该缴税，他们的房屋能否产生收入却与法律无关，都得照常纳税。所以，即使他们的租户是靠市政救济度日，没有办法支付租金，房东也要尝试各种方法拿到租金。刚开始时，他们愤怒地将身无分文的租户赶出去。在纽约，随时随地都能看到租户被赶出来；在费城，许多家庭被赶到大街上，小女孩们就此发明了一种新游戏，叫“驱赶租户”。

但出租屋空出来没有解决任何问题，只是使得这些拥有房产的人遭到咒骂，同时留下未付税的票据。最终，正如哈佛商学院的萨姆 · H · 斯利克特教授向参议院制造业委员会解释的那样，“只要有失业者牵涉其中的，几乎都暂停收租了”。在大都市地区欠税比率徘徊于20%~30%，缺乏这项收入的城市则削减公共服务：道路没法铺砌，人行道损毁，冬天被积雪覆盖的街道无人清扫。在芝加哥，因为纳税人联合起来拒不缴税，政府两年无此项收入，只好向银行借贷，进一步加深了60万失业人口的苦难。

地方政府已破产，而社会又普遍认为，从某种程度上说，贫困都是自找的，因此要得到政府的救济变得极其困难。为了加大获得救济的可能性，在考虑申请救济之前，人们不得不出售房屋和财产，取消保险，借贷无门，并且提供材料证明所有已知的亲戚都已破产。即使这样，在许多城市，未婚人士或没有小孩的夫妻也不会得到任何救济。接受救济的人通常会被平白无故地冠以任何可能的污名。1932年9月，缅因州刘易斯顿投票通过了一项剥夺被救助人的选举权法案。从马萨诸塞到俄勒冈，10个州的宪法中对选民有明确的财产要求，所以这个目标已经实现，无须再立法案。西弗吉尼亚州的医院一定要有人担保支付费用，才肯接收病人。一个孩子需要手术，一定要等到孩子父母保证支付1 000美元后再进行。在得克萨斯州罗伊斯城，两名医生把以下广告刊登在当地报纸上：

> 请注意：如果你妻子怀孕，打算来罗伊斯城医院，请你一定备好资金，以避免不必要的麻烦。特此公告。

在一些社区，纳税人协会竟然阻止福利资助的儿童上学，接受公共援助的家庭也不允许进入教堂。

即使克服了一切障碍，能够得到福利申请批准的人也屈指可数。《财富》杂志报道，在工厂区、矿区和佃农农场，“救济仅仅是徒有其名”。城市里只有25%的合格家庭能得到某种形式的救助。1932年，托莱多市市长说：“我见过成千上万受到打击、灰心绝望的男女乞求公共援助，他们总是一副低眉垂首、阿谀奉承的模样。这也是国家倒退的显著特点。”况且即使得到了政府的救济，也不代表失败、沮丧和绝望都结束了。费城一家四口每星期只能得到5.5美元的救济金，反对发放救济金的人冠冕堂皇地宣称这样可以防止穷人腐化堕落。费城少得可怜的救济金相比纽约（2.39美元）、密西西比（1.50美元）和底特律（0.60美元），算是优厚的了。最好的情况下，救济金最多够买食物和燃料。经济危机前，被救济家庭已经过上穿不暖的日子，如今又过了三个冬天，他们身上的衣服早已成了破布。随处可见一家之主穿得像玩杂耍的流浪汉：上衣掉了扣子，手肘处和膝盖处都被磨破，头顶的旧凉帽就像已经在锅炉房挂了很多年似的，网球鞋打满了橡胶补丁，帆布手套两只不一样，身上披着一张肮脏的老羊皮。

通常，公务员和领救济金的人是无法区别开的，因为两者的资金来源相同。作为一个法治社会，有权者会想办法给警察提供体面的制服，因为那时社会治安是大家最担心的问题。可是教师却没有受到同样的关注，他们是政府税源不足的最大受害者。“大萧条”初期，他们微薄的薪酬还要被扣除一部分以补贴流动救济点。在校学生人数每年增加20多万人，学校必须采取进一步的节约措施。没有教室，课桌摆在走廊上、可供暖的移动房屋里和铁皮棚里；美术和音乐课被取消；同一本教科书，一学期这个班用完传给下一个班，直到变得又破又脏，满是破损和缺页；教室变得越来越拥挤。最后，连教师工资也发不出来了。

到 1932 年，因为资金短缺，全国超过 30 万儿童辍学。密西西比州、明尼苏达州北部、爱达荷州、南达科他州和亚拉巴马州的教师只好“借住”在学生家里。在俄亥俄州代顿市，学校一星期只上三天课；阿肯色州的 300 多所学校停课 10 个月，甚至更长时间。在堪萨斯州，一蒲式耳小麦 25 美分，而农村教师的工资每个月只有 35 美元，一年只付 8 个月薪水，即每年 280 美元。在艾奥瓦州，教师月薪 40 美元，只是华盛顿设定的最低工资的一半。阿克伦市欠教师工资多达 30 万美元，扬斯敦拖欠 50 万美元，底特律拖欠 80 万美元，芝加哥竟拖欠 2 000 多万美元。

芝加哥学校的故事是“大萧条”时期的一段佳话。因为不忍看到 50 万儿童辍学在街上流浪，当地教师们每天拦过路车上班，“薪水日减”也坚持上课（到 1932 年，他们只收到了过去 13 个月中 5 个月的工资），政府发的临时欠款凭证要“大萧条”过后才能兑现，甚至芝加哥的银行家不肯兑现，教师还是接受了。可是我们看到，市政府竟有资金举办 1933 年世界博览会。萨莉 · 兰德当时每星期有 6 000 美元的收入，可政府却对教育委员会的处境不闻不问。1 000 名教师被解雇，那些仍然留下来的都做出了巨大的自我牺牲。1 400 名教师中，759 名居无定所。他们以自己的保险担保借了 112.8 万美元，又以 42% 的高年利率借了 23.2 万美元。虽然他们自己都很贫穷，却还是用他们空瘪的钱包养活了 1.1 万名学生。

教师、福利工作者和警察的生活穷困潦倒。20 世纪 30 年代初，没有人叫警察是“猪”，即使他们不得不受命破坏罢工，众所周知，他们和纽约大街上被剥削的工人一样。①1930 年以来，这些巡逻警察

① 3 月 8 日，即血腥镇压福特汽车工厂工人罢工的第二天，底特律市警察局局长就开除了 162 名警察。

经常在最贫困的街区发放救济品。捐款来自城市的公职人员，包括他们自己都贡献出个人工资的1%。学者卡罗琳·伯德指出："公开承认贫困应由官方承担责任还是第一次，但承认的并不是管理层，而是一直生活在最底层穷人中的公务员。"

但教师们还是再一次见证了最凄惨的情况，因为最令人心痛的是，"大萧条"的牺牲者就在教室里。在可怕的1932年10月（总统大选前一个月），纽约市卫生局报告，公立学校里超过20%的学生营养不良。美国公谊服务委员会秘书长上报国会，在俄亥俄州、西弗吉尼亚州、伊利诺伊州、肯塔基州和宾夕法尼亚州的矿区，儿童营养不良的比例有时超过90%，这些贫困儿童的症状为"困倦、嗜睡、懒惰"和"智力发育迟缓"。教师建议一个小女孩回家吃点儿东西，孩子回答说："我不能吃，今天该我妹妹吃。"一个小男孩向访客展示他的宠物兔，男孩的姐姐低声说："他认为我们不会吃掉兔子，但我们会。"社工莉莲·沃尔德痛苦地问："你有没有见过父母自己饿了几个星期，饿到控制不住打战，只为了给他们的孩子节省一点儿食物？"可怜的父亲说："工人没有权利有孩子。"马萨诸塞州的一个牧师说："我知道一个家庭常年只靠吃小扁豆为生，他们买不起面包。我们的孩子还会遭受什么？"

胡佛总统却对记者说："其实没有人挨饿，这些流浪汉吃得比以前还好。在纽约，一个流浪汉一天吃了10顿饭。"1932年9月，《财富》杂志直呼总统是个骗子，并表示"2 500万人需要帮助"才是对国家的经济状况更贴切的描述。饥饿事件被《财富》杂志、《旧金山纪事报》、《大西洋月刊》、《纽约时报》报道，也被国会证词记录在案。纽约市福利委员会报告29人被活活饿死和110人死于营养不良，其中大部分是儿童。胡佛从来没见过人们遭受的痛苦，但卸任后就不得不领教一下了：他在洛矶山脉区钓鱼时，一个本地人把他带到了一间小屋，屋里有一个死于饥饿的孩子和7个已经挣扎在死亡线上的人。

许多人仍然像牲畜一样才勉强存活下来。在宾夕法尼亚州的乡村，他们吃的是野生杂草根和蒲公英；在肯塔基州，他们嚼的是紫罗兰的花蕾、野葱、勿忘草、野菜和牲口吃的野草。城市里的母亲们则在码头晃悠，等待被丢弃的废品，还得和流浪狗抢夺。她们会一路跟随装载着蔬菜的卡车，等待着争抢掉下来的东西。中西部一所宾馆的厨师把一桶剩菜放在厨房外的小巷，立即就有十几人从黑暗里窜出来争抢。在加利福尼亚州的长滩，一位66岁名叫弗朗西斯·埃弗雷特·汤森的医生刮胡子时瞥了一眼窗口，在一堆垃圾桶中，“三位憔悴的老女人佝偻着身体在垃圾桶里翻找”。还有全家都一头栽进垃圾场，啃着骨头和西瓜皮的。一位芝加哥寡妇为了不让自己看到食物上蠕动的蛆虫，总是会先摘掉眼镜。晚上的纽约街头，托马斯·沃尔夫看见“无家可归的人徘徊在附近的餐馆，掀起垃圾桶盖，仔细搜寻里面腐烂的食物”，他发现这样的人“无处不在，并且在1932年艰难和绝望的日子里，人数与日俱增”。

1932年，富裕的美国人把垃圾施舍给极度饥饿的农村同胞，就认为是行善。纽约基斯科山的慈善团体麋鹿会和美国普林斯顿大学的饮食俱乐部命令他们的服务员把剩菜送给有需要的人。《布鲁克林之鹰》报提议建一个中转站，慈善市民可以把剩菜剩饭送到这里，穷人也可以来这里领取。俄克拉何马市的约翰·B·尼克尔斯是一家燃气公司的高管，他制订了一份计划，呼吁餐厅、公民俱乐部和酒店的厨师：“可以把剩饭菜用5加仑[①]的干净容器打包好，标上‘肉、豆类、

① 1加仑≈3.785升。——编者注

土豆、面包或其他食物'。"救世军们把这些打包的剩饭菜搜集起来，再分发给失业者。农民捐赠了木柴，由失业者自己去劈。燃气商写信告诉战争部长赫尔利："我们猜，那些不值得得到照顾的人可能会来给我们制造麻烦，但为了照顾那些值得帮助的人，我们必须与这种情况斗争。"赫尔利认为这是一个不错的想法，并敦促当局采纳。但这一计划被胡佛的就业紧急委员会会长否决了，因为这样可能会被误解。

似乎尼克尔斯、《布鲁克林之鹰》报、麋鹿会和美国普林斯顿饮食俱乐部会员从来没有意识到，更戏剧性的解决方案随之而来。已经有人在思考吃饱喝足的富人和忍饥挨饿的众人之间的对比，他们觉得自己看到了黑暗的来临。托马斯 · 沃尔夫常在纽约公共厕所和那些可怜的人交流，直到再也无法忍受听他们讲述痛苦的遭遇。然后，他沿台阶走上 20 英尺，眺望着"在如此寒冷的冬夜，曼哈顿灯火辉煌。伍尔沃思大楼就在不足 50 码[①]处，再远点儿的地方往下就是华尔街银色的尖顶，钢筋混凝土之下就是大银行。这盲目的不公平似乎是整个经历中最残酷的篇章，因为在那里，寒冷的月光下，几个街区开外就远离了这人间的不幸和苦难的深渊，照亮了权力的巅峰，全世界的大部分财富都被深锁在那里"。

身处逆境，美国人向来要寻找替罪羊，1932 年年初，像沃尔夫这样的"猎人"直击曼哈顿下城。这里的替罪羊肥美又易攻击。在 20 世纪 20 年代，美国金融家和企业家已经成为国家的英雄。哈佛大学的威廉 · Z · 里普利对柯立芝总统的警醒也是徒劳，他说"变戏法、耍手段、嘴上抹蜜、坑蒙拐骗"等行为都会威胁经济。柯立

① 1 码≈ 0.914 米。——编者注

芝总统不相信预言末日的预言家。小阿瑟·施莱辛格后来写道：9年来，政府处理业务就像它已经“发现了点金术，可以将资本主义制度的不确定性变成永久的繁荣”。梅隆誉满天下，被称为“亚历山大·汉密尔顿之后最伟大的财政部长”，《国家商业》报道，美国企业家是“全国最有影响力的人群”。但现在，股市大崩盘三年之后，孩子们这样唱道：

梅隆吹响哨声，
胡佛敲响钟声，
华尔街发出指示，
美国就去下地狱。

不过，这首歌金融巨头们是完全不听的，他们的世界仍然充斥着狭隘、自大和脱离实际。在《文学文摘》杂志上，他们读到的都是对“大萧条”的赞扬：“人们在生意场上变得更有礼貌，在家中也更通情达理，尤其是考虑欠周的女人。过去不识大体的妻子们对自己的丈夫漠不关心、不做家务，现在变得温顺而谨慎。”一名参选新泽西州州长的共和党候选人带来了好消息：“过度的繁荣将败坏人们的道德品行。”报道称，有人请杜邦家族的成员赞助一个星期日下午的广播节目，却遭到拒绝，因为“星期日下午3点，人们都在打马球”。摩根指出：“如果你破坏了有闲阶级，那么你就摧毁了文明。有闲阶级指的是雇用一个仆人的家庭，全国约有2 500万或3 000万个这样的家庭。”当被告知，人口普查数字显示，全国只有不到200万个仆人时，他似乎吓了一跳。人们对他的不谙世事并不感到惊讶。沃尔特·李普曼写道，工业和金融领袖的“影响力和权力已经从历史峰值下降到了历史最低点”。

1932年，美国65%的工业产值由600家企业创造，全国1%的人口拥有全国59%的财富。芝加哥男子塞缪尔·英萨尔担任了85家公司的董事、65家公司的董事会主席、11家公司的总经理。他的公共事业“帝国”有150家公司，拥有5万名员工，为325万名客户服务。1932年元旦，他的证券价值超过30亿美元。失业者们在威克大道地势较低处点燃柴火取暖，抬头看着高高在上的英萨尔办公楼，向记者感叹道为什么英萨尔不能帮他们。

英萨尔不能帮忙，因为他自己也遇到了难题。他的控股公司的金字塔快要坍塌了，成千上万的芝加哥人（包括许多教师）惊恐地得知，英萨尔股票已下跌到1931年价值的4%。英萨尔慌忙地试图挽救，用36个保镖日夜保护自己，但在4月，他的两笔投资信托基金申请破产管理，到6月，他欠下6 000万美元的债务逃往欧洲。库克县大陪审团对他提起公诉。为瞒天过海，他在巴黎安排了新闻发布会，自己却从后门溜出，搭午夜快车前往罗马，然后再飞到雅典。他的律师告诉他那里很安全，因为当时希腊和美国之间没有引渡条约。那时确实没有，但11月初，美希两国外交官便签署了引渡条约。英萨尔男扮女装，包船逃往土耳其。土耳其人把他交给美国当局，他被押解回国审讯，但最终罪名不成立，因为控股的公司没有相关法律监管。幽默作家威尔·罗杰斯冷冰冰地说，控股公司就是警察调查你时，你把罪证交给同伴，就可以安全脱身了。

罗杰斯还说：“这些油滑老练的商人做了很多这样的事情，它们在法律允许的范围内，但又如此接近违规行为，与诉讼只差毫厘。”民主党占多数的国会寻找证据时，几乎将华尔街翻了个底朝天，某些大人物才被挖出来。银行家艾伯特·H·威金做空自己银行（大通银行）的股票，然后向部门谎报。由于经济低迷，国民城市银行（后花旗银行）的查尔斯·E·米切尔撕毁了与纽约粮业银行的合并协议。同一时间，他强迫他的文员和出纳员继续分期贷款购买国民城市银行的股票，并且以经济危机前的价格为准（每股200美元，现在下降到每股40美元）。同时，不要抵押品和利息，他将股东资金中的240万美元贷款给银行职员做投机交易。米切尔曾亏本把债券卖给家人，后来再买回来，这样就可以逃避联邦所得税。摩根也被抓住有类似的问题，在1929~1931年都没有缴纳所得税。《芝加哥论坛报》的发行人罗伯特·麦考密克上校每年只上缴给政府区区1 500美元税费，却总是发表长篇大论，敦促他的订户悉数缴纳税款。

财政部长安德鲁·梅隆对外催促那些不愿意履行税务责任的人，对自己则用另一套标准。梅隆要求美国税务局总局局长为他编写了一份备忘录，详细描述了12种逃税方式，国人对此深感震惊。财政部指派了一位税务专家查办梅隆的个人所得税，发现梅隆采用了专员的5条建议，包括虚报礼物和将损失入账等，从而达到偷税的目的。1932年1月25日，这些事情的揭露引起了得克萨斯州众议员赖特·帕特曼的关注，他要求众议院以"严重犯罪、行为不端"为由弹劾财政部长梅隆，但梅隆的崇拜者众多，对他们来说，这些奇怪证据的披露是对上级的冒犯。其中一个崇拜者是梅隆的律师，他强硬地斥责《纽约时报》记者，因为他们"为激进分子提供了弹药"。

英萨尔的阴谋和避税都是合法的。尽管当时税法有疏漏之处，但是一些人也已跨入了犯罪领域。"瑞典火柴大王"伊瓦·克鲁格是法国荣誉军团大员勋章获得者，是"大萧条"时期胡佛总统欧洲问题的顾问。克鲁格为人正直廉洁，1928年波士顿事务所的李和希金森准备以克鲁格的名义发行几百万美元债券，其人员同意了火柴大王的建议，却没有审查他的账目。1932年3月12日，他买了一把大型手枪，锁上了自己巴黎豪宅的大门，自杀身亡。所有感人的悼词念完后，人们才发现这个火柴大王是盗窃惯犯，犯有诈骗、欺诈和伪造意大利国债等罪行。此外，他还从信任他的投资者那里偷了 3 亿多美元。

每星期都会有新的爆炸性新闻出现。银行家（或像《纽约时报》一样称为“银行匪”）约瑟夫 · 莱特 · 哈里曼是美国外交家埃夫里尔 · 哈里曼的表弟，他离开了他所拥有的快要破产的银行，逃到曼哈顿的敬老院避难。警察步步紧逼，他又逃到长岛的小旅馆，化名登记入住，结果拿骚县警方还是发现了他。哈里曼试图用一把屠夫的刀插入自己肋部，自杀未遂，他被控伪造银行账目和滥用资金，被判刑两年。美国银行（美国破产了的最大的银行）执行副总裁索尔 · 辛格也因同样的罪名获刑，后来联邦燃气与电力公司总裁霍华德 · 霍普森作为 188 576 名投资者的负责人，在华盛顿乘坐黑出租出逃后被警察抓获，被控 17 项邮件诈骗罪。乔治 · 索克思写道：“这个国家的昔日领导者已逐渐让人丧失了信心。”众议员菲奥雷洛 · 拉瓜迪亚谈到股票操纵案时说：“和这些事实一样，我相信凡是做股票，背后都是一样肮脏的故事，因为这就是一个大染缸。”市场大亨约瑟夫 · P · 肯尼迪总结：“人们本以为领导美国各大企业的人个个诚实可靠、道德高尚，但如今这一信念已经彻底破灭了。”

从这个角度来看，胡佛的复兴金融公司采取的经济措施只能被称为一个重大的政治失误。1932 年，国会领导人终于授权复兴金融公司推进国家 3 亿美元的失业救济行动。然而到年底，实际只有 3 000 万美元发放到各州，这仅等同于道斯借给自己的共和国中央银行和芝加哥信托公司金额的 1/3。总统打电话给俄亥俄州前参议员阿特利 · 波默林，任命他接替道斯，当时波默林口袋里只有 98 美分，在他去宣誓就职的路上，十几个乞丐向他乞讨。作为公共政策，复兴金融公司失败了。数百万人把它称为“大企业救济所”，它也的确如此。

但这样批判复兴金融公司就像批判梅隆一样，会激起麦克阿瑟将军之流的粗暴反应，他们认为国家安全受到了威胁。富人也开始不由自主地害怕饥民，这种恐惧很大程度上可以解释为什么一个民主党领袖会在 1932 年春遭到旧友的突然抨击。阿尔 · E · 史密斯出生在城东出租房内，15 岁时已成为福顿街鱼市场检查员，后来不断晋升，通过坦慕尼协会活动，成为纽约州州长。1928 年，史密斯与胡佛竞选失败期间，富兰克林 · D · 罗斯福在奥尔巴尼当选纽约州州长。史密斯说：“离开在奥尔巴尼居住了 6 年的官邸，我无法心平气和地看第一大道，所以我去了第五大道，我签了租约，每年 1 万美元租金。”股市大崩盘以来，史密斯始终坐着豪华轿车，由私人司机载着在曼哈顿穿梭。他是好几家银行和保险公司的董事、大亨的密友和帝国大厦的总裁。他来到了新的层次、更高的水平，因此他欣喜不已。

1932 年 4 月 7 日星期四，全国人民听到全国联播里传来了新的声音——富兰克林 · 罗斯福充满热情、活力和自信的声音。这位州长谴责胡佛政府救济大银行和企业，他嘲笑“肤浅的思想家”没有办法帮助农民。他说：“这些不愉快的时候，需要制订建设计划，对被遗忘的经济金字塔的底部的人们重拾信心。”

史密斯在杰斐逊纪念日（4 月 13 日）晚餐时大发雷霆。他声音沙哑、满脸通红地说：“总有政治竞选老手危言耸听，说国家出了问题，这种话已经让人恶心、厌倦了。现在可别想再挑唆了。我不惜脱了外套，与那些挑拨离间、教唆美国劳动人民自寻死路、搞阶级对立、鼓动有钱人斗穷人的人拼到底。”

回想起来，史密斯的爆发不可思议，引起这一抨击的话语十分温和。毕竟，罗斯福仅仅是建议为挨饿的穷人做点儿实事。

罗斯福的总统竞选征程是在纽约市麦迪逊大道331号一个不起眼的办公室开启的，并不顺利。自从成为了不起的罗斯福州长，他就成为民主党的领军人物，但随着代表大会即将召开，他迅速失势。他最忠实的下属是61岁的路易·麦克亨利·豪——一个长相难看的前记者，他喜欢一接电话就说“我是中世纪矮人”。美国其他州的许多政治家都对他避而远之。但批评家发现，罗斯福的竞选本就没有什么吸引力。右派的伯纳德·巴鲁克叫他“没有希望”的州长，泽西市老大弗兰克·黑格说他“完全没有在11月竞选中获胜的机会”，支持阿尔·E·史密斯的斯克里普斯–霍华德报团表示“富兰克林·罗斯福就是另一个胡佛”。

罗斯福是当时两党人士中唯一一个提出以改革的方式帮助国家走出困境的领导者，但自由派针对他的谩骂尤为严重。记者海伍德·布鲁恩、埃尔默·戴维斯和沃尔特·李普曼都很瞧不起他。《新共和》周刊说他“没有超群的智力，也没有过人的耐力”。5月11日，在一封写给罗斯福的公开信中，《国家》杂志编辑奥斯瓦尔德·加里森·维拉德写道：“你已经深深打击了美国人的信心，他们不再相信非常时期会有非凡的领导者出现，使我们的体制得以幸存。”通过《国家》杂志会前筛选过的议题，可以发现反对罗斯福的评论：“……他的竞选没有什么希望”、“他的竞选激发不出人们的热情”、“没有任何迹象表明有人会把他当领导”、“只有软弱和妥协”、“此时又有另一个软弱无能的人代替了赫伯特·胡佛加入总统竞选，这会是更大的灾难，因为我们都误以为富兰克林·罗斯福是一个真正的自由派”。《国家》杂志还模仿斯克里普斯–霍华德报团的腔调写道：“胡佛换了个名字，但仍然是胡佛。”

1932年，按民主党全国代表大会的规则，要想赢得民主党总统候选人提名，需要 2/3 的选票。史密斯迅速成为反对罗斯福联盟的领导者。两人都在 4 月下旬进入马萨诸塞州初选，史密斯给了罗斯福重重的一击，拿下了本州全部 36 票，获胜的比率为 3∶1。随后的一个月，爱给人扣“赤色分子”帽子的众议院议长约翰·南斯·加纳得到赫斯特报系的支持在加利福尼亚州的初选中以 60 000 票获胜，罗斯福居第二，史密斯以微弱劣势居第三。现在只有一个办法使罗斯福能够赢得民主党代表大会的支持，那就是与各州民主党领导打交道。6 月下旬，民主党人聚集在芝加哥（两个星期前，共和党人在此重新提名胡佛，此前，一位提名柯立芝的代表已经被芝加哥警察从大厅逐出），麦克亨利·豪开始在国会大酒店 1502 室筹谋他的计划。“你有什么要求？”他问弗吉尼亚州前州长哈里·伯德。伯德说他想成为美国参议员。“这是你开的条件？”麦克亨利·豪反问道。伯德说就是这样。弗吉尼亚州已经有两名民主党参议员[①]，但麦克亨利·豪说：“很好，我们可以让格拉斯或斯旺森进入富兰克林的内阁。”那时的政治家非常直接。

芝加哥体育场的主席台下，约翰·E·麦克法官准备发表一个毫无新意的演讲以提名罗斯福。民主党已经通过了一项骇人听闻的党纲，保证联邦削减 25% 的支出、平衡预算、遵守金本位制、经济自由化，以及唯一可取之处——废除禁酒令。罗斯福的支持者们甚至连一首主题曲都没有。史密斯已经抢占了《纽约人行道》这首歌，反正州长的家乡海德公园也没有人行道。为了颂扬罗斯福担任海军部助理部长时的贡献，麦克亨利·豪决定使用海军军歌《起锚》。麦克亨利·豪的秘书突然出现并告诉他：不能用《起锚》，因为它被用在了

① 美国宪法规定每州只能同时在职两名参议员。——编者注

香烟公司的广播电台广告中。相反，她建议选用米高梅电影《追逐彩虹》中有关股市大崩盘的歌曲。她在1502套房的卧室里又蹦又跳，边打拍子边唱歌。豪无奈地同意了，拿起电话说："告诉他们播《幸福的日子又来了》"，这样就诞生了新一代民主党党歌。麦克法官讲完话，游行开始，声音从廉价的管风琴传出：

幸福的日子又来了！
天空晴朗澄澈！
让我们唱起快乐的歌！
幸福的日子又来了！

这首歌曲虽然活泼欢快，但效果还是不明显，经过三次投票，民主党代表大会仍在僵持。有些罗斯福支持者开始动摇。在全州统一投票规则下，密西西比州阵营损失一票就意味着失去了整个州。罗斯福的竞选团队采取了长岛政客吉姆·法利的建议，承诺竞选成功后加纳可出任副总统。威廉·伦道夫·赫斯特担心罗斯福势力的解体会导致支持国际联盟的候选人当选，在他的建议下，加纳同意了这个方案。加纳从华盛顿给他竞选团队经理人萨姆·雷本打电话，于是加利福尼亚州成为罗斯福阵营中的一员。挤满看台的史密斯的支持者，听闻此事不禁暴怒。史密斯的代表们拒绝民主党一致支持罗斯福，四处撕毁罗斯福的海报。威尔·罗杰斯评论："啊！今天他们是民主党人，他们在混乱纷争中对战，据理力争，不断分裂与言和，这就是民主党的传统精神。"其他评论家说的还没有这么委婉。海伍德·布鲁恩嘲笑罗斯福是"混乱的民主党代表大会中见缝就钻的候选人"。H·L·门肯在《巴尔的摩太阳报》上写道：民主党人推选出了他们最软弱的候选人。《旧金山纪事报》也对此表示赞同。胡佛总统第二天早上与朋友掷重力球锻炼时，也点头同意门肯的说法。有人向胡佛保证，美国人仍然保守，也有人说难以想象选民会选出一位毫无希望的跛子做领袖。那时，计划中的诽谤性造谣活动已经拉开序幕。

罗斯福乘坐福特三引擎飞机从奥尔巴尼飞抵芝加哥，因为天气原因经停了两地，9 小时的颠簸飞行中，他写下了接受提名演讲稿。从来没有人这样愉快地接受总统候选人提名，但罗斯福认为“大萧条”就是在召唤史无前例的举措。他站到民主党代表前，放好拐杖，说他希望民主党能够打破“荒谬的传统”。他大声说：“为了美国人民的新政，我请求你们和我一起。”一些代表认为，这是西奥多 · 罗斯福的“公道治政”和伍德罗 · 威尔逊的“新自由”的巧妙结合。然而，记者发现罗斯福是一个伟大的借用者。“被遗忘的人”来自 1883 年社会学家威廉 · 格雷厄姆 · 萨姆纳的讲话，而斯图尔特 · 蔡斯刚刚出版了一本书，名为“新政”。罗斯福并不太在意一个字、一个想法或一个计划的来源。他的治国之道总结在奥格尔索普大学的演讲中：“除非我曲解了美国人的意图，国家需要也必须要大胆且坚持不懈地探索……总之，尝试新事物。”他已经开始招揽大学教授，搜集建议。《纽约时报》的詹姆斯 · 基兰称他们为“智囊团队”，其他人（包括罗斯福）借用时将其缩写为“智囊团”。

如果对天才的定义是一个有超凡能力、善于利用各种人才和事物的人，那么民主党提名的候选人是合格的。他使约翰 · 甘瑟想起“万向接头，或者更确切地说，一个配电盘，一个变压器”，其他人的智慧和力量可以借此传播。一年之内，他会因此变得充满传奇色彩。但作为一名候选人，他仍然被视为凡人——年过半百，有宽厚肩膀的人。他的长臂和那大而厚实、满是雀斑的双手，也弥补了一些双腿残疾的不便，他有稀疏的灰发、微隆的啤酒肚，深蓝色的眼珠嵌在棕色阴影中，嘴边有两条括号曲线形的皱纹。毫无疑问，在格罗顿学校校长恩迪葛·皮博迪的传统道德引导下，罗斯福被培养成一名绅士，成就了他坚强的内心。他也许是全国唯一把经济问题看作道德问题的人。罗斯福的自信让人震惊，有人说“他的心理承受能力和记忆力如有神助”。他还记得童年时代看过一次的意大利的街道和建筑物，当说起战争中有一条船在苏格兰附近海域沉没，被鱼雷击中或是触礁时，罗斯福说可能是触礁，接着滔滔不绝地讲那个季节海浪高度以及礁石水下位置。他最喜欢的表演之一（他一直是一位演员）是让参观者在没有文字的美国地图草图上任意画一条线，他就能说出这条线贯穿的几个县的名称。他总是不断追求进步，他一看到撒哈拉沙漠，就会想引水灌溉。在当时停滞不前的世界上，他已经全球闻名。布鲁塞尔的《明天报》占星师发现他过度的理想主义，对快速改革有着极大的热情以及“眼光精准”，还说1941年后，他可能会遭遇意外。

罗斯福告诉国民：“必须达到理想和现实之间的平衡……才能有所成就。”这完全不是理论家想要听到的话。英国工党政治学家哈罗德·拉斯基冷笑道，罗斯福“企图用一颗小药丸弥补地震损失”。李普曼称他太软弱，太急于讨好，对每个人都面面俱到。欧内斯特·K·林德利报道，美国渴望的是救世主，但是罗斯福先生“看起来或听起来都不像一个救世主”。哲学家约翰·杜威认为关于提名罗斯福是两害相权取其轻的说法纯属“自我毁灭”。劳工组织日落西山，拒绝支持任何候选人。

美国人对于两大政党高度不满。威尔·罗杰斯总结说：“大部分人都觉得，如果有可能，他们想给所有人投反对票。”在堪萨斯州，共和党州长候选人阿尔弗雷德·兰登因为两党之外的第三党竞争者“山羊腺医生”约翰·布林克利博士的加入，地位受到威胁。在加利福尼亚州，阿拉米达县地区检察官厄尔·沃伦竞选连任时，竟有6个莫名其妙的候选人与他竞争。在党内，罗斯福能否得到路易斯安那州官员休伊·朗的支持，成为让他心存疑虑的问题。这位官员总是带着枪，在罗斯福看来，他是美国两个极其危险的人物之一（另一位是麦克阿瑟将军）。

李普曼在罗斯福和胡佛之间没有看到“基本原则上的分歧”，“左”派叛变的迹象尤为明显。刘易斯·芒福德说：“如果我投票，就会投给共产党人。这是立志拯救文明的共产主义。”芝加哥大学教授保罗·H·道格拉斯（后来成为民主党要员）宣称民主党的毁灭将是“我们政治生涯中非常好的事情之一”。9月，约翰·张伯伦写道：进步主义“要么是指诺曼·托马斯（社会党领袖），要么是指威廉·Z·福斯特（美国共产党创建人），虽然这两个人都难有作为”。托马斯的支持者包括诗人斯蒂芬·文森特·贝尼特、神学家雷茵霍尔德·尼布尔、斯图尔特·蔡斯、埃尔默·戴维斯、莫里斯·恩斯特，以及《新共和》周刊和《国家》杂志的编辑们。维拉德继续他的长篇大论，关于罗斯福，他这样写道：“他提到‘被遗忘的人’，但从来没有真实地、充满激情地、明白地告诉我们‘被遗忘的人’被剥夺了什么或者我们应该为他做些什么……我们在他身上完全看不到领袖气质，并没有任何证据表明他可以满足这个非常时期的需求。”

这种说法有些夸张，但是美国交通运输研究委员会在《新共和》周刊上写到“罗斯福竞选抱骑墙态度”，《时代周刊》说罗斯福“出现在竞选的浪潮中，精力充沛、善良、出身名门、彬彬有礼，但怯于改革”，都是对他最准确的描述。9月23日，候选人只对旧金山联邦俱乐部成员做了一场非常激进的演讲，后来再也没有过。当时他自己的观念还很保守，赞成金本位制、平衡预算和商业自由竞争。此外，他必须保持党内团结一致。对于民主党“左”翼分子来说，他们有一个休伊 · 朗，右翼就有 10 个像阿尔 · 史密斯和加纳这样的人，他说“我们应该停止谈论‘被遗忘的人’和阶级差别”，加纳传话给罗斯福，如果他再进一步推进这些“激进的思想”，他们会将我们“狠狠地踢出去”。罗斯福没有再进一步。他的演讲被指充满含糊和矛盾之处，许多段落似乎反映出粗浅的乐观主义，在匹兹堡发表的一次演讲更犯下了可怕的错误。“铁裤汉”休 · S · 约翰逊将军成为罗斯福智囊团中的一员，他是巴鲁克的朋友，也曾经是麦克阿瑟将军在西点军校的同班同学，后来在墨西哥边境曾与乔治 · 巴顿共住一个帐篷。他年幼时常高呼：“除了休 · 约翰逊，每个人都圆滑世故到令人生厌，只有他很好。”这仍然是约翰逊将军的做人态度，他认为其他智囊团成员都是令人讨厌的人，他跟随罗斯福乘火车到处竞选，趁智囊团其他成员离开列车时，他说服了罗斯福将要求联邦预算减少 25% 写进民主党竞选纲领。4 年后，罗斯福还将听到这样的意见。

罗斯福的支持者对他的关税立场和电力工业并不感兴趣，他们关心的是采取措施的人。他们看到的是一个杰出的领袖：他有力地昂着头，眼睛里闪烁着光芒，烟嘴斜指天空，他的海军大氅优雅地从厚实的肩膀上垂下。他是热情、温暖和尊严的写照。他总是面带微笑，总是称呼人们“我的朋友”。即便他的演讲没有充分阐明公共政策，仍然很吸引人。编辑们读到罗斯福的话“一个国家真正的也是唯一的资本就是其自然资源和人民”也忍不住叹息。选民被州长表现出的诚意打动。对他们来说，他传递的信息清晰而具体，比喻通俗。他关心人民，人民也能感觉到。竞选对于他和人民来说，都是一次很好的教育。罗斯福向西穿过平原，他第一次意识到国家的经济情况已变得多么让人绝望。他对一个朋友说：“我看着成千上万美国人的面孔……他们脸上都浮现出走失的孩子般惊恐的神色。”

同时，回到白宫的胡佛已经重整旗鼓，罗斯福的演讲并没有对其产生影响。《文学文摘》对罗斯福胜利的预测可能会对投票产生影响，所以人们对总统选举下注，罗斯福对胡佛的比率是 7∶1。然而，真正的冲击来自缅因州。缅因州 9 月还在投票，统计选票时发现，该州选了一位民主党州长和两位民主党众议员——这是共和党自内战以来第一次遭遇这样的挫败。1928 年胡佛参加总统大选，在 40 个州的选举中获胜，他却一脸茫然。他告诉秘书，这意味着“我们要力拼到底”。此前他曾表示，4 个月的竞选活动后，罗斯福会失去商界对他的信心，他认为这可能会以某种神秘的方式决定选举结果。像福特汽车这样的公司，实际上已通知其员工“为了防止时局进一步恶化，也为了使之变得更好，胡佛总统必须当选”。但很显然，员工没有听从老板的指示。此外，还曾有一些来自共和党的“逃兵”，最著名的是爱达荷州参议员博拉和加利福尼亚州参议员海勒姆 · 约翰逊。

所以胡佛穿上他的高脚鞋和赛璐珞领，走到了他的人民之中。他很幸运，还能活着回来。他特意采取了卑鄙的手段，向他的内阁成员透露说，国民对他怀有“仇恨”，唯一获胜的办法是引发人们“对罗斯福接下来的行为的恐惧”。在德梅因市，他谈到关税：“如果关税取消，成百上千条城镇街道都会成为荒芜的草地，大片农田会长满杂草。”听众们却嘲笑胡佛还推着“胡佛车”，上面写有标语“无论胡佛说什么，我们都会做到，这不是信口开河”。在印第安纳波利斯，胡佛告诉听众，罗斯福说的都是“废话、错话、空话、假话、污蔑的话、愚蠢的话和诽谤”，听众们嘘声一片。在克利夫兰，他承诺没有一位“有功劳的”市民会饿死，却遭到了人们的一阵嘲骂。在圣保罗，提及补偿金远征军的暴动时，他说“感谢上帝，我们仍然有一个地处华盛顿的政府，知道如何处治暴徒”，人群回以巨大的咒骂声。底特律是最糟糕的，全市有25万人需要救助。在车站，迎接胡佛的是嘘声和骂声。骑警挥舞着警棍，驱散人群，他的豪车所过之处，数万群众挥舞着拳头高喊“绞死胡佛”，标语上写着“打倒胡佛，残杀退伍军人的凶手，弄垮银行家的罪魁祸首，枪杀老兵的子弹”。后来一个特工告诉记者：“自从西奥多 · 罗斯福时代以来，我一直跟随历任总统四处巡视，在此之前，我从未见过有人对总统发出这样的嘘声，也没有见过有人冲到街上对总统嗤之以鼻。这可不光彩。”警察局局长看着胡佛倒霉透顶的样子，胡佛当时气得几乎说不出话来。现在，当他乘坐的列车开过这片凄惨的土地时，人们愤怒地朝他扔鸡蛋和西红柿。他不知道自己还能做些什么，只好打电话给卡尔文 · 柯立芝。

柯立芝说他的喉咙不舒服，而且“真的很难再说些什么”。他的困难是可以理解的。在马萨诸塞州北安普敦，他自己的银行要破产了。最后，他同意在麦迪逊广场花园发表讲话。共和党人以为柯立芝的名号一打出，花园定会人山人海。然而，上座率不到1/3，引座员不得不跑到外面乞求路人听一听这位唯一在世的前总统的演说。广场上，共和党的忠实信徒们给了他长达两分钟的掌声以示欢迎，他指了指手表，示意停止，意在说明欢呼声已经浪费了价值340美元的时间。“这就是卡尔文啊！”有人喊道。但他不是曾经的卡尔文，观众也不是原来的观众。他说：“共和党相信振兴工商业带来的收益会为普通人的生活造福。”他顿了顿，等待观众的掌声，却只有一片寂静。他又说了一句“当我在华盛顿时”——观众们哄堂大笑。他百思不得其解地摇了摇头，以前从来没有人嘲笑过柯立芝讲话。他断断续续地念完稿子，回到家宣布自己已“精疲力竭”，15个星期之后就去世了。

现在，执政党是真的快绝望了。农业部长诬蔑罗斯福为“花样百出的骗子”，海军部长预测：“如果罗斯福当选，1亿美国人的家庭和生活可能遭遇危险。”胡佛哭喊着：“我的同胞们！决定国家百年发展方向的根本问题是，我们是忠实于美国传统，还是乱搞新花样。”他耷拉着肩膀，眼角的鱼尾纹又深了，嘴边的纹路更明显了。在胡佛最后一次通过广播向选民发出的呼吁中，他提出预警“要小心各式各样假惺惺的承诺”。威廉·艾伦·怀特指出，他的声音是“多么疲惫”，他的话已经变得“多么空洞，只是悲伤的幻灭”。

胡佛与州长罗斯福已经形成鲜明的对比。罗斯福说：“可能你们不会完全同意我的观点，但大家都对我很客气……我们团结起来，形成一条最坚实的纽带，才有助于摆脱萧条。”他是坦荡自信的，从来没有一个参加总统大选的人可以像他一样信心十足。大选之夜，设在比尔特莫酒店的民主党纽约总部里，他的美国优秀大学生荣誉学会会章在他深蓝色的背心上闪闪发光。他接到不断传来的好消息，直到次日凌晨零点17分，胡佛承认失败。罗斯福已经攻下48个州中的42个，除了康涅狄格州、缅因州、佛蒙特州、新罕布什尔州、特拉华州和宾夕法尼亚州，共得了472张选举人票。《时代周刊》讽刺胡佛这位“遭拒的总统”只得到59张选票。自林肯以212∶12击败麦克莱伦之后，这是两党总统竞选中以最大优势取得的胜利，不过有人指出，诺曼·托马斯的民众选举得票已从267 240票跃升至728 860票。为了庆祝胜利，麦克亨利·豪打开了一瓶珍藏了20年的雪利酒。那天晚上，三个出生在布鲁克林的贝思–艾尔医院的新生儿，分别取名为富兰克林·德拉诺·梅布鲁姆、富兰克林·德拉诺·芬克斯坦和富兰克林·德拉诺·拉金。

富兰克林·德拉诺·罗斯福结束竞选回到位于东65街49号的宅子里，母亲拥抱着他幸福地说：“这是我生命中最棒的时刻。”然而罗斯福似乎已经失去竞选时的信心。楼上，他 25 岁的儿子把他扶到床上，靠在床边亲吻道晚安。罗斯福抬头说：“你知道吗吉米，我的一生中一直只害怕火，今晚我好像开始担心别的东西了。”儿子问：“担心什么，爸爸？”罗斯福回答：“我担心我可能当不好总统。”

第二天早晨，罗斯福倚在床头，看着报纸上全国的社论评论，备受鼓舞。甚至连《芝加哥论坛报》也说，他的“性格和主张让人民满意，他美好的愿望和信念给人民留下了深刻的印象”。这些特质本来就在那里，并不是用来达到目的的手段。如果他没有敏锐的眼光发现别人隐藏的动机，就无法赢得竞选，那天早晨他正需要这样的眼光。胡佛发来贺电，他必须给予回复。起初，他在背面写他准备在未来几个月内“与你合作”，然后他停顿了一下把它删去。随后，他潦草地写道，他“准备在各方面进一步努力，共同建设祖国”。直到 1933 年 3 月 4 日，新一任总统才宣誓就职。面对即将到来的 4 个月群龙无首的过渡状态，他有一种预感，胡佛会竭力将他套在上届政府那些名誉扫地的政策上。事实证明他的预感是正确的。

12 月 5 日，“跛脚鸭”第 72 届国会成员回到了国会山，成员们对华盛顿的印象还停留在远征军的暴动吓得很多失业家庭惊魂未定地离开了华盛顿，但此时换成他们大惊失色了。2 500 多人在国会山的台阶上迎接他们，呼吁：“救济穷人，向富人征税！救济穷人，向富人征税！”新警察局长下令不许如此纵容这些搞破坏的人，命手下毫不松懈地监视他们。手拿催泪弹和防暴枪的警察将他们赶出了国会山，然后将其围捕，沿新泽西大道赶到梅格斯营地——位于纽约大道的暂时驻扎营地。局长告诉记者，他已经把这些示威者关到一个“拘留营”里了。看守嘲笑他们，不给他们水、食物、医疗照顾，甚至剥夺了他们上厕所的权利。威斯康星州众议员向他的选民报告说，他看到警察故意激怒那些人。在冰冷的地上蜷缩了48小时之后，他们才被释放。离开时，他们唱起了刚学会的歌：

起来，饥寒交迫的奴隶，
起来，全世界受苦的人，
满腔的热血已经沸腾，
要为真理而斗争……

在20世纪30年代早期，尤其是在第72届国会任期的最后几个月里，饥民游行的声音从东海岸传到西海岸。在纽约联合广场，35 000人挤在一起聆听共和党人的演说。在俄克拉何马、明尼阿波利斯和圣保罗，人群闯进杂货店和肉类市场抢夺货架上的商品。大多数人的内心仍然有无法消除的绝望（那年冬天自杀率增加了两倍），但越来越多的暴动爆发。在内布拉斯加州林肯市，4 000人占领了州议会大厦，另有5 000人占领了西雅图10层楼高的市政大厦，5 000名芝加哥教师忍无可忍，冲进了城市里的银行。失业者越来越熟悉《国际歌》的旋律。42岁的激进主义者路易斯·布登兹带领俄亥俄州的失业者联盟在哥伦布市议会大厦前游行，他们的口号是："我们必须夺取政权，建立工人和农民的共和国。"

制度、权威和私有财产的观念（这是不言而喻的原则，社会学家丹尼尔·帕特里克·莫伊尼汉后来将其称为"将社会团结到一起的黏合剂"）显示出了瓦解的迹象。拒绝缴税和对公司私有煤层的违法开采都是不祥的征兆。未经主人同意就开垦空地种菜。底特律停发救济金后，爆发了分散且毫无目的的暴乱。有些地区的居民全都搬走了。佛罗里达州的基韦斯特宣布破产，没有钱支付给环卫部门，整个街道都是废弃物品和生活垃圾。饥民叫嚣着要采取暴力行动。马萨诸塞州的一个市长看着2 000名无业游民在市政大厅周围游荡，写道："一个诱因就可能使他们变成暴徒。"北卡罗来纳州州长马克斯·加德纳发出了"剧烈的社会动荡和政治革命的危险警告"。听说伊利诺伊州不愿意拨款救济全市60万失业者，芝加哥市市长安东·瑟马克告诉州议会："关闭救助站之前请先派军队驻守。"

富人们心急火燎。招聘部门的员工变得粗暴，银行柜员异常紧张，官员们一点儿小事就找警察，警察动不动就抽出警棍。亨利·福特一直是和平主义者，现在他也随身携带枪支。在弗吉尼亚里士满，感恩节过后的几天，来自当地失业委员会的代表团前来拜访市长J·富尔默·布赖特，市长告诉警察局长："抓住这些人的脖子和裤子，给我扔出去。"在宾夕法尼亚州费耶特县，矿务公司警卫开枪打死了4名矿工。纽约下令禁止苹果小贩在人行道上摆摊，入住瑰西园（纽约市市长官邸）的约翰·P·奥布莱恩向人民承诺"你们的新市长一定会保持强硬的态度，绝对不允许远征军踏进纽约市界内一步"。便衣警察挥舞着警棍，闯入了纽约联合广场的集会，《纽约时报》报道"妇女的惊呼惨叫和男人们血肉模糊的头和脸"。俄克拉何马城警方用催泪弹破坏集会，驱散了人群。西雅图警方用消防水龙将他们从西雅图市政大厦逐出。芝加哥执法人员用警棍驱赶申请补发工资的教师，其中两名警察抓住一个中年女教师，第三个警察劈头打过去，打烂了她的脸。

劳联发言人在参议院委员会前做证："我们许多工业城市发生暴动，大部分参与者对共产主义一无所知，他们想要的只是面包。"然而，对于有产阶级来说，两者并无区别。正如罗伯特·舍伍德写道：未来的路似乎被"不明的怀疑"蒙上了阴影，"忽闪的凶光刺破安宁，照亮的只是令人恐惧的情形"。既然政府无法维持秩序，那么人们只能力求自保。为了应对可能出现的铁路和电话线被切断、周边公路受阻的情况，许多城市的商人们自发组织起自卫委员会。很多人储存蜡烛和罐头食品，有个好莱坞导演随身带着一套旧衣服，这样他可以一有情况就“混进人群中”。纽约的酒店发现，通常一入冬就来租套房过冬的有钱客人，现在都躲在他们乡下的别墅里，有些人甚至在屋顶上安装了机枪。

他们不是过度紧张、胡思乱想。充分的证据表明，如果罗斯福真的是另一个胡佛，美国将紧随 7 个拉丁美洲国家的步伐，面临政府被“大萧条”难民推翻的境况。查尔斯 · M · 施瓦布是认为改革指日可待的富豪之一，这位哈佛商学院院长说：“资本主义正在接受审判，而这次审判的结果可能决定整个西方文明的未来。”有关暴动迫切性的文章出现在《耶鲁评论》、《哈泼斯》、《斯克里布纳》、《美国信使》和《大西洋月刊》上。诺曼 · 托马斯后来说，“从总统竞选到新总统就职”的这段时间，“之前从来没有，或者说从那时候才开始听说这么多对民主政体和美国体制的批评”。

关于美国应采取哪种形式的政体的问题，当时存在很大的分歧。大多数知识分子已经偏向“左”派，对于他们来说，社会主义只是前进道路的中间段。约翰 · 多斯 · 帕索斯轻蔑地将社会主义比喻为啤酒。公开拥护共产主义的人包括多斯 · 帕索斯、舍伍德 · 安德森、欧斯金 · 考德威尔、马尔科姆 · 考利、林肯 · 斯蒂芬斯、格兰维尔 · 希克斯、克利夫顿 · 费迪曼、厄普顿 · 辛克莱和埃德蒙 · 威尔逊。威尔逊极力主张“从共产党人那儿把共产主义拿过来”，并随后补充道，苏联是“世界上道德的最巅峰，那里的光芒永不熄灭”。威廉 · 艾伦 · 怀特称苏联为“星球上最有趣的地方”。连每月一读俱乐部都选择《新苏联初级读本》与读者分享，其中有美国混乱与苏联井然有序构成的对比。威尔 · 罗杰斯说："那些苏联的流氓……都有极好的点子……只需试想一下，一个国家，每个人都有工作，该是多美好的事情。"埃尔默 · 戴维斯说，追求利润已经失效。连斯科特 · 菲茨杰拉德都在读马克思的著作，他写道："要进行改革，可能必须加入共产党。"斯图尔特 · 蔡斯在《新政》中问道："为什么苏联人可以获得重塑世界的乐趣呢？"政府部门里不止一个人受到"左"派思想的诱惑。密西西比州州长西奥多 · G · 比尔伯坦言，"我已经快被共产主义染红了"，明尼苏达州州长弗洛伊德 · B · 奥尔森更直率，他命令一位华盛顿官员"回去告诉他们，奥尔森正在进行明尼苏达州国民警卫队的新兵招募，他不接纳任何非共产主义人士"。为了让大家都清楚明白，他说得很明确，又补充道："明尼苏达州处于'左'翼状态。"

但更大的危险在于政治频谱上的右派。知识分子缺乏权力，比尔伯和奥尔森都是政治怪人。有钱又有影响力的人以及战争部长赫尔利都是右派。早在 1931 年政府就抵制裁军，因为裁军会"削弱我们维护国内和平与秩序的力量"。1932 年 9 月，美国退伍军人协会已经通过一项决议，声称"现有的政治手段不能及时和有效地解除经济危机"。"美国法西斯协会和黑衫党"已在亚特兰大成立，虽然它的名声并不好。（当被问到法西斯主义是否会出现在美国时，休伊 · 朗回答说："当然会，但在这里，它会被称为反法西斯主义。"）黑衫党之后，又有了银衫党、白衫党、褐衫党和美国民族主义党等。如果新总统无能，那么某后备役军官的秘密组织准备采取行动。史沫特莱 · D · 巴特勒将军做证说，纽约某债券推销员曾试图支付给他 1.8 万美元现金，劝他加入右派。尼古拉斯 · 默里 · 巴特勒告诉他的学生，极权主义政权培养的人"在才智、坚强和勇气等方面都远胜于选举制度培养的"。如果有人可以代表美国的统治阶层，那一定是巴特勒博士，这位诺贝尔和平奖得主不仅拥有34个荣誉学位，还连续担任了30年哥伦比亚大学的校长。

还有谁愿意为了培养出在才智、性格和男子气概上都更胜一筹的人，牺牲立宪政府呢？除了哥伦比亚大学校长和鼓动巴特勒将军的债券推销员，很少有人如此公开地极力支持极权主义，但很多人支持极权主义的原则。堪萨斯州州长兰登宣布："即使接受一个国家独裁者的铁腕治理，也比使国家瘫痪中风好得多。" 1932年，纽约众议员小汉密尔顿 · 菲什说："如果我们不给现行制度独裁权，那么人们就会改变制度。" 1933年2月，他写信给罗斯福，他和共和党成员们已经准备好"赋予你一切需要的权力"。阿尔 · 史密斯认为应该将宪法束之高阁，直到危机结束。《名利场》杂志的副主编们，包括克莱尔 · 布思 · 布罗考（后来的卢斯夫人）要求："让独裁者掌权！"沃尔特 · 李普曼想削减国会权力，赋予总统一切权力。他说："危险不是我们将失去自由，而是我们将无法快速和全面地行动。"共和党参议员戴维 · A · 里德直言不讳地说："如果这个国家什么时候需要一个独裁者，那么就是现在。"

在《纽约客》的一幅漫画上，格林尼治村舞会上，一个女孩告诉一个无精打采的年轻人："哦，这一切都非常简单，我们的小团体只需要控制住发电站和广播电台。"大多数人认为当前的危险在于城市可能发生暴动。战争部长赫尔利正在城市区域附近集结军队，但反抗总有办法战胜权威，总是在让人最意想不到的地方发生暴动。农民一直被认为是最保守的美国人，但就是在共和党的艾奥瓦州（胡佛的家乡），皮肤黝黑的当地农民首先拿起了干草叉和猎枪冲向前线。他们终于拿起武器与剥削他们的体制斗争，经销商以两美分从他们手里买来的 1 夸脱[①]牛奶，在苏城可以卖到 8 美分。

在艾奥瓦州，在农民联盟的前主席、64 岁的米洛 · 雷诺的领导下，农民封锁了所有通往苏城的 10 条公路，把削尖的电线杆和圆木材横在马路上。只有给医院送牛奶的卡车可以通过，其他卡车开不过去，牛奶桶里的牛奶只得倒入水沟，或者带到城镇上免费分发。同情暴动的电话接线员提前一小时就向农民报信：国民警卫队要来了。警员们被迫解除武装，把手枪和徽章扔进玉米田。20 号公路因而被称为"邦克山[②]20 号公路"。看着《哈泼斯》杂志编辑玛丽 · 希顿 · 沃思，一位戴着一顶 10 美分草帽的老人慢悠悠地说："他们说封锁公路是违法的，我说'在我看来，波士顿人把茶倒进海里也不是合法的'。"

运动蔓延，致使德梅因市、康瑟尔布拉夫斯市和奥马哈市都被封锁。在威斯康星州，陷入困境的农民每天闯入乳品厂三次，把 3.4 万磅牛奶掀翻在地，再把汽油倒进牛奶桶。国会小组委员会听取了来自俄克拉何马城的奥斯卡 · 阿梅林杰的描述，是他与一位保守的农场主的谈话。农场主说："我们也要开始像苏联一样革命。"阿梅林杰问他打算怎么做，该男子回答："我们将有 400 挺机枪……众多大炮、拖拉机、弹药、步枪和其他装备，这就差不多了……如果国家有足够多像我们这样有勇气的人，我们就能向东进军，切断东西部。我们已经有粮仓、牲畜和粮食，而东部除了有我们土地的债权之外什么都没有。我们要告诉他们，别以为我们什么都不敢。"阿梅林杰告诉众议院劳工委员会："我已经从很多以前思想保守的人那里，听到了很多和此次谈话内容一样的想法。"

---

① 1 夸脱≈1.136 升。——编者注

② 邦克山：美国独立战争时古战场，美军在此大败英军。——编者注

威尔 · 罗杰斯说："保罗 · 瑞威尔[①]只唤醒了康科德的人，这些家伙却唤醒了美国。"艾奥瓦州人在 20 号公路上高唱：

> 让我们过个农民的假期吧，
> 假期要好好地过。
> 我们吃着小麦、火腿和鸡蛋，
> 让他们吃他们的金子去吧。

在苏城城东 48 英里处的切诺基小镇附近，米洛 · 雷诺的追随者阵营遭遇了一次神秘的猎枪袭击，不久之后苏城围困解除。雷诺跑了，包围其他城市的农民跟随他撤出。但雷诺说："你们阻止不了这场运动，就像你们阻止不了 1776 年的革命一样。"无论是暴力行动还是起义，农民们都一直坚持着美国传统，他们也就一直免受惩罚。在康瑟尔布拉夫斯市，60 人被逮捕，但是当 1 000 名农民围攻监狱时，他们被匆匆释放。农民们尝到了直接行动带来的甜头，于是决定想方设法要回那些丧失了赎回权的土地。

在堪萨斯州的郊区，村里的警察发现一具尸体，是一个律师，他刚刚才宣布取消了 500 英亩农场的赎回权。在内布拉斯加州夏延县，20 万农民债务缠身，他们的领导者宣布：如果没有得到立法机关的帮助，他们会聚集起来，毫不留情地将州议会大厦夷为平地。胡佛总统任期的最后一个冬天，艾奥瓦州四处都是因取消止赎权而起的骚乱，波及范围之广，包括风暴湖、普里姆加尔、范布伦县和勒马斯。发生在勒马斯的事件尤其恐怖。黑衫党闯入法官查尔 · C · 布拉德利

---

① 保罗 · 瑞威尔：美国独立战争中的著名爱国者。1775 年 4 月 18 日午夜，保罗 · 瑞威尔听闻英国准备搜查北美抵抗组织某军火仓库，连夜骑马从查尔斯顿至莱克星顿报警。——编者注

的审判室，将他从高座上拖下来，蒙上他的眼睛，并开车把他丢到了一个偏僻的十字路口。这伙暴徒的领头人要求："你赶紧发誓，你不会再签署取消农场赎回权的命令？"法官说我绝不答应。暴徒一遍又一遍地要挟他，得到的答复都一样。他被掴倒在地，被拳打脚踢。他的脖子被绳子勒起来，另一头被绑在路标上，油腻的轮毂帽挂在他的头上。"他的王冠！"其中一个人喊道。法官始终没有答应他们的请求，但尽管他被折磨和殴打，却并没有起诉他们。

取消赎回权的文件一签署，数百名农民就会出现在拍卖会上，大喊："不准卖！"有意投标者会被吓回去，这时被扣押土地的农民的邻居就出面花几美元买下土地，再以原价卖回给原来的主人。有一次，县警长主持拍卖一匹马，只卖了 5 美分，一头荷尔斯泰因公牛 5 美分，三头猪 5 美分，两头牛犊 4 美分，依此类推，直到所有财产全部才卖了 1.18 美元。土地终于被转手回到了主人手中，官方地契证明他有 99 年的所有权。代表美国东部各州保险公司的律师常常被绑架，受到绞刑威胁，直到保险公司让步，并同意暂停扣押土地。1933 年 1 月底，全国农民联盟主席约翰 · A · 辛普森告诉参议院农业委员会："你们会马上看到最大、最好的革命种子在全国各地生根发芽。"美国农场事务联合会会长爱德华 · A · 奥尼尔三世补充道："除非对美国农民采取行动，否则 12 个月内，农村将爆发革命。"

在那个多事之冬，心思细腻的男孩们逐渐懂事，他们会成为美国下一代领导人。虽然他们对待周围世界有着不同的反应，但没有人会忘记"大萧条"。美国历史在他们的一生中将意味着一连串的危机，但对他们来说，这第一次危机对他们的成长影响最大。

我们不妨看一下这些名字：1932 年，罗伯特 · F · 肯尼迪 7 岁，弗兰克·丘奇和詹姆斯·鲍德温8岁，马克·海特菲尔德和诺曼·梅勒9岁，约翰·林赛、尼古拉斯·卡岑巴赫和弗洛伊德·麦基西克10岁，惠特尼·杨和约翰·格里恩11岁，詹姆斯·法默、斯图尔特·尤达尔和查尔斯·珀西12岁，爱德华·布鲁克、乔治·华莱士、麦乔治·邦迪和拉塞尔·朗13岁，葛培理、奥维尔·弗里曼和小阿瑟·施莱辛格14岁，约翰·F·肯尼迪、小罗伯特·塔夫脱，小约翰·康纳利和劳伦斯·F·奥布赖恩15岁，阿瑟·米勒、罗伯特·麦克纳马拉、尤金·麦卡锡和约翰·托尔16岁，戴维·洛克菲勒、彼得·多米尼克、赫尔曼·沃克、索尔·贝娄、沃尔特·海勒和白修德17岁，威廉·威斯特摩兰、田纳西·威廉斯、乔纳斯·索尔克和斯图尔特·阿尔索普18岁，拉尔德·福特和理查德·M·尼克松19岁。

1932年秋，尼克松已在惠蒂尔学院读大三，主修历史，经营着家里的新鲜蔬菜摊。每天早晨天亮前，他开车到洛杉矶公共市场与菜农砍价，进货。尼克松家里并未受苦，所以尼克松是无怨言的8 000万美国人（“大萧条”时期有8 000万人既不挨饿又不靠救济）之一。然而，他受到的教育将他与这些人区分开，在18~22岁的孩子中，只有不到1/8的人上过大学、1/2的人上过中学。对于很多人来说，正规的教育仍局限于只有一个教师的小学，这样的小学全国有143 391所。

如果回到1932年，典型的中产阶级大多住在城市里，郊区住宅区已开始形成，但只有18%的人生活在那里。男人可以和家人们舒适地生活，每天步行去上班，工作地点就在附近。如果一位20世纪70年代的人回到那时，会首先注意到明显的差异：黄色的停车标识、绿色的邮箱、厚重的牛奶瓶，以及破旧的房屋。1929年以来，这些房屋几乎没有重新粉刷过，还没有完工的房屋也被遗忘在那里。例如，在底特律东杰弗逊街，麋鹿会原定要盖的11层高的大楼已停工，大梁裸露着竖立了34年。

20世纪30年代，电器、小工具和物质享受还十分罕见。那时没有电动割草机、家用空调、自动洗碗机、干衣机、电热毯、定时自动开关收音机、保湿窗、尼龙袜、速干衣、冷冻食品、自动咖啡机、无线电动剃须刀、过滤嘴卷烟、电动牙刷、乙烯基地板、圆珠笔、电动打字机、录音笔、复印机、聚苯乙烯泡沫塑料、高保真立体音响、透明胶带、家用冰箱、录音机、彩色或宝丽莱胶卷、玻璃纤维钓鱼竿、垃圾处理器、收录机、扫雪机、电动手术刀、家用电吹风、电动开罐器和店铺背景音乐，虽然吉尔伯特·塞尔兹当时在《哈泼斯》杂志上预测，很快“我们可能就会有价格相对低廉又简便的机器，这些现在正在完善。我们将会在家里的收音机旁边摆上一个屏幕，上面有中心广播电台发送的影像”。那时没有彩电，甚至黑白电视也没有。无论如何，在没有这些电器的情况下，中产阶级还是从“大萧条”中幸存了下来（20世纪30年代的整整10年）。这是一群多么伟大的拓荒者啊！

大多数美国家庭都是用手工加煤的火炉取暖，每天必须清理两次。整个冬天，全国需要近4亿吨煤。送煤的人是全身黑黢黢的男子，他们把车停到地窖的窗口，将车里的煤倒在炉子旁边的箱槽里。当时的“冰箱”并不是电冰箱，而是一个装冰的箱子。主妇想要多少磅，在厨房窗口放上数字卡片100、75、50或25，卖冰人一看便知，就会送冰到家。只有富有的丈夫才买得起可以同时双面烤面包的烤面包机给妻子。（“我们的万能烤面包机！”西尔斯·罗巴克公司当年的商品目录里记载。）因为在大多数家庭，烤面包都是用煤气炉或以煤炭、木材为燃料的灶。炉子也可以用来加热烙铁，熨烫从洗衣房取回的皱巴巴的衣服，在没有热水器的家里，可以用炉子烧一大桶水拿去洗澡。

留声机是通过手动上发条，它们可能被称为Victrolas或者Gramophones（均为留声机品牌名），但从来没有人叫它电唱机。家庭主妇戴上防尘帽，开始了她大量烦琐的清洁工作，而且她唯一可以用的电器就是地毯清扫机。1932年12月，亚拉巴马电力公司供电的所有住户，共拥有185个吸尘器。大多数农场都依靠煤油灯照明，全国只有1/10的农场能用上电（在密西西比州这个比例是1/100），90%的农村家庭没有浴缸和淋浴设备，75%没有自来水，50%需要从水井或小溪里挑水，洗衣服和给孩子洗澡都要在外面。（这一问题上，许多城镇家庭主妇也只有一个搓衣板洗全家人的衣服，通常都是星期一晾出去。）夏天昆虫多，总是一大困扰。那时没有杀虫剂，无论是农村还是城镇，唯一的防虫措施就是喷枪（“快，亨利，快拿Flit喷枪来！”）和捕蝇纸。如果一位母亲想喂孩子喝橘子汁，只能自己动手做。母亲买回新奇士橙，在铝制榨汁盘上一个接一个费力地挤压。

一个女孩学会如何用发卡之前（大约在同样的年纪，男孩会穿上第一条长裤），她的母亲会跟她解释，（有教养的）女士和女人之间的差异。成为女士有一定的好处，因为男子会为她开门；公共汽车和电车上会有人站起身给她们让座；当她进入电梯时，男人们会脱帽以示敬意；肉店老板会按她的要求给她切肉；杂货商会按照电话里的要求送货上门；当她有了孩子以后，按惯例要在床上休养10天（总费用为25美元，包括医生的费用）。另外，她也应该遵从她的丈夫，因为在婚礼上，她曾发誓“会爱他，以他为荣，服从他”。她在公共场合的行为应该合乎规矩。中产阶级的女士既不能在大街上抽烟，也不能顶着满头烫卷发的夹子就见客。她手包里装着化妆品的小圆盒称为粉盒，也只能在私人房间或女卫生间才能拿出来用。她绝不能骂人或说脏话。（有时她想知道，女同性恋是什么意思，但她可以问谁呢？）

广告创意人想尽办法徒增女人们的烦恼，让她们产生各种担忧：口臭、狐臭、内衣臭、大屁股、粗毛孔、牙龈出血、烟臭、结肠问题、乳房下垂和脚癣。她的裙子最短只能到小腿肚。（任何裙子没有遮住膝盖的女人会被假定为妓女。）女士不会不戴帽子就出去，而她的丈夫也不能不戴折边毡帽出门，她可能会在她的韦思脱大医生牌牙刷上面抹上邦纳牌牙膏（绽放美丽笑容），涂上丹琪牌口红，但指甲油和染发剂不太可靠。理发师不知道如何使用染发剂，这样的事情优雅的女士甚至不会提及。一个纽约大学化学专业的聪明年轻人，上门推销他自制的“伊卡璐”染发剂，他发现要想把染发剂卖出去，只能说头发“上色”而不是“染发”。

作为一个母亲，中产阶级家庭的主妇还有照顾病人的责任。疾病的治疗是漫长而痛苦的过程。即使是看牙医，也意味着要遭受一个小时的痛苦。普鲁卡因（奴佛卡因的初级形式）作为一种最原始的麻醉药被广泛使用，但它必须当场调制并会产生一定的副作用。许多病人仍不得不使用大圆头锉钻孔，因为当时快速钻孔器还没有面世，看一次牙医并不能解决太多问题。在许多医院，麻醉师只能用氯仿麻醉，乙醚会很快见效，尽管也没看出有多少改进。那时没有磺胺类药物和抗生素，95%的脑膜炎患者会死亡，肺炎也常要人命。即使是病毒感染（后来称为“流行性感冒”），也是非常严重的疾病。虽然看病的花销并不大，但实际上没有人有医疗保险（直到1933年，美国医学会才批准了蓝十字医疗保险）。因此，大多数患者都选择待在家由母亲照顾，她几乎不会借助药物。处方药仅限于少数的巴比妥类，尤其是苯巴比妥。因此，医药界的噩梦发生在1932~1934年，当时有3 512家制药公司倒闭，留下超过5 900万美元的债务。

过去做母亲比现在困难得多，但母亲所能起的作用却比现在大。

家长对孩子有很大的影响，青少年亚文化群并不存在。正如《韦氏大词典》所定义的“青少年”：“用于做栅栏、树篱的灌木”。年轻人被称为青少年，青少年都忠于自己的家庭。由于还没有出现现在这种普遍的青少年团伙，所以孩子很少与他们的朋友和家人之间产生冲突。没有哪个孩子想到要与同龄人讨论自己与父母间的冲突。一个中产阶级家庭通常会在星期日下午开车出去兜风，孩子们会放弃棒球或跳房子游戏，跳上汽车后座，与家人出行。因为“大萧条”的到来，家庭活动反而有所增加。根据匹兹堡针对百余名白领和专业人员家庭的研究发现，多数家庭增加了家庭娱乐活动，例如乒乓球、拼图、跳棋、室内游戏、桥牌，特别是大多数人会听收音机。

收音机往往是客厅里最显眼的物件。无论阿特沃特 · 肯特、飞歌、银欣，还是根德，都很可能是现在已经过时的大急流风格。广播电台的节目安排会考虑到家庭成员的生活时间，所以白天会播放母亲听的连续剧，晚上播放新闻、喜剧和综艺节目。在这之间空余的时间就播少儿节目。

当地报纸列出的部分节目单如下：

5：15	福克斯WTIC广播电台	1040	汤姆 · 米克斯
	WEAF纽约广播电台	660	故事制作人
5：30	福克斯WTIC广播电台	1040	杰克 · 阿姆斯特朗
	西屋电子WJE电视台	760	歌女
5：45	西屋电子WJE电视台	760	小孤儿安妮
6：00	纽约WOR电视台	710	唐叔叔

1932~1933年冬，中产阶级男孩的着装几乎都是如此：羊皮内衬棕褐色的布外套、针织的帽子、灯芯绒短裤以及高帮系带靴，靴子的

一侧还带有小口袋，其中一只用来放弹簧刀（夏季男孩会穿短裤和Keds牌凉鞋）。如果幸运，男孩还会拥有一辆Ranger牌二八自行车，自带过山车刹车和防漏的垫式轮胎。不用车时，可以花1.5美元买一个防滑型卸扣挂锁，就能全部锁住。在那个时代，男孩的金钱和购买意识非常强。5美分可以买一块三种口味的冰激凌蛋糕、一个霍顿牌冰激凌、一块冰糖、一个面包、一杯咖啡、一份《星期六晚邮报》或《矿工》报或《自由》报，打一通本地电话。如果是1美分，可以买到一块糖果、一支铅笔、一张明信片、一个纸垫、一个玻璃弹珠或你最好朋友的想法。

如果你有零用钱（或是节假日补贴），或帮人铲雪、修剪草坪（一次25美分）挣到了一些钱，最快的花钱方式就是跑到街口拐角处的杂货店，买一瓶可乐坐在大理石桌旁悠闲地喝。不同的是，在俄亥俄州扬斯敦，一位自称“快乐自在的人”开着白色卡车缓缓地穿过郊区，摇铃叫卖，孩子们喜欢在那儿买冰棍。一个男孩如果凑到50美分，就可以买到最新一期《汤姆·斯威夫特》。正如戴维·里斯曼指出，男孩喜欢的故事英雄一定是“雄心勃勃、有目标、读者认同他们并试图效仿他们的人……他们赢得胜利的品质往往是一种自我控制能力……例如，要足够勇敢”。值得注意的是，中产阶级家庭中最广泛阅读的书是查尔斯·林白的《我们》。

孩子内心的志向（或保罗·艾尔默摩尔称它为“内在审视”），让他们产生实现目标的渴望，尽管“大萧条”遏制了他们很多无法企及的理想。1931年，《文学文摘》杂志进行了儿童理想职业的调查：8岁男孩长大后想成为牛仔、飞行员或军官，女孩想成为电影明星；18岁的男孩希望成为律师、电气工程师或建筑师，女孩则希望成为速记员或秘书。青春期是一段发人深省的经历，让人成长，但是它不会带来太大的乐趣。“童年是如此短暂，而生命的长河又那么长。”多萝西 · 迪克斯解释，“最好的情况下，母亲可以让孩子多过几年无忧无虑的生活，但之后他们也必然要面对现实。如果母亲没有培养孩子们坚强的品格，反而任由他们懦弱，无法应对艰难，那他们将付出痛苦的代价。”

孩子学到的第一课是个人形象的重要性（这将是他未来找工作时的一笔财富）。“坐直！”有人告诉他，“给，15 美分，快去理发。”尽管孩子可能更喜欢Flexible Flyer牌雪橇或一个Simplex牌打字机，他第一次得到的礼物却是一套价值 8.95 美元的蓝色毛哔叽套装，包括大衣、背心、灯笼裤和一双黑色的 2.98 美元的黄金债券牌皮鞋。每逢星期日和新学期第一天，孩子们都得这样穿，因为每一个母亲都像军士长带着白手套检阅他的士兵一样打量她的儿子（不知为何，孩子总是会忘了带白手帕）。母亲想让孩子给新教师留下一个好印象，但孩子从不会关心这个。

孩子会带着杰作牌写字本去上学，封面上印着一幅模糊的油画。他们费力地使用笔画粗、线条圆的帕尔默字体抄写作业。教室里的座位经常按学生姓名字母顺序排列。学校至少有一个房间的墙壁要用庞贝古城遗址或恺撒半身像装饰，里斯曼指出，版画和雕塑“意味着学校的装饰与孩子的心理需要无关”。课本中的课文在今天看来倒有趣了。少年时的林登 · 约翰逊在地理书上读到过：

> 法属中南半岛无论是气候还是人的性格都类似于暹罗。其森林覆盖的山丘上满是珍贵的柚木和硬木，山谷里是大片的大米和小米的种植田。这里盛产丝绸、棉花、茶叶和香料等产品，煤炭资源丰富。

公民教科书这样解释：

> 学不会顺从的孩子，一生都会吃亏。如果在家不服从，即使他参加选举，选出了制定法律的人，也不可能遵守国家的法律。了解我国政体的男女很快就会发现，服从政府的必要性和在君主制国家一样。

在托马斯·马歇尔教授被广泛使用的《美国历史》（于1930年由麦克米伦公司出版）中，有这样一段话：

> 奴隶，虽然他身处一个奴隶制国家，但黑人的种植园生活总是很幸福的。他喜欢和别人共处，喜欢唱歌、舞蹈、讲笑话、捧腹大笑，他很喜欢鲜艳的色彩，骄傲地戴上红色或黄色的头巾。他想得到称赞，他对仁慈的主人或工头忠心耿耿。他从不着急，总是想把事情留到第二天。大多数种植园主明白，要得到最好的回报，靠的不是鞭子，而是重视、善待、奖励奴隶，赢得他们的一片忠心。

脱离实际的事远不只这些。在20世纪30年代的各地学校里（有好多年，连华盛顿特区的学校也如此），被禁止提及苏联。在地图上，苏联所在的区域是空白的，像非洲大片的“未探明地区”。每天上学，学生们都是以宣誓效忠祖国和基督教祈祷开始的，犹太教和天主教的孩子们也被要求参加。1932年，很多人相信上帝的存在，但似乎他是一个假正经。当年10月，《时代周刊》刊登了一篇文章横挑鼻子竖挑眼，抨击厄尔·卡罗尔的电影《虚度此生》内容有伤风化。与厄斯金·考德威尔一样，卡罗尔也在挑战卢斯的忍耐力：“卡罗尔先生的表演一直在触碰幽默的底线。丑角米尔顿·伯利将歇斯底里的粗俗发挥到了极致，有的观众看得脸红，有的哄堂大笑，喜剧演员伯利继续模仿一个不男不女的人，讽刺舞女的屁股，用扬声器喊出下流至极的话。他似乎从中得到了很大的乐趣。”最让伯利兴奋，也最让《时代周刊》愤怒的是，一些合唱团女郎的胸罩清晰可见。

那一年，梅 · 韦斯特和乔治 · 拉夫特在《夜夜夜夜》中亮相，那时美国中产阶级稍有了喘息的机会，一个朋友叫道：“我的上帝，多么美丽的钻石。”梅回答说：“亲爱的，上帝跟它毫无关系。”掌权者，包括威尔 · H · 海斯[①]有时都忽视了这类低俗。在巴斯比 · 伯克利创作的第一部音乐剧《第 42 大街》中，一个合唱团的女孩说：“恐怕我得走了。”第二个人说：“第一个门在你的左边。”第一个人又说：“在我的长筒袜里。”但这种出格的淫荡一般很难逃过审查。对于青少年，性是所有事情中最忌讳的。但就像关于妖魔鬼怪的传说和玩忽职守的官员一样，每年 1 月 1 日，他们信誓旦旦痛改前非，定会在一星期之内故态复萌。对性知识报道的处理，实际上是使无尽的罪恶感得到解脱。每一个成长中的男孩都知道，手淫会导致脑损伤，最终导致“头发长在双手上”。

女孩子们都很担心谁在学校背负“骚货”或者“下贱”的名声。青春期的世界主要以男子为中心，这样就导致她们的处境更加艰难。女孩很少被邀请去骑自行车、交换钢弹珠或泡泡糖卡片、讨论克利夫兰全国航空比赛、玩掷刀、登山或夺旗，抓逃学等游戏（除非她们是姐妹或假小子）。男孩和女孩可能紧张地交谈，内容都是关于伊帕纳民间歌唱团、科里科特俱乐部爱斯基摩歌唱团和A & P吉普赛人广播音乐节目的好坏。7 月 4 日，当男孩们放爆竹、往人行道上扔摔炮、

① 威尔 · H · 海斯：时任全美电影制片和发行人协会主席，主持制定了美国历史上限制影片内容的电影审查性法规，史称《海斯法典》。——编者注

用爆竹把锡铁罐炸上天以庆祝独立日周年时，女孩们只会在一旁发出刺耳的尖叫声。

因为每年脊髓灰质炎引发的恐惧，经济条件尚可的中产阶级父母（每星期 8 美元的花费不算高）至少会在夏天将孩子送出去一段时间。小儿麻痹疫情来袭时，人们待在家里，不去电影院，不参加集会，有的人甚至不戴纱布口罩就不敢出门。因此，许多中产阶级家庭的孩子在童子军或YMCA（基督教青年会）夏令营学会了游泳，开始喜欢金银花的香味和围绕篝火横冲直撞的萤火虫和六月虫，他们明白了蝈蝈儿在 8 月叫，意味着之后的 6 个星期会有霜冻。

有时，全家人会带着行李，开着崭新的雪佛兰汽车（底特律离岸价 445 美元）出游。旅行是一种冒险，路上确实要面对真实的危险。安装在敞篷车或轿车背面的备用轮胎通常能派上用场，那个时代爆胎就是真正的爆炸。汽车没有那么舒服，汽车旅馆的伙食质量也不可靠，很难安心地休息一整夜，房间也很紧俏。据美国汽车协会报道，旅行者平均花一星期到达目的地，再花一星期返回。听上去似乎游览了很多地方，其实在路上的那些天可能平均每天只行驶了 234 英里。通过 1 号公路可以恰好穿过华盛顿、费城、纽约和波士顿的中心，还要去特拉华河和哈得孙河（乔治 · 华盛顿大桥仍在建设中）上坐渡轮。在缅因州，“大萧条”的冬天使得道路中间高，两旁土松，稍开快些，就容易出事。那时还没有州际公路。开车从东海岸到西海岸只能走 30 号公路（林肯高速公路）到芝加哥市中心，再沿着 66 号公路前行。两者都是双车道道路，部分是未铺砌好的泥路，而 66 号公路穿越了落基山脉，急转弯处极陡。

如果这一切听起来像是原始生活，那必须补充一下，卡罗琳 · 伯德指出，那时美国社会的某些方面也很令人满意。当然可以肯定的是，那也得有钱，但不用很多。五六千美元的收入，甚至更少，就可以享受今天意想不到的舒适生活。中产阶级的生活环境更加宁静，没有轰鸣声、高冲力碎石机声、高压凿岩机声、链锯声、高保真音响设备声、录音机声或125分贝摇滚乐团的声音，甚至几乎没有铆钉机。他们的生活私人空间很大，联邦调查局只有不到300万人的指纹，包括社会保险安全码、邮政编码、长途直拨号和信用卡记录储存银行在内的数字社区都还未发明出来。那时上大学相对容易，1932年只有35 000人申请入学。如果乘坐飞机，乘客享受到的都是一流的服务，因为航班很少。由于劳动力过剩，航空公司可能要求持有护士执照的空姐服务再周到些。

你无须预订酒店、高级餐厅、美容美发店和医院。没有人担心污染，看不到工厂的烟囱冒出浓烟。教师、理发师、裁缝，甚至医生，都会上门服务。如果你在办公室工作，秘书会每天早上准时来上班，他们不会在喝咖啡的休息时间消失，不会在办公室打私人电话，也不会抵触加班。塞缪尔·英萨尔会认为“效率的最佳保证就是工厂门口应聘的人排成长龙”，但约翰·肯尼思·加尔布雷思说得更含蓄：经济越倒退，服务越得以改善。

从20世纪30年代起，除了生活设施的便利，最令人兴奋的事情就是外交事务。正如绝大多数美国人关心的那样，美国不仅不为外国危机担忧，也没有任何外交事务。日本侵略中国的粗暴行径，谁有时间去关注呢？同样，德国总统选举中，84岁的保罗·冯·兴登堡击败了43岁的阿道夫·希特勒，美国人对这两个人都不感兴趣。在伦敦，威尔斯亲王与沃利斯·辛普森夫人有染，当时两人已经在王宫里出双入对，当然什么也不会发生，因为她已经有丈夫了。西贡（今胡志明市）很偏僻，所以好莱坞用它作为《红尘》的背景拍摄地，这是由克拉克·盖博主演的逃避现实的电影。中东部比中西部更安静，如《时代周刊》4月4日的报道，巴勒斯坦的犹太人是“少数民族（16.9%），没有政治权力，只是10年前国际联盟委任英国治理该地时，授予犹太代办处咨询权罢了”。

这才是20世纪30年代的第二年，后来被认为是20世纪30年代标志性的人物还没有多大名气。温斯顿·丘吉尔见诸报端，作为《面对这些风暴》的作者出现（1932年的其他作家包括威廉·福克纳、克里斯托弗·莫利、阿道司·赫胥黎、约翰·多斯·帕索斯、罗宾逊·杰弗斯、T·S·斯特里布林、亨德里克·威廉、房龙、詹姆斯·M·巴里和查尔斯·诺德霍夫和詹姆斯·诺曼·霍尔）。萧伯纳、吉卜林、乔治·M·科汉和约翰·高尔斯华绥属于较早的时代，这些人的生日是公众关注的。在娱乐圈尤其如此，前5名的票房明星是玛丽·杜丝勒、珍妮·盖诺、琼·克劳馥、查尔斯·法雷尔和葛丽泰·嘉宝。艾琳·邓恩刚刚完成了她的电影处女作，克劳黛·考尔白（与莫里斯·切瓦力亚合作）也刚初出茅庐。金格尔·罗杰斯只是一个在巴斯比·伯克利合唱团的踢踏舞者。纳尔逊·埃迪和弗雷德·阿斯泰尔再过一年才进入好莱坞。4岁的秀兰·邓波儿出现在国家标准的屏幕（18英尺高，24英尺宽）上，出演一系列名为“宝贝秀”的系列短片。本尼·古德曼与汤米·道尔西住在一起，在纽约各乐队工作，在《霍夫曼姜汁啤酒时间》广播电台节目中演奏单簧管华彩乐段。在得克萨斯州博蒙特镇，16岁的哈里·哈格·詹姆斯行进乐队的领导者劳伦斯·卫尔克问道：“你不正要寻找一个小号手吗？”卫尔克让他做一个展示，詹姆斯尽情表演，卫尔克摇摇头，他说：“孩子，你的表演太吵了，不适合我们乐队。”

现在回想起来，那时的美国似乎对未来发展异常盲目。当奥古斯特·皮卡尔德教授坐着热气球进入平流层时，他在日志中写道："我们已经到达了海拔54 120英尺的高度。打破了人类所有的纪录！"那时的人们不知道，时间会瞬间淹没这些创举。威廉·贝比博士利用球形潜水装置下潜至百慕大群岛水下2 200英尺，给人们留下了深刻的印象。人们不会相信，30年后的潜水员可以在同样的深处待一个月。1932年，海军举行演习，美国航母滑到欧胡岛东北部，从几艘担任警备任务的驱逐舰旁溜过，在黎明"突袭"了珍珠港并"击沉"了停泊在那里的军舰。没有人注意到警惕的日本人当时在檀香山窥探，也没有人知道东京还收到了关于此次"突袭胜利"的长篇密报。

最引人注目的是，报纸读者不知道，剑桥大学的詹姆斯·查德威克爵士发现了中子，这是原子裂变的关键，可是它的重大意义未得到认可。根据当时的物理学说，只有具有极大穿透力的弹丸才能分裂原子核。这种分裂的概念不过是理论，当然无法由中子实现，因为它不带电荷。卢瑟福勋爵在一次会议上说，那些预言大量原子能将可释放的人只是在"做白日梦"。那时，爱因斯坦在从德国到加州理工学院避难的途中，认为这个想法简直"异想天开"。值得一提的是，铀唯一的实际用途就是用来漆夜光数字时钟表盘，作为镭的替代品。1932年春，铀开始投入使用，因为新泽西州钟表厂的业主发现，他们的涂镭工人已经得了绝症。他们震惊地获悉，吸入的镭在骨骼内不断积累，会导致人类死亡。时钟制造商立即改用铀，它非常安全，没有危害，没有一个人想到它也可能导致死亡，甚至都没有想到它会致病。

剪影："大萧条"

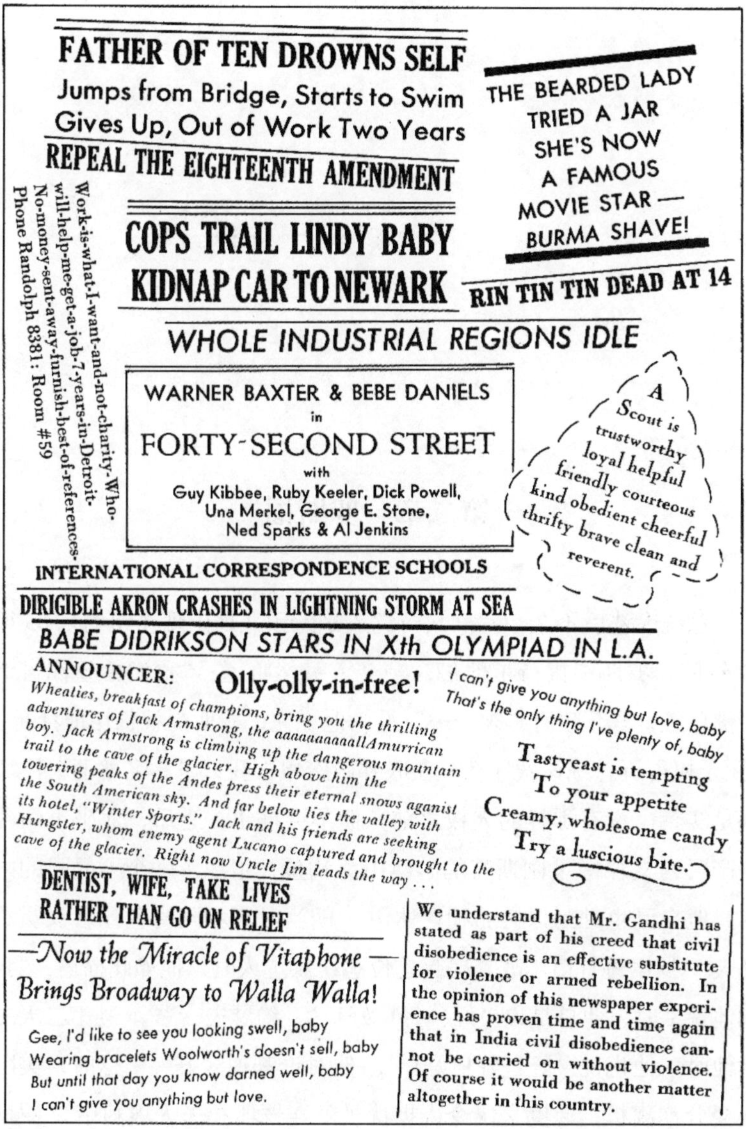

FATHER OF TEN DROWNS SELF
Jumps from Bridge, Starts to Swim
Gives Up, Out of Work Two Years

THE BEARDED LADY
TRIED A JAR
SHE'S NOW
A FAMOUS
MOVIE STAR —
BURMA SHAVE!

REPEAL THE EIGHTEENTH AMENDMENT

Work-is-what-I-want-and-not-charity-Who-will-help-me-get-a-job-7-years-in-Detroit-No-money-sent-away-furnish-best-of-references-Phone Randolph 8381: Room #59

COPS TRAIL LINDY BABY
KIDNAP CAR TO NEWARK

RIN TIN TIN DEAD AT 14

WHOLE INDUSTRIAL REGIONS IDLE

WARNER BAXTER & BEBE DANIELS
in
FORTY-SECOND STREET
with
Guy Kibbee, Ruby Keeler, Dick Powell,
Una Merkel, George E. Stone,
Ned Sparks & Al Jenkins

A Scout is trustworthy loyal helpful friendly courteous kind obedient cheerful thrifty brave clean and reverent.

INTERNATIONAL CORRESPONDENCE SCHOOLS

DIRIGIBLE AKRON CRASHES IN LIGHTNING STORM AT SEA

BABE DIDRIKSON STARS IN Xth OLYMPIAD IN L.A.

ANNOUNCER: Olly-olly-in-free!
Wheaties, breakfast of champions, bring you the thrilling adventures of Jack Armstrong, the aaaaaaaaaallAmurrican boy. Jack Armstrong is climbing up the dangerous mountain trail to the cave of the glacier. High above him the towering peaks of the Andes press their eternal snows aganist the South American sky. And far below lies the valley with its hotel, "Winter Sports." Jack and his friends are seeking Hungster, whom enemy agent Lucano captured and brought to the cave of the glacier. Right now Uncle Jim leads the way . . .

I can't give you anything but love, baby
That's the only thing I've plenty of, baby

Tastyeast is tempting
To your appetite
Creamy, wholesome candy
Try a luscious bite.

DENTIST, WIFE, TAKE LIVES
RATHER THAN GO ON RELIEF

—*Now the Miracle of Vitaphone* —
Brings Broadway to Walla Walla!

Gee, I'd like to see you looking swell, baby
Wearing bracelets Woolworth's doesn't sell, baby
But until that day you know darned well, baby
I can't give you anything but love.

We understand that Mr. Gandhi has stated as part of his creed that civil disobedience is an effective substitute for violence or armed rebellion. In the opinion of this newspaper experience has proven time and time again that in India civil disobedience cannot be carried on without violence. Of course it would be another matter altogether in this country.

第二章 罗斯福

总统大选后不久，一群共产党人毫无预兆地出现在纽约东 65 街 49 号前。罗斯福接待了他们，一个人突然吼道：“我们希望你告诉胡佛总统，联邦政府必须……”没等他说完，罗斯福就急切地打断：“我无权告诉总统该做什么。在联邦政府里，我只是一名普通公民。”这是实话。没有那样的大权之前，他不会插手。之后，他坐上纽约地产巨鳄文森特 · 阿斯特的游艇出海钓鱼，组织了一个不显眼的内阁，他自己也时刻保持随和。休伊 · 朗当时正和阿肯色州参议员约瑟夫 · 罗滨逊打口水战，提起这位总统候选人时，他如此描述：“我和他说话时，他总是说‘好！好！好！’。约瑟夫 · 罗滨逊第二天去见他时，他也说‘好！好！好！’。他对谁都说‘好’。”这时，美国社会分崩离析，速度之快令人担忧（就连罗斯福夫人埃莉诺 · 罗斯福都在想有没有人能“拯救美国”)。因此，罗斯福温和、模棱两可、置身事外的态度显得有些不负责任。人们觉得他应该有所作为，没有人比即将离任的总统更急切了。

11 月，胡佛总统给罗斯福发了封电报，说有要事相商。于是，在去佐治亚州的路上，罗斯福顺道去了白宫。两人商谈了大半个下午，却成效甚微。早在此次会面前，罗斯福就听闻胡佛的一名内阁人员说“现在，我们让他掉坑里，他没办法跳出去了”。但想让罗斯福无法脱身，还得先挖好坑。胡佛花费了几个小时游说罗斯福登上“沉船”，都被他巧妙地避开了。这次白宫会面后，罗斯福更加坚信不蹚这趟浑水是明智之举，如同他在沃姆斯普林斯读全国报纸所感悟到的一样。这时，胡佛总统最后一次向国会呈递了国情咨文，内容还是那些陈词滥调，无非就是提高税收、要求欧洲偿清战争赔款等，他还继续强调“美国崇尚个人主义，要注重发挥各种社会和经济力量”，我们应该“对未来充满信心”。

但国民心急如焚，国库日渐空乏。1933 年情人节当晚 10 点，胡佛总统正在共和党全国委员会上发表临别演说，全国的银行系统最终崩盘了。当天下午，密歇根州州长威廉 · A · 科姆斯托克接到一个紧急电话。应要求，他迅速赶到底特律市中心参加银行家会议，然后就没再回去。底特律联合监护信托公司资金匮乏，面临倒闭。这样就会牵一发而动全身，市里所有银行都要关门。于是，金融家们恳求科姆斯托克立即下令暂停州内银行业务。午夜时，科姆斯托克答应了，并立即赶往首府兰辛市，颁布公告称全州 550 家银行停业 8 天，权作“银行放假”。

白宫里，胡佛草写了一封信给罗斯福。他心烦意乱，把继任者的名字都写错了，还浑然不觉。近来，罗斯福也受到不少惊吓，已习惯了（上星期，一个待业石匠开枪暗杀罗斯福，误中芝加哥市市长切尔马克，并致其重伤身亡）。但他没想到这封信的内容这么荒谬，仔细读完后，罗斯福怒骂胡佛“厚颜无耻”。这并不算冤枉，胡佛居然在信中恬不知耻地说，人民惶恐，担心新政府使出什么新花招。胡佛以爱国（或者“重树信心”）为名，要罗斯福在公众面前保证不会改变现任政府的方针政策。胡佛即将卸任，他这么说的意图很明显。在写给宾夕法尼亚州参议员戴维 · A · 里德的信里，他提到：“如果罗斯福同意做出承诺，就意味着共和党政府制定的大部分政策都能得以保留。这样，所谓的新政十有八九都无法实行。”之前和朋友聊起罗斯福时，胡佛面露鄙夷，说罗斯福唯唯诺诺、无足轻重，现在更拿罗斯福当傻子。眼看罗斯福迟迟不肯发表声明，胡佛才恍然大悟，对国务卿亨利 · 史汀生说罗斯福是个“疯子”。

但当时美国已走向破产，胡佛的政策已被证明不是救国良药。因此，要是罗斯福和胡佛的政策扯上关系，人们就要怀疑他的神智了。

随着房价暴跌，密歇根州的情况更加危急，全国都如此。自从股市大崩盘后，5 500 多家银行倒闭，民众惶惶度日，开始疯狂囤积物资。每天，银库里价值 2 000 万美元的黄金流出，储户拿不到黄金，就取走纸币。财政部不得不增发货币，但作为纸币保证的黄金反而在减少。

银行挤兑具有自杀性。这样的危机随着三年财政紧缩变得更加复杂。即使最稳定的机构，持有的抵押贷款和证券也大幅缩水。美国有 18 569 家银行，现金大约 60 亿美元，需要支付的存款金额却高达 410 亿美元。为了获得现金，银行不得不出售抵押贷款和证券，损失惨重。

随着密歇根州银行破产，全国各地的黄金每日流出量猛增至 3 700 万美元，现金提取量增至 1.22 亿美元。各地的银行都挤满了储户，心急如焚地提取现金。布朗克斯区曾出现一个出租婴儿的母亲，她把婴儿租给排队取钱的人，每次 25 美分，因为抱孩子排队享有优先权。2 月 20 日这星期，正值禁酒令废除，国会两院一片欢呼。巴尔的摩信托公司却付出 1 300 万美元现金，近半都是储户在星期五一天之内取走的。星期五晚，马里兰州州长艾伯特 · C · 里奇宣布该州 200 家银行全部放假，标志着第二个州沦陷。

为了“保持信心”，有责任心的人都竭力故作镇定。《底特律新闻》评论道：“待日后回顾目前的经历，必将引人发笑。”《巴尔的摩太阳报》更为乐观：“一如往常，生活……总是充满好事与坏事。人们不过多了一些谈资。”巴尔的摩商会主席觉得生意应该照做，没理由停下来。美国税务总局发布通告说，两星期内要收取所得税。

但罗斯福没有表态，不现实的幻想就此打破。正如罗伯特 · 舍伍德所说，罗斯福知道他的优势是“有机会好好展示”。罗斯福擅长把握时机，他明白胡佛越是留下一个烂摊子，他上台越能力挽狂澜。如果说船到桥头自然直在当时是不负责任（也很难看出他的打算），这种做法倒也符合美国政坛的一贯传统。查尔斯 · A · 比尔德指出，当年若不是骑虎难下，林肯也“绝不会全面废奴，他明白此举意义重大，却不想行动”。话虽这么说，罗斯福挑选财政部长时看似漫不经心，竟选了一个铁路设备制造商。威廉 · H · 伍丁个子矮小，平日戴着假发，爱说双关语要聪明，喜欢收集 5 美元的金币，闲暇时还会弹吉他。这个人乍一看其貌不扬，但一星期后，新政府走马上任时，人们发现这个财政部长其实雷厉风行、聪明非凡。但上任前夜，人们只知道他创作了一首儿歌：

让我们像蓝色知更鸟般，
整天无忧无虑，
把忧愁抛诸脑后，
欢歌一曲。

2 月 26 日星期日，印第安纳波利斯市和阿克伦市的银行宣布储户最多只能取 5%的存款。当晚，俄亥俄州十多个城市相继采取这样的政策。犹如德国纳粹党策划焚烧了柏林的国会大厦、日本发动了“九一八”事变入侵中国东北时的气势，星期一全美已有 100 家银行采取了这一措施。与辛辛那提市隔河相望的肯塔基州卡温顿市共有 5 家银行，全都采取了相同措施。星期一晚，宾夕法尼亚州州长吉福德 · 平肖签署了一项法案，允许私营机构自行决定关闭与否。摩根财团的托马斯 · W · 拉蒙特给海德公园的罗斯福捎信说，据 J · P · 摩根看，事态已“火烧眉毛”。

其实并没有那么危急，但事态很快就恶化了。3 月 1 日星期三，17 个州的州长宣布“银行放假”。宾夕法尼亚州州长行动迅速，但过于仓促。5 天后，他去参加总统就职仪式时身上只剩 95 美分。路易斯安那州州长奥斯卡 · K · 艾伦先取出旅费，后乘火车前往华盛顿，离去前才口头颁令关闭州内所有银行。星期三，罗斯福乘车前往东 65 街的市政府和伍丁商议。(据阿瑟 · 克罗克在《纽约时报》的专栏中所写，当时好些大人物要求罗斯福立即接管政府。) 两人在星期四下午才露面，由 20 辆摩托车鸣笛开道，经过第五大道，又向西开往哈得孙河码头。清晨，整个城市小雪纷飞。纽约市民默默立在雪地中看着队伍经过。无线电城音乐厅外立着一个龇牙咧嘴、翻着白眼的名叫“金刚”的巨型猩猩纸板，原来是为同名电影造势。哈得孙河上，法国轮船公司“巴黎”号蒸汽船静静地停靠在岸边，货舱已被预订。对此，罗斯福团队却无人知晓，这可是价值 900 万美元的黄金。在码头的另一边，一辆巴尔的摩 – 俄亥俄火车专列即将启程。那天下午，富兰克林 · 罗斯福坐在火车上，一会儿和伍丁谈论银行业的情况，一会儿和法利谈论宗教。随着隆隆声响和股股浓烟，火车驶向华盛顿。

他们到达联合车站时，雨雪霏霏。五月花酒店的总统套房里，罗斯福的桌上放着一叠电报：21 个州和哥伦比亚特区的银行，或倒闭，或快倒闭。美联储的数据显示当周金库存量减少了 2.26 亿美元。国库空虚，无力支付联邦政府人员的工资，更不用说偿付 3 月 15 日即将到期的 7 亿美元短期公债了。罗斯福还没来得及收拾行李，伍丁就把他拉到一边，告诉他财政部长奥格登 · 米尔斯和联邦储备委员会主席尤金 · 迈耶打电话请求颁布命令关闭全国的银行。胡佛总统觉得不该采取这样激进的措施，想征求罗斯福的意见。罗斯福摇了摇头，并不想对此指手画脚。天气预报显示，星期六就职典礼时，天气晴朗，但目前气温正在降低。

3 月 3 日星期五，《纽约时报》最后一版上登了一个广告，上面写着“约翰 · 多伊”和“简 · 多伊”夫妇称赞鲍里储蓄银行“管理有方”。也许这则广告的目的是安抚储户，但事与愿违。中央火车站对面是世界上最大的私营储蓄银行，当天中午，纽约市民在门前排起了长队，要求取现金。下午 3 点，鲍里储蓄银行关门了，很多人都没取到钱。同时，伊利诺伊州州长亨利 · 霍纳坐在芝加哥联邦储备银行里焦急地捻着胡须，看着芝加哥众银行在两星期内共支出 3.5 亿美元的报表。风暴席卷内地 17 天后，国内两家重量级银行也摇摇欲坠了。

那天早晨，财政部专员凯瑟琳 · 谢伊小姐给了赫伯特 · 胡佛他的最后一张 500 美元工资支票，他接过支票时似乎心情不差。正午之前，他收到报告说恐慌情绪正在减轻。午饭过后事态发展证明那只是一种幻象。明尼苏达州、堪萨斯州已深陷泥潭，北卡罗来纳州和弗吉尼亚州也日显颓势。胡佛劳累过度，满腹牢骚，不想参加就职典礼晚宴，就邀请罗斯福一家在下午 4 点喝下午茶。站在他的角度看，他有权力发脾气。用他的话说，国家"处于金融恐慌和社会动乱的边缘"，而这一切都是罗斯福这个纽约人缺乏信心所致。喝茶时，胡佛看着数据，要求罗斯福与他一起联合两党行动。罗斯福还是说他需要时间考虑，毕竟明天他就是总统了。准备离开时，罗斯福调整了一下腿上的矫正器，对胡佛说："总统先生，我知道一般来说你应该回访我们，但如果你不方便，也没有关系。"

胡佛大步流星地穿过房间，居高临下地站在罗斯福面前，露出几分威胁的意味。他冷冰冰地回答道："罗斯福先生，你若像我一样在白宫待了这么久，就会知道美国总统从来就不会拜访别人。"说完，转身离开。

罗斯福的儿子吉米看了父亲一眼，从没见他这么恼火过。但没等罗斯福开口，罗斯福夫人站了起来，说道："谈得挺好的，但我们现在该走了。"

不过，两人完全决裂倒也不可能。伊利诺伊州和纽约州危如累卵，伊利诺伊州州长霍纳和纽约州州长赫伯特 · 雷曼觉得实在无法脱身参加新总统就职典礼。回到五月花酒店后，罗斯福和胡佛通电话到深夜 1 点。看时间晚了，还是罗斯福说应该睡一会儿。在他们去休息时，他们的幕僚马不停蹄地赶往财政部大楼，全权为他们决断。幕僚们看着面前惨淡的美联储最新报告。过去两日，从银行系统取走的资金高达 5 亿美元。他们坚信纽约的银行家并不知道形势有多严峻，所以应该设法保护他们。米尔斯和伍丁都认为应该劝说雷曼关闭全州的银行，霍纳也应该宣布伊利诺伊州的银行从凌晨2点起停业。雷曼在凌晨4点20分宣布了决定。早上6点，胡佛得知消息，无奈地叹气："我们山穷水尽，无力回天了。"

国家金融中心心脏停搏。全国各州银行完全或部分停止营业。华尔街上旗帜飘扬，庆祝着就职典礼的举行。证券交易所已正式关闭，85年来芝加哥商品交易所首次关闭。在曼哈顿第五大道，著名牧师诺曼·文森特·皮尔正在草拟第二天上午的布道词，劝诫银行家和公司负责人在上帝面前屈膝认罪。堪萨斯州州长兰登轻蔑地将实业家称为"奸商"。天空灰蒙蒙的，看到华盛顿的气氛，阿瑟·克罗克描述其为"如同战火里的一座围城"，十几万人聚集在国会东面的公园里、人行道上，黑压压一大片，等待就职典礼开始。负责阅兵式的麦克阿瑟将军在阅兵队伍前列，隐约感觉到危机四伏。（即将卸任的邮政部长沃尔特·F·布朗申请了一辆豪华轿车，只因为旧车太矮，戴着高顶礼帽无法在车里坐直。可见胡佛时期的排场。）在各处战略据点，军队架着机关枪。典礼在很多方面都显得敷衍了事。当天，狂风凛冽，新任副总统约翰·南斯·加纳借了一条围巾御寒。人群拥挤，新任财政部长伍丁无法入座，只能和一名摄影师一起站在栏杆边。

正午12点，国会钟声准时响起，富兰克林·德拉诺·罗斯福终于成为美国第32任总统。

他没有戴帽，也没披外套，昂首挺胸，跟着最高法院首席大法官查尔斯·埃文斯·休斯宣读誓词。他拿着家传的具有300年历史的《圣经》，翻到《哥林多前书》第13章念道：

我若能说万人的方言，并天使的话语，却没有爱，我就成了鸣的锣、响的钹一般。我若有先知讲道之能，也明白各样的奥秘，各样的知识，而且有全备的信，却没有爱，我就算不得什么。

他走向讲台，不为掌声所扰，从口袋里摸出上个星期日于海德公园住所书房写下的笔记。这些话源自罗斯福的内心，没有半句借鉴：

首先，让我们坚定信念，相信我们唯一恐惧的只是恐惧本身。无以名状、未加思索、没有理由的恐惧会麻木我们的思想，阻碍我们进步。

通过广播，罗斯福的演讲在受苦的美国各处响起，传到血汗工厂和破败旅馆，传到“胡佛村”收容所和流浪汉栖息地，传到耕耘贫瘠土地的农户耳中，传到寒风中瑟缩在工厂门口的工人耳中。

我会让国会拿出仅有的一件应对危机的武器，那就是广泛的行政权。这一授权要强大得如同我们正面对外敌入侵。

赫伯特 · 胡佛瘫倒在座位上，凝视着自己的脚。听着广播，在隔出的三层房屋里，饥饿的孩子抬起了头；在地方政府大楼前，准备斗争的农民抬起了头；缝补破衣的主妇抬起了头。空气里有种神奇的力量。加利福尼亚州圣莫尼卡市的威尔 · 罗杰斯在打字机上打出这样一句话：“就算罗斯福把国会大楼烧了，我们也会大声欢呼‘好啊，我们终于把火点着啦’。”

美国人民并未气馁。危急时刻，他们的要求是，希望政府采取直截了当、迅猛有力的行动。他们愿意接受领导并遵守纪律、听从调配。他们让我领受了这一使命，为他们实现愿望。基于这种精神，我接受了任命。

借用诗人沃尔特·惠特曼的话，新任总统“出场很有威慑力”。阿瑟·克罗克写道：“罗斯福神情‘冷峻’，熟识他的人都颇感惊讶。”亨利·L·史汀生在日记中写道：“我真是被吓住了。”新任总统夫人觉得就职典礼“非常严肃，令人生畏”，因“当富兰克林念到他要行使总统在战时才可支配的权力时，下面居然掌声雷动”。《新共和》周刊的埃德蒙·威尔逊却将这段演讲斥为“油嘴滑舌，空洞浮夸”。他还写道：“独裁的迹象显而易见。”这些知识分子依然看不懂罗斯福，一些人永远也看不懂。确实，罗斯福是个神秘的人，即便身边最亲近的人也未必真正了解他。说来奇怪，竞选总统这么大的事，他也没有告诉夫人，她还是从路易斯·豪那里知道的。在他上任初期，很多人都质疑国家的前途，罗斯福夫人也不例外，她说：“我们好像在一条宽阔的河中漂流，应该前往何方，是个谜团，最终会到达哪里，也说不清楚。”但大部分人并没有这样的疑虑。对他们来说，这次演讲十分成功。那个周末，45 万人写信致贺罗斯福。

埃莉诺去参加庆祝舞会，而罗斯福总统则和路易斯·豪一同在白宫工作。星期日上午吃过早餐后，总统坐着轮椅，沿着新修的斜坡进入空无一人的总统椭圆形办公室。他一个人打量着这个房间，桌上空无一物。能够搬走的东西，胡佛都搬走了，只剩下旗帜和印章，连便签本、铅笔、电话、按铃都没有。他逐渐认识到单枪匹马在这里什么也干不了，便大声把秘书和助手叫了过来。这事值得一提，因为从此以后，罗斯福再没有感到如此无助的时候。晚上，他就决定有所行动。“一战”时美国制定了《与敌贸易法》，但人们已经忘了。他叼着烟斗，决定引用这个法案让银行放假 4 天。星期四，第 73 届国会奉命召开特别会议，讨论出一套紧急法案。同时，在银行暂停营业的情况下，国家的正常运转还要维持下去。

现在是国民发挥聪明才智的时刻。美元不能用，人们就使用临时凭证、奖券、有轨电车代用币、加拿大元、墨西哥比索等，或是赊购、物物交换。陶氏化学公司用镁制成“陶氏金属货币”，一个硬币相当于 20 美分。威斯康星州的一名摔跤选手签订演出合同时，获得的报酬是一罐西红柿和一堆土豆。在俄亥俄州的阿什塔比拉，当地报纸愿意接受农产品为广告费。纽约州的一名参议员到奥尔巴尼时，靠带来的 12 个鸡蛋和半扇猪度过了一个星期。最引人注目的交易活动由《纽约每日新闻》创造。当时，报社赞助举办了麦迪逊广场花园“金手套”拳击比赛半决赛，票价为 50 美分。但除 5 美分的娱乐税必须付钱外，价值相当的东西可以抵票价。报社还请来了一个估价官，负责在当晚处理各种物品的估价。法兰克福香肠、床垫、鞋帽、大衣、鱼、面、睡衣、牛排、火花塞、盒式照相机、拼图游戏、毛衣、罐头食品、一袋袋的土豆、高尔夫球短裤、各种工具、擦脚油、各种版本的《新约》，甚至女式内衣都可用来交换。

大家都猜想银行重新营业后，由各州、城市和公司发布的各种临时凭证将正式大行其道。亚特兰大、里士满、马提塔客和诺克斯维尔已经实施。3 月 6 日之前的一个星期，纳什维尔流通中的临时凭证价值近百万美元，费城流通中的临时凭证则将近 800 万美元。新泽西州努特利的一家纸厂从前一星期只工作三天，现在一天要换三班，忙着为威斯康星州和田纳西州的客户生产 6 吨临时凭证。在财政部长伍丁看来，各州、城市和公司的各种临时凭证在全国流行的程度骇人听闻。3 月 7 日星期二，伍丁告诉雷 · 莫利是时候停用这些临时凭证了。他说：“我们可以依靠银行的资产发行货币，这样人们不会恐慌。这些钱看起来不会像舞台上的道具，就像真正的钞票。”办不好也没损失。伍丁公开说：“现在已经是最坏的情况，不可能再坏了。”

在卡尔顿酒店的套房里，伍丁和参议员卡特·格拉斯夜以继日地工作，要赶在星期四的最后期限前草拟出法案。国会特别会议开始了，议员们已鱼贯而入，伍丁刚好赶上把拟出的法案交给秘书，由秘书宣读。伍丁嘀咕着："法案由我提出。它亡我亡。"由于会场内人声嘈杂，没几个人听到秘书的话。法案不是人手一册，根本来不及印制。交给秘书的那份提议上，还有最后时刻用铅笔改动的痕迹。只用了38分钟，在一片哄嚷声中，法案顺利通过。罗斯福夫人在旁听席上一边打毛线，一边数着票数，像《双城记》里的德法奇太太一样。计票结束后，议员们挤进参议院会议厅，听格拉斯解释刚才的法案到底是怎么回事。

虽然格拉斯对法案里的部分内容颇感吃惊，但弗吉尼亚州的这个小个子还是支持伍丁的法案。实际上，根据这项法案，议会必须批准任何总统和财政部长"已经采取及今后将采取"的措施，这一点实在骇人。法案禁止民众囤积物品，违法者会面临牢狱之灾。管理不善的银行设有"管理员"（破产接管人）。法案还宣布以银行资产为储备发行20亿美元新钞。晚上8点36分，罗斯福签署了这一法案。当时他的办公室里堆满了包裹，都是从海德公园住所运来的书和相框，还没来得及拆开。他不停地忙碌，衣服都乱了。那一晚，国家雕版和印刷管理局急招了375名工人，美国政府的印钞机高速运转。

当天及第二天夜里，雕版和印刷管理局一直灯火通明，照耀河滩。来不及制造新模板，人们就沿用了1929年的版本。时间紧迫，一时无法取得12家联邦储备银行行长的影本签字，工人只能从政府文件里找到他们的签名，再派人到泽西市美国字体公司赶制。星期六一早，载着大包现钞的飞机先后从华盛顿起飞。正午过后，第一架飞机就把钞票送到了纽约联邦储备银行，又从那里往各会员银行分送。

不过，如何把钱从囤积户攥紧的手里拿出来，是个非常棘手的问题。短短一星期内，部分人就将流通中15%的货币囤积起来。国会绞尽脑汁也找不到条文给这些人定罪。于是，政府想到了舆论这一利器。3月8日星期三，联邦储备委员会宣布，如果市民在2月1日后提取过黄金，而下星期一没有按约定将其退回，那么银行将把他们的名字公之于众。这一措施立竿见影，各大报刊刚登载公告，市民就打爆了银行电话交换台。银行在电话里告诉市民，如果他们想把黄金送回，银行会为他们办理，并且不会告诉记者。几小时内，人们掀开床垫，撬开铁罐和秘藏的盒子，取出里面的黄金，在银行前排起长队。不禁让人联想到，一个星期前也是同样的场景，但今时不同往日。这次，人们带着装满黄金的行李箱和公文包。看到这样的好光景，联邦储备委员会决定乘胜追击，在星期五宣布扩大范围，要求银行统计出过去两年内的取款情况。范围越大，涉及的人越多。星期六晚，联邦储备银行收回了3亿黄金和黄金券，储备足以再印7.5亿美元新钞。在运载这批钞票的飞机还未在胡佛机场起飞时，伍丁就授意一些私营储蓄银行每个储户的提取限额为10美元。商业重新焕发生机。短短一星期内，13 500家银行（占全国3/4）恢复营业，证券交易所的铜锣也再度敲响，纽约股价陡增15%。道琼斯指数无疑传递着“幸福的日子又来了”这个好消息。

幸福的日子还未真正到来。但恐慌已经过去，币制既没有发生混乱，也没有被迫实行银行国有化。政府下的这服药确实够猛，遏制了通胀的势头，避免了无穷后患。但是，罗斯福选择无多。一个朋友给他分析，如果成功了，他会名垂青史，被人们尊为最伟大的总统；如果失败了，则会沦为历史上最糟糕的总统。罗斯福淡然地表示：“如果失败了，我就变成末代总统了。”但他并未坐以待毙，而是开始了“百日新政”。

3月9日，在一片欢呼声中，《紧急银行法》开始实行。6月16日，《全国工业复兴法》通过。新任总统不负众望，总是精力旺盛，点子源源不断。国会议员疲惫不堪，他们要求休会之前，罗斯福已发表了10次重要演讲，制定了一项新的外交政策。罗斯福每星期召开两次记者招待会和内阁会议，废除了金本位制，向国会提交了15份国情咨文，指导议员们通过了13个重要法案，其中包括对所有银行存款实行保险、发放新的房屋抵押贷款、改革华尔街、划拨40亿美元作为联邦救济金、准许啤酒交易、成立民间资源保护队、农业调整管理局和田纳西河流域管理局等。有时，他自己也会说："偶尔，我觉得自己像得了战斗疲劳症。"

但这些都只是临时应急的招数。罗斯福对身边的新政派说："挑个办法试试吧。如果不行，再试别的。总要有所尝试才行。"他认为选举中能取得压倒性胜利，是因为人们支持他变革。怎么变都行，只要短期内发生改变就好。起初，他打算在伍丁拯救银行的法案通过后就打发国会议员回家，以方便行使他的总统权力。该举措也会得到全国的支持。保守派的《波士顿晚报》在社论中写道："此刻我们需要的是独裁政权。独裁从来不算一件好事，人们这样期待绝无仅有。但人们急得像热锅上的蚂蚁，愿意放手一搏。"参议员伯顿·K·惠勒说，为了新任总统，议员们甚至敢于"跳火圈"。而按查尔斯·米切尔森的话说，美国的选民甚至相信罗斯福能够"在黑暗中辨明一切"。之后，约翰·甘瑟表示，罗斯福当年若想独裁，可是轻而易举。"在第一个'百日新政'期间，国会心甘情愿地为罗斯福服务，授予总统权力之巨大前所未有，凌驾一切！德国国会给予希特勒的权力，也仅止于此。"

但是，罗斯福一直以来都遵循宪法行事。他说，他以堂叔西奥多·罗斯福总统为榜样，希望成为一个“热心传道”的总统。他翻阅了民众寄往白宫的诸多信件，觉得在进行立法革命（的确是场革命）的同时，需要向他们阐明新政的目标。那时，没有美国新闻署或者美国之音代为宣传，也不必要。由他担任教师，全国民众耳听心受。

他的第一堂课在上任的第5天。那是一次成功的记者会，采访白宫新闻的记者都围在他的办公桌前。此后，他举办了无数场记者会（998场）。威尔·罗杰斯评论说，罗斯福可以将银行业务中复杂的问题解释得深入浅出，每个人都能明白，也包括银行家。就连平时对罗斯福不以为然的查尔斯·比尔德都写道：罗斯福谈论“美国生活和社会的种种根本性问题比其他总统都多”。记者会结束时，掌声经久不息。一下子，罗斯福将美国新闻之都从纽约迁到了华盛顿。合众社驻华盛顿的员工增加了两倍，从此美联社1/4的新闻来自华盛顿。各大城市的报社专门派驻了记者报道白宫的消息，规模较小的报社则引用华盛顿专栏作家的通稿。后来，罗斯福夫人也加入了专栏作家行列。

3月12日星期日，罗斯福开始给全国人民上第二堂课。白宫一楼外事接待室的壁炉前摆着美国广播公司、哥伦比亚广播公司和共同广播公司的话筒。总统说他希望随性些，像在起居室和邻居聊天一样亲切自然。哥伦比亚广播公司驻华盛顿办事处经理哈里·C·布彻说，如此一来，不如就叫作“炉边谈话”好了。自此，这个名字就流传开来。罗斯福叼着象牙长烟嘴，慢慢抽着，谈论起全国银行停业的问题。“朋友们，我想告诉大家，过去几天我们做了什么，为什么这样做，下一步要做什么。首先，让我陈述一个简单的事实。大家把钱存到银行，银行并不是把钱放在保险柜里，而是用来投资各种信用债券和房屋抵押贷款。换言之，银行会把钱拿来投资，使一切运转起来……”

罗斯福态度温和，没有居高临下，用人人都能明白的句子和表达方式将复杂的工业经济表述得很清楚。他的语言质朴平实。这种风格也反映在白宫的装饰上，前任政府留下的铺张排场都被去除。这里没有跑腿的仆人，没有号兵，没有军旗敬礼分列式，没有士兵换岗仪式，7道菜的用餐习惯也省去了。在华盛顿的众多官员中，罗斯福的饮食是最简单的，时间不允许他成为美食家。在白宫用过餐的客人说，这里单调乏味的饮食好像出自寄宿所。一位女士连续三晚都吃到同样的甜点：一片菠萝、两颗樱桃和稀奶油里的一个核桃。即便如此，她也算是得到了款待。总统的午餐只有一个水煮荷包蛋，才19美分。

在饮食上，罗斯福或许小气，但这只是表象。他拥有真正的权力，并不在意这些花哨的点缀。小阿瑟·施莱辛格说得好："罗斯福天生就是当总统的料。"他能决定自己所处时代的命运，历史上少有人如此。他独揽大局管理着国家，爱发号施令。他开玩笑地对一个访客说："如果可以，难道你不想当总统？有谁不想。"和罗斯福会面后，心理学家荣格回忆说："毫无疑问，他是个坚强有力的人。他才智超群，坚不可摧，又果断决绝，灵活多变，你永远猜不到他会做什么。"W·M·基普林格说他从没见过任何总统"像罗斯福一样拥有至高无上的权威"。埃霍·弗林发现罗斯福身边的助手和内阁成员不过是跑腿的，"罗斯福总是自己做主"。阿瑟·克罗克说道："他是老板，是发电机，是钟表发条。"亨利·摩根索也写道："罗斯福就是一个统治者。"摩根索爱和罗斯福辩论，罗斯福也乐于奉陪，但争论到一定程度，罗斯福便将布满斑点的大拳往桌上一锤，不再说"我认为"而使用"总统认为"。到此，辩论告一段落，胜负显而易见。

罗斯福一般一天工作14个小时。一早，他会在床上用餐，边吃边浏览外事电报和一堆报纸。他的卧室墙上挂满了船舰的图片，壁炉架上放着家庭照片和维多利亚时代的小摆设。早晨起床后，他一般不会见客，但在“百日新政”时期，他的亲信顾问会聚在床前和他开会。有时，9点过后，男仆欧文 · 麦克达菲会为他刮胡须，整好衣装，再用无扶手轮椅推他到办公室去。上午10点，一天的忙碌正式开始。如果那天国会开会，他会花上1/4的时间讲电话。他跟别人说话时总会称呼他们的名字，而非姓氏。上任第一个星期，他打了个电话给劳工部长弗朗西斯 · 珀金斯小姐。那时，华盛顿政界对这位爱戴棕色船形帽的女士并不了解，她对华盛顿的政治人物也不熟悉。当珀金斯的助手拿起电话时，只听对方说：“我是弗兰克，弗朗西斯 · 珀金斯小姐在吗？”助手转告珀金斯，她诧异地问道：“弗兰克？我不认识什么弗兰克。问他为谁工作。”这么一问，电话那头响起了笑声：“我为美国工作，我是总统。”

罗斯福随时都会接电话，内阁开会时也不例外。想和他通话太容易了，大概有100人可以不通过秘书转接直接和他通话①。他消息灵通，无所不知，因此人们常常会忘记他双腿不便的事实。内阁会议上，他常转述别人的话，其中也包括他的夫人。他会说：“我的内人说那片区域正流行伤寒病。”他上任不久颁布了诸多法令，其中就有一条规定：当困难群众打来电话向白宫求助时，一律不准挂断，必须有人接听。罗斯福和民众沟通频繁，是历代总统中表现最好的。有封信这样写道：

尊敬的总统先生：

我写这封信是想告诉你，现在一切都好。你派来的人很快

① 最接近这个纪录的是30年后的一位高官——罗伯特 · S · 麦克纳马拉，但他也只会接25个人打来的电话。

就找到了我家，他们陪我去银行，申请了贷款延期。你肯定还记得我之前写信说我家的家具被人搬走了。现在好了，你派来的人帮我拿回来了。我从没见过像你这样的总统。

谁也没见过这样的总统。罗斯福每天会收到5 000~8 000封信，是胡佛的10倍。一名国会议员曾将他比作耶稣。一次民意测验中，纽约小学生将罗斯福排第一，上帝排第二，票数远逊于罗斯福。美国人民觉得他像朋友一样对待他们，就写了41首歌颂扬他的功绩。每当他系好腿上的支架，出现在公众面前时，热情的群众都会把手伸向他，想碰到他斗篷的边缘。在纽约，歌剧《我的粉红色》的演出现场，演员们每次谢幕时都会将歌曲原文“让温特格林当总统”改成“罗斯福是总统”。这时台下的观众会不约而同地站起，报以震耳欲聋的掌声。安妮 · 奥黑尔 · 麦考密克在《纽约时报》上写道：“没有哪个总统可以像罗斯福一样，在这么短的时间内给人们带来希望。”就连皮埃尔 · 杜邦和威廉 · 伦道夫 · 赫斯特也高兴不已。一个商界巨头对约翰 · 弗林说，他认为罗斯福是自耶稣以来最伟大的领袖，他希望上帝能原谅他之前把选票投给了胡佛。沃尔特 · 李普曼也改变了以前的判断，写道：“我们曾万念俱灰，对周围的人和事失望。但仅仅一星期时间，我们对政府和未来又充满了希望。”

罗斯福的巨大魅力还吸引来了校园里和职场中的年轻人。突然之间，华盛顿的住宿业生意红火起来。G街、R街、新罕布什尔大道和第21街一带高大古老的褐色大楼被改造成旅馆，等待着加入新政队伍的年轻单身汉入住。华盛顿的传统主义者开始害怕起来。后来，有人对小阿瑟 · 施莱辛格说：“一大群讨厌的年轻律师住进了华盛顿……他们趾高气扬地进入办公室，占据办公桌，索要各种文件，忙这忙那，没完没了。我不知他们为何而来，做了什么，又为何离开。”

这些年轻人有的没有离开，有的离开后变换个身份又回来了。财政部副部长迪安·艾奇逊、司法部青年律师J·W·富布赖特（后任参议院外交委员会主席）、放弃药物学研究而从事救济工作的休伯特·H·汉弗莱（后任第38任副总统）、田纳西河流域管理局青年律师亨利·福勒（后任财政部长）都是当时聚集在新政旗帜下的人物。林登·B·约翰逊是新人中办事效率很高的一个，他是得克萨斯州国会议员理查德·克莱伯格的行政助理。约翰逊说服政府让得克萨斯州的农民带头清除一些棉花种植园，以支持农业调整管理局减少剩余农产品的措施，一时获得了媒体的关注。

新政的众多政治新星中，还有一些次要角色，如萨姆·罗斯曼、雷克斯福德·特格韦尔、阿道夫·伯利、“铁裤汉”约翰逊、哈罗德·伊克斯和雷·莫利。伊克斯有个众所周知的绰号“暴躁鬼”。私底下，他还挺喜欢这个绰号的，却不知罗斯福背后叫他“唐老鸭”。雷·莫利在华盛顿一家酒店里租下了一个套房，出手阔绰，是这群人中最聪明的。那些名气不敌他的人编了首歌讥讽他：

莫利！莫利！莫利！我的上帝！

农业部士气特别高昂。新上任的总顾问杰罗姆·N·弗兰克招收了一批才华横溢的年轻律师，有瑟蒙德·阿诺德、艾毕·福塔斯、艾德莱·史蒂文森、纳撒尼尔·韦尔、约翰·艾布特、内森·翰威特、李·普雷斯曼，以及普雷斯曼在哈佛大学法学院的同班同学阿尔杰·希斯。政府一些其他部门的人对他们赞赏有加，认为其中大部分人未来前途无量，特别是希斯。

希斯、普雷斯曼、翰威特、阿布特和韦尔都是一个共产党小组的成员，常在康涅狄格大道音乐工作室秘密见面。他们会对新政府进行研究，却没有头绪。这不足为奇。莫利那时被看作是一个激进的自由派，而农业部长亨利·华莱士强烈反对在外交场合承认苏联的合法地位。华莱士认为共产主义挑起了阶级对立，口气好像阿尔·史密斯。最让人捉摸不透的还是总统先生。在就职典礼上，罗斯福偏向经验主义，但很保守，他早期的措施得到了右派的支持。值得一提的是，在挽救银行业的颓势后，罗斯福实行的第一个措施是削减退伍军人的退伍金和政府人员（包括国会议员）的薪资。

然后，他成立了民间资源保护队，组织贫困家庭的年轻人参加水土保持工作，获得了保守派的好评。但共产党的一名发言人将此举称为“强迫劳动”，劳联领导人威廉·格林则称罗斯福的这一做法具有“法西斯主义、希特勒主义和某种形式的苏维埃主义的意味”。但是，罗斯福很重视民间资源保护队，在军队的支持下，此举很快就取得了巨大成效。这个组织由麦克阿瑟负责组建。乔治·C·马歇尔上校负责南方17个团队的管理，成效卓著，引起了总统的注意。（在分管宾夕法尼亚州时，艾森豪威尔少校忽视了政治因素，让共和党人占据了所有重要岗位，落得个办事不力的印象。）最后，250万青年加入了民间资源保护队，穿上了草绿色的制服。他们种下了2亿棵树木，建起了从得克萨斯州到加拿大边境的防护林带，完成了罗斯福的构想。

4月19日，罗斯福废除了金本位制，此举却并未获得右派的支持。现在看来，是因为人们对黄金的追崇根深蒂固。几个世纪以来，欧美各国一直严防黄金外流，把黄金视为西方文化的特征。在维多利亚女王时代，黄金是强国的象征，白银则是落后国家的标志。一些共和党人把货币贬值的策略描述为“橡皮美元项目”。阿尔·史密斯说，他赞成“金本位”，反对“胡扯本位”。罗斯福的白宫预算办公室主任则说，总统此举意味着“西方文明的终结”。但是，美元贬值11.5%，当年夏天继续贬值17%后就稳定下来。这时，欧洲已出现通货膨胀的迹象，美国再次拥有了世界市场上的竞争力。对此，普通人看不懂倒也自然，至少华尔街的精英们看得明白。查尔斯·盖茨·道斯拍手称快，共和党领导人也拍手叫好。罗素·莱芬韦尔是摩根大通公司的合伙人，他在给罗斯福的信中写道：“你废除金本位制的决定把全国从崩溃的边缘拉了回来。”在一份罕见的公开声明里，摩根本人也表现出对罗斯福决策的声援：“看到总统做出这样的决定，我很高兴……显然，想消除‘大萧条’的阴霾，就要反对并打倒主张通货紧缩的势力。”

任何决策，只要受到华尔街23号（摩根财团所在地，意指华尔街金融势力）的欢迎，就谈不上革命性或者开明。直到3月下旬，罗斯福才明确变为“左”倾。那时，他要求国会批准《农业调整法》和《联邦紧急救济法》，并在5月12日——“百日新政”第65天，签署了这两项法案。《农业调整法》显然是针对艾奥瓦州农民暴动事件制定的，该法案采用减少产量的方法提高农产品价格。这种补贴农民、让他们少种地的做法，有违常理。亨利·华莱士的这段话道出了上百万人的心声：“我希望只此一次，以后再也不用这样的办法。庄稼长得正好，却要毁坏，实在有悖常理。”4个月后，他却不得不下令屠杀600万头小猪。他自己对这样的做法憎恶不已，但也只能埋怨胡佛措施不当，留下了这样的烂摊子。（罗斯福开玩笑说，要给猪实行计划生育。）

从长远影响的角度看，联邦政府主持救济引起的争议更多。可是，哈里·霍普金斯在一次国会听证会上犀利地指出：“参议员们，人们天天需要吃饭，不是等到长远后才吃。”霍普金斯是个身形瘦削的高个儿，头发蓬乱，惯于冷嘲热讽。“大萧条”时，他在纽约做社工。新政期间，他一直和罗斯福保持着密切联系。他能进入政府工作，离不开贵人的引见。最初，他只是一个无名小卒，根本见不到总统。在纽约参加一个名流聚会时，他看到劳工部长弗朗西斯·珀金斯也在场，便恳请她到楼梯间说话。当时人声嘈杂，只有那里比较安静。霍普金斯向她解释了联邦救济金的重要性，珀金斯小姐便将他推荐给罗斯福，罗斯福又将他的方案提交给了国会。见此方案，共和党人无不震惊。马萨诸塞州参议员罗伯特·卢斯斥其为“社会主义”，缅因州参议员卡罗尔·L·比第惊呼：“上帝救救美国人民吧！”

但是，共和党的上帝不灵了，罗斯福扭转颓势的时刻已到。5月22日，罗斯福将霍普金斯带到华盛顿，开始联邦政府的救济工程。虽然，领导人几经变更（先是霍普金斯，后是伊克斯，最后又是霍普金斯），机构名称多次调整（民政工程署、公共事业振兴署、公共工程署），但联邦政府的救济工程一直持续到1942年。霍普金斯直截了当地说：“我来这儿的目的就是确保没人挨饿。”纽约市长菲奥雷洛·拉瓜迪亚说：“我花两美元到市场上买一只鹦鹉，一天时间它就能学会‘发救济，发救济，发救济’，但鹦鹉永远也不会懂其中的经济问题。”反对救济的人对这项政策不以为然，他们可不会用“发救济”这样温和的字眼。北方血汗工厂的老板和南方种植园的园主都愤恨不已，这个措施让他们失去了廉价劳动力。对上层中产阶级评论家来说，接受救济者总是懒洋洋地倚在铁铲或耙子上，这些评论家最大的成就是曲解了一个意义模糊的词。真相是，在纽约市议会调查做证时，一名叫罗伯特·马歇尔的手工课教师说，他教过失业者如何制作一种叫“Boondoggle”的手工制品。1925年，“Boondoggle”这个词由北方的一个童子军团长创造，用来描述野营中有实用价值的手工，比如将绳子编成带子。谁知不久之后，全国的报纸都开始发表社论嘲讽搞救济就像“做Boondoggle”。报纸影响巨大，数百万读者直到今天都以为霍普金斯和伊克斯所谓的成绩不过如此，他们只是给失业的人找点儿事做，至于这些事有没有意义倒是其次。

实际上，霍普金斯和伊克斯都很鄙视游手好闲的懒汉。尤其是霍普金斯，他认为只给救济不给工作，有辱人的尊严。他喜欢听到妇女们说：“我们不再依靠救济，我丈夫在为政府工作。”人们确实在工作，而且工作得很辛苦。民政工程署、公共事业振兴署和公共工程署将资金投入到3万多个新政项目中，比如支付教师薪资，修建供水系统、邮局、桥梁、铁路、机场、下水道、涵洞、公共泳池、运动场、操场、发电站和火车站等。霍普金斯在华盛顿任职期间，一直兢兢业业。美国10%新修的道路中有他的汗水，35%新建的医院中有他添的砖加的瓦，65%新修的市政厅、法院和医疗设施离不开他的出谋划策，70%新建的学校得到了他的支持和重视。因为他，丹佛建起了水利系统，俄亥俄州马斯金格姆河谷建起了防洪工程，得克萨斯州布朗施维尔市有了港口，基韦斯特岛有了通往佛罗里达州内陆的公路和桥梁。

公共事业振兴署（及其前身和后继机构）率先投资那些私营企业力所不能及的项目，起到很好的示范作用，明显改变了美国的面貌。哈得孙河下建起了连接纽约市和新泽西州的林肯隧道，曼哈顿区和长岛之间建起了三区大桥，宾夕法尼亚铁路改用电力牵引，第一批柴油机开始研制。华盛顿有了动物园、林荫道和联邦贸易委员会大厦。卡马里洛精神病院在加利福尼亚州拔地而起，诺克斯堡金库在肯塔基州建成。旧金山建起大人小孩都喜爱的游乐场，达拉斯市兴建了迪利广场，圣路易斯市有了温室花卉展馆，哥伦比亚河上筑起邦纳维尔大坝，科罗拉多河上建起博尔德大坝。在建造博尔德大坝时，公共事业振兴署近200名员工因公牺牲。共和党人也对这个水坝充满兴趣，1946年他们再次掌控国会后，立即将其更名为胡佛大坝。这些工程耗资总计不到200亿美元，仅为尼克松第一任期内国防部年度预算的1/4。

据《陆海军纪事报》之后的报道，那几年军费拨款极少，若没有公共事业振兴署的工人，许多陆军军营和海军基地都会荒废。而且，若没有公共事业振兴署，美国经济在“二战”时期和战后阶段都不可能有那样蓬勃的发展。如果“百日新政”时期罗斯福没提出那样的设想，田纳西河流域工程就不会存在，更不会有结束“二战”的那两枚原子弹。原子弹有利有弊，但无论如何，在20世纪50年代中期，苏联肯定会突破研制核武器的难关。当然，田纳西河流域工程的主要目的并不是研制原子弹。一开始，田纳西河流域建起的多座大坝，向流域居民提供和销售电力。最后，这项工程避免了300万英亩土地被河水冲蚀，让流域居民的平均收入倍增，工程所耗资金也以缴纳联邦税收的方式全部偿清。田纳西河流域工程是参议员乔治·诺里斯一直以来的梦想，但将其变为现实的人是罗斯福。罗斯福那时才刚上任，尽管杂事繁多，但他写信告诉诺里斯：“马上拟出紧急法案，写好就开始。”他希望诺里斯可以过来和他谈谈“田纳西河流域发展”计划。有这样的总统在，人们觉得一切皆有可能。

但是，有些事确实不可能。银行可以挽救，农民可以补贴，饥饿的人可以喂饱，不羁的田纳西河可以驯服，但美国是一个工业国家，没有什么法律可以轻松解决工业问题。罗斯福不是没有尝试过。国家复兴管理局便是新政中全力以赴的一次尝试，纵然收效甚微，但并非一败涂地。它鼓舞了人心，增强了劳工组织的影响力，最终也对经济复苏起了促进作用。尽管它没有达到罗斯福的期待（事实如此），但至少让全国暂时如战时一般团结起来。国家复兴管理局就像一支士气高昂的球队，上场前被寄予厚望，最后却以惨败收场。休·约翰逊将军的比喻很巧妙："一开始是点点火光，后来却是猛烈攻击。就像有的蠢蛋，冲动地走上断头台，又期望铡刀突然坏掉，可以侥幸逃生。"

约翰逊是新政派中最富传奇色彩的人物，他被罗斯福任命为国家复兴管理局的负责人。也许，就是他那种唯我独尊的态度限制了国家复兴管理局的发展。凡是妨碍他的人，他都肆意诋毁，说那些人"血液里有耗子的破坏因子"，又说"国务院里的人打扮得油头粉面"，"全是一群谎话连篇、信口开河、胡说八道的生意人"。他还把商务部大厦的办公室比作联合车站的收费公厕，因此得罪了胡佛。但在第二次炉边谈话中，罗斯福首次提出这个设想时就考虑到了国家复兴管理局可能出现的问题。他说，希望企业和政府间形成"计划性的合作关系"。政府"在行业中大部分从业人员的支持下，防止不公平竞争，并遵守当权者制定的协议"。

罗斯福的目标是消除殊死一搏的竞争，停止对妇女和童工的剥削，这样的做法是正派商人都可以接受的。但按行业规定，对垄断的抨击要停止，还要恢复协定物价的做法。工人不由得忧心忡忡。于是，铁路员工协会总顾问唐纳德·里奇伯格建议约翰逊在《全国工业复兴法》中添加第7条第1款历史性的规定：劳方可以通过工会，集体性地与资方谈判雇用条件。从而推动了20世纪20年代的工人运动。大企业主预感这一条款会带来巨大的冲击，因此全国制造商协会和美国商会在参议院听证会上表示强烈抗议。于是，罗斯福将法案支持者和反对者召集起来，一起协商法案的具体细节，最终达成协议——第7条第1款原文不动。但这并不代表胜利的开始，企业家和代表他们利益的议员没有提出改动，是因为有些人认为应该禁止所有自由竞争。时任琼斯－拉姆森机械公司经理的拉尔夫·弗兰德斯表示，他们“完全相信限制竞争才能实现国家经济的复苏和繁荣”。

“铁裤汉”约翰逊的宣传工作完成得极其出色，所以1933年已过大半，这些棘手的问题还没引起人们的注意。亨利·华莱士曾告诉约翰逊关于雷鸟的故事，并以印第安人的意符为基础画出一只蓝鹰，还在下面写下“人尽其职”。他警告媒体：“愿上帝宽恕那些触犯这只蓝鹰的人。”凡是遵守这种规定的公司都可以在建筑外面挂上蓝鹰的标志。消费者也在挡风玻璃上贴这个标志，《时代周刊》每星期的封面上也会印上这个标志。4个女孩子甚至把蓝鹰刺在了背上。在旧金山的一个棒球场里，8 000个孩子排出一只巨大的蓝鹰标志，巴斯比·伯克利也不甘人后，改写了《华清春暖》的最后一幕，让鲁比·基勒、迪克·鲍威尔、琼·布朗德尔和好莱坞全部临时演员先后排列成美国国旗、罗斯福肖像和蓝鹰的形象。蓝鹰受到热捧，风靡一时，约翰逊也忙着在全国各地签订合约，一切看起来郑重其事。

实际情况也基本如此。到当年仲夏，100多万雇主执行了国家复兴管理局的章程和工资规定，雇用了900多万工人，但这些雇主一般都来自小企业。6个星期的努力劝说后，纺织、采煤、石油、钢铁、汽车、木材、服装、批发、零售和建筑这十大行业里，只有纺织业签订了行规。新政领导群体中出现了不同的声音，霍普金斯对约翰逊说：“休，你制定的那套法规烦死了。”煤矿的保安人员并不理会蓝鹰法规，照样对矿工开枪，亨利·福特也不肯承担自己的责任。约翰逊一气之下把自己那辆福特公司产的林肯汽车卖了，买了一辆凯迪拉克。总统宣布政府部门只能和符合国家复兴管理局规定的公司合作。一个记者问约翰逊那些不执行规定的人会受到什么惩罚，约翰逊擦掉嘴边的啤酒沫，凶巴巴地说：“把他们打得鼻青脸肿。”

之后，将军改变了他的策略。他发起了一场全国性的活动，为所有雇员争取每星期 40 小时的工作时间、12 美元的周薪，之后还要制定正式法律。1933 年 7 月 24 日，在第三次炉边谈话中，罗斯福特别提到了这个问题。他说：“打仗时，夜袭的士兵会在肩上戴一个鲜艳的徽章，便于区分敌我，以免误伤战友。按这个标准，那些与政府合作，参与了这项运动的人也要一眼就能看出。”罗斯福的这番话意思很明确，要么尽忠职守，要么保持低调。全国复兴运动逐渐展现出一种传播福音的性质。波士顿市市长詹姆士 · 迈克尔 · 柯利将 10 万名儿童集结在波士顿公园，带领他们宣誓：“我宣誓，要做一个合格的美国公民，成为全国复兴运动中的一分子。我只会在蓝鹰商店里购物。我会让家人在 9 月购物，并只购买美国产的商品。我会和罗斯福总统并肩作战，让人民再次过上好日子。”

每个有公民荣誉感的社区都举行了支持全国复兴运动的游行。这时，花车五彩缤纷，乐队唱着《幸福的日子又来了》，一路欢歌。纽约的庆祝活动尤其隆重。25 万人的游行队伍浩浩荡荡，整整走了 10 小时，沿途观众有 200 万。交响乐团指挥瓦尔特 · 达姆罗施是广播工作者的领队，查尔斯 · 温宁格带领着演员队伍，阿尔 · 乔森走在电影动画从业人员队伍前列。游行队伍里有 1 000 名理发师，10 000 名银行家、经纪人、证券交易员，20 000 名成衣工人。在阅兵台上，人们放飞了 50 只信鸽，希望将美好的祝愿带给罗斯福总统。夜幕降临，第五大道华灯初上，参加游行的人络绎不绝地从华盛顿广场走过来。这些人当中有杂货商、珠宝商、当铺老板、屠户、消防员、警察、图书管理员、药剂师、图书出版商和酒吧侍者等。纽约沉浸在欢腾的气氛中，纽约之外的地方，人们也能感受到同样的热情。在塔尔萨市，休 · 约翰逊 77 岁的老母亲走在游行队伍前方，呼吁道：“我们应该听从国家复兴管理局的指挥，因为我儿子雷厉风行，改革到哪里，谁也猜不到。”全国各地参加游行的人都充满信心与希望。海伍德 · 布鲁恩写道：“当人群排成长龙，摩肩接踵时，众志成城的情绪就形成了。”忽然之间，足足 200 万份法典草案潮水般涌进约翰逊的办公室。各大行业都加入进来，唯有汽车和采煤业迟迟不动。但最后，汽车（福特公司例外）、采煤业终于妥协。跟随全国的潮流，连胡佛总统都加入了。

但是，疾行的船终遇逆风。胡佛心思一转，认定国家复兴管理局奉行的是极权主义。商人贬其为“鬼鬼祟祟的社会主义”，工会领导认为这是“商业法西斯主义”。威廉 · 伦道夫 · 赫斯特说国家复兴管理局的英文简写其实是“禁止复兴”的意思。《哈泼斯》月刊的一位投稿人在 4 个州做完调查后发现，挂着蓝鹰标志的公司实际违背了之前签订的法规。在 700 条法规中，有 568 条是关于协定物价的，这可能是霍普金斯之前的设想。沃尔特 · 李普曼将国家复兴管理局描述为：“极度的中央集权和独裁作风引起了人们对美国经济生活中可能出现的官僚主义的厌恶情绪。”

发生了什么？那年年初，专栏作家和企业家还巴望总统变成独裁者。不同的是，现在罗斯福扭转了全国的局势，他的成绩显著，但人们的挑剔也不少。在罗斯福初到白宫的 4 个月里，联邦储备委员会将工业生产指数从 59 提高到 100。经纪人说这是“罗斯福创造出的市场”。3 月时，人们力不从心或惶惶不安，无力反对约翰逊，现在他们翅膀硬了，敢于说话了。《科里尔周刊》说：“我们经历了一场改革，结局很好。”《文学文摘》杂志欢呼道：“股票和债券价格上涨，增值了数百万美元。小麦、玉米和其他商品的价格上涨，数百万钞票飞进了饱经贫苦折磨的农民的口袋。”美国农业调整管理局促成了农产品价格的提高，但《文学文摘》杂志并没提到它的功劳。只有《纽约时报》指出，罗斯福不但化解了一场前所未见的危机，还取得了个人的胜利。对于美国人民来说，罗斯福能够呼风唤雨，力量无穷。全国人民蓄势待发，等待着他下达指令。罗斯福发表了一场场振奋人心的演说，取得了一个个巨大的成就。人民敬仰他，称颂他，说他是上天派来拯救这个时代的英雄。雷 · 莫利说，罗斯福救活了资本主义。

人们对总统的看法也完全改变了。罗斯福坐车到国会山时，热情的群众会鼓掌欢迎。理查德 · 杰维斯是名特工，担任过 4 年胡佛总统的警卫。见到这样的场面，他高兴地说：“这样的情景再次出现，真是让人欣慰。”8 月，总统兴高采烈地召开了记者招待会，宣告：“我给大家带来了重大喜讯。”原来，自 1931 年 9 月以来，财政部第一次发行了长期公债，总共 5 亿美元，年利息 3.25%，认购总数高达公债发放规模的 6 倍。一年以前，这完全是不可能的事。不管赫斯特报系怎样诋毁，这是工商界对新政有信心的铁证。1929 年以来，商人第一次为期票贴现。为什么不呢？似乎没有什么可以阻挡罗斯福带领人民走出“大萧条”的决心。国会唯罗斯福马首是瞻。哈佛大学宪法学教授托马斯 · 里德 · 鲍威尔也表示：“依我看，在基于法理的前提下，如果最高法院想要支持立法机关或行政机关的行动，宪法中有切实的条款可以赋予它这样的权力。”鲍威尔教授不懂宪法吗？他都不懂，还有谁懂？那就只剩最高法院首席大法官查尔斯 · 埃文斯 · 休斯了。但可惜的是，没人想到去问他。

美国人小像：埃莉诺

她的父亲是西奥多·罗斯福的兄弟，母亲是出了名的美人。她是安娜·埃莉诺·罗斯福，出生于1884年，因为生得丑，人们都为她叹气。

她是个胆小鬼。客人来时，她就躲起来，紧张得咬手指。这时，母亲就会叫："老奶奶，快出来吧。"一边向客人解释："这个孩子脾气怪，又老成，我们就叫她老奶奶。"听了这话，她羞得想钻进地缝里。

8岁时，母亲因白喉离世；9岁时，父亲因酗酒撒手人寰。她就跟着管教严厉的外婆生活。因此，15岁以前，她都没有同龄的朋友。

18岁时，她进入社交圈，引起一阵轰动。她是个6英尺高的大个儿，声音又亮又尖，门牙前突，素面朝天。她很情绪化，有时无来由地哈哈大笑，有时兀然落泪，家人因此揣测她精神有问题。后来，富兰克林·罗斯福向她求婚了，但是他的母亲一直不应允，反对了三年才同意两人的结合。

1905年3月17日，伯父西奥多代表父亲，牵着新娘走上圣坛。埃莉诺精力充沛，和伯父很像。人们却认为一个女人不应有这样的性格，只顾笑话她，不认同她的生活方式。有人问她，做家务是不是很头疼的事，她便回答道："我每天最多花15分钟做家务。"但是，她也很忙碌，忙着救济穷人。1913年，在她离开家的一段日子里，年轻的丈夫罗斯福爱上了她的兼职社交秘书露西·默塞尔。

1920年，露西嫁给了一个叫拉瑟弗德的有钱老头。1921年，小儿麻痹症导致罗斯福双腿瘫痪。母亲萨拉希望他就此放弃社会活动，回到海德公园休养。但是，医生告诉埃莉诺，罗斯福应该回到政坛，她可以做他的得力助手。两个女人僵持不下。埃莉诺参加了妇女劳工联盟，加入民主党后便退出。她告诉罗斯福，他一定要成为州长。萨拉对家里的事情一贯大包大揽，现在却不再是她一个人说了算。她写信给兄弟说："现在是埃莉诺当家了。"

之后，罗斯福果真当上了州长，后来又当选总统。

就职典礼上，罗斯福为美丽的露西·默塞尔·拉瑟弗德安排了前排的位置，还派豪华车去接她。

就职典礼后，埃莉诺参观了补偿金远征军的第二营地，还同他们一起唱歌。之后，远征军说："胡佛派来了军队，罗斯福却派来了妻子。"

总统没时间巡游全国，所以第一夫人每年跨越4万英里，各地演讲，参观贫民窟、幼儿园、游乐场和农舍。回来后，罗斯福总要仔细询问她一路的情形。他打趣地称呼她为"特工罗浮"（意为漫游者）。

"天哪，总统夫人来了！"在《纽约客》的一幅漫画中，一个矿工双眼圆睁，吃惊地对同伴说道。

埃莉诺不在家的时候，露西就会来看望总统先生。

在华盛顿，埃莉诺每星期会在白宫二楼的条约厅举行女记者招待会。她的专栏《我的日子》在全国135家报纸上发表。《妇女家庭良友》杂志每一期都有她编写的问答调查。她还是广播名人，名气只在罗斯福之下。她每星期会做两次广播，由甜心香皂、席梦思弹簧床垫、佳期迈威建材、塞尔比皮鞋和旁氏冷霜卸妆膏的厂商赞助。她将广播所得收入全部捐给美国公谊服务委员会。有一次，她在白宫同时举办两场招待会，不得不两边跑来跑去。

罗斯福会在乔治敦和阿灵顿市郊外的路上约会露西。坐火车从华盛顿到海德公园的路上，罗斯福的专列会特意折到新泽西州少有火车经过的阿拉默奇，那样他就可以去露西家看望她。

埃莉诺现在明白了，她既无法和罗斯福谈一场火热的恋爱，也无法和他保持亲密的夫妻感情。

她最喜欢引用一句话："平静的背后无不隐藏着压抑的痛苦。"

在敬慕者的眼中，她身兼数职，在母亲、妻子、政客、女政治家、记者和第一夫人多个角色间游走。比起丈夫，她打破了更多陈规，她对贫民更有同情心，政治上更加偏"左"。有一次在海德公园，她和丘吉尔辩论战后保持世界和平最好的办法是什么。丘吉尔说，这需要英美两国携手努力，而她说，想维持和平，就要提高人们的生活水平。

以韦斯特布鲁克·佩格勒为首的评论家，说她爱管闲事、充满空想、心肠太软。漫画家还将她画成粗鄙的样子丑化她。讨厌她的人尖酸刻薄地说："埃莉诺一口龅牙，隔着篱笆都能咬到苹果。"驻英大使约瑟夫·P·肯尼迪说她是个麻烦的人。她老给他写信，还要他邀请某位叫苏西·格洛茨的女士来使馆喝茶。

一次，她问罗斯福，自己快言快语会不会对他有不利影响。（当时，她正在为美国公民争取加入共产党的权利。）他朗笑一声："怎么会呢，这是个自由的国家。"

后来，罗斯福在沃姆斯普林斯病逝。那时，她正在华盛顿参加妇女界积极分子的会议。

回到白宫后，她发现在他弥留之际，露西一直陪伴他左右。她伤心落泪，但很快就振作起来。

父母、婆婆、丈夫都没有给过她怜爱，现在，她只关心人类的幸福。她继续写专栏，出版了15本书，改革了坦慕尼协会，成为美国驻联合国的代表。在杜鲁门和艾森豪威尔执政的时期，她一年又一年被选为美国妇女最尊敬的榜样。盖洛普民意测验发现，她是全球最受欢迎的女性。

74岁时，她写道："作为世界领袖，我们需要重新认识自己。我们要倾尽所学，努力为全人类创造美好的未来。如果坚持这样的目标，我们就无所畏惧。"

4年后，她离开了这个世界。艾德莱·史蒂文森评价道："她的热情温暖了整个世界。"联合国大会为她默哀。她与丈夫合葬在海德公园故居的花园里。罗斯福以后的3任总统都在她的墓前垂首默哀。在这对夫妇的坟墓前，竖着一块石碑，上面刻着她选的一句话："我们唯一恐惧的只是恐惧本身。"

露西没有在墓前出现过。早在14年前，她就在纽约市的一家医院过世了。

第三章　骚乱

1934年5月，第一本漫画杂志《驰名连环画》在报摊上面世，但联邦调查局局长埃德加·胡佛对它却毫无兴趣。这位全国第一警察其实爱看漫画，尤其喜欢《至尊神探》和《秘密侦探X–9号》，但那个春天他忙得几乎无暇看书。他手头有很多事情需要处理：司法部将迁至位于宾夕法尼亚大道的新楼里，应总统要求监视法西斯组织，还要研究国会刚通过的打击犯罪的法案，并把已裁撤的禁酒局的人员纳入联邦调查局。胡佛局长急于网罗人手，他在公众面前说："现在美国的犯罪活动很猖獗。"事实的确如此，公众也担心这个问题。本来，人们以为禁酒令废除后，美国国民性格中的暴力因子会消除，但是原来的私酒贩子竟然变成了银行抢匪。当时，银行家声名狼藉，这些盗贼反倒被看作罗宾汉一样的人物。印第安纳波利斯市有个人很崇拜联邦调查局的“头号公敌”——约翰·迪林杰，他说：“迪林杰从不抢穷人，他只抢靠剥削穷人发财的富人。我完全支持他。”

迪林杰犯下10桩命案，抢劫了4家银行，越狱3次，最后联邦调查局的梅尔文·珀维斯带领一批神枪手结束了他的逃亡生涯。这一课教训深刻，但在35年后那个不够太平的时代里，一个全国委员会发现，20世纪30年代时，公众对暴力犯罪的容忍度是美国历史上最高的。迪林杰死后危险性反而比他活着时更大。因为，他成为传说中的英雄，那些从没见过手枪的人也顺口就是杠子、左轮、一枪倒、风声紧之类的。农民证明了直接行动很有用。现在各种各样的人都赞成采取直接行动，就连加利福尼亚州州长也赞成为了正义实施私刑。切斯特·古尔德创作的漫画《至尊神探》，观念上可以说和埃德加·胡佛很接近，但他却说：“犯罪团伙非常猖獗，但法庭却没有重判，他们最终逍遥法外。我就想：为什么没有一个人绕过法庭直接把他们正法？”如果真变成那样，什么大人物惹怒你，是不是都可以开枪把他除掉呢？罗斯福夫人收到了大量恐吓信，为了安全，她听从特勤处建议，在离开白宫时一定带一把左轮手枪防身。

具有象征意味的是，迪林杰是在观看完一部警匪片离开影院时被击毙的。每年好莱坞会推出50部这样的警匪片，其中大部分都添加了浪漫剧情。胡佛其他方面的才能得到的评价不一，但他的公关能力毋庸置疑。1934年，联邦调查局为电影《执法铁汉》的制片人开放了档案。一部风格新颖的电影进入市场。电影里有一位联邦调查局特工，由人气颇高的青年演员詹姆斯·卡格尼扮演。而后，胡佛又利用广播进行宣传。梅尔文·珀维斯出现在了《弗莱施曼酵母时刻》节目里，但这次露面近乎灾难。珀维斯对着话筒打嗝，让胡佛目瞪口呆，令智威汤逊广告公司甚为恼火。另一方面，一档名为“捕盗神手”的节目迅速走红。迪克·特雷西自己也参与了一个儿童节目的录制。数百万儿童寄来桂格麦片的纸盒盖，要求换警徽。但全国最厉害的警察还是胡佛自己，他在全国各地奔波，列出一长串“社会公敌”的名单，追捕“漂亮男孩”弗洛伊德、“娃娃脸”尼尔森、“巴克妈妈”巴克、“机关枪”凯利，最后是“资历”最浅的少年雌雄大盗邦尼·派克和克莱德·巴罗。

那年5月造访宾夕法尼亚大道1600号的人中，身份最尊贵的是约翰·梅纳德·凯恩斯。他揣着费利克斯·弗兰克福特写的介绍信，提出赤字开支的计划，并自信满满地说：“其他计划和这比起来，实在不算什么。”之后，罗斯福写到，他和凯恩斯进行了“一次郑重的对话”。但实际上，这次谈话气氛非常凝重。凯恩斯态度矜持，几近傲慢，罗斯福对他的理论保持着将信将疑的态度，他不相信在增加开销的同时还能走上富裕的道路。然而，他还是让特格韦尔把凯恩斯引见给了政府的一些关键人物。尽管新政看起来热闹非凡，但靠救济生活的美国人仍然超过1 800万。有些州——比如阿肯色州、密西西比州和南卡罗来纳州，90%的救济款来自联邦政府。毫无疑问，罗斯福挽救了美国不致陷入无政府的状态，但“大萧条”依然顽固地赖着不走。凯恩斯曾说，每年3亿美元赤字才会让全国经济完全复活。对这番话，在他离开后很久，华盛顿人仍然记忆犹新。

这些日子，新政举步维艰。国家复兴管理局规模太大，运转困难。失意时，约翰逊将军只能借酒浇愁，沉湎在女秘书的美色中聊以自慰。媒体质疑她的高工资时，他解释那是因为她“不只是一个速记员”。媒体照他的原话登了，他又抗议说：“小伙子，你们这是下三烂的伎俩！”这真是搬起石头砸自己的脚。两个月前，罗斯福提出整治证券市场的法案，招致工商界的普遍不满。乔治 · M · 汉弗莱、休尔 · 艾弗利以及汤姆 · 格德勒带头闹事，抗议成立证券交易委员会。共和党的一个国会议员说，这完全是阴谋，是想“把一切好制度都苏联化”。纽约证券交易所总裁理查德 · 惠特尼说，他的交易所“是一个运转完美的机构”。威尔 · 罗杰斯听了嗤之以鼻：“那些华尔街的家伙摆出一副凶悍的样子，就是不想让政府在他们的地界安插警察监督。”但工商界还是输了。于是，在罗斯福指定约瑟夫 · P · 肯尼迪这样一个臭名昭著的投机商出任委员会主席时，他们把失望化为了怒气。罗斯福这样做是听从了莫利的建议，莫利说肯尼迪知道交易所有什么漏洞，也就知道怎么堵。华尔街为此还是怨声载道。惠特尼带领肯尼迪正式巡视交易所时，安排了众多保镖在侧。对此，惠特尼面无表情地解释，如果没有保镖，肯尼迪一定会遭到股票经纪人的报复。一些商业大亨说肯尼迪是“本阶层的叛徒”。现在，他们还没这样骂罗斯福，但罗斯福开除了不肯签货币贬值令的迪安 · 艾奇逊挨骂的日子也不远了。自由联盟筹建时，艾奇逊就在犹豫要不要当创办人。

一场更大的风暴在天际酝酿。和新政法令有关的 1 000 多起案件正在起诉过程中。1934 年，任何法官都可以发布禁令推翻联邦法律。司法部长霍默 · 卡明斯曾警告罗斯福，联邦司法人员中只有 28% 是民主党人。所有案件最终都上诉到最高法院，但收效甚微。最高法院法官平均年龄 78 岁，思想保守。后来，几乎每个作风强硬的总统都和最高法院发生过冲突。罗斯福是自林肯后最铁腕的总统，所以他和最高法院的冲突异常激烈。

但是，至少还有一个内阁成员为全国带来了好消息——国务卿科德尔 · 赫尔仔细阅读了从柏林寄来的电报后，宣布“德国犹太人受虐待的事可以说是结束了。”

同年春，在宾夕法尼亚大道的一家自助餐馆里，阿尔杰·希斯与惠特克·钱伯斯第一次见面，钱伯斯当时使用的是化名。两人由苏联特工J·彼得斯和美国共产党员哈罗德·韦尔介绍认识。他们只告诉希斯，那人是“卡尔”，工作方面的情况你需要向他报告。餐馆离《华盛顿邮报》大楼只有几家店之隔，但即便邮报编辑部知道了这次会面的内容，也不可能泄露出来。那时，共产党人还没被当成危险分子，众议院非美活动调查委员会刚成立8个星期，委员会主席由马萨诸塞州众议员约翰·W·麦科马克出任，他忙于监视美国的“左”派势力。三年后，联邦调查局局长胡佛才开始依照总统的指示监视共产党组织，但即便那时，也只是关注这些组织有无通敌行为。

1933年感恩节，美国正式承认了苏联。苏联新任驻美大使以贵宾的身份出席了在华尔道夫–阿斯托里亚酒店举办的晚宴。参加宴会的年轻客人中有全国学生联合会前任主席爱德华·R·默罗。他曾写信向未来妻子痛斥美国的经济制度，认为这一制度“在我们出生以前，就为我们中的一些人掘好了坟墓”。（默罗对宴会的入场券价格也抱怨不迭，一个人6美元，真是前所未闻。）1934年5月，人民阵线在6个月后即将成立，厄尔·白劳德不久就会举起大旗，宣扬“共产主义是20世纪的美国主义”。韦斯特布鲁克·佩格勒后来称白劳德是“比兰登更地道的堪萨斯人”。白劳德还起草了一个失业保险法案，由明尼苏达州众议员伦丁提议。20世纪30年代末，白劳德成了香饽饽。罗伯特·A·塔夫脱想争取“左”翼的全部选票，还邀请白劳德一起在克利夫兰市竞选会上发表演说。

1934年5月14日，哈里·S·杜鲁门在参加民主党初选活动的同时还负责密苏里州的救济事务，当天清早，他写下了这样一段话：

> **现在是凌晨4点，而我即将发表我一生中最重要的声明，我已经达到同龄人所奋斗追求的目标……现在正在竞选美国参议员，万能的上帝，请选择我成为参议员吧，我将像所罗门王那样虔诚祷告，祈求拥有能胜任这项职责的智慧。**

华盛顿政界并没注意到这件事。当时政界红人中，见过杜鲁门的只有哈里·霍普金斯，而且也只是一面之缘。去年10月，霍普金斯从芝加哥坐车到堪萨斯市时，他们两人在霍普金斯专列的客厅有过一次简短交谈。但是，就算新政派人物熟悉他，也不会重用他。杜鲁门当时负债累累。他的男装店倒闭后，法院判决他赔偿8 944美元，这笔钱还没还清。

拉福莱特在威斯康星州成立了进步党，厄普顿·辛克莱在加利福尼亚州预选中成绩骄人，这两件事才是华盛顿谈论的重点。辛克莱当时得票数目惊人，超出其他8位民主党候选人总票数之和。不过，当时华盛顿政界的大多数人对政事并不那么关心。过去一年波诡云谲，令他们疲惫不堪。所以，在中期选举前夕，他们反而在谈论别的事。赫维·艾伦长达1 224页的小说《风流世家》，占据了畅销书榜第一位。詹姆斯·乔伊斯的小说《尤利西斯》，刚由曼哈顿区一位法官解禁，销量也迎头赶上。欧内斯特·海明威在没有渔具的情况下，竟然捕获了一条重达468磅的马林鱼。拳击手马克斯·施梅林成了马克斯·贝尔的手下败将。葛林·康汉宁创造了1英里4分6秒7的赛跑纪录。马尔科姆·坎贝尔爵士以每小时272.1英里的速度驾驶蓝鸟跑车，风驰电掣，超过了客机。圣路易斯市流行昏睡病。新英格兰各州的榆树染上了荷兰榆树病。在影院观看《飞往里约》时，人们惊讶地发现弗雷德·阿斯泰尔和金格尔·罗杰斯“十分抢眼”，竟然

抢了主角朵乐丝 · 德里奥和吉恩 · 雷蒙德的风头。成人广播电台里，最风趣幽默的喜剧演员是杰克 · 本尼。过去两年，他的赞助商包括加拿大苏打汽水公司、雪佛兰汽车公司和通用轮胎公司，但观众反响平平。现在，他的赞助商是吉露果冻公司。孩子们喜欢《独行侠》，新年伊始，广播中就充满了这个英雄骑着宝马“银驹”的嗒嗒马蹄声。

简而言之，现在大家有闲心谈些无关紧要的事了，1932 年的绝望气氛已经烟消云散，好像什么都可能发生。5 月 28 日，加拿大的奥利瓦 · 迪翁夫妇迎来了五胞胎。去年秋天，华盛顿参议员队参加了全美棒球世界赛，以后也许还有可能入选①。这个春天晴朗宜人，樱花繁盛，大多数华盛顿人心情愉悦，亨利 · 华莱士则盼着老天降雨。

20 世纪 30 年代中期，混乱引起的恐慌平静后，天气成了最头痛的问题。全国各大河流一度大肆泛滥，密西西比河、俄亥俄河、波多马克河、田纳西河、特拉华河、康涅狄格河、密苏里河、萨斯奎汉纳河、哥伦比亚河、阿勒格尼河、梅里马克河的水冲出堤坝，淹没了大街小巷。1937 年俄亥俄河暴发洪水，摧毁了 50 万人的家园，是美国历史上最严重的洪灾。那几年发生的洪灾和风灾夺去了 3 678 人的生命，冬天又异常寒冷。1936 年夏，堪萨斯州人兰登正竞选总统，当时达到华氏 100 度（约 38 摄氏度）的高温天几乎有 60 个。不过，在罗斯福上任初期，最迫切的问题是应对旱灾和风灾并发，即“黑色风暴”。那是亨利 · 华莱士恐惧的噩梦。那时，农业调整管理局和民间资源保护队还未改变全国水土保持的现状。中西部水土流失严重，狂风之下，大量表层土被风携带走。

① 实际再未入选。

许多年来，自然资源保护论者一直警告大平原区可能会发生大生态灾害。西经100度以西所谓的矮草地区，年降雨量往往少于20英寸[①]。早期探险家早已将密西西比河边缘地区称为“美国大沙漠”，但这片地区平时有几百万头北美野牛碾过，且一直未被印第安人开垦，土层反而比较稳定。之后，人们带着约翰·迪尔牌耕犁来此定居，开垦荒地。“大萧条”前，雨量丰富，但过度放牧和开垦不可避免地会导致灾难。早在20世纪20年代，科罗拉多州、堪萨斯州、新墨西哥州、得克萨斯州和俄克拉何马州的100多个县就已成为尘暴区。到了1934年，据国家资源委员会估计，全国3 500万英亩的可耕地已完全沙化，1.25亿英亩土地表层大部分甚至全部剥离，另有1亿英亩土地也已呈现严重沙化趋势。突然之间，尘暴区扩大到19个州756个县。就像19世纪的爱尔兰和乌克兰，大平原区随时可能陷入饥荒。

1933年，新政府成立第9个月，美国停战纪念日到来了。与此同时，第一次大风暴也咆哮而来。当天早晨，大风袭击南达科他州，无数农田泥土被暴风卷走。沙土在风中飞扬，遮天蔽日，正午时分昏暗如夜，人们一张嘴就可以吐出沙土。重现天日时，田地只剩薄薄一层沙，而道路、树木、棚屋、篱笆、机器设备上反而盖上了厚厚一层土。这时，暴风又向得克萨斯州去了。大风夹着泥沙阴沉地扑来，像一块黑色的幕布，笼罩着芝加哥，就连远在东边的奥尔巴尼市都能看到这团黑云。

这只是刚开始。1934~1935年，干旱一直持续。祸不单行，风暴也在全国肆虐，范围之广，连远至达科他州边缘的楚格沃特、尼俄伯、伤膝、花马等城镇也不能幸免。农业部副部长特格韦尔写道：

---

① 1英寸≈2.540厘米。——编者注

“1934年，降雨稀少，灾害严重。”实际上，当年农业的巨大损失源自前一年冬天。那年冬天雪很少，农田没有吸收到充足的水分。土地上青草稀疏，小麦长得稀稀拉拉，特格韦尔形容其就像老头儿下巴上的胡茬儿。1月，凯恩斯拜见了罗斯福，杜鲁门参加了密苏里州的预选，而1934年的首次大风暴袭击了得克萨斯州的狭长地带。这片区域黄沙漫天，好像流动的撒哈拉沙漠。主妇们用浸油的布条和胶纸将窗缝、门缝和锁眼封死，但沙粒还是无孔不入。堆积的沙土此起彼伏，如同波浪一般，把地板变成了沙滩。

得克萨斯州的一个学童说风暴好像“滚滚黑烟”。在俄克拉何马城，内森·阿施觉得食物里都有沙土味。他写道：风沙“吹进了眼里、衣领里，脱下衣服，扣眼里都有沙子。早起，只见窗台上沙堆如雪，还在不停往里钻，沙子还沿着线路潜进屋子。门板边缘也有沙子，像是褐色的锈迹。”连续三个星期，俄克拉何马城的街灯日夜亮着，人们出行要戴防尘面罩。雪上加霜的是，那些日子气温一直高达108华氏度（约42摄氏度）左右。

劳丽娜·希科克奉霍普金斯之命到当地考察，在南达科他州休伦市写下这样的报告：

> 我们早晨8点半左右动身，想驾车到县城北部了解当地农民的生活状况，但开了不到10英里，就不得不折返。形势每况愈下，车前一英尺远就看不清楚了。这次经历让人害怕。我们好像在雾中行驶，风暴凶恶，强劲的大风好像要把车吹飞一般。我们好像被一个巨大而坚不可摧的黑云包围，随时会被抛出地球。

特格韦尔写道：“就全国而言，干旱算是因祸得福。由于干旱，小麦减产，产量过剩的问题自然解决了。但对于个人和家庭，干旱无疑是灾祸。”实际上，农业部无意中加重了人祸。因为农业调整管理局决定缩小耕地面积，富裕的大农场主发现自己不需要那么多佃农，于是，佃农只能背井离乡，坐上1925年的道奇、1927年的拉萨尔和1923年的T型福特，踏上寻找绿色沃土的征程。背井离乡的还有小农场主，他们在农场外挂上“出售”的牌子，正式开启了“尘暴区”居民的迁移之旅。旱灾无情，埃里克·塞瓦赖德父亲的麦田被毁。没有收入，他也不得不加入了迁移的队伍。得克萨斯州霍尔县的人口从4万人锐减至不到1 000人。更引人关注的是俄克拉何马州的逃难灾民“俄克佬”，5年之后他们成为约翰·斯坦贝克的小说《愤怒的葡萄》中的经典人物。斯坦贝克正在加利福尼亚州蒙特利县调查犬只数量（霍普金斯组织的毫无意义的调查之一）。他注意到了这些灾民。加利福尼亚州似乎是一个鱼米之乡，小说里的乔德大娘说：“我想加利福尼亚州那儿该有多好。那里没有严寒，枝头挂满了水果，人们居住的小白屋隐藏在金灿灿的柑橘林中。”但事实上，硕果累累只意味着乔德一家作为摘水果工人的辛苦。同时，“俄克佬”的逃荒毁掉了厄普顿·辛克莱竞选州长的大好前景。

衣衫褴褛的灾民们风尘仆仆而来，让住在橘子林中白色小房子里的人们大为吃惊。小阿瑟·施莱辛格写道：这似乎预示着“铤而走险的破产者和穷光蛋构成了暴发社会革命的威胁。由隐修者彼得所领导的天翻地覆的大动荡，最终只会把本州的富人和体面人物都吓走”。电影界巨头路易斯·迈梅耶将辛克莱打造成隐士彼得这样的人物，种下了操纵媒体的种子，也在几十年后结出了恶果。

辛克莱很被动。众所周知，加利福尼亚州怪人多，这位54岁的作家就是异常怪异的一位。他在竞选伊始印发了一本小册子，名为

“我若当选加利福尼亚州州长，如何终结贫困：未来的真实描绘”。他提议成立一个覆盖全州的社会主义公社，以宽翼蜜蜂为社徽，以“我生产，我捍卫”为口号，大家一起劳动。罗斯福很欣赏辛克莱，这个作家的提议还获得了西奥多·德莱塞、阿齐博尔德·麦克利什、多萝茜·坎菲尔德·费希尔、斯图尔特·蔡斯、莫里斯·恩斯特和克莱伦斯·丹诺的支持，就连罗亚尔奥克的查尔斯·E·库格林神父也表示赞同。但是，诺曼·托马斯则说这个想法“从经济上和政治上都行不通。”洛杉矶市坚持老调的修女艾梅·森普尔·麦克弗森说辛克莱是“赤色魔鬼”。加利福尼亚州童子军被动员起来反对辛克莱，民主党的正规组织也不承认辛克莱的成员身份。

共和党候选人弗兰克·梅里亚姆公开支持“汤森德计划”：凡是60岁以上的居民，每月可领取政府发的200美元生活费，1934年1月1日起正式在长滩市实行。很快，街上就出现了一大队双鬓花白的加利福尼亚州人，为共和党摇旗呐喊，唱着：

汤森德的士兵前进吧，
昂首阔步上战场，
迎头赶上奔前方，
汤森德的旗帜在飞扬。

辛克莱的口号是“结束加利福尼亚州的贫困”，被扭曲成“将空头支票开给加利福尼亚州”。《时代周刊》写道：洛杉矶的三大报社“干脆不报辛克莱的新闻，也不提‘结束贫困’的口号”。米高梅向雇员募款支持反辛克莱运动。即便一些明星反抗（比如卡格尼和珍·哈露），但大部分都妥协了，并参与拍摄虚假新闻片。梅耶是共和党主席，他聘用洛德暨托马斯广告公司，并把米高梅的摄影棚变成了宣传的阵地。大批临时演员扮成流氓和妓女，乱哄哄地跳下火车，米高梅则拍下这些画面，并配有讲解员给观众解释，他们看到的是真正的“俄克佬”到来的画面。一个年长的女演员打扮成慈祥的老奶奶，宣布她绝不会为辛克莱投票，因为辛克莱主张自由性爱。年老的男演员则戴着假胡子，操舞台腔，大吼着他们支持辛克莱（“既然他那一套在苏联都行得通，在这儿怎么会不行呢？”）。10 月时，罗斯福还认为辛克莱会获胜，但在米高梅如此诋毁的攻势下，一切都完了。共和党以 25 万张选票赢得了加利福尼亚州，辛克莱竞选失败，重操旧业，开始着手新书《我作为州长候选人：我是怎样被打败的》。①

不是所有“左”派都被打败了。在华盛顿州，激进派聚集在几乎完全相同的口号下（“结束华盛顿的贫困”），选出了一位参议员，还选出了年轻的沃伦 · 马格努森作为金县检察官。拉福莱特兄弟俩也在威斯康星州旗开得胜，分别当选参议员和州长，他们的支持者在威斯康星州众议院 10 个议席中占了 7 席。魁梧的弗洛伊德 · B · 奥尔森坐在明尼苏达州议会大楼里，朝记者咆哮道：“没错，我就是激进派。你们可以说我激进得很！”此外，无可替代的菲奥雷洛 · 拉瓜迪亚现在当上了纽约市市长。

拉瓜迪亚说：“一般而言，纽约的生活单调重复、枯燥无味，但其实也能精彩纷呈、多姿多彩、刺激新颖，像冒险一样。”他身高不过 5 英尺 2 英寸，但个性张扬，神气活现。在他的管理下，纽约生活真的变成如轻歌剧一般生动诙谐。他总是戴着黑色宽边帽，声音尖锐

① 当时对这场选举颇有兴趣的人中，有一位名叫贺拉斯 · 沃里斯，是辛克莱的支持者之一，后来成为众议员；还有一位是惠蒂尔学院 1934 届毕业生，理查德 · 尼克松，后来夺取了贺拉斯 · 沃里斯的国会席位。

刺耳，发号施令时听着阴阳怪气，办事风风火火，像海盗一样大胆无畏。他宣誓就任才一分钟，立刻下令抓捕暴徒“幸运儿”卢西安诺。他还调动城市建设、消防、卫生部门的力量支持罢工的服务员。洗衣店工资过低，引发社会争议时，洗衣店老板们恳求拉瓜迪亚在这一问题上保持中立，但他直接一通电话打到自来水厂，要求停止对所有洗衣店的供水，显示出他的不偏不倚。（洗衣店老板立马不闹了。）他把曼哈顿当作封地，自己就像一个领主。他不仅亲自带着警队，还突降夜间法庭庭审现场；他会出现在广播电台节目里，给孩子们讲连环画；消防队救火时，他会戴着大号头盔，站在疾驰的消防车后面。拉瓜迪亚的信条是勇敢无畏，就像儿歌唱的“谁怕大灰狼”。他善于做些夺人眼球甚至荒唐离奇的事，有时人们被表象蒙蔽，竟不会察觉他支持社会主义。但和他共事过的人都清楚他的想法和成就。

当选的激进派与新政派形成联盟，教条主义的“左”派则敬而远之。研究了马克思主义和罗斯福的实验后，《新共和》周刊肯定地说“中间道路行不通”。特格韦尔得意扬扬地以为政府对“盲目的理论”不屑一顾，笃信马克思主义的哥伦比亚大学学报编辑詹姆斯·韦克斯勒却写道：新政派正需要这样的理论。此外，持这种观点的还有 I·F·斯通和马克斯·勒纳。早在 30 多年前，林肯·斯蒂芬斯就说过：“关于自由，要有自己的信念……我们要为自己争取自由，而不是为希特勒和墨索里尼。”那时，赫伯特·马尔库塞还没提出“宽容要看对象”这个口号来激励新“左”派。《新群众》杂志的口号更富于马尔库塞的色彩：“法西斯主义者、滥用私刑的人或任何想利用民主权利欺骗公众支持反动派的人，都无权获得民主权利。”

汤姆·沃尔夫[①]那时才3岁，他后来为《纽约杂志》写了一篇精彩的文章讨论“激进政治的时尚”。这篇文章指的是伦纳德·伯恩斯坦和黑豹党，但这种风气在20世纪30年代中期也很盛行。苏联特工黑德·马辛在国务院里有许多追随者，都是社会名流。一次，一位追随者站在林肯纪念堂的台阶上，用俄语演唱了《国际歌》献给她，让她又惊又喜。正如巴德·舒尔伯格在小说《醒着的梦》中所说，20世纪20年代后知识分子的面部特征都变了。过去，他们就像斯科特·菲茨杰拉德那样，“油头粉面、神采奕奕，穿着笔挺的箭牌衬衫，五官深邃，线条硬朗，左右脸十分对称，好像二流肖像画里的美男子一样。脸庞精致，鼻梁挺直，下巴有一条沟，深色头发呈中分向后梳，抹上凡士林或司丹康发蜡后，弄得服服帖帖”。现在的知识分子则是骨骼粗大，头发蓬乱，具有无产阶级的斯拉夫特征。确实，弗雷德里·刘易斯·艾伦写道：如果在一些鸡尾酒会上留心听，“你会听到一个出生优渥、举止优雅的文学评论家说自己是无产者，坚定地和人民大众站在一起”。在纽约八十几号那些雅致住宅里举行的晚宴上，所有艺术家的目光都会聚集在最近拜访过东12街35号共产党总部的人身上。如果有几分醉，他会高歌一曲，无数同志也会跟着他一起唱：

> USA加个S
> 美利坚就变成了美利坚苏维埃
> 我们会看到这一天
> 土地归农民
> 工厂归工人——

---

① 汤姆·沃尔夫：美国著名记者、评论家、作家。——编者注

美利坚属于全民时，

将是美利坚苏维埃时代

“左”派的威胁花样百出，显得荒唐；右派的威胁才显露迹象，却危害严重。1934年中期选举将近时，对新政派批评最多的是商人。在“百日新政”时，大部分人同意约瑟夫·梅迪尔·帕特森的提议，不与政府作对。在他的《纽约每日新闻》里，帕特森承诺道：“不管罗斯福总统选择做什么、不做什么，我们都会支持他。至少一年之内，我们不会发表恶意的评论。”现在，一年已过，回顾过去，他们并不喜欢罗斯福在就职典礼时提到的《马太福音》第21章第12节的一句话：“耶稣进入神的殿，赶出殿里一切买卖的人，推倒兑换钱之人的桌子，和卖鸽子之人的凳子。”第一个公开表达不满的是阿尔·史密斯。在《新展望》杂志1933年12月的社论里，他嘲笑新政各种机构滥用名称简写。他说：“这些名称看起来就像一个心不在焉的教授玩字母游戏。”他还补充说：“一些读者可能会问，为什么其他人没有指出民政工程署计划的危害性。答案很简单。政府财政困难时，大家都在等待救济。眼看要过一个紧巴巴的圣诞节，这时，只要头脑清醒的人，都不会开枪打死好心的圣诞老人。”

“不开枪才怪，”霍普金斯冷冰冰地说，“圣诞老人真该穿上一件防弹背心。”罗斯福本人给手下的一名大使写道：“人们开始诽谤了，这是必然的事。带头诽谤的是被称作梅隆-米尔斯集团的人，他们掌管着银行界和某些垄断工业部门。”1934年，国会同意增加救济拨款，但设立证券交易委员会的决定，扩大了诽谤者的队伍。6月8日，总统顾虑重重，只能将增强社会治安和征收工资税的议案推迟到冬天。不过，这招作用不大，现在不可能休战。两个月后，美国公民自由联盟在迈阿密召开会议，正式宣战。罗斯福在写给驻苏大使小威廉·C·布列特的信中说："大炮就位，准备开火。他们的组织现在被称为**'忍无可忍俱乐部'**。"

有时，是罗斯福考验着他们的忍耐限度。复兴金融公司的耶西·琼斯在芝加哥金融家会议上大动肝火，他说这些人是作茧自缚，在座半数的人直接导致了各自手下的银行倒闭。他要求他们"聪明一回"，"要和政府合作"。罗斯福和华尔街银行家们彻底决裂可能是在1934年10月24日。那天，美国银行家协会的4 000名会员出现在美国革命女儿会的宪法大厅，聆听总统演讲。纽约第一国民银行行长杰克逊·E·雷诺兹为罗斯福做了出场介绍，语气十分谄媚。他对总统说，金融界抱着"悔过和谅解的心态"。他还感谢罗斯福实行了新政，"挽救并重振了摇摇欲坠的银行业"。可惜，罗斯福又老调重弹，说起恩迪科特·皮博迪的那套思想，要求全国所有的经济力量，包括商业、银行业；劳方、资方、政府，同心协力，拧成一股绳。"那样，我们会组成一个多么强大的全美联盟啊！"他想得倒好，好像"铁裤汉"约翰逊在全国实行的种种措施没有遭遇挫败一样。听众出于礼貌，依然鼓掌，但他们觉得雷诺兹这样低三下四，未免太过。回到酒店，他们才知道自己被出卖了。本来，雷诺兹讲稿里回忆了自己在哥伦比亚大学当法学教授的日子，还说到罗斯福那时表现平平，显出几分挖苦。但白宫坚持提前审查发言稿，讲稿里这些跑题的话都被删除了。罗斯福聪明反被聪明误，这不是第一次，也不是最后一次。

1934年竞选活动后期，总统开始攻击工商界，但大部分中产阶级都浑然不知。一次精彩的炉边谈话里，罗斯福说道："多年来，一个自由国家的人民渐渐被少数拥有特权的人奴役。我不主张回到这样的自由。"同时，他赞颂"个人积极性产生动力，合理的私人收入会产生积极作用”。共和党再次发现根本无法和这样的对手抗衡，于是演讲中的措辞就不再那么客气。在威斯康星州，一名共和党候选人怨恨地说罗斯福就是“一个不能靠自己的腿站起来，只有靠拐杖的人”。罗斯福知道这种做法必然会自食其果，所以坚信民主党会在选举中胜出，但最终大获全胜还是让他吃了一惊。11 月 7 日早上，全国人民醒来发现，执政的民主党对比共和党优势明显，在众议院中多出 229 个席位，在参议院里多出 44 个席位。全国只有 7 位共和党出身的州长。13 名新当选的参议员全是民主党人，密苏里州的哈里 · S · 杜鲁门也位列其中。

预选前的一次炉边谈话里，罗斯福质疑了国家复兴管理局协定物价的做法。接着，约翰逊辞职了。他把手下召集到商务部礼堂，用意大利语念着蝴蝶夫人切腹自杀前的遗言，泪流满面。他的继任者是埃夫里尔 · 哈里曼。“铁裤汉”离开后也没多少变化，反正《全国工业复兴法》到 1935 年 6 月就期满失效了。但在这之前，最高法院已宣布它违宪，令其颜面尽失。这个决定的唯一不利后果只是影响了新政颁布的其他法令。蓝鹰标志也撤销了，人们反倒松了口气，现在它唯一的作用只是在买新车时可以拿旧车折价。到时，《全国工业复兴法》已被 1935 年颁布的第二个“百日法案”（实际是 177 天）取代了。

选举结果说明人民鼓励政府大胆干出来后，罗斯福和霍普金斯开始制订下一个百日计划。新法案的总目标是更加合理地利用国家资源，保障失业者和老年居民的生活，消除贫民窟并改善人们的居住条件。劳工和小农场主将会变成主要受益人。1935 年 1 月 4 日，罗斯福对民主党占多数的国会呈递了国情咨文，并在其中讲述了他的大致计划。接着，他和助手开始起草法案。这些助手已经不是两年前在华盛顿名噪一时的那些人了。莫利、特格韦尔、艾奇逊、里奇伯格、伯利、道格拉斯和约翰逊已经离职或准备离职。新政需要各种人才，罗斯福将费利克斯·弗兰克福特、詹姆斯·M·兰蒂斯、马里纳·S·埃克尔斯、汤姆·科科伦和本·科恩等纳入麾下。科恩和科科伦同住一幢房子，就是之后为大家熟知的“R街小红楼”。他们被《财富》杂志描述成“莎士比亚喜剧里的那些小国的谋士，他们迎合公爵，油嘴滑舌，在社会动荡里慌乱不安”。

社会确实动荡不安，但这种不安主要在别处，在美国公民自由联盟驻华盛顿办事处和其他保守派的阵地特别明显。大企业开始和罗斯福角力，《公用事业控股公司法》就给双方提供了一次较量的机会。该法适用于公用事业公司，其中有一条缓刑5年“死刑”条款，规定任何公用事业控股公司5年内必须体现出价值，获得公众认可，否则就要解散。这项条款一出，社会各阶层都传来了反对声。持反对意见的顶层人士是温德尔·L·威尔基，一家公用事业机构的律师。针对国家的监管，他想出了让州政府管理公共事业的应对计划。低一层的是公用事业游说集团。据斯克里普斯－霍华德报团驻华盛顿办事处报道，这个集团聘用的员工之多，超过了参议员和众议员的总数。最下层的是伪造选民来信的人。这些人攻势猛烈，几乎让这个法案被否决。他们耗费将近200万美元，发出25万封电报和500万信件，要求否决“死刑”条款。参议员杜鲁门一人就收到了3万封，但他把这些信烧掉了，继续支持罗斯福。起初，众议院否决了这个条款，但雨果·布莱克领导的众议院委员会证明了那些信件纯属伪造，“死刑”条款才得以通过。

社会保险是本届国会争论的焦点。共和党人坚称，如果政府法案通过，子女将不再赡养父母，工人会因工资税而绝望离职，总之，这项措施将抹去“生活情趣”。余生中，罗斯福每想到为争取社会保险所做的努力，自豪感便油然而生。回顾起来，社会保险法案可说是他在立法上最大的建树。这项法案的通过来之不易，反对者理由千奇百怪，有的人甚至在听证会上闹场。弗朗西斯 · 珀金斯在国会一个委员会上为法案做陈述时，一个女人突然跳了出来，大声说："法案是抄袭的，一字一句都是照搬《共产党宣言》第 18 页的内容。主席，我有原书可以证明。"

柯立芝和胡佛任期内，国家繁荣，共和党和大企业关系密切。1935 年，春去秋来，面对共同的敌人罗斯福，这两派又走到了一起。公共事业游说集团背地里散布谣言，诬陷罗斯福精神有问题。谣言铺天盖地，到了 7 月，就连各地报馆都致电驻华盛顿记者，询问罗斯福是否真的精神失常。国会里一小撮共和党人你一句我一句，指责新政的法案是在"赤化美国"。在罗斯福提议增加高薪阶层收入税并计划实行遗产税时，赫斯特报系称这个提案"本质上是共产主义"，是"斯大林 · 德拉诺 · 罗斯福"这个合成人物的"浑蛋"措施。

参议院否决了征收遗产税的议案，并降低了高薪阶层应缴的所得税额，但在那次国会上，罗斯福实现了自己的大部分目标。第二个百日里所取得的成果包括：通过了《土地资源保护法》；成立了国家资源委员会；扩大了联邦储备委员会；通过了《农村电气化法》，让百万农户用上了电；通过了《格菲 – 施奈德煤矿法》，取代了《全国工业复兴法》在矿业上的规范；通过了《瓦格纳 – 康纳里法》，代替《国家复兴法》第 7 条第 1 款，并建立了国家劳工关系委员会；还成立了国家青年局，为依靠救济长大的青年提供工作，帮助贫困学生寻找兼职。林登 · B · 约翰逊被委任为国家青年局得克萨斯州分局局长。那时，他刚和年轻的妻子伯德小姐在华盛顿西北区卡洛拉马路 1910 号找到一套两居室的房子，里面只放了一张折叠床。不久，他就在那里遇到了小约翰 · B · 康纳利并以每小时 17 美分的工资雇用了这个佃农的儿子。(相比之下，国家青年局北卡罗来纳州分局局长对理查德 · 尼克松要大方得多，他的时薪是 35 美分。尼克松这时已离开惠蒂尔学院，到杜克大学法学院就读。)

获得中期选举的胜利后，霍普金斯笑呵呵地对手下说："小伙子们，现在是我们的时代。想做的就要做到，不管是公共工程计划、社会保险法案，还是工资工时法案，都机不可失。动脑子，想想怎样让全国各地人民都得到保障。"虽然有人说霍普金斯拿救济金买选票(共和党人坚称霍普金斯说过："我们要纳税、纳税，花钱、花钱，然后选举、选举。")，但他其实极力不让党派之争影响到公共事业振兴署。尽管如此，那些获得救济的人也必定感激涕零。1935 年的前几个月，罗斯福联合工人、南方人、妇女、外国裔美国人、各城市民主党领袖和黑人，把民主党变成了全国的多数党。

从 20 世纪 70 年代回头看，罗斯福当时能获得那么多黑人的支持，有些难以置信。黑人不能参加田纳西河流域管理局的建设工程；根据农业调整管理局农产品减产的政策，许多黑人失去了农场的工作；南方民主党人在南方各州实行新政计划时，黑人又受到种种新的歧视。1934 年 6 月，联邦住房局刚成立，就在住房合同里制定了限制黑人的条款。在佐治亚州沃姆斯普林斯火车站，"有色人种"有单独的厕所、候车室甚至行李舱。新政派对于禁止私刑的法案欠缺热情。1934 年，路易斯 · 豪将一份这样的法案塞进文件堆里，上面批着："为时尚早，其他防止犯罪的法案可能因此遭到反对。"

原因是跟胡佛一比，罗斯福立刻增色不少。全国有色人种协进会的沃尔特 · 怀特说胡佛就是"住在只有纯白种人的白宫里的男人"。(胡佛在白宫居住的 4 年里，从未和两名黑人门卫说过话。) 共和党人一直宣称要保护黑人的经济地位，但依乔纳森·丹尼尔斯之见，“那种经济地位正是黑人渴望摆脱的”。埃莉诺·罗斯福、弗朗西斯·珀金斯和哈罗德·伊克斯为黑人运动积极奔走，卓有成效：伊克斯取消了内政部大楼自助餐厅的种族隔离制度，并吸收罗伯特·韦弗到政府工作。民间资源保护队和公共事业振兴署不拒收黑人，社会保险也无黑白人种之分。霍华德大学获得300万美元政府补助，救济工程专为黑人建造了许多学校，30万成年黑人因为新政的紧急教育计划识字读书。也许，这些只不过是表面文章，但过去黑人连表面上的敷衍都得不到。

有人支持总统，当然也有人反对；有拥护他的集团，也就有拆台的集团。在第二个百日快结束时，第一个反罗斯福联盟形成了。这是一个松散的联盟，成员包括美国公民自由联盟、汤森德派和威廉·达德利·佩利的反犹银衫党、赫斯特报系、乱给人扣“红帽子”的伊丽莎白·狄林的追随者、休伊·朗“分享财富”运动的参加者、朗的主要副手杰拉尔德·L·K·史密斯牧师，以及查尔斯·E·库格林神父在1934年11月11日成立的全国争取社会正义同盟。美国公民自由联盟为其提供了大部分资金。其支持者来自下层中产阶级，这些人后来在20世纪50年代初期支持约瑟夫·R·麦卡锡参议员（狂热反共者，主持迫害大批无辜人士），在20世纪60年代后期支持乔治·华莱士州长（歧视黑人的政客），在20世纪70年代初期支持斯皮罗·阿格纽（尼克松时期的副总统，因偷税丑闻下台）。

在新政的第二个百日期间，反罗斯福集团打着当时风行的孤立主义旗帜，取得了两次胜利。罗斯福不想在外交事务中束手束脚，但是集团分子到处游说，最后还是通过了1935年的《中立法》。《中立法》规定总统不能向交战国出售军火，也不允许美国公民乘坐交战国的船只，除非后果自负。这些法令很快在埃塞俄比亚第二次抗意战争中生效。之后，罗斯福请求国会遵守世界法庭的判决，但这一请求被驳回，这是他们取得的第二次胜利。在参议院里，朗获得了海勒姆·约翰逊和博拉的支持。威尔·罗杰斯则加入到赫斯特报系和库格林神父的集团中，掀起全国规模的人民来信运动。这位广播神父扬言，国会拒绝遵守世界法庭的判决是他个人的胜利。那时，他的听众有4 500万人之多，这番豪言壮语也无可辩驳。

库格林神父建造的这个帝国，从操纵媒体的角度看，纯属他的个人功绩。他利用了美国鲜为人知的民族性：美国人的天真、对简单解决方案的渴望、爱好参加团队的情结、喜欢收集华而不实的东西的本性。如果神父再晚三十几年出生，他会成为一个出色的脱口秀主持人或者麦迪逊大道上一位杰出的业务代表，因为他天生就是一个推销员。无论推销什么，他都是一个能手，可他偏偏选择了推销仇恨。

神父是个加拿大人，45岁，身材高大、处世圆滑、衣冠楚楚，戴着一副眼镜，声音清亮如风琴。1926年，底特律人第一次听到了他那富有磁性的嗓音。那时三K党一把火将神父在底特律市郊罗亚尔奥克的教堂化为废墟（后来他竟对三K党特别宽容）。当地的WJR广播电台主管大为震惊，建议神父在广播电台上接连讲道，呼吁民众慷慨解囊修建新教堂。1930年年底，库格林推出了《小花朵的金色时光》节目，在哥伦比亚广播公司的17个广播电台同时播出。另外，在星期日美国中部标准时间下午6~7点，他还在地方广播电台穿插广播。他在各地都有众多未曾谋面的听众。他们不但能通过广播听到他言语瑰丽的描述和气势如虹的长篇大论，捐出一点儿钱，还能得到一件神圣的纪念品。寄出钱后，他们会收到一个镀铬的小十字架，上面刻着“小花朵广播社团”，同时还附有一封信：

亲爱的朋友：

请接受这枚十字架作为纪念。我在广播里说过，这个纪念品碰触过真的十字架……

基督的虔诚信徒

查尔斯·E·库格林

再者，如有朋友想要这个纪念品，请来函告悉。

库格林加入哥伦比亚广播公司三个月后，平均每星期会收到八万封来信，附寄的捐款超过了两万美元。广播特别受欢迎时，来信甚至超过100万封，需要150个办事员清点钞票，备好零钱。1934年，他成为全国收信最多（包括罗斯福总统在内）的人。他的教堂也早已重建（雇用的是非工会的劳力）。教堂高7层，顶部高塔用大理石和花岗石建成，高大肃穆，整个罗亚尔奥克都能看到。到了晚上，炫目的灯光照在塔面的巨型耶稣受难浮雕像上，只看见雕像底下刻着一个词："仁爱"。教堂四面石墙上刻着各种铭文，有的摘自《圣经》，有的选用同业福利会的口号。《时代周刊》说，"这个仁爱受难塔让底特律人想起贮藏草料的筒仓"，于是受难塔设计师被叫作"筒仓查尔斯"。库格林严厉地还击说，《时代周刊》把耶稣受难纪念塔"说成是'草料筒仓'，这是间接侮辱了基督，无可饶恕。由此说来，从耶稣那里得到精神食粮的天主教徒和新教徒岂不是像牲畜一样，以草料果腹？《时代周刊》登出这样言辞粗鄙的文章实在是对神明不恭"。

从仁爱受难塔望出去，耶稣一脸苦相看着这样的古怪场面——一个挂着"圣殿超级服务站"大招牌的汽车加油站、一个"圣殿旅店"，还有一个"小花朵热狗摊"。教堂里其他小贩叫卖的货品有：印有"筒仓查尔斯"照片的明信片、经过库格林"亲自祷告"的十字架、《圣经》、反犹太册子和布鲁克林区《圣训报》。1934 年，小贩们还售卖由库格林主编的《社会正义》杂志（销量最大时，在美国 2 000 个教堂有售）。来参观仁爱受难塔的人都要尽量安静——并不是因为教堂是礼拜上帝的地方，而是怕打扰神父写每星期的布道词。神父坐在螺旋梯上面的高塔顶里，不停地抽着烟，身边是他的大丹犬。他的任务十分重大，参观者都很清楚这一点。哥伦比亚广播公司因他是个争议人物与他解约，之后，他就依靠信徒赞助成立了自己的广播网，总共 60 多个广播电台。他的信徒数量庞大，在基督教历史上可谓前所未有。《财富》杂志说他“大概是广播史上最非凡的人物”。他的观众人数比《阿莫斯和安迪》、《傅满洲博士》和艾德 · 温的还多。他每星期都收到大量的银币，数量之大，使他成为全国主要的白银投机商。因此，他在星期日的广播节目里把白银称为“基督教徒的金属”。他会接见听众，地位仿如教皇。有时他也同意屈尊接见总统的私人代表约瑟夫 · P · 肯尼迪。当时肯尼迪正努力调解，希望找到库格林和总统意见一致的地方。

但是，根本不可能，两人没有意见一致的时候。一开始，库格林神父是支持罗斯福的。1932 年，他的政治口号是“选择罗斯福，或选择毁灭”。1934 年 4 月，他还在纽约市竞技场戏院的集会上保证：“我决不会改变自己的信念！新政的法令就是基督的法令。”但这样的承诺过于轻率了。就说一件事，他现在拥有 50 万盎司[①]的白银，而总统对待白银集团的态度并不友善。在财政部长向报界公布的白银投机商名单里，库格林私人秘书的名字赫然出现在榜首，让神父窘迫不已。这件事他本能应付，因为继任伍丁的财政部长亨利 · 摩根索

① 1 盎司≈ 28.350 克。——编者注

是犹太人，他大可以把新部长说成“基督教徒的金属”天生的敌人。但事件若不够耸人听闻，听众就会流失，所以这位广播神父选择了走极端。长此以往，他对占据政治舞台中心的总统产生了敌意。

库格林的势力越大，他的敌意越盛。他组织的全国争取社会正义同盟号称有750万名成员。其中的好斗分子走上了街头，25人为一组（《社会正义》杂志称之为“小队”），向犹太人寻衅。寻衅时，他们一般会拦下已确知的犹太人，或者长得像犹太人的行人，要他们买《社会正义》杂志。拒绝的行人就会吃拳头。在时代广场的内迪克橙汁摊前，他们就多次用过这招，因为那里的爱尔兰裔警察是神父的崇拜者。同时，库格林又将枪口指向罗斯福在劳工运动中的新盟友。他攻击劳联，要求政府仿照意大利和德国，用法令解决劳资纠纷。按照雷蒙德·格拉姆·斯温的说法，库格林要的是一种“法西斯式解决劳工问题的方法”。

在底特律主教迈克尔·加拉格尔的支持下，库格林声称得到了教皇庇护十一世的支持。教皇本人也确实说过，“圣教的每一位教士都要全身心地投入到为社会正义而抗争的事业中”，但教皇的喉舌《罗马观察家报》明确指出教皇所倡导的社会正义并不像罗亚尔奥克那位牧师所鼓吹的那样。波士顿枢机主教威廉·奥康奈尔谴责库格林“对穷人进行蛊惑人心的宣传”。这位“广播神父”在当时名声大噪、气焰嚣张。他曾对他的教会前辈口出狂言，声称他的杂志社是私人开办的，他们无权干涉。有人要是冒犯了他，必将会有大麻烦。拉瓜迪亚因批评希特勒而被圣殿授予“邪恶奖”，说他“在国际上宣扬邪恶思想”，自由派被划为共产党；他还对教众灌输工会（其实是莫斯科在背后操纵）的虚假情报。忠实的教徒必须“追随基督的思想，效仿基督的行为，购买基督需要的商品”，并警惕世界上所有犹太人。

“如果你们认为这是煽动，那随便你们，我就是在煽动人们。但我们肯定会战斗到底，赢得胜利。”

1935年年初，库格林为他的全国社会正义联盟发布了极权主义计划，该计划第一点就体现了其基调，他要求“良知和教育的自由”而非言论自由。因为言论一旦自由就意味着他的“广播同盟”下台——除非他来领导国家，可能这才是他的真正目的。同年，他与罗斯福决裂，“新政”在他眼里成了“犹太式新政”，总统也成了“骗子”和“忤逆上帝者”，库格林还在辛辛那提市的演讲中提出“用上了膛的枪”消灭罗斯福。连韦斯特布鲁克·佩格勒这位对欧洲政治强人崇尚有加的天主教徒都觉得库格林言辞过于激烈，佩格勒在自己的专栏中写道：联邦政权颠覆调查专员应该以对待厄尔·白劳德的方式对付库格林，而不是瞻前顾后，“唯恐他叫嚣挑起圣战”。

可对狄林夫人而言，库格林的所作所为并不是那么过分。在她所开具的有权势的共产党人名单中不乏博拉议员、蒋介石、埃莉诺·罗斯福、H·L·门肯和圣雄甘地等人，但这不但没有冒犯“灭犹棒”（专利证2026077，一种短而圆的棍子，通常有两种尺寸，其一为妇女专用尺寸）的发明者詹姆斯·特鲁，而且像乔·麦克威廉斯这样的纳粹主义街头狂热演说者以及劳伦斯·丹尼斯这样的极右派分子也对此不以为然。最有趣的在于赫斯特报系对此也没有任何批评，这家报社公开宣称：“但凡听到一位美国名流被称为‘法西斯主义者’，你基本上就可以确定他是捍卫美国精神的忠实公民。”赫斯特报系自1934年11月起就派遣记者伪装成学生潜入各个大学课堂，诱导教师发表一些标新立异的言论。他宣称除了“少数冥顽不灵的不满分子、头脑不灵光的大学生以及神经错乱的教授”外，没人会想改变美国的经济体制。

上千万人经常阅读和收听煽动性的言论，其中有人惹是生非也不足为奇。美国公民自由联盟指出，1934 年 6 月至 1935 年 6 月，“严重侵犯公民自由的案件种类之广、数量之多”超出“一战”后的任一年，而且，因路易斯安那州并未遵照宪法，所以这个记录并不完整。

如果说库格林神父是“大萧条”时期极端主义的宣传部长的话，参议员休伊·皮尔斯·朗则是公认的极端主义者的领袖。广播神父有自己的信徒，但他宣讲的是虚无主义。他们的盟友汤森德博士的追随者成千上万，但汤森德自己却不知道怎样利用这些人达到目的。而老练的政客朗几乎拥有一切：选民、选举大纲以及政治本能，他也知道在合适的时机以合适的方式夺权。只有他才是罗斯福真正需要防备的政敌。

休伊·朗的传奇记载于两本著名小说里，一本是约翰·多斯·帕索斯的《第一号》，另一本是罗伯特·佩·华伦的《国王班底》。休伊·朗的人生跌宕起伏，他出生于温堂区一个破旧的小木屋中，家境十分贫困，但极佳的天赋使他在穷小子间鹤立鸡群。他最开始卖一种叫“康拉莱尼”的起酥油给那些穷人，其中既有穿背带裤的男人，也有穿印花衬衫的女人，这些人对他报以死心塌地的信任。他仅用 8 个月的时间就完成了杜伦大学法学系三年的课程，在他 21 岁时，路易斯安那州最高法院特别授予他律师执照。他的成就之高，杜伦大学迄今为止其他学生无出其右。此后，美国最高法院颁布了一项关于学校教科书的法令，被下级法院判为违宪，休伊·朗为最高法院辩护并胜诉，由此大放异彩。他在陈述观点时没有依赖任何法律援助，也没有参照任何参考书，仅凭一页简报舌战群儒，他的出色表现得到了首席大法官威廉·霍华德·塔夫脱的高度赞扬。

要不是暗中与标准石油公司的律师往来，朗毫无当选州长的胜算，他采取了一切可以利用的方法。与新奥尔良市的那帮腐败政客不同，朗知道他的职责所在。当时路易斯安那州被众多州外企业控制，全州仅有30多英里的柏油路，穷人被医院拒之门外，各条主要河流上均未架设桥梁，全州半数儿童无法上学。赫伯特·胡佛在担任商务部长一职时曾来到此地，当地情况让他颇感兴趣。他对当地奉若至宝的伊万杰琳神话嗤之以鼻，用他的话说，人们对这个女性所知甚少，甚至她是不是叫这个名字都还有待考证，也许她根本就叫格温多琳，这样的羞辱罪不可恕。1928年秋，时年35岁的朗竞选该州州长时的机智辩论，惊得农民和老乡们目瞪口呆。在马丁维尔市，站在成捆的棉花上，在燃烧的火把的映衬下，他发表的演说成为美国政坛最激动人心的演说之一：

> 伊万杰琳就是在这里等待情人加布里埃尔的，可他始终没有出现。这棵橡树是名垂千古的景点，因朗费罗曾写下一首诗为它吟诵。但在这苦等却看不到希望的不止伊万杰琳一个人。你们等着学校建起来，孩子们可以有书念，可这些学校在哪儿呢？你们出了钱，要修筑公路，可这些公路在哪儿呢？救死扶伤的医院又在哪儿呢？失望的伊万杰琳流下了伤心的泪，但她只是哭一辈子。你们在这个地方，围绕这棵橡树，已经哭了好几代。给我一个机会吧，我不会让你们继续流泪。

他一当上州长，就粉碎了那些大公司的势力。路易斯安那州的人头税取消了，开征新定的营业税，欠债的可申请延期偿还，穷人可免纳普通财产税，教科书免费，学童由校车接送。三年内，他修筑了2 500英里柏油路、6 000英里碎石路，还建造了12座桥梁；将特种财产税减低了20%；在新办的夜校里，17.5万名成年文盲有机会读书识字。在南方，他是唯一平等对待黑人的州长。当三K党头子威胁要来路易斯安那州开展反朗运动时，朗对记者说："转告他们，那个帝国杂种[①]休想走进半步。我说他是狗崽子，可不是骂他，他出身如此，我只是实话实说。"

朗呼喊着"人人是国王，但没人戴王冠"这句口号当选了。如今王冠有人戴，那人就是他自己。《阿莫斯和安迪》曾讲过一个秘密团体，叫作"海中的神秘骑士"。他们的领导人被尊称"首领"，朗就以"首领"自称。侯丁·卡特写道："到了1935年春，朗俨然成为路易斯安那州之王。"像卡特这样在报上批评朗的人，日夜都要带着武器防身，因为有人挨了打，有人遭到绑架，有人进了监狱。在朗当选为参议员的前夕，他女秘书的丈夫威胁他要起诉他破坏别人的家庭，朗就派人把他带上飞机，在路易斯安那州上空绕来绕去，一直到投票完毕才放他下来。所有法官都对他俯首帖耳，就连本州最高法院的法官也包括在内。所有警察，不论州警还是市辖警察，都直接向他报告。教师、税收员、州政府公务员、银行职员甚至州长，全都听从他的指令。最后，由他掌权的州议会连民主制度也不要了。谁当选、任什么职务，都由朗决定，而不是选民。新奥尔良市民嘟囔不满，他便召集民兵，亲自领队进城，神气十足，像古代罗马的恺撒。他说，他试过和反对派讲道理，但"讲道理行不通，所以我要用炸药。谁挡我的路，就把谁炸飞"。

1935年年初，他所操纵的州议会在22分钟内一口气通过了44项议案。议会里尚存几个正直的人，其中一个站起来说："我不能预

① "那个帝国杂种"，意指当时三K党头子N·B·福瑞斯特将军。当时三K党头子自封"帝国巫师"。——编者注

见未来，也没有看见昨晚的月亮上有血迹①。但是，我看见这个议事大厅亮堂的地板上有一摊血。因为你们这样蛮干下去，就会跟随骑白马的死神一起灭亡。②”此话一出，他立即被轰下台。就算有人流血，也不会是朗。他身边始终站着配有左轮手枪和冲锋枪的保镖。他的心腹还说，就快有联邦特工来保护他了，因为他们和他们的政敌都很清楚，朗的新住址将是华盛顿的宾夕法尼亚大道1600号（白宫）。

朗已成为全国闻名的人物，知名度仅次于罗斯福。他是国人最热于谈论的政客。显然，他已准备好将影响力扩大到路易斯安那州之外。他对得克萨斯州的政治斗争介入极深，还打算赶走参议院多数党领袖阿肯色州人乔·鲁宾逊和参议院财政委员会主席、密西西比人帕特·哈里森。他的惊人言行往往成为城市各大报纸社论和漫画的题材。在长岛的一次宴会上，他醉醺醺地走进了男厕所，看见小便池旁站着一个高个子年轻人，便叫他“为路易斯安那州的首领腾出位置”。那个青年没有理他，一向不按常理出牌的朗便朝年轻人裤子上尿尿，结果挨了一拳，一只眼乌青，狼狈地离开了宴会。这事很滑稽，但当他在参议院衣帽间里对同事们说以下这番话时，没有人敢笑。他说：“伙伴们，一群暴民不久后会出现在这儿，他们会把参议员们全部吊死。我要想想，到底是留在这里一起被吊死，还是出去当暴民的头头。”

总统给驻意大利大使写信道：美国人“染上了一场叫作休伊·朗–库格林神父的流感，人人都在忍受病痛”。罗斯福本人也未能幸免。和广播神父一样，朗在1932年也是罗斯福的支持者。（不过和库格林不同，“首领”可以理直气壮地说：没有他的支持，罗斯福就无法被提名为总统候选人。）但现在他对整个新政都无比厌恶。他的所得

① 传说恺撒遇刺前夕，月亮上出现血迹。——编者注

② 骑白马者的典故源自《圣经·启示录》。——编者注

税申报表受到了审查，法利迟迟不肯下拨联邦款项，公共事业振兴署因为路易斯安那州分署违法乱纪，停办了当地工程。但朗最抑郁不平的是自己没当上总统，他觉得自己是总统的不二人选。他还写了本书，名字就叫“我在白宫的头几天”。（书中他说要让罗斯福当海军部长。）在被问及1936年是否将开展提名朗竞选总统的运动时，他不假思索地说：“当然要办，而且我相信我们会所向披靡。”哈里·S·杜鲁门是国会里少数几个不怵朗的人之一。那时，杜鲁门还是一个来自密苏里州的无名小卒，刚当选参议员，照例要主持会议。一次会议上，朗又大放厥词。讲完后，他问杜鲁门有何看法。杜鲁门不客气地回答：“若不是要主持会议，我会直接走出去，才不会听你讲完。”但新政实行快两年了，杜鲁门这样的人越来越少。朗在参议院里公开嘲笑总统，说他是“骗子和冒牌货”。无奈之下，罗斯福只好央求密西西比州参议员西奥多·比尔伯帮忙。比尔伯是南方臭名昭著的种族主义者，可见罗斯福真是走投无路。比尔伯把“疯子”朗骂得狗血淋头，但他的这次出头却惹怒了自己的选民，抗议信如潮水般涌来。

1935年2月5日，在讨论联邦政府的人事任免时，大家提起了路易斯安那州那个祸害。全国应急管理委员会的会议记录里有这样一段话：

> 总统：不要任用或者留用为朗或他那派工作的人。绝对不行！
>
> 加纳副总统：不管是谁，没有例外！
>
> 总统：不论是谁或哪个机构，只要是朗的党羽，就别想在这儿工作。
>
> 国务卿赫尔：行动得越快越好。
>
> 总统：你们想要具体的指示，随时找我。

但此举收效甚微。侯丁·卡特后来说："我们唯一的优势就是联邦政府的任免权。争取选票时，让公共事业振兴署把上万招工名额分配给那些反朗的组织，但这也无济于事。那些失业的穷鬼对于工作当然是来者不拒，投票时，却并未照公共事业振兴署的旨意做。即使选举没有黑幕，也没几个我们的人能当选。"

3月5日，罗斯福就职满两年，这时政府终于肯承认，除了恐惧本身，还有别的值得恐惧的事。"铁裤汉"约翰逊现任纽约州公共事业振兴署负责人，在华尔道夫－阿斯托里亚酒店的一次宴会上，他抨击"由路易斯安那州的大煽动家和神父政客组成的"右翼联盟。首领和"广播神父"立刻在广播上还击。约翰逊针锋相对："如果你把希特勒和库格林神父的话放在一起，哪句是谁说的，根本分不清。包括反犹太人的宣传在内。"新政派的其他人也群起而攻之。哈罗德·伊克斯对记者说："参议员朗的问题是，他脑子里的想法说出来有股恶臭。当然，前提是他得有脑子。"

比起那个老吝啬鬼，朗要聪明得多。他通过广播向全国人民提出了他的"财富分享"计划，即个人财富上限不得超过500万美元，个人年收入不得低于2000美元，也不得高于180万美元。老人享有养老金，退伍军人补偿金的政策规定纷纷出台，并规定廉价食品应该由美国农业调整管理局的剩余产品供给，儿童享有从幼儿园到大学的免费教育，每个家庭享有6000美元的房产津贴和国家供给的一台收音机、一辆汽车和一台洗衣机。"财富分享俱乐部"（不收会费）的成员在路易斯安那州郊外采取行动，并推选哈提·W·卡拉威夫人顶替其亡夫阿肯色州议员的位置。现在，全国的贫民窟中都在传唱朗那首朗朗上口的歌谣：

人人为王，人人为王。

你可成为大富翁，

别人也有福可享。

财富如此多，人人可分享。

6 月有灿烂骄阳，12 月也照样晴朗。

不管冬日或春天，

四季好时光，和平如天长。

乡邻情谊深，

人人皆为王。

朗向《休伊·朗：真实的人生》的作者福雷斯特·戴维斯透露，他想取消民主党和共和党，然后自己连当 4 届“美国的独裁者”。1935 年春夏，朗的人气像滚雪球一般，越滚越大，威胁日甚。《纽约时报》记者特纳·卡特利奇认为政府走错了一步，不应该触怒他，因为政府的回击“反倒让朗从一个小丑变成了真正的政治威胁”。民主党全国委员会进行了一次秘密民意测验，发现如果朗作为第三党候选人竞选总统，他会从罗斯福那里分走 400 万张选票，并获得对选举结果有重要影响的州的支持，而且 1936 年的选举最终会由众议院投票决定谁当总统[①]。吉姆·法利是全国最具慧眼的政治预言家，9 月，他对伊克斯说，朗的选票会超过 600 万张。在第二期新政期间，朗及其同盟者影响力巨大。社会保险法案获得通过得益于朗所支持的“汤森德计划”，提高高薪阶层税额的法案和《公用事业控股公司法》的提出，也是因为朗。那时，朗指责罗斯福是有钱人和公用事业公司的

① 美国宪法规定，所有总统候选人中如无一人得票过半数，则交由众议院在得票最多的前 5 位候选人中选一人出任总统。——编者注

奴隶。朗对这些了然于心。7月，他指责罗斯福“抄袭他14岁时写的分享财富演讲”，“我还在穿齐膝短裤的时候，就有这么聪明了。他现在也就我当年的水平”。

8月下旬，国会休会了，朗还在参议院走廊里上蹿下跳，不住地嘲笑“富兰克林王子”、“玉米勋爵”华莱士、“坐牛”约翰逊和“芝加哥麦虱”伊克斯。可朗及他留在巴吞鲁日的恶婆娘都有不祥的预感。一个月前，他说敌人想要靠“一个人、一杆枪和一颗子弹”刺杀他，然后总统特赦了凶手。现在他又说，下届会议中，他希望看到一个听话的国会，“如果我能回来的话——我或许回不来。这次演说可能是我的绝唱，谁知道呢”。

这果然是他的绝唱。9月8日，他正在巴吞鲁日的州议会大厦催促议员通过一些法案。这时，一个人拿着一杆枪，躲在议会大厅的大理石柱后，准备射出那颗子弹。这人叫卡尔·奥斯汀·韦斯，是个有抱负的年轻医生。他的岳父是地方法院法官，同朗有过节。为此，朗改划法院辖区，把他挤走，还散布流言，污蔑法官的先祖。晚上9点20分，朗大摇大摆地走过议会的圆形大厅。韦斯医生突然出现，一枪打中了他的腹部。朗的保镖立刻反应过来，用61颗子弹把韦斯打成了筛子，但是他们的领袖已受了重伤。昏迷前，朗说：“我想不通他为什么想杀我？”别人也想不通。后来的两天是朗的葬礼。朗身穿黑色燕尾服和白领带，静静躺着供人吊唁，人们还在猜测凶手的动机。人们为他献上的鲜花铺了三英亩地，25万人聚集在议会前的草坪上，参加领袖的葬礼。杰拉尔德·L·K·史密斯牧师在致悼词时哭着说：“他是名贵的斯特拉迪瓦里斯小提琴，他的美妙声音远胜过嘈杂的鼓声。他是未完成的交响乐。”接着，史密斯愤怒地说，媒体和参议员比尔伯要对谋杀负责。比尔伯不甘示弱，说史密斯

“肮脏龌龊、卑鄙懦弱、阴险恶毒、谎话连篇，活该入地狱”。人们还在揣测朗被害的原因。住在河口地区，受过朗恩惠的路易斯安那州穷人唱道：

啊！他们说他豺狼心，
但看看他让孩子免费上学。
告诉我，为何狠心将他杀害？
他已死去，躺进坟墓，
可他铺的路上人来车往，
告诉我，为何狠心将他杀害？

30多年后，史密斯对伊利诺伊大学的学生说：“没人能证实罗斯福总统下达了暗杀令，但有一点可以确信，策划暗杀的人相信朗的死会叫总统高兴。”听到朗遇刺身亡的消息时，总统正同库格林神父和约瑟夫·P·肯尼迪共进午餐，他大惊失色。稍有人性的人都不会将朗的暴毙当成乐事。但从长远看来，朗从国家政治舞台上退出，让罗斯福少了一个大患。历史上有极少数几个人，若活下来，将极大地改变美国历史，朗就是其中之一。

罗斯福知道他迟早要面对右翼第三党的挑战。史密斯、库格林和汤森德誓要谱完朗那支交响乐。葬礼过后的第9个月，广播神父的联播广播电台已增至35个。一天，他对广大听众宣布，一个叫作联盟党的新党派成立了。联盟党的全国代表大会在克利夫兰市举行。会上，库格林撕掉了他的白衣领，与史密斯和汤森德携手并肩，他的追随者们全部站起鼓掌庆贺。如果有听众只是来看热闹，这个场面也足以使其激动。库格林演说起来滔滔不绝，都是在诋毁总统。他每说一句诋毁的话，听众就激烈鼓掌。库格林忽然声音哑了下来，摇摇晃晃地离开了讲台，突然倒下，还好被保镖一把扶住。这样巧妙的策略，成功地煽动了民众的情绪，让演讲达到最高潮。以往在电台广播时从没发生过这种情况。但他现在不仅仅是一个广播电台名人，也不仅仅是一位神父。多年来，他所讲的内容与传道已毫无关联了。

1935 年春，总统最亲信的顾问团认为总统对公众的教育角色弱化了。他们将想法告诉了总统，罗斯福回应道："人们厌倦每天在新闻头条读到同一个人的名字，厌倦每晚在收音机里听到同一个人的声音……长时间听高频声音的播放，人们心里会受不了，这是人性的弱点。"

但在这方面，显然群众的智慧更高深。历史不是只有政治。10 年前一件不起眼的小事可能形成这 10 年的社会格局和经济形势，只需适当的栽培，和相应的经济形势变动。但并非所有小事都能产生这样的影响。1935 年 5 月，连锁信在全国掀起一阵热潮，但也没有深刻的意义。与此相反，恩里科 · 费米在罗马的简陋实验室里做出的成果虽引起一阵轰动，但现在回看，人们还是低估了其中的价值。从费米妻子劳拉的幽默叙述中可知，费米和学生用中子逐个撞击原子，实现了链式反应。他成为最早分裂铀原子的物理学家，但他自己当时并不知情。

无关紧要的小事和令人瞠目的大事之间，有许多有趣的事。1935 年是技术史上的分水岭，有些事比国会上的唇枪舌剑更令人难忘。当你厌倦库格林神父的陈词滥调时，只要拨动收音机指针，就可以换到 20 岁的奥逊 · 威尔斯的节目。奥逊 · 威尔斯在节目里扮演一个叫作"影子"的角色，又名拉蒙特 · 克伦斯通：

玛戈：啊，拉蒙特，你看！那个侍应朝厨房走去，手没碰到门把手，门就开了！

影子（随口说）：哦。那是光电射线的作用。

玛戈：啊，光电射线是什么东西？

影子：看看门的两边吧，玛戈。看到地板上突出来的铬制物了吗？那些东西上面藏着灯泡，看见了吗？两个灯泡之间，有一道光。有人靠近门，遮住了光线，门就自己打开了。

玛戈：好聪明的办法！

1935年时，这的确聪明，但这只是电子工业的雏形。后来，电子设备不仅取代了看门人，还取代了电梯操作员、保龄球馆球童、拣信员、开票员、纺织品配色员、计数员、狱卒、保险公司理赔员、会计、杂志分销商等1 000种岗位上的熟练工或生手。一句话，“自动化时代”开始了。

通信革命也开始了。马歇尔·麦克卢汉提出“地球村”概念，改变了个人私人空间和文字的传统模式。1935年6月，乔治·盖洛普第一次进行民意测验，是应杨罗必凯广告公司要求。约翰·希尔、厄尔·纽瑟姆、卡尔·博雅建立了“公共关系”办公室。1935年，由米利亚姆·霍普金斯主演的《浮华世界》开始在市中心的电影院上映。这是首部达到正片标准长度的彩色电影，虽然当时许多电影院还不具备放映彩色片的条件。除此之外，还有相关的新发明。诺贝尔奖得主伽利尔摩·马可尼发现，无线电短波沿着地球表面会被“扭弯”，这种微波首先在“二战”中应用于雷达，接着又应用于电视广播。1935年，美联社开始提供有线电传真服务。1936年和1937年，《生活》杂志和《展望》周刊也相继采用了这些技术，美国人开始习惯于所谓的图像。1935年，辛辛那提市首次举行夜间棒球赛，啤酒开始罐装生产。当时十几岁的年轻人，之后步入而立之年时，这些都是常见的娱乐方式。

1933年的“百日新政”时期，阿瑟·谢尔曼的拖车生意转危为安，迅速发展为美国增长速度最快的企业。不到一年，佛罗里达州的萨拉索塔县就出现了2 000辆拖车和棚车。那时，美国年轻人喜欢研究机械，他们最喜欢看《机械修理者画刊》。其中，通用汽车公司的独立前轮悬挂系统最受关注。通用汽车公司总裁小阿尔弗雷德·P·斯隆说：“简单来说，这个悬挂系统让汽车有了膝关节。每个前轮都有单独与底盘连接的软弹簧。路上有土包或坑洼时，前轮会自行升降，就像身体的关节一样抬高或者伸直，而另一条腿或整个身体的平衡不受影响。所以，颠簸只影响车轮，不影响乘客。”这就是膝盖般的运动。但是，就连小阿尔弗雷德·斯隆（或阿瑟·谢尔曼）也没预料到，日后美国的汽车业和州际高速公路网络会发展得那么好。

1935年，20世纪30年代流行的摇摆乐第一次响起。一年前，单簧管演奏者本尼·古德曼每星期只能挣40美元，他便组起了自己的乐队，希望能多挣点钱。8月21日晚，他的乐队结束了和洛杉矶帕洛玛舞厅的合同，又没找到愿意和他们签约的新东家，可谓倒霉透了。当时，舞厅清一色的狐步舞曲，虽然优雅恬静，但乐师演奏烦了，跳舞的客人也听厌了。古德曼决定放手一搏，使用弗莱切·亨德森改编的曲子（亨德森是黑人，白人舞厅经理拒绝采用他的作品）。这样的摇摆乐格调虽没那么优雅，但平时排练时很受伴奏者欢迎。突然之间，铜管乐器响亮吹起，鼓声急促喧哗，萨克斯风悠长饱满，独唱歌手们和本尼自己，轮番助兴，在聚光灯下随性演唱。这样一来，现场活跃起来，气氛高潮迭起。一夜之间，25岁的古德曼成为娱乐圈里的“摇摆乐之王”。

并不是人人都痴迷摇摆乐。一名心理学家曾告诉《纽约时报》的记者，摇摆乐“有危险的催眠作用”，它“故意把节奏设计得很快……比人的脉搏还快”，可能“颠覆传统”。但是，这个时代的特点就是每个年龄段的人都有自己的摇摆乐。那时，古德曼、阿蒂·肖、格伦·米勒和汤米·道尔西正当红，是那些身披薄纱、脚蹬白皮鞋的年轻男女的偶像。（道尔西将在费城尼克松大戏院首次登台，奉上他令人难忘的处女秀——歌曲《玛丽》。）在帕洛玛、罗斯兰、萨沃伊、好莱坞帕拉丁、格伦岛赌场等舞厅，他们的名字如雷贯耳。其他年龄段的人也有各自的摇摆乐。儿童最爱斯派克·琼斯，中年人则喜欢凯·凯瑟的甜美风格，老年人偏爱盖·隆巴多、韦恩·金和文森特·洛佩兹的舒缓节奏。挑剔的知识分子也迷上了摇摆乐，他们会到卡内基音乐厅欣赏细腻、复杂的乐曲。这时，留声机也重新流行起来，各种摇摆乐唱片都有。蓝鸟和迪卡唱片一张35美分，哥伦比亚唱片每张50美分。至于音乐多样化，或者一些人所谓的品位巴尔干化，还在30年之后。

当时，表演艺术都体现着一种普世主义，把电影分成限制级、指导级和普通级等是不可思议的事。那时，每星期有8 500万美国人走进影院，一般都是全家出动，所以电影必须都是普通级的，适合所有年龄段观众观看。一家人看电影的年均花费是25美元，以“大萧条”时期的票价来看，这一数目很惊人。全国共有17 000家电影院，比银行还多，是酒店数的两倍，百货公司数的三倍。每家影院一年放映100~400部影片，自然没时间全部审查。但好消息是（对电影艺术的发展可不算好消息），海斯办公室、布林办公室相继成立，接手了审查电影的工作。1934年，天主教道德同盟开始对电影内容进行严密监控。他们不允许好莱坞电影里有长时间接吻、通奸、裸体婴儿等镜头，夫妻也只能各睡一张床。他们还要求电影里的语言“像漂白剂洗过那样干净”。当丹尼斯·金唱起“勃艮第葡萄酒，见鬼去吧”时，观众立刻激动不已，好像看见一个裸体女人在他们中间跑来跑去。就连电影起名也要循规蹈矩：“不贞”突然被改为“忠贞”，“好女孩也要去巴黎”莫名其妙地被改成“好女孩去巴黎”。可以说，这时的审查制度符合当时的道德观。梅·韦斯特后来说：“唱歌时，我们都不能扭屁股。”一次，审查梅·韦斯特的一部电影时，布林办公室疏忽大意让其通过了。电影里，加里·格兰特对她说：“亲爱的，你需要休息——我会让你休息得舒舒服服。”（这时，韦斯特抚弄着头发，舌头滑过齿间，回答道：“那能叫作休息吗？”）为此，她的电影遭到禁播。《生活》杂志有一期的内容是“孩子的出生”，竟然要打官司才可出版。《时代周刊》指责厄斯金·考德威尔的小说《小墓地》打“擦边球”，“体现出美国出版界近期的趋势：沿着审查的底线走，只要不越过，就大着胆子做”。

同时，电影审查制度还反映出失意人群的心理需要，他们希望借电影逃离现实世界的烦恼。约翰·多斯·帕索斯写道：好莱坞提供“欲望和梦想，只需 5~10 美分，物美价廉”。就是在“大萧条”时期，10 美分也不能满足你的欲望，和现在一样，那时的色情片只有少量观众爱看。但人人都爱做梦，因此，承载着人们梦想的电影可以吸引到最多观众。1935 年，《叛舰喋血记》、《小麻烦》、《简瑞里船长》、巴斯比·伯克利的歌舞片，以及阿尔弗雷德·希区柯克的悬疑片等陆续出现，观众群不分男女老少、信仰派别，票房一路走高。

在这个时期，看电影本身就是一件有气氛的事。立体放像镜头屏幕、福克斯声道（不再用维太风录音系统）只是这种气氛的小小体现。放映机放映出的任何东西都协助制造出这种气氛。两片连映让人直呼过瘾，星期六系列片和精选短片叫人心情愉悦。比如，先来一部特里通公司的动画片，再放映一部百代电影公司的新闻纪录片，然后是塞尔玛·托德和帕茜·凯莉主演的喜剧片，以及一部菲茨杰拉德的旅行纪录片（“……就这样，我们向景色迷人、友好和平的德国告别了”）。摸彩颁奖、影院的赠碟之夜、宾果游戏、弗利牌双泡口香糖、彩色包书纸、虫子形状的巧克力软糖、一地冷掉的爆米花和影院后排亲昵的情侣都将看电影变成了一件有趣的事。最关键的是，你可以坐在漆黑的影院，看着银幕上的某张脸、某个眼神、某个动作自由幻想。随着电视的出现，电影的神秘吸引力消失了。但在那以前，这种吸引力是巨大的。戈尔·维达尔借小说中米拉·布来金里冶这个人物说道，1931~1945 年出生的年轻人上过学，但没经历过“二战”，他们受电影的影响最大。他说的可能是对的。

但他可能只说对了一半。20 世纪 30 年代，还有一个重要的家庭娱乐活动就是听广播。像电影一样，广播业也受到严格审查。全国 900 家广播电台中，700 家属于 4 个广播网，即全国广播公司（红网），全国广播公司（蓝网），哥伦比亚广播公司和共同广播公司。比起现在的电视，当时广播的内容也很健康。现在的电视节目主持人出错尚有回转的余地，20 世纪 30 年代的广播主持人可没这么幸运。如果一个儿童节目主持人以为他关了广播，抱怨了句：“我想，那些小畜生会安静听一阵子了。”他只能卷铺盖走人。当时，一家人都会守着广播，聚精会神地听每一句话。全国广播公司（红网）的《一个人的家庭》是最长青的节目之一，具有一定代表性。这是个诺曼·洛克威尔式的故事，每星期三晚 8 点，2 800 万个家庭会准时收听。这档节目的主持人每次开场都会说“本节目专门献给年青一代的父母及他们充满困惑的子女”。

对数百万人来说，打开收音机的动作就像部落仪式一样必不可少。凯特·史密斯的《月亮爬上山顶》、露丝·埃廷的《丰收日，月长明》、阿莫斯和安迪的《最好的歌》、鲁迪·瓦利的《请你吩咐》、莫顿·唐尼的《卡罗来纳的月亮》和雷·诺布尔的《我是真的想你》在广播电台非常受欢迎，几乎没有家庭没听过这些歌。全国人民最熟悉的电话号码是默里山 8–9933。拨打这个电话，你就可以发表针对《鲍斯少校的业余广播》表演者的意见。圣诞节到来时，怎能错过莱昂纳尔·巴里摩尔演唱的《圣诞颂歌》，全国人民都会守候收听。“西部矿区小镇的姑娘可以幸福地嫁给富裕的英国贵族吗？”没有几个美国人会为这样的问题睡不着，但即便他们觉得这个问题很蠢，也不会说出来。广播里的每个场景都需要听众自己想象，想象出的画面远比 21 英寸的屏幕展现得更加多彩，所以电视节目无法和最好的广播节目相比。埃德加·伯根为木偶人查理·麦卡锡配音，惟妙惟肖。得知他的身份后，瑞典国王路易·B·梅耶和英国首相温斯顿·丘吉尔都开心地跟他握手。

广播最重要的意义还在于，通过广播，人们向操纵消费社会迈出了第一步。当时，广告界的先驱是美国烟草公司总裁乔治·华盛顿·希尔。正是希尔的创意，美国烟草公司创下购买推荐信的先河。（写推荐信的名人包括歌剧演员舒曼·海因克夫人，虽然她根本不抽烟。）推荐产品的想法是受到“难兄难弟琼斯和黑尔”这两个滑稽演员的启发。每当人们被他们的笑话逗笑，都会想起袜子；听到《捕盗神手》，就会想起库牌漱口水；听到伯根和木偶麦卡锡的声音，就会想起切斯和桑伯恩牌咖啡；听到《畅销唱片排行榜》，再配上后面烟草拍卖人讨厌的顺口溜（这个顺口溜是希尔的主意），就会想起好彩牌香烟。为了证明这样做很有效，他在董事会光洁的会议桌上吐了一口痰。他说，顺口溜就像这口痰一样，让人恶心。他用丝绸手绢把痰擦掉接着说，但是你会记得特别牢。“好彩牌香烟美翻天”是希尔的又一个策划。每次广播，主持人都会翻来覆去地说“好彩牌香烟美翻天，好彩牌香烟美翻天”，听众听得快发疯了。1946 年 9 月 13 日，本地广播电台新闻解说员突然在节目中插播：“女士们，先生们，今天乔治 · 华盛顿 · 希尔死了。真的，乔治 · 华盛顿 · 希尔今天死了。”听众们会永远记得这一天，听到这个消息，他们真是谢天谢地。

比起来，其他广告只是稍微惹人烦。比如，“抽完一车烟，半点都不咳”（老黄金牌香烟）、“让车主告诉你”（帕卡德汽车）、“开始它轻唤，后来它咆哮”（大本钟牌闹钟）、“顽渍不残留”（菲尔斯–纳普撒牌肥皂）、“‘好彩’香烟，比糖更美”。用乔治 · E · 莫里的话说，大规模生产的消费时代是要把“大企业和大众连接起来，建立起息息相关的紧密联系”。但在当时，这样的概念还没人提出。就算有人提出，也没几个人能理解。如果那时有人告诉大众，以后的大学生会反对消费者至上，也不屑于处处求稳定，人们一定会迷惑不解。那时，代替人力的机械设备才刚开始大规模生产，节约劳力的东西，谁也不嫌弃。生活保障在“大萧条”时期是不可企及的梦想，谁都渴望得到。罗斯福关于社会保险的初步设想将在 1936 年的总统大选中提出（在 1935 年的法案中，福利只涉及工人本人，不包括其家人）。这次的大选在美国人心目中愈加重要，而且大家一致认为，这次大选是针对新政的一次公投。

剪影：20 世纪 30 年代中期

Hello, Mr. and Mrs. America and all the ships at sea! Flash!

Oh, you push the first valve down
And the music goes round and round
Whoa, ho ho, ho ho ho
And it comes out here!

Barbasol! Barbasol!
The brushless shaving cream supreme!
Leaves your face so smooth and clean!

John Barrymore, Lionel Barrymore, Marie Dressler
Jean Harlow, Wallace Beery, Lee Tracy, Billie
Burke, Edmund Lowe, Jean Hersholt and
Madge Evans
in
DINNER AT EIGHT
FOX-POLI Continuous Performances Mon. Tues. Wed.

Margaret Mitchell's "Gone With the Wind" (Macmillan, $3) is an outstanding novel of Civil War and Reconstruction in Georgia. It is, in all probability, the biggest book of the year: 1,087 pages . . . Scarlett O'Hara is growing up on the family plantation, a magnificent place. In April, 1861, she and her sisters wear hooped skirts, their scores of Negro slaves are lovable and happy. . . .

WILL ROGERS, WILEY POST KILLED IN PLANE CRASH

And now — The Romance of Helen Trent! The Romance of Helen Trent: the real-life drama of Helen Trent, who, when life mocks her, breaks her hopes, dashes her against the rocks of despair, fights back bravely, successfully, to prove what so many women long to prove in their own lives — that because a women is 35 — or more — romance in life need not be over — that romance can begin at 35!

ADVANCE TO GO (COLLECT $200)

EDWARD VIII RENOUNCES BRITISH CROWN

CANDID CAMERA SALES UP FIVEFOLD

FIBBER: *Gosh darn it, I'll fix it myself. Where's my hammer? Oh, it's in the closet.*

MOLLY (in alarm): *Don't open that door, McGee!*

I'm putting all my eggs in one basket
I'm betting everything I've got on you

Here in Lakehurst it's starting to rain again, the rain had slackened up a bit. The back motors of the Hindenburg are just holding it, just enough to keep it from — It's bursting into flames! Get that shot! Get that shot! It's cra-crashing, crashing, terrible, oh, my, get out of the way please, it's burning, bursting into flames, and is falling on the mooring paths and all the people agree this is one of the terrible, worst tragedies in the world! Oh, flames four or five hundred feet into the sky, it's a terrific crash ladies and gentlemen, the smoke and the flames now and the crashing to the ground, not quite to the mooring, oh the humanity, and I told you, I can't even talk, mass of smoking wreckage, I can, I can hardly breathe, ohh, ohhh, ohhhh

NRA

LINDBERGH RANSOM RECEIVER SEIZED, $13,759 FOUND AT HIS EAST BRONX HOME

Knock, knock.
Who's there?
Eskimo, Christian, and Italian.
Eskimo, Christian, and Italian who?
Eskimo Christian and Italian no lies.

Me Tarzan, you Jane

The trumpets blow so low, so um-pah-pah
While everybody's shouting "Hotchacha!"

第四章　罗斯福和民意所向

禁酒令废止[①]前，本尼托·墨索里尼说过："我可以用两个词概括美国：禁酒令和林白绑架案！"这是极权主义者所给的武断意见，他们认为美国到处都是黑帮和绑架犯。之后，有人问他对美国外交政策有什么看法。他回答说："美国什么外交政策都没有。"这次，"领袖"的话残酷地揭露了事实。在罗斯福首次发表总统就职演说时，他对外交事务只字未提。有人正式提议美国加入国际联盟时，他也置之不理。1933 年，他参加国际货币和经济会议，是第一次亮相国际舞台，但初次登场的他就搞砸了那次会议，会议本打算团结金本位国家集团。只有经济学家约翰·梅纳德·凯恩斯对此喜闻乐见，他认为管理通货比采取金本位制度更加可靠，因此，他说罗斯福

---

① 废止了美国宪法第十八修正案。在 20 世纪 30 年代早期，"废止"一词专用于禁酒令。

“相当正确”。但罗斯福的决定并不是受凯恩斯的影响。他想的是怎样解决美国的头等大事，而不是和国际社会配合，要先把国内事务处理好，再谈国际问题。

5年后，希特勒在慕尼黑会议上攘拳捋袖时，这一切将完全改变。但对世界和平的破坏早有苗头。在罗斯福开始第二次总统竞选时，墨索里尼占领了埃塞俄比亚，西班牙燃起战火，德国重新拿起武器占领了莱茵区。赫尔扭曲了事实，犹太人在德国根本活不下去，1935年，8万名犹太人逃到美国避难。东京，好战的少壮派军官推动裕仁天皇政府走上扩张主义和军国主义的道路。一个日本士兵从卢沟桥偷溜过去逛中国窑子，他的长官就以此为借口，诽谤中国人绑架了他，并对北京和天津发起进攻。阿梅莉亚·埃尔哈特是当时美国最著名的女飞行员。她驾驶飞机执行任务时，发现了日军在马里亚纳群岛委任统治地修筑的防御工事。至于她被日军要求迫降并被残害之事，几乎确凿无疑。当时，人们尚不知道她的悲惨命运。为了试探美国是否畏战，日军反复挑衅，这样的新闻多次登上报纸头版。

美国确实畏战。国务院发言人提出了抗议，大谈什么“道德禁运”。罗斯福和赫尔说他们相信“国际舆论”的力量，好像独裁者真会对此有所忌惮似的。国会又通过了新的中立法案和决议，总统不情愿地签署了。他有所犹豫，主要是不喜欢权力受限，他的外交政策和国会的意见并无多大分歧。新政对外交事务涉及甚少。赫尔和21个拉美国家签订了中立协议，表明了美国独善其身的立场。胡佛拒绝和英国联名谴责日本侵华的行为，这个决定获得了罗斯福的支持，这很少见。

“大萧条”时，这种做法还算理智，毕竟政府需要一切资源解决国内问题，但之后政府的做法就荒谬了。1934年，《约翰逊战债拖欠法》通过，禁止向未付清战争借款的国家提供贷款；1935年，《皮特曼中立决议案》向世界宣布，美国不会帮助被侵略的国家，绝无例外。这些政策让德意独裁者气焰更加嚣张，罗斯福的手脚却被束缚了。然而，罗斯福对此表达的不满，加上他对世界法庭的支持，激怒了顽固的孤立派。查尔斯 · A · 比尔德写道："罗斯福总统认为有道德责任帮助欧亚，结束年深岁久的争端。他不满权力受到限制，拒绝听从国会和全国上下的意见，非要干预外国事务。如果欧洲或亚洲真的爆发大战，我们有理由相信，罗斯福会立刻让美国加入混战。后果会怎样呢？在和平会议上，无论战胜还是战败，美国都会受到攻击。"

实际上，迅速干预是不可能的。在罗斯福的第一届任期内，美国的军事规模逐渐缩小，最后军队人数还没有福特汽车公司的职员人数多。艾森豪威尔后来说，军队真正的敌人是"钱，或者说是缺钱"。1934 年，总统视察瓦胡岛，军队指挥官想为他举行一次军事演习，但这次本应气势庞大的演习却闹了笑话：一半的军用卡车和 7 辆"一战"遗留的坦克（总共 12 辆）突然在罗斯福面前散架，让他大为震惊。第二年，《财富》杂志报道，步兵虽然装备了 M1 加兰德步枪，但数量只够一个团使用。该杂志还估计："以这种购买速度，常备军要等 30 年后才能配齐这种新式步枪。但等到那时，加兰德步枪早该过时了。"这篇文章的题目是："现在军队里是些什么人？"文中说，在那群军人里，有一名 47 岁的中尉和一名 65 岁的中士。上尉的平均年龄是 43 岁。

很多美国人以为根本无须保留军队。学者普遍认为，美国是上了欧洲人的当才被卷入"一战"的。盖洛普民意测验发现竟然有 71% 的普通民众同意这些学者的看法。他们认为"大萧条"是从欧洲传过来的，因为欧洲人没有付清战争债款。从《三个士兵》到《永别了，武器》，再到《光荣代价》，学者们一直在强调，为和平付出何等代价都是值得的。但就算阿梅莉亚 · 埃尔哈特遇害的事被人揭露，人们也不会相信。因为在“一战”时，同盟国报道了德军残害比利时人的夸张宣传，美国人对这类新闻已经麻木了。那时，理查德·H·罗维尔[①]是万千学童中的一个，他记得信仰理想主义的公民学教师最喜欢说：“孩子们，我们有战争部，如果有的是和平部，是不是特别棒的事？”1934年，主教会议做出决议：“‘和平时期要做好战争准备。’基督教会懒得理会这种廉价的爱国主义。”对此，他们的会众表示认同。（希特勒也认同。他说：“那些支持非战主义的人最后会变成征服者的帮手。”）但美国人还没注意到德国的这位新元首。海外退伍军人协会的成员还说服2 500万人签名，要求国会签订更多中立法案。他们不用费力说服北达科他州参议员杰拉尔德·P·奈，他是参议院军火调查小组委员会的主席，他的主要助理法律顾问是阿尔杰·希斯。奈最会找替罪羊，他说华尔街的金融家和外国的好战者沆瀣一气才诱导美国加入“一战”。他在全国各地演讲时说：“上次我们发动了战争，但什么也没捞着。我们获得险胜，但死伤惨重。这一切都是为了私人银行家，让他们不怕收不回贷款。”

家庭富足的学生敢于反抗传统，对于他们而言，激进和平主义是一种不可挑战的信仰。穷学生平常老实安分，也赞成他们的看法。在一次全国民意测验中，39%的大学生表态他们绝不会参加战争；33%的人说除非美国遭遇入侵，否则他们不会参与战争。在和平主义的主要阵地（哥伦比亚大学和加利福尼亚大学伯克利分校）只有8%的学生表示无条件参战。1935年，即便哈佛大学、约翰·霍普金斯大学和纽约市立大学加以威胁，仍然有超过15万名学生为了争取和平，发动了一次全国性罢课。之后，50万大学生签署保证书，保证如果国会宣布参战，

---

① 理查德·H·罗维尔：美国著名政治评论家。——编者注

他们一定拒绝入伍。他们的“体制计划”同下一代人憎恶的“现存体制”差不多。他们反对强制性的预备役军官训练营，反对侵犯学术自由和学生权利的行为，反对法西斯活动，他们要求改革大学管理制度。激进派由争取工业民主学生团（学生争取民主社会组织的前身）构成。他们将《行动纲领：学生革命者的指导书》奉为圭臬。带头的学生有哥伦比亚大学的詹姆斯·韦克斯勒、明尼苏达大学的埃里克·塞瓦赖德，以及索思摩大学 1932 级毕业生克拉克·克尔，让人印象格外深刻。

每个学校的“运动”性质各不相同。在明尼苏达大学，塞瓦赖德回忆道：“我们不喜欢政界领导，也不喜欢学校领导。他们按规章办事，而不是遵循真理。在这些维持现存体制的机构中，我们最憎恨军事机构……‘爱国主义’这个词让我们恶心。它沦为了贬义词，和沙文主义没两样。”塞瓦赖德参加了抗议预备役军官训练营的学生游行，最后明尼苏达大学只好停办训练营。

普林斯顿大学学生认为军队如同一个不好笑的笑话，他们把自己称为未来战争退伍军人协会的成员。最爱闹事的美国学生联合会在瓦萨女子学院，她们举办了全国代表大会。纽约市立大学校长接见了一个意大利法西斯学生代表团，引得学生们嘘声一片。校长把学生称为“坏痞子”，第二天，纽约市立大学的每个学生都在衣领上别上了“我是一个坏痞子”的徽章。有些激进分子召开集会，校长就用雨伞打他们，将他们驱散。这样以牙还牙的做法很少见，但不是没有。匹兹堡大学没用那样粗暴的办法，他们邀请麦克阿瑟将军在毕业典礼上演讲。带头游行示威的人被抓起来，还被罚了款。上级法院撤销了原判，但第二个星期，所有新生都被要求宣誓，宣誓忠于美国宪法、宾夕法尼亚州法律和学校的规章制度。学校教务处处长对媒体解释道：“我们想要思想单纯的学生。”

其实，大多数学生即便思想不单纯，但至少行为端正。那时，只有小部分人是激进分子，在纽约市立大学中只占1%，在全国只占3‰。这些人举行示威，为争取工人正当权利游行，为“斯科茨伯勒男孩”募资，阻挠群众观看赫斯特报系的新闻片，一时颇为活跃。这与之后几年的一群年轻人性质类似，不过后者登上报纸头条的原因是表演吞金鱼。美国人的一大毛病是以偏概全。1970年，一个全国性的广告商登载了20世纪30年代马拉松舞会的照片，嘲笑美国中年人：“你们年轻时也如此，凭什么说现在的年轻人？”他们以为那些参加马拉松舞会的人是想出风头。但事实恰恰相反，他们这样辛苦，只是为了赢得一点儿奖金。

作为“走投无路的一代”，大部分20世纪30年代毕业的大学生都忙于谋生。这些年轻人受“大萧条”打击最大。1935年1月，几百万16~24岁的青年人靠救济金生活。一位大学校长告诉毕业年级学生，今年6月有15万学生将获得学位进入社会，但社会根本不想要他们。《财富》杂志采访了25所大学的学生，发现他们只想找到一个“绝对稳定、长久”的工作作为避风港。他们把抱怨唱进了歌里：

进了大学好，
硕士、博士都是宝。
追求知识好，
挨苦受饿变苗条。

这不是什么有趣的玩笑。面对高昂的大学学费，80%的美国家长束手无策。想拿到学位，就意味着4年的艰苦生活。那时，上大学期间，学生每星期要工作40个小时，假期每星期要工作84个小时。有人在杜肯大学调查后发现，学生找的工作一般是加油站服务员、殡仪馆助理、火车锅炉工、钢铁厂工人和墓碑雕刻员等。有个男生竟在学校和匹兹堡市打过27种零工。密歇根大学的学生阿瑟·米勒，靠刷盘子抵饭钱，在国家青年局喂小白鼠，每个月可以挣15美元，他就靠这生活。明尼苏达大学学生休伯特·汉弗莱买不起教科书，只能从大学图书馆借书看。

在美国，念完大学从来都不是易事，在那样凋敝的经济环境下，完成大学学业更令人佩服。但直到珍珠港事件发生后，这些目标远大的年轻人才摆脱“大萧条”带来的困境。美国的中产阶级却没有这些烦恼。罗斯福执政第三年，全国已经走出了绝望的深渊。乔纳森·米切尔可以在《新共和》周刊上愉快地说：“手上又有钱了，感觉真好……幸福的日子回来了。当然，生活也不是那么好……一旦有人被解雇，第二天就有10个人排队想填补他的位子。但总有失业的人，没理由让我们坐在家里，永远为他们叹气。”这些家庭手头宽裕了，可以给青春期的孩子发零花钱。当然，钱不多，办不起伍德斯托克音乐乌托邦。但年轻人要想赶时尚，买几个徽章还是够的。

第一股时尚潮流是音乐。到现场看知名乐队的演出是最好的事，不然就去大学校园，那里常常有现场演出。北卡罗来纳大学有哈尔·坎普组织的学生乐队，杜克大学有莱斯·布朗组织的蓝魔鬼乐队。在不起眼的舞厅和酒吧间里，一些还未走红的艺人在表演。其中，阿尔维诺·雷带了个好头，玩起电吉他，大多数美国人还是第一次见识到这种装有扩音装置的乐器。另外，还有年轻的弗兰克·辛纳屈。1933~1937年，辛纳屈的收入在全国看来都排在末尾。他参加了各种业余艺人比赛，在当地广播电台临时代班，在联谊会上为70美分车费唱歌。后来，他走在哪儿都有一大票粉丝热情支持，但当时，那群粉丝还没长大，没有能力帮他。他们还在迷恋儿童书，模仿秀兰·邓波尔的发型，穿着联邦调查局特工式的内衣，争看耶鲁大学培养的飞侠哥顿的电影，攀比自行车把手的飘带，忙着把装橘子的木箱装上轮子改成滑板。

这时，自20世纪20年代的爵士乐后，年龄大一点儿的青年男女第一次兴起了年轻人的生活方式。他们有流行的语言，比如keen（热衷的）、gas（吹牛）、copacetic（好极），带有难懂幽默的Confucius say（子曰）、knock，knock（吃“喝”），有彰显男子气标志的jalopies（破汽车）和特别的穿着。男男女女穿着棕白两色的胶底马鞍鞋、朋友签名的啤酒会夹克和可双面穿的雨衣（脏的更好）。白天，姑娘们的标准打扮是两层毛衣（有钱人会穿开司米或安哥拉羊毛衣）、长及小腿肚的紧身格子裙、踝袜（后来被称为“少女短袜”）以及俄式头巾。男青年则是上身运动服，下身宽松长裤，配双色马鞍鞋，或者鞋底有防滑钉的厚重粗革皮鞋，走路时会踢踏响。如果穿上女朋友亲手织的彩色菱形图案毛衣，就更加时髦了。正式舞会每年在高中举行一次，在大学至少举行4次。到时，大家不会穿这些衣服。舞会在体育馆举办，天花板被贴上了皱纹纸，装饰一新。女孩们穿着薄纱晚礼服在打过蜡的地板上翩跹起舞，左肩上别着一朵兰花或者栀子花；男孩则穿着租来的燕尾服或者黑西服和白皮鞋。

如果大家只是拖着脚步跳舒缓的狐步舞或者安静的卡里奥克舞，气氛会非常沉闷。当乐队奏起欢快的音乐时，人们的舞步也会变得更加轻快。20世纪30年代中期，吉特巴舞风靡全国。吉特巴舞由查尔斯顿舞、林迪舞和得克萨斯汤米舞（可追溯到1913年的滑稽剧《达克镇蠢事》）发展而来，像田径运动会一样花样繁多，有时，看起来还真像运动会，连动作也相似。在吉特巴舞中，有查尔斯顿摇摆、蹦蹦跳跳、啄虫子、跳跃舞步、苏西球、转圈摇摆、歌颂阿拉以及踢骡子等动作。踢骡子时，男女会按顺序玩跳背游戏。这种舞太过奔放，有时女孩玩高兴了还会露出内裤，因此陪伴她们参加舞会的年长女性不喜欢这种舞。一直到1942年，杜克大学的舞会都不许跳吉特巴舞。

性，依然是禁忌。人们担忧一切传统会形同虚设，毕竟这个年代怎么看都是动荡的岁月。怀孕被当成耻辱，就连已婚妇女也这么看。孕妇装的广告宣传语是"藏好你的秘密"。关于性的一切都很隐秘。《长筒袜秀》最像色情杂志，但里面的女人包裹得严严实实，裙子在膝盖上五六英寸。那时，色情文学作家非常少。社会非常保守，吉特巴舞不准跳，色情文学当然也不能发展。另一边，汤米·道尔西刚以摇摆舞节奏放起《罗门湖》，广播电台经理就把广播停了，经理觉得很多传统已经受到了挑战。人们世世代代遵循的传统正在消失。在胡佛执政的最后几个月，工人力量还太弱小，无法奋起反抗，现在他们开始游行了，这是最明显的改变。劳工队伍来势汹汹，吓得美国白领、中产阶级心惊胆战，但劳工时代已经来临。工会组织起来了，在路障前爆发冲突，矿井、工厂外的地面上血迹斑斑，但这还不是最严重的情况。

从许多方面看来，约翰·卢埃林·刘易斯都是一个古怪的人物。他虎背熊腰，眉毛浓密，身高6英尺3英寸，高大魁梧。闲暇时，他喜欢读莎士比亚名作、《圣经》、《伊利亚特》、《奥德赛》、奥斯瓦尔德·斯宾格勒的著作和东方寓言集《五卷书》。他的父亲是威尔士矿工，上过黑名单。40岁时，他成为矿工联合会的主席，但在他的领导下，工会人数锐减，只剩之前的一半。1930年，一个矿工小组提到他时说："他不仅撵走了协会的领导，还破坏了协会的灵魂。"但在20世纪30年代，他成为激进工会主义的象征，既广受爱戴，又树敌无数。但与此同时，他还是支持胡佛的共和党人，支持自由企业，反对进步工会的各种政策。

私底下，刘易斯聪明又健谈，善于出谋划策，常为受压迫的工人打抱不平。在公众面前，他集福音传道者、悲剧演员和拙劣演员于一身。他喜欢谈玄说妙，还为自己的性格开脱："自己不为自己吹号，谁能帮你？"在一次工人大会上，刘易斯致开幕辞："听听'马其顿人'①的呼喊，那是人们发自肺腑的吼声！我认为劳联的未来就取决于这次大会的决议。"说起对手劳联主席威廉·格林，他叫道："哎呀，可怜的格林，我太熟悉他了。他磨磨蹭蹭，随波逐流，还哀叹什么'世风日下，人心不古'！"刘易斯让工人组织分裂成两派，还得意扬扬地说："他们对我拳打脚踢，我就让他们吃不了兜着走。"

听了这话，没几个人笑得出来。自由派觉得他深谋远虑，反对派觉得他是邪恶的化身。在某些圈子里，除了罗斯福，就数他最惹人厌恶。有一次，前战争部长帕特里克·J·赫尔利作为矿业公司律师出席了听证会，大谈他年轻时参加矿工联合会的经历。这时，刘易斯愤然起身，响亮地说："作为矿工联合会会员，看到有会友在政坛平步青云、名扬天下，我与有荣焉。"他突然重重地顿了下，接着说，"但这个人背叛了年轻时参加的工会，看着真是让人哀伤和遗憾。"又停了下，说，"就为了 30 块臭银圆。"②赫尔利恼羞成怒，朝他扑过去，好在马上被人拦了下来。刘易斯接着漫不经心地说："那就不提 30 块银圆的事儿吧，但'背叛了年轻时参加的工会'这句话必须保留。"

这话太过分了，但勇气可嘉。1969 年，总统管理的暴乱调查委员会在报告里说，"在所有工业国家中，美国的劳工史最血腥暴力。"

---

① "马其顿人"的典故出自《圣经》。圣保罗梦见一个人请求他到马其顿去拯救人民。——编者注

② 此话暗讽赫尔利如同犹大，为了 30 块银圆出卖耶稣。——编者注

这其实就是暗指20世纪30年代。当时，产业工会的不少组织者遭到谋杀，州长派出国民警卫队镇压闹事工人。在乔治亚州，州长尤金·塔尔梅奇设立了一个集中营，专门关押示威工人。宾夕法尼亚州杜肯镇是一个典型的煤矿镇。那里的矿厂老板一年会花费1.7万美元购买军火，然后炸掉矿工的家，烧毁山上的十字架。宾夕法尼亚州约翰斯敦全市都是一家公司的私有财产，该市市长对记者说："这里不能缺了警察，就像世界不能没有音乐。"他说的"警察"是指公司的保安人员。他手下的地方检察官补充道："给我200名训练有素、身强体健的武装人员，我可以将纠察线上的王八蛋工人收拾利索。"在纺织厂的女工开始反抗时，《纺织杂志》在社论里放话："死几百个人保证能让她们安分下来。"

奇特的是，经历清洗后，工会依旧顽强地存在。罗斯福入主白宫时，工会力量非常弱小。刘易斯领导的矿工联合会成员减少到不及10万人。劳联成员人数只占全国工人总数的6%。每星期，劳联都会失去7 000名饱经患难的工人。1932年时，劳联对资方俯首帖耳，竟然反对起失业保险。气势汹汹的工厂老板相信，和工会组织者对抗无异于和魔鬼较量，但他们可不想输。1934年12月，拉福莱特领导的公民自由委员会发现，2 500多家公司雇用打手破坏罢工，最大的打手帮派是珀尔·伯哥夫服务公司跟平克顿侦探公司。伯哥夫是个坐拥数百万家产的狠角色；平克顿则是底特律汽车业信赖的雇工，1933~1936年赚了将近200万美元。这两个帮会各有一支常备队伍，随时准备带着全自动手枪、瓦斯枪、棍棒开始行动。他们还都在工人中安插了探子。当一名参议员询问克莱斯勒公司副总裁赫尔曼·L·韦克勒雇用探子的原因时，他回答说："我们这样做是为了获得情报，以便在对付工人时游刃有余。"成千上万名工人生活在枪口下。匹兹堡煤矿公司真在煤矿里架设了机枪，对准这些工人。众议院的一个调查委员会追查此事，董事长理查德·B·梅隆振振有词："没有机枪，矿厂就没法运转。"

在这种情况下，工人们唯一的办法就是尽快组织起来。提心吊胆的矿工、曼哈顿区汗如雨下的服装工、底特律市布格里斯厂时薪1美分的工人，以及底特律市时薪5美分的店员知道其他办法不管用。各州的立法也不见效。宾夕法尼亚州工厂主强迫童工每星期工作90个小时，因此被罚款100美元。为了弥补损失，工厂主就从童工每星期的薪水中扣除33美分。每星期，至少有一名炼钢工人的衣服着火。每年，钢铁厂会有两万多名工人因工伤致残，但老板们仍不愿花钱改善安全设施。在五分一角店打工的女孩们工资是1角5分。当她们读到伍尔沃斯公司女继承人芭芭拉·霍顿小姐畅游欧洲，四处和贵族结亲的新闻时，怨艾地唱道：

芭芭拉·霍顿是个富婆，
钱从哪儿来自不必说，
五分一角店员工累死累活，
伍尔沃斯给我们臭钱几个。

威廉·格林挺着个啤酒肚，刘易斯叫他"坐如钟的比尔"。格林间接地推动过《全国工业复兴法》第7条第1款的制定。《全国工业复兴法》规定要订立行业规程，这点可能扼杀工会的前途，工人们知道后坐立不安，一直向约翰逊抱怨。约翰逊听了也很着急，所以慌忙加上集体谈判权这一条。但格林没看出这个条文大有文章，实际上，这个条文很含糊：它没有规定雇主要承认工会，如果雇主想和公司工会打交道，完全可以。而且，这个条文也没说清楚工人应如何推选代表。但刘易斯却注意到了，细节可以慢慢谈，重要的是这个条文的宣传价值，它宣告了联邦政府的目标。他将它和林肯的“废奴宣言”相提并论，并让身强力壮的助手开着宣传车，带着宣传册前往各大煤矿：“总统希望你们参加工会。不参加工会，就是不爱国。工会的人就在这里，别担心会费，加入就好！”

工人们听了之后，立刻响应起来，速度之快，连刘易斯都大吃一惊。《全国工业复兴法》本来是为复兴商业而制定的，没想到却刺激了工会的发展。在罗斯福签署这项法案的三个星期内，退出矿工联合会的13.5万名工人又重新入会。1934年年初，刘易斯登记册上的会员数就将近40万。西德尼·希尔曼和戴维·杜宾斯基开着宣传车到了纽约市，广发传单。不到一年，国际制衣女工工会会员数就翻了两倍，达到20万。到20世纪30年代末，这个数字超过了40万。

罗斯福对政治事件一向见微知著，这次却后知后觉。鉴于他的出身，罗斯福并不习惯和工会结盟。他把自己看成救世主，乐于对受剥削的工人施舍恩惠，但成为工会的盟友又是另一回事。虽然他想提高工资、缩短工时、配备更好的安全设施，但他不确定刘易斯的办法是否最有效，甚至不确定是否正确。如果工人成为一股强大的经济新生力，罗斯福也不能冷眼旁观，远离劳资冲突。因此，头几年他一直犹豫不决。海伍德·布鲁思在一次群众集会上高呼：“工人的头号公敌是罗斯福。”这可谓荒谬之极。然而，罗斯福确实认为弗朗西斯·珀金斯和弗朗西斯·比德尔（时任国家劳工关系委员会主席）两人太过偏袒工人。国会中支持劳工的人里，罗斯福只佩服纽约州参议员罗伯特·瓦格纳。瓦格纳积极推进新劳工法的制定，并渐渐说动了罗斯福。但是，当时局势变幻莫测，根本没时间讲大道理。

刘易斯的协会吸收了越来越多的工人，格林看着心里担忧，一直劝他“悠着点儿”。后来，可怕的大罢工呈现出不可阻挡之势，一触即发。

工厂主安排了人员准备血战，有的设置了路障。国内的军火市场达到了空前的规模。1933 年夏，肯塔基州林奇镇的工厂保安队在 4 个星期内买了 41 支来复枪、21 支左轮手枪、500 发子弹和大量的催泪弹。联邦执法官员警告他们，可能会面临联邦指控。但控制城镇的公司激烈地回答说，这个镇是公司的私有财产，华盛顿无权干涉。罗伯特和海伦 · 林德组织的调查组在印第安纳州曼西镇发现，通用汽车公司扩编保安队，用来关押疑似工会组织者。大西洋和太平洋食品公司将克利夫兰的店铺关闭数天，并把责任推到店员身上，说他们不上班，甚至扣钱，令他们一头雾水。公司老板这么做，其实是想告诉员工，加入工会没好下场。1934 年，刘易斯号召宾夕法尼亚州的 7 万名矿工罢工，掀起了 20 世纪 30 年代工人运动的序幕。这次罢工狂潮席卷了阿勒格尼河谷。杜肯镇镇长发表谈话，似乎把罢工的工人当成了反抗的印第安人，要把他们挡在关外。他说："我们在桥头等着，要把他们打得头破血流。"

1934 年，总共爆发了 1 856 起罢工，大部分是为了争取资方承认工会的合法性。那是段悲惨的岁月，资方的恐怖手段染红了劳工史，血迹斑斑。在弗立克矿区，公司雇用的枪手守在矿井外，若有工会成员出现，他们就会开枪。在资方私有的威斯康星州科勒镇，破坏罢工的暴徒向劳联纠察队开枪，造成 2 死 35 伤。在托莱多电动车灯公司，新成立的全美汽车工人联合会正在和蛮横的管理人员谈判，国民警卫队枪杀了 27 名工人。旧金山的数名码头工人、明尼阿波利斯市的多名卡车司机、新英格兰地区和南方各州的 15 名纺织工人都被杀害。明尼阿波利斯市有两名特派代表也被谋害，其中一个是商人。埃里克 · 塞瓦赖德当时是《明尼阿波利斯明星报》记者，报道了罢工的新闻。他看到寻衅复仇的警察朝着手无寸铁、毫无警觉的人群一通扫射，67 人受伤，2 人重伤不治。目睹这样的场面，他吓得目瞪口呆，随后写道："那一刻，我突然从心底里明白了什么是法西斯主义。"刘易斯感叹："工人，就像以色列人一样，满腹忧愁。女人们为死者恸哭，为生者的前途哀叹。"

但是，工人的忧愁更深、哀叹更久，因为很多人白白牺牲了。托莱多市、旧金山市和明尼阿波利斯市的工会虽获得了资方承认，可在钢铁、纺织、汽车、橡胶等行业的大企业里，拒不承认工会的厂主却占了多数。在国会成立国家劳工关系委员会时，全国制造商协会要求其成员不予理睬。在一次判例案件中，一家工厂确实没遵守委员会的规定，受到的处罚只是不准挂蓝鹰标志。政府还是犹豫不决。1935年2月下旬，一家联邦地区法院认定《全国工业复兴法》第7条第1款违宪。参议员瓦格纳和马萨诸塞州众议员小威廉·P·康纳利立刻提案，要建立一个国家劳工关系委员会，规定工人有权选出特定的工会，在联邦政府监督下，代表他们和资方集体谈判，并规定什么样的劳动操作规程是公平合理的。瓦格纳说，如果工人的工资一直涨不上去，他们就无法购买自己生产的商品，那样"大萧条"就不会结束。罗斯福听从了瓦格纳的意见，在7月5号签署了法案。但资方仍我行我素。美国公民自由联盟散发了律师工会58名成员起草的宣言，宣告《瓦格纳法》和第7条第1款一样违宪。显然，工人运动离实现目标还很远，老板们还在负隅顽抗。1935年，又有32名罢工者和支持罢工的人被杀害。为了镇压罢工，南达科他、伊利诺伊、内布拉斯加、肯塔基、佐治亚和俄亥俄各州都出动了国民警卫队。工人运动进展依然缓慢，装配线上还有大量工人没有参加工会，没得到合理报酬，从事着高强度的工作。

人人都看得出，格林根本就没读过《瓦格纳法》，但刘易斯研究过。法案尚在审议时，他就仔细研究过，并发现依据此法案，一个新的工会将在政府的庇护下诞生。旧工会的缺点相当明显。劳联是一个松散的组织，会员是一些充满疑心的小头头，大多是美国早期移民的后裔。与矿工和纺织工工会不一样，劳联的成员有锅炉制造工、木匠、机械师、家具商、冲床操作员、油漆工等，按照技艺的不同，他们进入了不同的行业工会。俄亥俄州橡胶工厂工人想成立工会，劳联就派去代表，因为橡胶工艺有 19 种技能，就一共组成了 19 个工会。格林觉得美国汽车工人联合会非常碍眼，不久之后，它就被分成了 100 个工会。

1935 年 10 月，劳联代表大会在大西洋市举行，刘易斯正是在会上发出了“救救马其顿人”的呼喊。他呼吁按行业成立工会，呼吁工人按行业团结起来。比如，钢铁工人要有自己的工会，建筑工人也要有自己的工会。他说，只有这样，在大企业实行罢工才会成功，但他的呼吁没人听，代表大会否决了他的提议。随后，会上出现了激烈的争辩，木匠工会头头“大个子”比尔 · 哈奇森骂刘易斯是“杂种”，可谓失策。当着格林和几千个代表的面，刘易斯把哈奇森暴打一顿，使其皮破血流，被人抬下了台。刘易斯整了整衣服，点上雪茄，潇洒地走出大厅，从此退出了劳联。他写了封辞职信寄给格林，里面只有一句话，与给报社的解释一样：“美国劳联畏缩不前，一直朝后看。”随后，他成立了与劳联作对的工会联合会——产业组织委员会，后来改名为产业工业联合会（简称“产联”）。

暴打哈奇森的行为有些野蛮，但千万名工人在等待，他们有的缺乏技能，有的技能不够娴熟，他们在等待从经济奴役中被解救出来。现在，刘易斯这个器宇轩昂的悲剧式的人物眼中，有了一团火焰，马上就要点燃劳工运动。产联的会场上常响起歌声。会员们用《共和国战歌》的调子唱起纪念死于暴徒之手的乔 · 希尔的歌：

我们开垦了荒地，我们建起了城市，让大老板们做生意，

我们挖凿出矿井，我们修起了车间，让铁路延伸几千英里，

我们创造出伟绩，却忍饥挨饿遭冷落。

落魄潦倒受人欺，工会给我们力量！

永远要团结！

永远要团结！

永远要团结！

工会给我们力量！

如果产联在1936年代表“左”派的非共产主义者，那么许多新政派逐渐相信非法西斯右派总部就在美国最高法院的新大楼。这座大楼在华盛顿东北第2街，国会对面，1935年秋审就在此举行。大楼的大理石外墙上题字“平等公正，依法审理”。但德鲁·皮尔森和罗伯特·S·艾伦口中的“九老”①对于“正义”有不一样的意见，白宫和美国大部分地方的人，包括尘暴区和刘易斯领导的煤矿工会，都这么认为。当然，解释宪法是最高法院的职责所在。差不多30年前，首席大法官查尔斯·埃文斯·休斯就说过：“我们要遵循宪法。但宪法是什么，全由法官说了算。”《时代周刊》说过，困难的是，“自由主义的烈焰已经燃尽，现在只留下保守主义的一堆热灰”。就保守这一点，休斯是司法界和律师界的代表。罗斯福的法案可谓独立战争后最带革命色彩的法案。对新法有裁判权的地方法院都拥护旧秩序。联邦地方法院的大部分法官都曾为共和党或大企业效力，也都因而享有盛名，他们已成为公司股东、托管人、高级俱乐部会员。大公司的头面人物是他们的朋友。和那些人一样，他们觉得新政改革花样繁多，非常讨厌。在罗斯福任期的首个1 000天即将结束时，100多名法官

① 九老：指最高法院的9位大法官。——编者注

发出了 1 600 张禁令，阻止联邦法律的执行。此外，知名律师写了大量文章，以私人身份做出裁决，否定了那些不受欢迎的新法。美国公民自由联盟对《瓦格纳法》的声明就是这种典型的伎俩。全国制造商协会把这个声明发给会员，煽动他们抗议那些已由国会通过并经总统签署的法律，理由是这些法案违宪。

最高法院声名卓著，本应不受旧时代的约束，但法院内部的分歧之大超出了人们的想象。这些人穿着黑袍坐在庭审席上，看起来坚如磐石，但一回到办公室后就分成了三派。威利斯 · 范 · 德凡特、詹姆斯 · C · 麦克雷诺兹、乔治 · 萨瑟兰、皮尔斯 · 巴特勒对亚当 · 斯密顶礼膜拜，程度尤胜胡佛总统。他们认为破坏自由经济的基本“规律”纯属犯罪。休斯和欧文 · J · 罗伯茨属于中立右派，投票也采取这种立场。但是，他们的立场并不坚定，被看作摇摆派。只有本杰明 · 卡多佐、哈伦 · 菲斯克 · 斯通、路易斯 · D · 布兰代斯三人完全拥有 20 世纪的新思想。

1935 年早春，罗斯福和最高法院就发生了冲突。当时罗斯福听说又有 389 起针对新法的官司，意识到宪法合法性这个问题不能再悬而不决了。于是，在一个地方法官判定《全国工业复兴法》违宪时，他同意立刻上诉最高法院。但选择《全国工业复兴法》来挑战最高法院，并不走运。9 位大法官一致认定这项法案无效（虽然理由各不相同）。5 月 27 日，休斯宣读了裁定。这一天后来被新政派称为“黑色星期一”。这一天如此黑暗不是因为《全国工业复兴法》被判无效，毕竟这项法案已经变成了累赘，真正黑暗的是休斯的激烈言辞。休斯给罗斯福扣上了“罪犯”的帽子。他还史无前例地警告总统和国会，不要滥用宪法赋予的权力，不要使用联邦法律监管各州的贸易。

保守派法官想要恐吓罗斯福，但罗斯福是全美最不吃这一套的。

罗斯福善于为自己辩护。星期三，他便召开记者招待会。埃莉诺坐在他身边，像新政第一个百日开始时那样兴致勃勃地织着毛衣。罗斯福说星期一的裁决是“自得福德 · 史考特案[①]以来最重要的决定”。他回顾了休斯的言论。休斯说既然商业在各州，就该由各州的法律管理，就算这些商业行为会对全国产生影响，联邦政府的干预也是不合法的。休斯拒绝承认48个州都是一个自由国家的成员，因此，他必然认为，不管国家的经济形势多么严峻，联邦政府也无权过问。罗斯福说，这些言论是“马车时代对州际贸易的旧定义”。他以这番话向休斯发出了警告。

司法部长卡明斯认为罗斯福和最高法院想重修旧好是不太可能了。他激动地说：“总统先生，他们想毁了我们。我们要想办法把现在最高法院里的一班人换掉。”罗斯福暂时还比较乐观。一直到1935年12月，他还写信给参加伦敦海事会议的美国首席代表说：“最高法院多数法官不支持我们，赫斯特报系和85%的报社也尽唱反调。除此之外，一切都挺好的。”第二年刚开始，他就改变了想法。1936年1月6日，最高法院以6 ∶ 3的投票结果判决《农业调整法》违宪。罗伯茨法官代表多数派强词夺理地说，农业不属于全国性事务，将农业当成全国性事务，是对各州权力的侵犯，导致“中央政府借机对各州事务指手画脚”。艾奥瓦州艾姆斯附近的农民听了这些谬论，气愤难耐，扎了6个草人当作那几个大放厥词的法官绞死。但保守派法官胆大无畏，他们继续判决《证券交易所法》无效（6票对3票）。萨瑟兰法官说调查华尔街的行为是滥用职权，“和星法院[②]无异”。接着，

① 得福德 · 史考特案：黑奴史考特起诉，寻求自由身份，理由是自己曾在自由州居住。但被最高法院驳回，认定其仍为黑奴。——编者注

② 星法院：英国封建王朝法院，无陪审团，独断、滥用职权，是专断司法的代名词。——编者注

《国家烟煤保护法》也被否决（5 票对 4 票），因为虽然煤销往全国，煤矿却在各州内。之后，《市政破产法》也被宣布无效（5 票对 4 票），理由极其牵强。照这样下去，新政的全部法案，包括社会保险和《瓦格纳法》都要泡汤。其实《市政破产法》不过是允许各州和联邦政府在公债的重新分配上协调，但主动权仍在各州。当然，在保守派法官眼里，只要联邦政府想参与各州事务都该禁止。

在最高法院刚成立的 140 年里，被废止的法律只有 60 项。现在，才一年多，休斯领头的最高法院就废止了罗斯福新政的 11 项法案。最高法院最近一次胜利是在两党召开全国代表大会前夕，这次的成功非同寻常。他们先废止了联邦工资工时法，然后审理了莫尔海德对纽约州的诉讼案。这次讨论的是纽约州关于规定女工最低工资的法律。结果，法官以 5 ∶ 4 的投票结果将其否定。巴特勒代表多数法官写道："个人订立合同的权利受到正当法律程序条款保护"，"在订立雇工合同时，双方具有平等权利，可以向对方争取私下谈判时所能获得的最有利条件"。换言之，即便血汗工厂里 15 岁女工同万贯家财的东家订立的合同严重不公平，她每星期只能获得 2.39 美元薪资，巴特勒也觉得这份合同无可非议。联邦政府或者各州都不能干涉。无人有权规定最低工资或者最高工时。

当晚，在新英格兰地区和北卡罗来纳州富丽堂皇的高楼里，人们举杯欢庆，哪管不远处纺织小镇的工人正在受苦，但政界的保守派人物则备感焦虑。事情好得过了头，恐怕乐极生悲。赫伯特 · 胡佛说："有些州自以为有些权力，我们就还给他们呗。" 60 家报纸要求国会提出修正案，兰登州长也和他们一起主张。共和党人竞选时模棱两可地许诺，要采取措施保护妇女和儿童，但如何保护却只字不提。民主党人则呼吁制定"一项解释清楚的修正案"。只有总统保持缄默，他正在思考对策，他必须先连任。他对雷 · 莫利说："这次竞选只有一个话题，那就是我自己。人们要么支持我，要么反对我。"他预想人们会支持他，也预料到最高法院还会以更多的 5 ∶ 4 或 6 ∶ 3 否定新法。从某种程度上说，倒正中下怀。正如伊克斯所说："最高法院这么做，正好给了罗斯福理由越过最高法院，直接向人民申诉。"

1936 年，美国的政治生活还很简单，不像以后那样花样百出，足以扭转大选结果。那时还没有计算机控制台，没有主要选区情况分析，民意测验的科学分析也才刚起步。选票结果在选举日当晚才能揭晓，两党会猜测结果，并找出各种有利数据。之后，一切自然明了（政治学者最会当"事后诸葛亮"），但是只有少数人预料到罗斯福会获得压倒性胜利。很多人认为他只能做一任总统。

他们倒不全凭空穴来风。4 年前，罗斯福这位总统曾许诺会实现预算平衡，但现在国家每年的赤字高达 60 亿~70 亿美元。700 万美国人没有工作，政府的应对措施又被判违宪，全无用处。民主党现在虽然是执政党，但在过去 80 年里，一直都是少数党。对于许多人而言，民主党成员当选总统完全始料未及。这些年，牛顿 · D · 贝克、迪安 · 艾奇逊、约翰 · J · 拉斯科布、前民主党总统候选人阿尔 · 史密斯、约翰 · W · 戴维斯、马萨诸塞州州长约瑟夫 · B · 埃利、马里兰州州长艾伯特 · 里奇、佐治亚州州长尤金 · D · 塔尔梅奇等纷纷退党，民主党日渐式微。全国大报多数也不支持罗斯福。赫斯特报系在头版刊登社论，抨击罗斯福的"苛政"。《芝加哥论坛报》的接线员接听电话时总会说："早上好。你知道吗，你只有一天（或具体的天数）可以拯救这个国家了。"该报发表过的新闻题目有"支持罗斯福的威斯康星州的选区是罪恶的温床"和"兰登州长今晚前往洛杉矶游说，务求保全美国政府体制”。这些新闻显然希望读者弃罗斯福而去。

评论家沃尔特·李普曼反对罗斯福，多萝西·汤普森也是。著名的政治作家马克·苏利文在1935年就预测罗斯福连任竞选会失败。同年，查尔斯·A·比尔德写道：“罗斯福作为领导者的魔力显然失效了。”1932年，银行家和经纪人的资金支持占罗斯福竞选基金的25%，但今年他们只贡献了4%。事实上，从1936年到20世纪70年代，民主党常年资金短缺。兰登竞选获得共和党900万美元的资助，罗斯福获得的募款连其一半都没有。

但具有讽刺意味的是，共和党之所以有钱挥霍是因为罗斯福上任后经济情况有了好转。罗斯福1933年上任时，接手的是一个濒临破产的国家。几年之后，美国出乎意料地重新繁荣起来，失业率降低到1932年的一半以下。1935年，联邦储备委员会发表的工业生产调整指数从58升至101，1936年达到121（1929年是125）。从他就职以来，保险公司的资产增长了30亿美元，国民收入和公司盈利增长了50%以上，道琼斯工业平均指数增长了80%。股市大崩盘以来，华尔街第一次开始担心通货膨胀（牛市的标志）。4年前，投资者们用证券给联盟俱乐部一间屋子糊墙，现在他们用蒸汽把证券喷湿，揭下来去兑现。尽管如此，俱乐部前门旁还是挂着一个电子广告牌，上面写着“1936年选兰登和诺克斯，爱国第一”。

1936年年初，共和党竞选者的身价更高。按照当时的几种测试标准，罗斯福的支持率跌到了谷底。盖洛普民意测验发现反对派获得的支持率和罗斯福旗鼓相当。到了7月，民主党全国委员会已经放弃了纽约州和伊利诺伊州，对明尼苏达州、印第安纳州和俄亥俄州也只抱最后一丝希望。那时，罗斯福亲自主持竞选事务。2月，他曾对农业部长华莱士说：“亨利，7月、8月、9月、10月，直到11月5日，棉花最低售价要维持在12美分。我不管你怎么做，那是你的事情。总之，价格不能低于12美分。明白了吗？”稳定棉价这招是为竞选铺路，这是传统的策略。但罗斯福的新招是大联合理论。他认为如果运气好（政界最大的法宝），民主党大联合完全可以摧毁共和党的阵地，取而代之成为多数党。

他们真的很幸运。1936年1月25日，第一件幸运的事发生了。美国公民自由联盟在五月花酒店举行晚宴，为反对罗斯福继任的活动争取支持。2 000名富人前来捧场，男的身着礼服，女的披着貂皮大衣，这次晚宴可能是美国政治史上最具珠光宝气的一次盛会。《纽约时报》评论：“全国大部分有头有脸的资本家都出席了晚宴。有的亲自赴宴，有的派了代表。”阿尔·史密斯是晚宴上的主要发言者，当时他正忙于阻止禁用童工的法案。当晚，他戴着一顶丝绸高礼帽，歇斯底里地发表了一篇反新政演说（“新政散发着共产主义苏联的臭气”），那些年收入10万美元的富翁听得欣喜若狂。皮埃尔·S·杜邦赞叹道：“真是完美的演讲。”民主党副总统加纳也为之叫好。他说，民主党不必再花一分钱造势，也不用再四处演讲了，这些有钱人根本不懂美国人的脾气，有了他们，民主党再度当选真是板上钉钉了。

6月11日，共和党在克利夫兰提名艾尔弗雷德·兰登（也就是后来为人熟知的艾尔弗）为总统候选人。他是个政绩卓越的州长，施政纲领比罗斯福1932年的政纲还要偏“左”。但兰登不走运。本质上，他提倡自由主义，但手下把他的主张解释得一塌糊涂。共和党主席亨利·P·弗莱彻说，他们竞选的目标是建立一个“符合宪法的政府”。亨利·福特说他已经20年没有投过票了，但兰登就是翻版的柯立芝，所以他要投票。这样一来，兰登就被叫作“堪萨斯州的柯立芝”，竞选标志用了堪萨斯州的州花——向日葵。罗斯福听了，冷淡地说，向日葵是黄花一朵、黑心一颗，没到11月就枯萎了，没什么用，只能用来喂鹦鹉。

让兰登头痛的还有胡佛，这个人一直让他难堪。胡佛随着厄尔·沃伦带头的加利福尼亚州代表团来到克利夫兰。代表团的人因为不知道本党内定候选人是谁，所以胡佛放出风声，说可以再次提名他为候选人。共和党人还不至于那样糊涂，至少在6月还是清醒的，但是胡佛到达会场时，人们还是起立鼓掌了15分钟。因为罗斯福喜欢用字母缩写为机构、政策等命名，胡佛便挖苦他都快把字母用完了，“但是新的俄文字母表里有34个字母”。接下来的4个月，他不断给兰登提建议。兰登不理胡佛的恭维，但胡佛的支持却让他遭受牵连。没人理胡佛，他只能听着广播里罗斯福的演讲，等对方停下来换气时，就不断说“呸”，以此撒气。

休会时，代表们会照着《哦，苏珊娜》的调子唱歌：

> 字母表还要念，有件事等着看，
> 兰登将登台，新政要退场。
> 兰登本领大，总有好办法。
> 一日在白宫，时时守宪法。
> 啊，阿尔夫·兰登！
> 我们的发言人！
> 你来自辽阔的草原，堪萨斯是你的家。
> 祖国等待着解放，你是我们的希望！

无论如何，人们认为兰登的后台老杜邦不止这点儿能耐。当然，那位心慈手软的州长理应得到一个更体面的结局。好几天，那些政治报道记者都认为，大会将是本年度最火爆的闹剧，没想到后来库格林神父和他的同伙们甚至向选民疯狂推荐其新成立的联合党。该党的总统候选人是美国北达科他州众议员威廉·莱姆克，此人表情呆滞，装了一只玻璃假眼，且嗓音尖利，甚是怪异。长期以来他都头顶灰布帽，穿着十分宽大的男士套装，库格林也感到很奇怪。库格林称他为“自由比尔”①，杰拉尔德·L·K·史密斯起草了一系列计划，召集了10万名“汤森德计划”支持者，以保证11月关于总统大选的民意测验结果。库格林也夸口，如果不能给联合党拉到900万选票，他就永远退出广播电台直播。听起来口气不小，但在6月，两大党都觉得莱姆克的确不可小觑。与歌曲《阿尔夫·兰登》的少有问津不同，“自由比尔”这个绰号在当时很流行。库格林神父显然也更津津乐道于这个与“独立钟”英文相似的绰号。可是后来他才想起一件事——独立钟有裂缝，但为时已晚。

接下来的一星期，民主党突降费城，他们载着麦考密克牌收割机欢快地行驶在马路上，提醒人们胡佛先前的预言——如果罗斯福入主白宫，国家将会杂草丛生。他们个个兴高采烈，除了休斯掌控最高法院一事令人不快外，他们几乎获得了4年前希望获得的一切成就。甚至退伍军人补偿金议案在那年春天也获准通过，罗斯福虽然否决此案，但也漫不经心，原案很容易就保住了。作为民主党，他们至少要演演斗一斗的戏码：请一位黑人牧师领祷代表大会时，南卡罗来纳州参议员“棉花艾德”史密斯愤而离席。但即便如此，这事对大联合计划也极为有利。在那一年，请黑人牧师领祷，要得到黑人选票就并非难事了。

罗斯福已经交代手下，他的对手是美国公民自由联盟，而非兰登。阿尔本·巴克利在基调演说中挖苦，因华尔街总抱怨给他们带来的极度痛苦。巴克利说：“我的朋友们，他们苦涩的泪水不是为小

① 自由比尔与独立钟的英文读音相近，独立钟指美国费城独立厅的大钟，1776年7月4日鸣此钟宣布美国独立，1835年出现裂缝。——译者注

猪而流。真正的悲痛是因为共和党那些蚕食着美国人民财富的‘肥猪’被宰了。”此番政治言论强而有力，总统在他的提名演讲中进一步斥责那些大财团为“内奸”。

6月27日之前，罗斯福在富兰克林运动场发表了该演讲，听众超过10万人，据马奎斯·蔡尔兹描述：“每次停顿时下面都欢呼一片，如同燥热夜晚的一声响雷，整齐的欢呼仿佛是由同一个喉咙发出的。”但演讲的过程并非一帆风顺。罗伯特·特劳特向哥伦比亚广播公司的广播电台听众描述了当时的情况：“总统正在等主席邀请他上台，突然他的脚撑松开，他跌倒了。”这令特劳特吓了一跳，“手稿散落一地。人们自发地帮他拾起散落的稿页。他在上台前几分钟，尽快整理好了手稿，但它们已经水渍斑斑、皱皱巴巴，还沾满了泥”。后来，罗斯福说：“这是我人生中最可怕的5分钟，那时你所能见到的最倒霉、最着急的白人就是我。”要是在20世纪70年代，黑人选民若是听闻“白人”一词，一定不会投票给他。

他的演讲一旦开始，便精彩绝伦。那晚， 他演讲说：“一个慈悲为怀政府的偶尔失误，好过一个残酷冷漠政府的长期疏忽”，“人类史上有一个神秘的周期。几代人既定，几代人未知，而我们这一代人却在两类的交会处”。后来广大群众和他一起两度合唱《友谊地久天长》，他坐着敞篷车缓缓绕场一周，全场群众都站起来报以热烈而持久的掌声，他挥动着他的破毡帽热情洋溢。

他打算暂停竞选事宜，一直到选举前5个星期才出来活动，他审时度势，觉得那时选民会站出来支持他。在此期间，他继续处理政务，并寄希望于他的对手犯错。果然，他们不负所望。夏天结束之前，联盟党已在自己过激行为的影响下逐渐分裂。杰拉尔德·史密斯公然对记者说：“我会教他们（选民）怎么去恨。”库格林神父则声称：“我走的是法西斯之路。”库格林开始畏惧史密斯，因为史密斯曾经说过，“在我心中，休伊 · 朗流血惨死的记忆依然鲜活”，以及“我和汤森德博士站在福吉谷[①]这个具有历史性意义的拱门下，发誓要接管政府”这样狂妄的话。但眼下汤森德博士没有能力接管任何机构——他拒绝在国会听证会上做证，就因藐视法庭被判刑，关押在哥伦比亚特区地方法院的牢房里。后来罗斯福赦免了他，但随后史密斯[②]因扰乱治安和出言不逊再次入狱，被关押在新奥尔良市监狱里。

如果兰登州长更有气魄一些，他可能还不会满盘皆输，至少能挽回一点儿尊严。不幸的是，在公众眼里，他只是一个苍白乏味、戴着眼镜、说话含混不清且尖利刺耳的小矮子。他不好好念讲稿，而稿子也写得呆板乏味。他竞选之旅的首站选在宾夕法尼亚州，他宣称：“走到这个国家的任何一个角落，我都能找到美国人。”这句话他在任何时候都挂嘴边。此外，和所有罗斯福的反对者一样，面对对手的巧妙躲避，他抓狂不已。他更是告诉巴尔的摩人：“如果总统连任，他会将所有反对他的人送上断头台。”听者愕然。他默默接受了弗里兹 · 库恩领导的德裔美国人联盟（后改名为“德裔美国人同盟”）的支持，默许共和党全国委员会把罗斯福说成是“犹太人的总统候选人”。不仅如此，他还含沙射影地说，总统是位共产主义者。

本届总统大选，首次采用全国性广播的方式把总统候选人当商品推销。共和党已为此拨款逾100万美元，《波士顿先驱报》记者罗伯特 · 乔特还写信给兰登说，他觉得“共和党的宣传工作应该和向公众推销商品一样”。但如此一来，广播中只谈推销不谈切实问题，导致人

① 福吉谷：美国革命圣地。华盛顿曾在此休整过冬后打败英军。——编者注

② 热衷政治的传教士史密斯本书后面将不再提及。他于20世纪60年代末又出现在洛杉矶，称自己“实际上是1 700多个右翼组织的高级顾问和联络员”。

们最终被操纵而不是被说服。赫斯特报系社论指责，民主党竞选活动是苏联一手策划的。共和党全国委员会主席约翰 · D · M · 汉密尔顿也大声疾呼，说罗斯福的双手“沾满了西班牙神父的鲜血”。而像美国强生和英格索兰这样的大公司更是在工人的工资袋中附上了恐吓内容——如果兰登竞选失败，他们将被解雇。

从10月开始，老板们在工资袋里附上纸条，暗示社会保险将只能从工人薪水中扣除：“自1937年1月罗斯福实施‘新政’以来，我们被迫扣除你们工资的1%上交给政府……这笔钱可能会返还，但前提是国会愿意拨款……11月3日大选日之前，你必须决定是否愿意承担蒙受损失的风险。”这是共和党竞选计划的一部分。兰登的军师们实际上希望以退休金发放给65岁工人的问题挑起民众的不满。在广播电台广告中，共和党全国委员会聘请的演员一惊一乍地说，每个人都将获得一个号码——好像此外还有其他方法能跟踪社会保险账户一样，还谎称每个人都要盖手印。10月20日，工厂贴出大量标语：“你的整个职业生涯都将困在每星期扣税的牢笼里。你不得不服刑，除非你在11月3日反对罗斯福当选。”最后，汉密尔顿在广播中透露，只要是工薪阶级都必须佩戴像狗牌一样的钢质身份识别卡（“就像我现在手里拿的这个”），上面刻着个人社会保险号。

直到那时，罗斯福仍低调参与竞选。马奎斯 · 蔡尔兹写道：罗斯福的演讲“更像一个主教循例4年一次巡视教区时的和善说教”。但是，共和党人攻击社会保险这一他最骄傲的成就，无疑使他大为光火。

1936年10月31日晚，麦迪逊广场花园座无虚席，罗斯福斗志昂扬地发表了他这一生中最伟大的演说之一。他说他打击的对象是“商业垄断集团、金融垄断集团、投机倒把分子、胆大妄为的银行家……洗钱集团”。台下观众都起立听完了他的演讲，挥舞着铃铛，吹着喇叭，大声欢呼，表达拥护。罗斯福用嘲讽的口吻说："如今这些势力狼狈为奸，如此集中地反对一名总统候选人，这在历史上还是第一次。他们都对我充满仇恨，我欢迎他们的仇恨。"话音一落，台下掌声雷动，《纽约时报》将掌声比作"海浪翻滚拍打海岸发出的阵阵咆哮"。总统说："关于我的首次执政，我想获得的评价是，以权谋私者或权迷心窍者遇到了势均力敌的对手。"他继而提高声调说："我还想说——"他稍微停顿了下，此时台下再次响起喝彩声。当喝彩声逐渐平息，他接着说："我想说我希望得到的第二个评价是，当我连任时我制服了这些恶势力。"欢呼声再次响起，如同暴风骤雨，直至他离场后，仍经久不息。

离麦迪逊广场花园几个街区远的地方，9岁男孩丹尼尔 · 帕特里克 · 莫伊尼汉（后为参议员、美国驻联合国大使）哼唱着顺口溜："罗斯福正在白宫等待被选出，兰登正在垃圾箱等待被回收。"他这样说，共和党竞选候选人可不会同意，他和汉密尔顿主席都信心十足。美国《文学文摘》杂志通过对有电话和汽车的人的意向性投票预测，共和党最终会在选举中获胜——32个州、370票支持，民主党只有16个州、161票。哈佛大学一位统计学教授的预测结果是兰登241票、罗斯福99票、91票不确定。康纳利既是众议员，又是《瓦格纳法》联名提案者，他曾在给民主党竞选主管法利的信中写道："兰登有6成把握获胜。"阿瑟 · 克罗克在9月曾对《纽约时报》的读者说："共和党将获得远远多于1932年所得的选票……罗斯福广得民心的局面已不复存在。"后来他更称这还是一个"保守"估计。6月，总统认为自己会以票数340：191的优势获胜。竞选结束时，他把这个数字改为360：171。法利告诉新闻记者，除了缅因州和佛蒙特州，罗斯福将争取到其他每一个州的支持。但多数政治评论家都同意弗雷

德里 · 刘易斯 · 艾伦的观点：“竞选负责人的预言，谁会相信呢？”

11 月 3 日晚，这些政治评论家发现许多人虽然没有电话和汽车，也会去最近的投票站投票。罗斯福赢得了美国政治史上最伟大的胜利，当时他以 1 100 多万的票数差胜出，这意味着自 1932 年大选以来逾 500 万共和党人转投了民主党的票。法利的预测完全正确：兰登最终只赢得了缅因州和佛蒙特州的选票。选举投票的最终结果是 523 : 8。甚至来自布鲁克林区的约瑟夫 · 斯切科特这次也把票投给了罗斯福，即使他曾经在最高法院作为原告，申诉《全国工业复兴法》并最终获胜。他家里其他 15 名成员同样如此。休伊 · 朗的父亲也投票支持罗斯福。联合党候选人莱姆克的选票不足 100 万张，库格林神父只得宣称他要退出广播节目。虽然他后来改变主意，但是他呼风唤雨的时代已宣告结束。《文学文摘》也同样倒了霉，后来卖给了《时代周刊》。

以后，只要是罗斯福提出的法案，几乎都不会通不过，因为现在参众两院 75%以上的席位由民主党人占据，共和党人数量极少——只有 17 名参议员和 103 名众议员。不得不让人怀疑，共和党能否继续存在下去。而欧洲则比以往任何时候都更清醒地意识到，世界即将迎来新的政治家。温斯顿 · 丘吉尔和法国国民公会都向美国总统致电祝贺。《巴黎晚报》写道：“从今以后，民主事业有领袖了！”而“领袖”此刻正陶醉在一项他最喜爱的娱乐活动中：与白宫记者团斗智斗勇，谈笑风生。“我知道我应该去缅因州和佛蒙特州，”他带着嘲弄的口吻说，“但法利不让我去。”他向记者展示了他在选举前夕对选举结果的预测。有人问他为什么仅给自己 360 票。他转了转眼珠，说道：“哦，众人皆知我有保守倾向。”

美国人小像：
股票经纪人理查德·惠特尼

他名号众多，被称为“贵族中的贵族”、“白衣骑士”和“华尔街英雄”。他家底殷实，无论何时想给富兰克林·罗斯福穿小鞋，都绝非难事，他也乐此不疲。

他的先祖于1630年从英国来到塞伦。他当过格罗顿棒球队队长，在哈佛大学代表队划过船，还是坡斯廉俱乐部会员。

他的岳父是联盟俱乐部前任主席，大名鼎鼎。婚后找了一个情妇，多金、红发、喜欢猎狐，是个来自威尔明顿市的寡妇。1916年，他开设自己的经纪公司，成为摩根财团股市代表——他弟弟乔治是摩根合伙人。

理查德·惠特尼身材高大魁梧，以自己跻身统治阶级沾沾自喜。他在曼哈顿东73街115号拥有一套雅居，在新泽西州还有495英亩的地产，饲养着18匹纯种良马和获奖的爱尔夏牛，他还是埃塞克斯猎狐队队长。他的两位千金是社交圈新宠，他的妻子是巴特勒舞会的组织者。他们一家都很支持慈善事业，总是慷慨解囊，都是社会上有头有脸的人物。

1929年10月24日是个“黑色星期四”，这天美国股市突然开始暴跌，当天下午1点半，所有人都惊慌失措，唯独理查德·惠特尼镇定自若。作为一位财团代表，他在一片嘈杂声中走到2号交易台前，以每股205美元的高价买入10 000股美国钢铁公司股票。尽管他只是暂时平息了恐慌，但这使他一时间名声大噪。

这次交易后，他就永久撤下了2号交易台号牌，陈列在自己公司的大厅里。

他担任纽约证券交易所总裁，整整5年。

在费城，他为美国商会发表了题为“商业诚信”的讲话，后来被广泛引用。

在国会山，他被称为“国会听证会上最骄傲自大、目中无人的证人”。他也欣然赞同这一说法。

但“白衣骑士”也会遭遇资金紧张的问题。担任证券交易所总裁并无报酬（总裁本身就被视为无上荣耀）再加上惠特尼挥金如土，举办舞会、担任诸多公司的董事、捐款支持共和党候选人竞选、喂马养牛、捕猎狐狸，还要与出身名门的马杰里·派尔·蒙哥马利太太在特拉华州幽会，种种开销让他捉襟见肘。

禁酒令废止后，他看到约瑟夫·P·肯尼迪因为取得了海格威尔忌和哥顿金酒的进口权大发横财，十分眼红。肯尼迪是个暴发户，也是新政派。惠特尼很清楚自己可以比他做得更好。他相信苹果白兰地将广受欢迎，在禁酒令实施期间，他田庄附近的酿酒厂开发了“泽西威士忌”，吸金无数。惠特尼买下了这个酿酒厂，组建蒸馏酒公司，在场外交易市场发行了148 750股股票。它的股价曾一度飙升至45美元，惠特尼为此兴奋不已，他想他准会挤垮肯尼迪的萨默塞特进口公司。

突然——几乎一夜之间，理查德·惠特尼陷入了绝境，泽西威士忌无人问津了。为了挽回损失，他买入 10.6 万加仑的加拿大黑麦酒，用蒸馏酒公司股票及认股权证抵付。黑麦酒也无人理睬，而蒸馏酒公司股价更跌至 13 美元，加拿大人为此要求他交出更多抵押品。

他用房产抵押了 30 万美元，投身于快速致富的计划中——他生产获得专利的空气压轴承，又搞了个金属喷涂防锈工艺。但这两个项目甚至比泽西威士忌更没有市场，在四处借款之后，他开始偷窃。

他是纽约最有商业信用的人，又背靠摩根财团这棵大树，还在百老汇街 15 号这样的黄金地段办公，要想大“偷”一笔轻而易举。他第一次“盗窃”的是 150 200 美元债券，它们实际上属于纽约游艇俱乐部，曾经交予他妥善保管。他其实犯了挪用公款罪，只是无人知晓，纽约大学还授予他商学博士的荣誉学位（评语是“你对金融业所做的贡献，如今在全国上下意义重大”）。当然，只要蒸馏酒公司股价回升，他愿意补上这些漏洞。

可偏偏事与愿违，蒸馏酒公司股价继续下跌。他试图把股价维持在 9 美元，他找过每个他认识的朋友借钱——个个都是千万富翁，但也只是杯水车薪。他只得偷窃债券，包括哈佛大学的、圣保罗中学的、他妻子的，还把魔爪伸向他自己太太和小姨子的信托基金。一次上天意外的眷顾，他被任命为证券交易所抚恤基金受托人，该基金是为已故经纪人的遗孀和家属设立的。他又利用职务之便从中挪用了 66.7 万美元。

后来，在一次抚恤基金受托人例会上（惠特尼太忙没有时间出席），一位记账员脱口而出：有超过50万美元神秘失踪，是惠特尼挪用了这笔钱，至今分文未还。那时，奉命监管的威廉·O·道格拉斯根据联邦法规，要求审查所有经纪人账簿。交易所决定在惠特尼发觉之前先发制人。当会计师翻开他的公司账簿时，不禁大吃一惊。

如今泽西威士忌沦为全国的笑柄。惠特尼收购了蒸馏酒公司市场上所有被抛售的股份，总共139 400股。现已跌至每股3.5美元。过去的4个月内，他曾借款27 361 500美元，其中500万美元没有任何抵押，另有100万美元则是彻头彻尾的盗用。

J·P·摩根、托马斯·拉蒙特和乔治·W·惠特尼都知晓此事，却保持沉默，他们认为这样做比较绅士。

惠特尼的继任者、现任纽约证券交易所总裁查尔斯·R·盖伊在质问这位光辉不再的“白衣骑士”时，惠特尼仍然请求撤销指控。“毕竟，我是理查德·惠特尼，”他说，“对几百万股民来说，我代表着证券交易所。”

惠特尼所言极是，官司一打，所有仇视华尔街的人都会幸灾乐祸，新政派会兴高采烈，白宫里那个笑口常开的资产阶级背叛者也会得意扬扬。

盖伊思前想后还是敲响了交易所的锣，宣布理查德·惠特尼的公司因资不抵债而终止上市，并向法院提出诉讼。

纽约郡地方检察长托马斯·E·杜威起草了公诉书。

在圣伊丽莎白街警察局，那些战战兢兢的包厘街穷鬼站在一旁，惠特尼被指控犯了巨额盗窃罪。值勤警长说："惠特尼先生，很不幸看到你麻烦缠身，祝你好运！"惠特尼冷冰冰地感谢了他的好意。

惠特尼被保释，但之后被判处5~10年监禁，在新新监狱服刑。当他离开他的独立洋房去服刑时，管家两次向他深鞠躬。5 000人聚集在火车站为他送行。从早到晚，都有各式豪华轿车停在他的洋房前给惠特尼夫人送花献殷勤，她却依然忠贞不离。

哈佛大学遗憾地宣布，他辞去校董会委派的经济系指导委员会委员一职。

在新新监狱，其他犯人一见他都摘帽致敬。在监狱的院子里比赛棒球时，他们都邀请他参加。在那时，人们都敬重名人。

但后来2号牌以5美元拍卖了，威廉·O·道格拉斯也只是一笑置之。

第五章　保守派卷土重来

欲正确预见新政会对公民投票带来何等影响，应该考虑到1937年正好介于罗斯福入主白宫和珍珠港事件爆发之间——也就是战前罗斯福执政的中间时期。“大萧条”带来的艰辛生活和节俭之风已经被固定下来，当时98%美国家庭年收入低于5 000美元。除接受救济的人外，人均收入为1 348美元。通常情况下，这笔收入要支撑一对父母和一到两个孩子的生活，一家人挤在有四五个房间的公寓或是有6个房间的独栋房里。房子几乎全是租来的——经过1929~1933年的经济调整，只有少数中产阶级美国白人才有自己的房子。另一方面，缴税也无从说起。大部分人不用支付任何所得税，1937年最高收入者——美国米高梅电影公司的路易斯 · B · 梅耶的收入是1 161 753美元、爱德华 · 鲍斯少校427 817美元、IBM（国际商用机器公司）

的托马斯·J·沃森 419 398 美元及乔治·华盛顿·希尔 380 976 美元——他们收入的大部分都被用于各项开支或存下来。

1937 年 5 月或 6 月至 1938 年 4 月的大部分时间里，阿尔杰·希斯都在纽约 30 街埋头打字，忙碌不停。8 月，他们夫妇二人和惠特克·钱伯斯一起休假，驱车前往新罕布什尔州观看《屈身求爱》。理查德·尼克松当时正在接受联邦调查局考查。他并没有什么可疑之处，只是想做一名特工，并且已经接受了联邦调查局的考查，他在给法学院院长的信中写道："从那时起，他们就一直在调查我的品行。"但他最终被美国联邦调查局拒绝了。对于同代其他人来说，1937 年却是转运的一年。乔·路易斯打败了詹姆斯·布拉多克，成为世界拳击重量级冠军。科罗拉多州的奇才中卫拜伦·怀特成为全美最佳选手。魅力十足的安·谢丽丹在药店里被星探发掘，取代刚刚去世的珍·哈露，成为新一代性感女星。玛丽·马汀将开始她的百老汇首演《永爱老爸》，其合唱团中不乏吉恩·凯利和范·强生这样的实力唱将。总之，对于美国艺人及 25 岁的"美国甜心"金格尔·罗杰斯来讲，1937 年都是了不起的一年。那些见着金格尔纤纤柳腰就眼红的家庭主妇们不知疲倦地购买各种塑身衣，使得当时还叫作荷属东印度群岛的橡胶种植园主们乐得合不拢嘴。

杜邦公司的药剂师们开发出一种名为"氯丁橡胶"的合成橡胶，但其重要意义直至 5 年后日本人来到东印度群岛种植园时才被发现。几乎所有令人兴奋的发现都发生在实验室里（磺胺治疗精神分裂症的胰岛素休克疗法，从煤、空气和水中提取合成的一种叫"尼龙"的聚酰胺纤维），所以大多数美国人并不知情。因为企业不敢贸然尝试新产品，所以为了寻求市场，它们依然如 20 世纪 20 年代一样坚信推销的力量，在 1937 年主要流行"强行推销"的方法。乔治·华盛

顿 · 希尔在这方面是开路先锋。与之抗衡的有骆驼公司，它用整版广告宣传其产品“通过加快消化液流动速度和增加碱性，骆驼牌香烟，助消化的良药”。一个叫约翰尼 · 罗维蒂尼的小个子服务生日复一日地在广播电台呼喊“呼叫菲利普 · 莫里斯”，声音不绝于耳。老黄金牌香烟则声称它们的产品经过氧弹式热量计测试过英制热量。

几乎所有行业都涌现出别具匠心的商贾。约翰 · D · 洛克菲勒于1937年去世，可谓具有象征意义——他象征传统资本主义，在《美国名人录》中大胆地把自己列为“资本家”。之后，凭借新的操纵推销之术，并且借鉴A · C · 尼尔森的“广告效果”调查报告，企业改由经理人管理。各种机智巧妙的广告层出不穷。比如，李施德林在广告中表示可以减少 “高达86.7%”的病菌。又如，女人们患上了“忧郁星期一”综合征，因为她们担心自己“脸蛋黯淡无光、皮肤老化起皱、双手粗糙干燥”；男人们因“满脸胡楂儿”被解雇，因身材瘦小被女孩无视，因没有泰龙牌拉链被人瞧不起。（当时大多数长裤依然使用纽扣。有女人在场时，一个男人不会直接告诉另一个男人裤子的纽扣开了，而会神秘兮兮地说 “现在1点钟”。这句暗号对泰龙的顾客来说毫无杀伤力，唯有其他可怜虫才会偷偷摸摸地确保自己没有“中门大开”。）

1937年，人们的休闲时间逐渐多起来，家庭生活也受到影响。经济不景气时期开始了非全周工作日制度后，工会就坚持一星期5天工作制。在娱乐方面，广播和电影仍然保持霸主地位（那一年《白雪公主和七个小矮人》第一次被搬上荧屏，纳尔逊 · 埃迪和珍妮特 · 麦克唐纳第一次在电影《五月时光》中深情对唱），但随着空闲时间的增多，选择更多样化，比如业余摄影、集邮、下中国跳棋、玩宾果游戏、打高尔夫、骑自行车、滑雪、打保龄球及打垒球，都风靡一时。美国国家橄榄球联盟已经到了第4届东西部冠军淘汰赛，但职业橄榄球的伟大时刻还只能等着电视的盛行。

1937 年 1 月 20 日，富兰克林 · 罗斯福在其第二次就职演讲中说到他发现“全国 1/3 的人住不好、穿不暖、吃不饱”。而在知识分子阶层中，抗议社会一直都是压倒一切的主题，直到“二战”爆发才转移了他们的注意力。全国 2/3 住得好、穿得暖、吃得饱的人对其他人的疾苦毫不关心。股市大崩盘以来，年轻人第一次时兴说俚语。女孩说男孩“滑”；男孩说女孩“正”，即使他知道他可能被捉弄。顶级的赞美则是“在点子上”和“够意思”。1937 年，几首最流行金曲的歌词都让人捉摸不透，像“迷魂阵”、“水果糖”、“三个怪人”及“弗洛基”，那年全是这种类型的歌曲。

对美国政府而言，这也是奇怪的一年。罗斯福参与总统竞选赢得了非凡的胜利，加上他高超的政治手腕和民主党在国会的绝对优势，比起第一个百日，罗斯福现在应更得心应手了。但事实并非如此，事情并未朝着他想象的方向发展。有时，他似乎失去了对国家甚至是对民主党的控制，而后者本应对他感激涕零，所以情形愈加让人担忧。这种困境的部分原因源于总统的错误判断，虽然他的失算那时还不明显。当然，他有权认为击败兰登取得一边倒的胜利是因为自己领导有方，并认为他的领导面对的最大障碍——也是人民意志的最大障碍，是最高法院。

他在记者招待会上指责最高法院“陈腐”，但并未获得良好的效果，之后一年，他再未对最高法院公开发表过意见。即便如此，他反对工资工时制时也没有胡佛态度强硬，只说这种做法无异于制造出一片无论国会还是立法机关都不能擅自闯入的“三不管地带”。然而，与此同时，他也在酝酿自己的计划。早在法院向其叫板之前，他就对法院心怀芥蒂。1932 年竞选期间，他评论说，股市大崩盘期间，共和党操控了联邦政府各个部门——包括白宫和国会，“我还想加上最高法院”。因此，他把这视为党派倾向。或许他是正确的，但包括国会议员在内，都坚信最高法院和宪法高于政治。这一战略失误后，他又出现了另一个战术上的失误。他的苦苦挣扎却暴露出如约翰·甘瑟所言“品行卑劣”、“故弄玄虚”、“不坦诚”以至“近乎欺骗”的弱点。他给人的印象是偷偷接近“九老”，暗中下手，就像约翰·兰道夫评论马丁·范布伦的一样，他“划着消音桨到达目的地”。

在那多雨的1月，罗斯福第二次宣誓就职时，如果耳朵高度敏感，起初的桨声还能被听见。后来他告诉朋友，“当最高法院首席大法官休斯说到‘支持美国宪法’时，我想说：‘是的，但据我所知，宪法足够灵活，能够解决任何新产生的民主问题……’”其实他在接下来的演讲中也说过类似的话，休斯也听见了。总统说，美国人民决心共同前进，他们“坚信每个受欢迎的政府部门都会通过有效的方法实现他们的愿望”。一位盯着休斯脸庞的新政派说：“毫无疑问，休斯听懂了他的话。”

两星期后，总统和首席大法官再次碰头。那年，最高法院同意出席年度司法晚宴，出席的每个人都发现罗斯福和休斯心情舒畅。休斯为什么如此兴高采烈，原因无从知晓。富兰克林·德拉诺·罗斯福的好心情则来自一个私下里的玩笑，但这个玩笑很快就会被公众知晓。司法部长霍默·卡明斯回顾司法记录时发现一条建议：为每位年龄达到70岁但没有退休的老法官委派一位新法官协助工作，为司法部门增添活力。该文件上写的年份是1913年，署名是时任司法部长詹姆斯·C·麦克雷诺兹——如今法院“四骑士”中最反对新政的一个。卡明斯指出，如果该方法应用于最高法院，总统就能任命足够的自由派法官，扭转6∶3或5∶4的反新政大潮。追根溯源，这就是举世闻名（同时臭名昭著）的“法院改组计划”的源头。

“就是要这条建议，霍默！”罗斯福大叫道。然后他飞往里约热内卢开会，留下他的司法部长草拟法案。卡明斯认为计划很稳妥，但在司法招待会上他有点儿心神不宁，还对同事窃窃私语：“我觉得自己太像一个阴谋家了。”罗斯福也觉得是个阴谋，这也是他在司法晚宴上如此高兴的原因。他觉得那个场合颇具讽刺意味，又可暗中算计他人，甚合他意。1937 年 2 月 4 日，罗斯福和卡明斯向内阁和民主党国会成员公布了 S.1392 号法案。对此，伊克斯很高兴，反正并非他要向国会提案此事，而需要负责此事的国会官员们对此一声不吭。驱车行驶在返回宾夕法尼亚大道的途中，来自得克萨斯州的众议院司法委员会主席哈顿 · 萨姆纳斯，突然对别人说：“伙计们，这回我要退出了。”没人懂这句话的真正含义，但副总统加纳做出了相同的决定。

果不其然，美国公民自由联盟重新活跃起来，加入反对法院改组的斗争中。和它同阵营的还有美国商会、全国制造商协会、美国革命女儿会和一个以右翼报纸出版商弗朗克 · 甘尼特为首的宪政委员会。上述这一切，早在预料之中。但社会上也掀起了一股自发的抗议浪潮，参与者来自美国退伍军人协会、基瓦尼俱乐部和妇女俱乐部。最令人沮丧的是，参议院的独立自由派——博拉、海勒姆 · 约翰逊和伯顿 · K · 惠勒也站在法院那边。这次，罗斯福毫不留情。在一次炉边谈话中，他指责最高法院越权否决刚被选民认可的改组方案。在“五月花”号举办的一次民主党豪华晚宴上，他呼吁党员效忠，支持通过 S.1392 号法案。惠勒大声反驳：“靠工于算计、拉拢投票和在法院安插人手的行径，从来就不能完成自由主义大业。”参议员爱德华 · R · 伯克更是不留情面地对一个纽约游行团体说，宪政正“命悬一线”。

与此同时，最高法院准备不再忍气吞声。最高法院首席大法官休斯满不在乎地告诉朋友："如果要我主持大会，我也可以。"但最高法院首席大法官其实处处小心提防。当总统说到最高法院老龄化且人员不足，无法处理好繁杂的上诉案件时，休斯决定反抗。据伯顿·K·惠勒回忆，休斯打电话邀请他去家里做客。惠勒一进门，休斯就郑重其事地对他说"孩子出生了"，并递给他一封信。他很快读完信，内容与他预想的一致。信中说，法院办案并未延误，也没有人担子过重，即使总统的指责属实，增加法官也只会妨碍日常事务的处理。此外，最高法院内部高度团结。布兰代斯和范·德温特还在信上签了名。惠勒临走时，休斯说："我希望你广泛宣传它。"惠勒遵嘱第二天早晨在参议院司法委员会宣读了这封信。很久以后，他回忆道："当时会议室里静得连针掉在地上都听得见。"

这一事件使得法院改组受阻。更有趣的是，保守党法官开始显现出前所未有的自由气象。3月29日（新政派立马把这天称为"白色星期一"），法院撤销了禁止妇女儿童最低工资的原判，又通过了《瓦格纳法》。令政府宽慰的是，还通过了社会保险法案。后来范·德温特宣布他决定退休，这意味着S.1392号法案毫无意义。总统任命雨果·布莱克接替他的职位，这样一来，新政派在最高法院占了绝对优势。但罗斯福认为法案关乎他个人威望，所以拒绝撤销法案。他更疯狂地安插自己的心腹，硬逼参议院多数党领袖乔·鲁宾逊上位。结局极为不幸：7月14日，鲁宾逊心脏病突发身亡，去世时手里还攥着《国会议事录》。

现在普通民主党人也开始造反。罗斯福以38∶37的一票优势成功任命来自肯塔基州的阿尔本·巴克利接替鲁宾逊，击败了密西西比州的帕特·哈里森。副总统在鲁宾逊的送葬火车上密谋了撤销S.1392号法案的计划，他挑衅地告诉总统："你输了，你选票不够。"

加纳是正确的，但他的造反也意味着他不再是罗斯福的竞选搭档了。在秘密会议上，司法委员会认为法案不合时宜。接下来，参议院以70票赞成、20票反对否决了该法案，在这样暴动的气氛中又通过了总统曾经否决的一项农业贷款法。5年多来，罗斯福第一次在参议院立法中惨败。接下来，国会一片混乱，大多数他支持的项目——工资小时法案、行政机构重组法案、综合农业方案和建立田纳西河流域管理局地区分局的提议，都在这次会议中逐一被否决。向白宫挑战，这在1936年是任何民主党人都无法想象的，如今却变成了现实。

最高法院改组计划失败了，其深远影响难以估量。但总统已经完成了他的近期目标。州际贸易条款的解释已被极大地拓宽了，因为"九老"年事已高，有的去世，有的退休，这让罗斯福很快有机会安插心仪的首席大法官和8位大法官。可是代价极高，年轻的众议员林登·约翰逊也看清了这一点。约翰逊是对的，罗斯福考虑有误，这使得南方民主党和共和党合作——后患无穷，之后历任民主党总统和约翰逊本人都深受其害。

1937年2月4日，罗斯福向国会递交最高法院改组计划的前一天，他就已经致电底特律的约翰·L·刘易斯。和美国数百万中产阶级一样，罗斯福被报道激怒了，据悉通用汽车公司的工人静坐罢工，工厂陷入瘫痪，造成通用汽车公司每天亏损100万美元。包括罗斯福在内的任何一个20世纪的总统，都主张进行劳资谈判，不赞成非法侵入。罗斯福告诉刘易斯，罢工威胁经济繁荣大业，而经济繁荣正是政府引以为傲之处。1934年3月，他曾成功地用这套说辞对付劳联，那时劳联正计划率领全国汽车工人罢工。后来劳联乖乖取消了罢工，75 000名工人气急败坏地退会或撕毁了会员卡。现在又有工人起来闹事。总统很同情他们，但罢工得不是时候。刘易斯完全赞同这一说法，而且在刘易斯看来，工人暴动是个人的耻辱。把煤矿工人工会组建好后，产联就倾注全副人力、物力组建钢铁工业工会。他不打算再在其他行业与雇主们较量，而是决定极尽所能说服汽车工人，让他们相信眼下装配线必须继续运转。

可这样做远远不够。劳工领袖错误估计了罢工者们的火暴脾气，甚至那位激进的具有立陶宛血统的西德尼·希尔曼也没感觉法院以9：0的票数反对的《全国工业复兴法》有什么大不了，他只因为布兰代斯也投了反对票而闷闷不乐。希尔曼抗议说，那位大法官曾经致力于关闭血汗工厂，可是现在他却“为它们重新开张扫清了道路”。但废除《全国工业复兴法》实际上却为造反开了方便之门。工人们受够了，也做好了豁出命去的准备，这场纷争结束之前，他们中的一些人真是这样做的。这次罢工的支持者并不多。通用汽车公司深受广大市民喜爱，它的汽车也很畅销，而且不知为何，它还赢得“仁慈雇主”这样的良好声誉。但其实这种说法缺乏依据。通用汽车公司20名高管的年薪平均高达20万美元，而工人全年只领到1 000美元。其侦查工人的间谍系统在美国遥遥领先，那些牢骚满腹的人最终以莫须有的罪名被革职，工长控制着装配流水线的速度（传送带把车架传送到工人手中，他们会固定并拧紧螺栓、胎环、挡泥板、发动机座、车门和车轴，一个小时又一个小时，永不停歇），简直毫不留情。“为什么说我是共产党员？”一名工人不满地告诉记者，“就因为我不喜欢每天操作这些该死的机器吗？每天回到家，我已经精疲力竭，和我妻子睡觉的力气都没有了。”另一位工人说：“装配线简直要你的命。提速了，累死人。”

1936年年底，全美汽车工人联合会致信通用汽车公司执行副总裁威廉·S·克努森，要求召开劳资谈判会议。克努森回复说，全美汽车工人联合会应寻求与当地工厂负责人协调解决——好像通用汽车公司的政策并非由公司高层确定一样。全美汽车工人联合会领导还在讨论如何应对，工人就毅然罢工了。静坐抗议最先起源于欧洲。两年前，威尔士和匈牙利的矿工曾拒绝出井，直到资方同意加薪。但工人们通宵达旦地静坐示威，宣称工人有权保持既得利益，则是在美国发扬光大的。罢工开始于1936年12月28日，位于克利夫兰的费希尔车身一厂的工人首先开始自发静坐，对传送带上的车架置之不理。说时迟那时快，罢工的热浪蔓延到位于密歇根州弗林特的费希尔车身二厂，然后蔓延到了庞蒂亚克市、亚特兰大市、堪萨斯城甚至“汽车城”底特律，总共有14个州60家工厂的484 711名工人参与了罢工。某些地方的罢工简直不可思议。例如，阿克伦市的凡士通轮胎公司一厂工人在1月29日深夜两点罢工。工长疑惑不解地看着一名传送带末端的轮胎制造工挪了三步到主安全开关前。他们心里都明白这个动作的含义，其他所有轮胎制造工都后退了几步。他拉下了安全开关，工厂顿时鸦雀无声。一个工厂的声音打破了寂静，大叫道：“我们成功了！我们让传送带停转了！天啊，我们做到了！”他身旁的一个工人不禁泪流满面。

一些小工厂在其工人静坐罢工后不久便妥协了，但那些大工厂，特别是通用汽车工厂，丝毫不让步。在弗林特，甚至还配有机关枪。在迪尔伯恩，哈里·贝内特是一名前海军拳击手，曾深受亨利·福特赏识，他正在招兵买马，准备招募一支3 000人的私人武装力量，工会营房里还堆积着大量包皮铅头棍棒。身强力壮的年轻人把厂房改造成战斗堡垒。他们手持棍棒和制动部件轮流守卫防御大门，而不当班的人则在一旁打扑克或在汽车底盘旁打地铺睡觉。他们小心保护着公司财产，但谢绝公司管理层入内。当费希尔高管关掉暖气时，人们却在快乐地滑旱冰、载歌载舞。全美汽车工人联合会定期越过警察给他们送食物。

1937年，在资方心中，静坐罢工罪行滔天。他们依然认为私有财产与人的生命一样神圣不可侵犯，甚至更甚。公司高管们一直怀疑工会领袖是共产党，现在他们更加确定了。如果那些暴动分子把公司高管拖出大门，用血肉之躯竖起钢铁路障以禁止公司高层入内，那么通用汽车公司还不如把国家还给印第安人。但是，他们的律师劝他们耐住性子。显然，工人这样做触犯法律，为什么不把它交给法律与秩序来解决呢？通用汽车公司果然这样做了，它立即获得了疏散令，听闻消息，公司管理层都兴高采烈。但当记者发现，下此禁令的法官是通用汽车公司的一名重要股东时，该禁令瞬间威严扫地。

约翰·L·刘易斯此时登台了。如今，他已经意识到，如果不出面领导汽车工人，他将失去他们的拥护。因此，他通过广播电台发表声明："产联坚决支持罢工静坐者。"库格林神父辱骂他为"共产党的走狗"。西海岸纳粹头目赫尔曼·施温和墨西哥金衫党头子尼古拉斯·罗德里格斯将军都为通用汽车公司管理层提供了援助。全美制造商协会也在全国上下竖起了反劳工的标牌，代表劳联发言的威廉·格林竟谴责了罢工者。而在总统的椭圆形办公室里，罗斯福、加纳和劳工部长珀金斯则在讨论发表声明的事宜。

会后，加纳觉得罗斯福会表明立场，但他并没有。罗斯福保持沉默，这就意味着站在浪尖上的人会是密歇根州州长弗兰克·墨菲，而不是他。通用汽车公司还讨好了另一位法官，这回可非通用汽车公司股东。这次的疏散令威胁罢工工人如果不在2月3日下午3点以前撤离工厂，他们将获刑并被处以1 500万美元罚款。这时，罢工工人郑重宣布，他们都已准备好誓死守住门前的路障。通用汽车公司已经选好了"战场"——位于弗林特的雪佛兰工厂。墨菲命令国民警卫队把这家工厂团团围住，弗林特警方以及手持火钳、棍棒和铁锹的打手也参与了包围行动。底特律、阿克伦、托莱多的全美汽车工人联合会成员也赶来支援罢工行动。罢工者把一块标语牌挂在邮箱上，上面赫然写着“休想通过”。

墨菲本打算让警卫队用刺刀收拾罢工者。但在最后关头，他给约翰·刘易斯打了个电话，不安地问他接下来打算怎么办。“你想知道我的答案，先生？”刘易斯咆哮道，“我会亲自进入通用汽车公司雪佛兰四厂。我要责令工人违抗你的命令，决不让步。我要走到厂里最大的窗户前，打开它，脱掉外套，脱掉衬衫，赤裸胸膛。然后，当你命令你的部队开枪时，子弹将会首先射穿我的胸膛。当我从窗口栽向地面的一瞬，你会听到你祖父轻声对你说：‘弗兰克，你确定你做得对吗？’”

墨菲犹豫了，他想起他祖父在一次爱尔兰起义后被绞死的场景。流血威胁并非刘易斯的暗喻，它已经在弗林特市上演。14 名罢工者在夜晚突围中受伤。警方后来撤退了，罢工者向记者嘲讽地说这是一场“奔牛之战”，这种嘲笑必然遭到警察的暴力还击。州长也筋疲力竭，他撤回了他的命令，还禁止通用汽车公司妨碍人们运送食物给静坐者。怒火中烧的保守派称，墨菲此举打击了通用汽车公司的士气。的确如此，而刘易斯亦如是。总统保持沉默也起了同样的效果。但致命一击要归功于全美汽车工人联合会的灵机妙算。工会在克莱斯勒、福特、纳什和帕卡德等汽车公司都只是象征性地示威，却搞得通用汽车公司翻身乏术。根据美国公民自由联盟的立场，这些公司本应该站在通用汽车公司的一边，实现反工会的团结，而实际上它们都争先恐后地瓜分通用汽车公司市场，为本品牌汽车争取利益。2 月 7 日，通用汽车公司董事不得不将红利减半。这使得大股东皮埃尔·杜邦损失了约 25 万美元的收入。威尔明顿传话说，在他们看来，坚持原则是对的，但管理层不该头脑发热，更不该让杜邦减收。面对这样的境况，通用汽车公司不得不投降。为期44天的静坐罢工后，克努森终于同意开会和谈。静坐者们听闻此事，高兴得在冰冷的院子里跳起了方阵舞。

克莱斯勒汽车公司也让步了，到了夏天，除福特汽车公司坚持罢工到1941年外，每家汽车公司都签署了合同：承认全美汽车工人联合会和年资制，同意成立协调委员会，同意调查生产提速的不良后果，同意一星期40小时工作制，同意加班费是正常工资的1.5倍。工人可谓大获全胜。于是，其他各行各业的工人都开始静坐罢工。在新泽西州，理发师静坐在店里，抗议该店不承认工会；在华盛顿威拉德酒店，厨师坐在冰冷的灶台上；海员坐在码头长椅上；伍尔沃斯公司办事员直接坐在柜台上；女服务员居然召集朋友们占满座位，然后只点咖啡；芝加哥奶妈干坐着不做事，直到提高母乳单价；纽约某电影院放映员中止影片，告诉那些愤怒的观众其报酬太低。

现在，约翰·刘易斯的产联的风头已经盖过劳联。产联在底特律市也发展得很快。刘易斯斥资25万美元帮助罗斯福连任总统被曝光后，联邦联合会俱乐部成员个个心灰意冷。《纽约太阳报》警示：约翰·刘易斯冷酷自私。他耳目众多，得知副总统与他作对时，还大发雷霆："工人不过是要求每小时25美分这点小钱而已——最早发起反劳工斗争的是一个喜欢侮辱工人、打牌、喝威士忌酒且品行不端的老男人，名叫加纳。加纳想一刀捅进工人们跳动的心脏。无论公开还是私下，无论具体还是抽象，我都反对他。"有人建议产联"试探着"与劳联结盟。刘易斯对此嗤之以鼻："想'揣摩'比尔·格林的心思？告诉你，他心里一片空白。"

业内人士皆知刘易斯下一个目标是美国钢铁公司。他也承认这一点："如果我们可以管理好美国钢铁公司，其他公司将随之而来。如果这头盘踞的狮子被打跑，那我敢打赌，邻近灌木丛里的鬣狗会四散到平原去。”产联和美国钢铁公司之间竟可能爆发冲突，这让人震惊。虽然通用汽车公司规模庞大，但在美国钢铁公司（内部员工简称其为“公司”）面前也只能相形见绌。1934年，尽管还处在“大萧条”时期，公司盈利仍高达35 218 359美元，单副产品一项（从水泥到氨，不一而足），年产量逾25万吨。钢厂和矿山从加拿大开到巴西，舰队可与美国海军相媲美，还有数千英里长的铁路轨道。它是美国工业的巨擘。然而，一位普通的钢铁工人虽然工作极其危险，年均收入只有369美元，还要养活6口人。如果在美国有人想发动革命，那么一定是钢铁工人。汽车工人相对富裕，加上现在大肆宣传底特律汽车工人的胜利，钢铁工人也明白了革命的意义。有人注意到，当《摩登时代》在匹兹堡上映时，看到卓别林模仿一个工人在5分钟休息时间里的样子（他的手起先还在不自觉地继续重复摆弄机器的动作，后来逐渐慢下来，只剩拿起一杯水的时间），蓝领工人不会再感到好笑。因为这场哑剧太接近他们跟着机器转的真实生活了，他们希望改变。

但是，如何改变呢？有组织的反抗似乎必须付出血的代价。后来的事情令人震惊。1937年的诸多流血事件中，没有一件发生在大垄断钢铁企业。1月9日这个慵懒的星期六，通用汽车公司静坐罢工进入第三个星期，刘易斯正在华盛顿五月花酒店与参议员古费共进午餐。后来酒店门口传来一阵骚动，只见戴眼镜的迈伦·查尔斯·泰勒走了进来，他是美国钢铁公司的董事会主席兼董事长。泰勒向他们深鞠一躬，然后把夫人护送到另一桌后，特意折返同古费和刘易斯交谈。古费离席后，产联主席刘易斯坐到了泰勒夫妇那一桌，大家开心地聊了21分钟。这是五月花历史上最让人惊奇的时刻之一，可惜没有记者在场见证。第二天，当刘易斯应泰勒之邀赴实业家的酒店套房密谈时，酒店大堂也空空如也。

起初，他们在讨论哥特式挂毯、中世纪手稿和伊丽莎白时代的戏剧。泰勒发现刘易斯谈吐不凡，则建议他们两个到他纽约的家中密谈，解决大垄断钢铁企业管理层和产联钢铁工人组委会之间的分歧。在此后的会面中，刘易斯谈笑风生，并用数字表明：钢铁工人组委会吸收了足够多的美国钢铁公司工人，即使美国钢铁公司订单堆积如山，想搞垮它也是轻而易举的事。50 年来，美国钢铁公司都用枪支武装自己，出动打手与自己的工人做斗争，现在到了休战的时刻，双方应该正式会谈，然后签署合同。泰勒思考了一阵，同意了该建议。8 个星期后，泰勒草签了一项协议，同意钢铁工人以后每天工作 8 小时、日工资 5 美元、一个星期工作 40 小时、带薪休假并按照工龄支付工资。然后，他们通过新闻媒体上对外公布。一位工会干部闯入钢铁工人组委会菲利普 · 莫莱的办公室，说他刚刚听到广播，美国钢铁公司正在与产联会谈。莫莱说他疯了，并把他赶了出去。3 月 7 日双方签订了合同，泰勒的部下也同样震惊，美国钢铁公司总裁本杰明 · 费尔利斯找到莫莱并对他说，自己是一名矿工的儿子："就叫我本吧。"莫莱回答："好的，费尔利斯先生。"

此时的刘易斯如日中天。在取得与通用汽车公司和美国钢铁公司和谈的胜利后，一个个工厂都对产联回心转意了，有 3 000 家公司和产联签订了协议，会员达到 300 万。隶属劳联的工人已经成为一支重要的选民力量，远远超过了工薪阶层。30 名纽约神职人员组织起美国牧师工会第一地方分会，获得产联批准；大学生开始唱新的工会歌曲，民主党（支持工会）和保守党（反工会）这两个词有了新的含义。产联取得两次大胜，但这头盘踞的狮子被打跑并不意味着鬣狗四处逃窜，刘易斯用鬣狗比喻美国的小钢铁公司——共和、国民、内陆、伯利恒、杨斯敦钢板钢管等钢铁公司。它们都不愿意和产联谈判，共和钢铁公司大亨汤姆 · M · 加德拉是小钢铁公司强硬派的代表，他说他宁愿辞去自己年薪 13 万美元的工作，回家种土豆，也不能满足工人的要求。

5 月 26 日，刘易斯下令罢工，共有 27 个工厂 70 000 名工人参与。小钢铁公司的保安和受雇于公司却穿着警服的职业杀手增加了 7 000 人。随后，一份参议院调查表明："直接用于镇压罢工的总花费高达 4 000 多万，购存军火价值 141 000 美元。"工厂内的打手通过邮包和空投获取食物，当地报社附和资方要求复工。加德拉支付罢工线人每星期 25 美元，同时指责工会领袖"侵犯他人隐私"。他还补充道："现实反复印证了一个不祥的事实：他们是共产党员。"他不允许"外部鼓动者恐吓忠诚的工作者"。他承诺："不管是以口头还是书面的形式，我都不会同意和一个像产联一样不负责任、敲诈勒索、残暴无情的共产主义组织签署合同。除非有法律依据逼我这么做。"事实上，《瓦格纳法》就是这样一项法律，它是由总统签署的，最高法院前几天也通过了，但关于这一点，他只字未提。

美国阵亡将士纪念日当天，共和钢铁公司外的南芝加哥工厂发生了暴乱。几千名罢工者和他们的家属聚集在工厂东面那片平坦但人烟稀少的草地上。他们正在商议抗议游行的事。罢工一开始，警方就出面阻挠罢工者派出的纠察队，然而此刻，市长爱德华 · 凯利却宣布，政府允许和平示威。这天天气潮湿炎热，商贩们推着推车贩卖 5 美分一块的冰砖，很快就被抢购一空。游行者们一接到信号就马上排好队形，展示他们手写的标语："共和钢铁公司违反《劳工争议法》"，"共和钢铁公司必须签署劳工合同"以及"与产联实现双赢"。两名男子挥舞着美国国旗走在队伍的最前面。记者和摄影师蜂拥而至，派拉蒙影业公司也派来摄制组。队伍像长蛇一般越过田野，还高唱《永远团结》。

前行的途中，游行人员看到500名全副武装的芝加哥警察排成一行，拦在去往工厂的路上。这让他们始料未及。事实上，警察这么做直接违背了市长的命令。警察这样壮大的队伍严阵以待，是因为有“匿名人士”透露游行者要冲入工厂占领厂房——这意味着那些手无寸铁的罢工者家属们居然打算在工厂门口将手持勃朗宁30口径重机枪的警察打败。总之，警察相信了这一消息，至少嘴上这么说。罢工队伍正向工厂逼近，一位警长对他们大骂道：“狗崽子们，站住！”

游行队伍放慢了脚步，但依然坚定地走向工厂。警察没有再发出警告。一群警察从离工厂约200米远的地方冲出来，袭击了工人们的妻子，警棍刺破了她们的胸膛，另外一群警察举着瓦斯枪或左轮手枪任意扫射。高举国旗的工人大喊道：“我们决不投降！决不投降！我们拥有合法权利！我们拥有合法纠察权利！”但警察大声回道：“你有狗屁权利！浑蛋，你有屁权利！”就在这一刹那，发生了芝加哥警方随后诡辩的“挑衅行为”：几个空汽水瓶迎面飞来，工人们大声嘲笑警察。就在此刻，警察开始扔催泪弹，令人作呕的瓦斯气体笼罩着游行队伍，受惊的孩子们尖声啼哭，游行队伍也乱了阵脚。一场大屠杀爆发了。

起初是胡乱射击，但当人群四散逃跑后，警察便向人群扫射。一些警察甚至瞄准个人。一个女人被绊倒了，4名警察冲上去抓住她，用枪托猛砸她的脸。纠察队员们中弹后，个个口吐鲜血，有的倒在草地上一动不动，有的手脚并用毫无目的地乱爬，警察站在他们旁边，朝着背部射击。派拉蒙纪录片记录下了这些场景。纠察队总共10人死亡，90多人受伤。记者把它称为“阵亡将士纪念日大屠杀”，但汤姆·M·加德拉却说：“不用怜悯暴民。就像好打架的艺术家本韦努托·切利尼所言，‘一打起来，拳头就不知轻重了’，有些工人找警察寻衅又想跑，被棒打在地，有些娘儿们也被撞倒了。警察执行的是危险残酷的任务，娘儿们待在那儿干吗？”

这部派拉蒙影业公司的纪录片后来被禁播，理由荒谬可笑——怕观众看后引起骚乱，虽然观众多年来对警匪片已司空见惯。《圣路易斯快邮报》发布了颁布该禁令的真正原因，《芝加哥论坛报》却将手无寸铁的游行队伍形容为“蓄意施暴”。麦考密克和赫斯特的报纸都说产联（包括他们的妻儿在内）都是共产党。至少 8 名工人遇害，其中一人更是残疾老兵，平时为产联舞会卖票，罢工结束前却被无情杀害。即便如此，竟无人受到审讯。后来，没等和产联联签署合同，工人就复工了。加德拉这一招实在高明，罢工者根本无法还手。

但是，小罗伯特 · M · 拉福莱特却有办法。这位威斯康星州参议员发起了一场 20 世纪 30 年代最仔细、最重大的调查。他的调查委员会发现：

> ……民众对警察的挑衅仅限于污言秽语或是从游行队伍后方投掷飞弹……根据所有证据，我们认为警方反应过度，严重超出执法范围。警察这样做，不是总体失职，就是蓄意恐吓罢工者。

大街小巷贴的大幅图片、参与者和见证者的所有证词以及抽丝剥茧般精心讲述的整个故事，都在点醒那些直到那时还把罢工者设想为疑犯的公众。伤亡名单第一次公布时，罗斯福总统引用莎士比亚的语句，代表中产阶级说：“你们俩的厄运来了。”刘易斯回答道：“那些靠工会会员吃饭、寄宿的人却两面装好人，当工会和反工会者展开殊死较量时，叫嚣各打五十大板，这岂不是很可笑吗？”罗斯福只得辩称，他指的是双方的极端分子。总统认为有必要解释一下，这种情况并不多见。但当他得知那天南芝加哥的极端分子都反对工会时，他站到了工会一边。舆论导向也随之改变，加德拉也最终向国家劳工关系委员会屈服了。小钢铁公司罢工最后赢得了胜利，除了伯利恒钢铁公司外，各钢铁公司都成立了工会。

但这一年产联工人被杀戮、殴打的事仍时有发生，劳工部长珀金斯集齐所有劳工事件的情况后评论道：1937 年是 20 世纪工会历史上最野蛮的一年。事实上，它达到了 10 年来罢工浪潮的顶端。据劳工部估计，1937 年有 4 720 人参与罢工，其中 82%的罢工纷争以有利于工会的方式解决。至该年年底，近 800 万工人加入了工会。《财富》杂志于 1937 年年底刊登报道："在过去 4 年半中，美国一直在经历劳工浪潮的剧痛，可以说，这是我们历史上最伟大的群众运动之一。"

1941 年，福特汽车公司和伯利恒钢铁公司也被大潮席卷，工会成员新增至 1 000 万人。在 20 世纪 40 年代晚期，这个数字增加到了 1 500 万。"二战"期间，因为刘易斯声称以扣押军需煤炭的方式"勒索"总统，一时间成为众矢之的。并且，产联后来尴尬地发现，果真有一些共产党员深藏组织内部（李 · 普雷斯曼时任产联法律总顾问），必须清除他们。即便如此，其初始目标已经达到，且无复失之忧。美国工人有了保障和尊严，随着新一轮经济繁荣的兴起，他们将会迁到郊区，加入到不断扩大的中产阶级队伍之中。

但几乎没人注意到，1939 年 2 月 27 日，美国最高法院宣布静坐罢工非法。可实际情况是劳资双方根本就不管合法与否。自由派认为，如果工会斗争偶尔违法，定是因为资方挑衅。任何人若表示静坐是集体暴力的一种形式，也都会遭到否定或无视。在其他事件中，若说工会和罢工公司管理层一样恶心（如针对田纳西州阿尔卡镇的美国铝业公司罢工的血腥罢工事件和劳联纠察队与产联纠察队管辖权纠纷事件），也会迎来敌意的目光。

但若想摆脱历史，没有那么容易。诚然早有先例，人们也不会忘记。工会顺应了历史的发展潮流，但先例就是先例。的确，他们总是顺时而动，但这样反倒更加坚定了反抗者们的决心。通过暴力，美国赢得了独立，解放了奴隶，第一次进入西部，并开垦了它。现在，工人从工业最底层翻身反抗，也是依靠暴力。或许，工会已经忘记了曾经的反抗，行为更为保守，但自由派再也不能否认其他受压迫的组织也有权利造反。因此，尽管出于无知，甚至理想主义，但未来痛苦的种子已经播下了。

1937年夏末，总统认为，他应该离开华盛顿开始他所谓的“观察旅行”了。9月，他搭乘的10节空调列车驶出联合车站一路向西，在预先选定的车站停靠，因为他要在车后平台发表简短演讲，特此表现他的政绩（比如“你喜欢你的新高中吗”），享受群众的拥护爱戴。在博伊西，他告诉听众，他就像古希腊神话里的安泰一样“一见到美国人民就浑身是劲”。民众似乎比上次竞选时更热情。但记者们关注的却是另一个现象。总统邀请上来讲话的人总是遵循一个有趣的规律，内布拉斯加州参议员伯克、蒙大拿州参议员惠勒、怀俄明州参议员奥马奥尼，这些曾经反对罗斯福最高法院法案的民主党人，总统都故意不请。在怀俄明州卡斯珀，总统告诉听众：“有些政治家只知道耍耍嘴皮谈论理想，却从不付诸行动，这种人对选民毫无用处。”

总统所言极是，对于难以驯服的民主党人来说这可谓是个不小的警告，可是他也没有穷追猛打。像往常一样，罗斯福的心里同时盘算着几件事。他琢磨新的立法、展望来年的总统大选、斟酌外交政策的其他方式、思考罢工，还深思他的财政预算案——他第一次参加竞选时承诺选民实现收支平衡。尽管到现在为止，完成无望，但他仍然希望能尽力争取。今年似乎大有希望。开始几个月，《时代周刊》报道：

“上星期，随着‘大萧条’的阴云逐渐散去，全国上下都显示出经济复苏的迹象。”摩根索也在一篇篇报告中指出，美国财政部盈余正在缓慢增加。诚然，公共事业振兴署经济专家里奥·汉德森仍然对物价上涨忧心忡忡，他还写过一篇备忘录，表达他对经济崩溃的忧虑。罗斯福曾读过此文，但他不想再次违背承诺出现赤字。在法庭争论中，他曾向加纳保证：“我说过多次，1938 财年将实现预算平衡。如果你要我重复，我愿意再说一次或千万次。”

可平衡预算这个药方，胡佛不能用，罗斯福同样也不能用。后来股价大跌。总统很想说，现在的情况“从根本上讲比较平稳”——他真的这样认为，但一想起前任也说过这样的话，他又没开口。其实说与不说并无差别。10 月 19 日是“黑色星期二”，大量股票被抛售冲击市场，行情报单竟比市场交易落后 25 分钟，可是新的卖出委托还在源源不断地到来，一切迹象显示市场尚未触底。这个冬天总是让人不禁回忆起 1929~1930 年的痛苦经历。

纽约证券交易所和证券交易监督委员会互相指责，商人说对政府管理丧失信心，新政派抱怨资本家“罢资”。当然，当年 195 万名工人的罢工也使国家经济严重受创，而经济衰退，就像它字面含义一样，对总统和国家来说，使本就黑暗的一年更加阴霾密布。这次股价的暴跌甚至比上次股票大崩盘发生后的头几个月更甚。1938 年春，500 万在 1933 年后找到工作的从业者再度失业，近 14%的人口完全依靠救济过活。

对于预算平衡，罗斯福还不死心，但罗斯福不是胡佛，百万人失业的景象比起曼彻斯特派经济学更能影响他。这不同于 1930 年的情况。越来越多的民主党人，包括汉德森和总统儿子詹姆斯，都成为凯恩斯主义的倡导者。罗斯福没有读过凯恩斯的著作——他在交谈中能获得相同信息，就很少再阅读原著。他曾经收到一封 1938 年 2 月 1 日从英国寄出的长信，但不为所动（“三年前我来拜访你时，你曾亲切接待了我，我想大胆地提出一些具有远见卓识的想法”）。信中凯恩斯建议大量增持赤字，在罗斯福看来这绝不可能。一些目标，不管在学者看来多么诱人，在政治层面也难以达成。尽管如此，罗斯福已经接受了有限的赤字，也的确发挥了功效。1934~1935 年，它们的确推动了经济更好发展，增加了货币供应量，并推动各项经济指数上涨。罗斯福的顾问们给他推荐了一个凯恩斯主义的解决方案，随着 1938 年经济衰退不断加剧，总统最后终于让步。4 月 2 日，他乘坐的火车从沃姆斯普林斯驶回华盛顿，总统边吃午餐，边告诉哈里 · 霍普金斯和国家青年局局长安德鲁 · 威廉姆斯，他打算放弃平衡预算的想法。12 天后，在一次炉边谈话中，罗斯福向国民解释道，他计划向国会申请 30 亿美元用于修建公共工程、防汛救灾和大兴土木。6 月，股市逐渐回暖，道琼斯指数从 8 月前的 99 点升至 158 点。虽然日子依然艰难，但是相对幸福的日子已经指日可待了。

但他的批评者根本不为所动。很久以前那些叫嚣最甚的反对者一点儿都不关心时政，只顾着百般诬陷总统。4 月第一个星期的炉边谈话中，总统对这些人也嘲弄了一番——他指责大企业控制了“别人的钱、别人的劳动、别人的生命”。他们果然像巴甫洛夫狗一样唾沫横飞。凯恩斯认为，罗斯福说得并不妥当。2 月 1 日，他致信罗斯福，试图向总统提些经营理念方面的建议。他写道：商人并非咆哮的野兽，“即使他们以前劣迹斑斑或者不如你希望的那样驯服，但他们的本性依然像家养动物”。

罗斯福获悉凯恩斯的这项建议后，连信都懒得回，他才不想让这个英国人多管闲事。再加上罗斯福是主导民意的专家，绝不会对他的死敌抛出橄榄枝。总之，要想调和总统和美国商界之间的矛盾恐怕为时已晚。因为他们之间说过太多伤害彼此的话，有过太多的白眼，太多的针尖对麦芒，太多植入心底的芥蒂。

威拉德 · M · 基普林格每星期发表的时事通讯在商界很受欢迎，他后来表示商界人士从 1934 年 3 月 1 日就开始对政府反感了。9 月的《时代周刊》指出“企业对新政的严厉指责和吹毛求疵几乎成了日常惯例”，但总统本人因为深受爱戴，反对者也只敢暗地攻击，更不必说诋毁他的家庭了。

一旦资产阶级从 1933 年年初的噩梦中清醒过来，并且发现罗斯福的“复兴”并非是要回到“新纪元”的繁荣，就不可避免地会产生更强烈的反应。罗斯福渴望改变，即使他读贵族学校、在有钱人的圈子里混迹，但这些改变也并非有利于富人，而是施惠于被压迫者。但商人们都认为老是谈论“被遗忘的人”，只会挑起动乱。《美国新闻》、《纽约先驱论坛报》和《巴尔的摩太阳报》先后开辟专栏抨击新政，分别由戴维 · 劳伦斯、马克 · 苏利文和弗兰克 · K · 肯特署名。《星期六晚邮报》是人们缅怀过去的独特避风港。它的一位主笔作家愤慨地声明：“说美国商界领导失败了，还不如说整个世界失败了。”邮报还发表文章极力赞成雇用童工：“让美国男孩走向成功的最可靠方式，就是让他们在还没完全长大前去工作。”当卡特 · 格拉斯谈及新政派时说：“为什么托马斯 · 杰斐逊连话都不想跟那些人说。”很明显，反对罗斯福的人是以阶级区分的，而不是以党派。

1936 年的选举结果显示，攻击罗斯福会适得其反。可是攻击不但没有停止，反而愈演愈烈，并且转入地下：在威斯彻斯特郡、橘子郡、格罗斯角、迈阿密海滩、布鲁克莱恩、朗梅多等游览胜地，在格林尼治、谢克海茨，斯科特斯戴尔、肯纳尔沃斯、温内特卡等高级住宅区，在华尔街、斯戴特街、栗树街、拉沙街等工商业中心。有些攻击的形式更为轻松，也很有趣。比如一个精神病学家的故事，讲他去天堂后立即被带去为上帝看病，“因为上帝患有自恋妄想症，以为自己是富兰克林·罗斯福”。还有一个故事说“为什么公共事业振兴署的员工喜欢所罗门王？因为他随意挑选对象，随即就上床睡觉”。名人彼得·阿诺画了一幅漫画，富人们穿着过分华贵的衣服去“穷奢”剧院“给罗斯福喝倒彩”，当罗斯福看到此画时，他潦草地写下一个字“妙”。

20 世纪 30 年代末，在上流社会和中上阶层的俱乐部和家庭中流传的反对罗斯福的污言秽语其实并不高明。当然，他们故意相互转告，华盛顿的每一个人都知道那个家伙从老婆埃莉诺身上感染上了淋病（一个黑人传染给埃莉诺的）。罗斯福也因感染性病而濒临死亡，那也是埃莉诺在全国各地挽着异性到处游荡的原因。罗斯福死后，她就想把国家交给苏联人管，她将去莫斯科，在克里姆林宫学习房中术。罗斯福的大儿子“吉米”可能会留下来，他那份卖“保险”给老实巴交的商人的工作可是肥差。

约翰·甘瑟于 1950 年写道：“现在人们往往容易忘记，那些针对罗斯福的造谣诽谤多么阴险恶毒，那些强加于他的中伤污蔑多么不道德……人们忘记了 20 世纪 30 年代末，那些‘上流’乡村俱乐部里是怎样的气氛，忘记了银行家午餐会上谈过什么令人毛骨悚然的内容，忘记了打扮入时的食客们在晚宴上怎样肆意闲说流言蜚语。”居然有军职人员还穿着制服就拒绝向国家总统敬酒，有老人在墙壁镶有红木板的城市俱乐部里碎碎念“又一个斯大林——有过之而无不及”或“我们现在倒不如生活在苏联”。甚至有一家波士顿的书店通知总统著作的出版人贝内特·瑟夫，这本罗斯福的演讲集，只有用罗斯福的人皮做封面，书店才肯销售。

以下陈词滥调也不绝于耳："那个人"、"那个家伙"正试图毁掉美国人的生活方式；不能靠乱花钱走出"大萧条"，我们孩子的孩子会为此付出代价；反正领救济的有一半都是外国人，减少救济，加大警力，要闹就闹吧；约翰·L·刘易斯有白宫后门的钥匙；"那个人"的微笑是假的，是通过整形手术移植到脸上去的，他一生没有挣过一分钱，全靠他母亲过活，并且他只是一个犹太人，一个荷兰犹太人后裔，后来竟然改掉名字，摇身一变成为纽约犹太佬。（他们为证实这段话，还为罗斯福设计了族谱，声称罗斯福的老祖宗是范·罗森菲尔德上校，其实根本就没这个人。）

在两篇惊人的杂志文章中（《哈泼斯》1936年5月的报道《他们憎恨罗斯福》和《新共和》1938年9月14日的报道《他们依然憎恨罗斯福》），马奎斯·蔡尔兹对这些憎恨者加以分析。他在第一篇文章中写道："有个现象，将来的社会历史学家即使不感到惊讶，也会感到困惑：为什么如今美国上流社会成千上万的男男女女都对总统罗斯福满怀狂热的憎恨呢？没有其他词语可以表达了，就是憎恨。"他继续写道："这是深恶痛绝、怒火中烧，毫无道理可言。"蔡尔兹还表示："这种情绪或多或少地充斥于整个美国上流社会，简直成为一种偏执。"

尤其让蔡尔兹困惑的是，从很大程度上说，大多数责骂总统的人"自1933年3月的低谷以来，收入都恢复起来了，银行差额也补上了"。有些人的股票价值翻了一倍，甚至三四倍，"有些甚至涨到了10倍"。公司股息增长超过40%。那些富人的收入也没有被征收重税（一人年收入16 000美元，仅需交税1 000美元）。罗斯福的税收方案将绝大部分税务负担以加工税和消费税的形式转移给了消费者。

虽然如此，富人们——蔡尔兹称他们为"2%"，认为美国政府好像是一个别的国家的政府，他们重复着“罗森菲尔德”的谣传，其实就是逐字引用戈培尔的谣言小册子。有些人竟公然叫嚣，他们宁愿选希特勒也不选罗斯福。这些虽然都是一派胡言，却表明了他们的仇恨之深。阿特沃特 · 肯特于 1936 年 6 月退休，原因是他不愿意在罗斯福当政的时候经商；杜邦公司副总经理也非常气愤，因为他的仆人在公共事业振兴署找到收入更高的工作离他而去了；罗斯福谈论伯利恒钢铁公司原总裁时说：“告诉尤金 · 格雷斯，他再也不能一年挣 100 万美元了！”其实也就这么一回，但伯利恒钢铁公司某主管听见后，竟然心脏病发作了。蔡尔兹发现，富人们的愤怒传染给了中层白领，因为他们对老板仍不胜钦佩，依旧迷信 20 世纪 20 年代那些陈规行话。谩骂罗斯福成为一种身份的象征，但与“富有”阶层（依然被称作“那 2%”）不同，他们不会受到工会的威胁，政府要从金融家和大商人手里夺权也于他们无碍。

对此，总统的真实想法令人疑惑。在麦迪逊广场花园大会上，他曾说他欢迎他们的仇恨，但是他不喜欢任何人散布这种情绪，更不用说被恨的是他和他的家人了。蔡尔兹写到“他好像并不介意”。其实他介意，而且有据可证。雷蒙德 · 莫利有一篇报告，描述罗斯福本计划做一次和解性演讲，论述美国工业所扮演的角色，他先让新政派重复那些“福赛特世家”（指有钱人）所传的谣言，直到面色铁青，很明显那次演讲最终“更像是一根刺而非橄榄枝”。总统告诉诺曼 · 托马斯，他是在挽救资本主义，但是不满资本家对他的批评。在一场新闻发布会上，罗斯福平静地拿出某全国性通讯社给各报编辑参考的“机密报告”给大家看，也没有评论一言，原来那篇报告暗示罗斯福已被证实有梅毒。

只要罗斯福还活着，这 2% 的人和他们的追随者就会抨击他即使再无伤大雅的措施。1939 年，罗斯福提议提前一星期庆祝感恩节以延长圣诞购物季——这是对小型企业的恩惠，但整个国家为此产生了很大的分歧：25 名官员同意、23 人反对（包括缅因州州长，他吃掉一罐沙丁鱼罐头，以示抗议[①]），这个争议只好通过国会两院的联合会来解决。即使在总统即将去世时，仍然有人辱骂、诋毁他，其中之一是《小孤女安妮》的创作者哈罗德 · 格雷。1945 年总统患病前不久，格雷漫画中的人物沃巴克斯爸爸一想到罗斯福还要连任就受不了，毅然赴死。总统的葬礼后，格雷让他起死回生，“最近这里的政治气候已不同往日”，那些体面的有钱人有机会透透气了。

沃巴克斯爸爸以及剧作者都属于以前西奥多 · 罗斯福所说的极端分子。仇恨曾在 20 世纪 30 年代后期达到巅峰，但在珍珠港事件后日渐减少。弗雷德里 · 刘易斯 · 艾伦认为，他们的怒气“在 1934~1935 年越来越高，直到 1938 年前后也从未消退。似乎只能通过内在消耗的方式，才能减弱稍许”。同时，他们津津乐道于罗斯福 1937 年的逆转，就像阅读笛福所著的《瘟疫年纪事》。总统在 1938 年使经济迅速好转，他们为此深感沮丧，但对于罗斯福秋天的再次失败，又不禁兴高采烈。

显然，新政已日落西山。两个“百日新政”几乎已经耗尽了政府的立法创造力，少数未通过的措施也与美国日益强大的保守主义背道而驰。国会山进行改革的热情几乎消耗殆尽了。1936 年 11 月，唯有罗斯福这样具备卓越领导天赋的人才能保住他规模巨大但组织涣散的联盟。下一次，就唯有靠战争了。美国南方是其薄弱环节，而保守阵

① 根据美国习俗，感恩节吃火鸡。缅因州州长此举表示他干脆不过感恩节好了。——编者注

营则在法院改革的斗争中日益牢固。

来自得克萨斯州的众议员马丁 · 戴斯同时也是众议院非美活动调查委员会主席，他解释说，把保守阵营定义为南方人是不对的，因为它拥有“来自几乎所有小城镇和农村的国会议员的支持”。它的敌人是“那些来自大城市的人……他们政治上受外国人和迁居城市的黑奴的操控”，“其代表还暗中破坏新政”。

对新政的暗中破坏自始至终都存在，发生变化的是国会议员本身。正如一个愤怒的新政派所言，“农民们都忘记了他们曾经和贫民窟的人一样食不果腹、山穷水尽，是总统拯救了二者”。其所言极是，但已无关紧要。戴斯提倡的逆城市主义在农村是一股强大的新生力量，它对市井老油条的做事方法和思想都持反对态度，本质上是因为逆城市主义本身就很保守。1938 年的民意测验显示，总统声望不堕的同时，其施政方法和能力已遭到质疑。此外，支持他的根基已经发生了变化。《财富》杂志一项测验显示，约 62%的选民仍然支持他，但那些觉得他至关重要的人（相对于那些认为他管理国家功大于过的人）占比从 34.9%下降到 17.7%。虽然自从《文学文摘》预测大选结果失败以来，人们对民意测验已不太相信了，但即将到来的中期竞选却证实了该趋势，国会议员们通过阅读邮件也感觉到了总统支持率在下降。

最后一项新政改革措施是 1937 年年初提出的《公平劳动标准法》。这项法案经历了一场噩梦。法案规定每小时酬劳不得低于 40 美分，每星期工作时长不得多于 40 小时，加班工资是原工资标准的 1.5 倍，不得雇用 16 岁以下的童工。刚开始，雇主可以支付每小时 25 美分，8 年内逐渐调整以达到标准。回想起来，规定似乎并不苛刻。即便如此，最初它也因法院改组计划被束之高阁，又被工资标准较低的南方诸州置之不理。这次“外出巡视”让罗斯福确信美国人民支持他，于是呼吁国会在他的“外出巡视”结束后召开特别会议。《公平劳动标准法》在众议院提出后，没有通过，后来又被提出，却再度失败。最终，1938年6月下旬，它终于获得通过，被送往白宫要求罗斯福签字。

那时，罗斯福已决定要对国会采取行动。优秀的民主党人必须在改选中获胜，其他失败者必须离开美国政府。那年春，他曾以“亲爱的阿尔本”致信阿尔本·巴克利，因后者的竞争对手肯塔基州州长“快活人”钱德勒在预选中呼声很高。罗斯福在信中形容，巴克利的对手是“一个危险人物……与休伊·朗类似，但是能力不足”。接着，他邀请约翰·L·刘易斯到白宫，并劝他力挺巴克利，不惜人力物力。最后——本应该是最后，罗斯福总统宣布，他会亲自在肯塔基州做巡回政治演说支持巴克利。不幸的是，当地公共事业振兴署负责人因为希望讨好总统，而为巴克利造势，这个错误被斯克里普斯–霍华德报团揭露，可以说是一个丑陋的序曲。①

所有人通过1938年6月下旬的炉边谈话，都亲身体会到总统插手初选的决心。在第75届国会上，他提醒选民，此前当选的民主党议员是在“坚定的自由主义”支持下选出的，他援引长达一年的工资工时之争说道：“以前我们从未有这么多铜斑蛇。”铜斑蛇是一个贬义词，意为美国内战时期同情南方人的北方人。他解释了自由主义原则，又言他觉得自己“作为民主党领袖有权就少数个别事情发表意见。问题在于某些人争取提名为民主党候选人时，是本着以上原则，还是在滥用我的名义。”

事情不过如此。然而，报刊主笔已经“成功”地广泛宣传了“法

① 这一事件直接催生了“哈奇法案”（1939年），禁止决策层以下的联邦雇员干政。

院改组”，使大多数读者并不知道它是指法院改革的一项措施，又说这次总统的新行动是“清洗”行为——不禁让人想起一年前发生在莫斯科的血腥事件。如果读报，人们还会以为总统打算手持镰刀在全国四处乱窜，若有人偶尔不服气与之对抗的话，即使是手无寸铁的老百姓，也会被他砍头，

然而，人们不禁要问罗斯福心里真正想的是什么。吉姆·法利知道及时隐退，他逃到阿拉斯加，嘴里叹息着：“‘大萧条’来了。”从任何传统政治观点来看，情况都确实如此。这是国家执政党的领导者，他通常被视为有史以来最高明的总统，却自找不痛快。在中期选举中，通常地方人士的支持远比国家政策重要，出现的问题也往往是地方性问题。1938年这类问题层出不穷：宾夕法尼亚州的腐败事件、加利福尼亚州的养老金计划争议、密歇根州的静坐罢工事件、罗得岛州的赛马场丑闻、马萨诸塞州的贿赂事件、新泽西州的领袖控制问题和随处可见的罢工事件，还有康涅狄格州人们抗议政府耗资1 500万美元修建4车道高速公路的改革方案，该高速公路穿越了格林尼治、斯坦福德、新迦南、诺瓦克、韦斯特波特、费尔菲尔德和特兰伯尔各乡镇。正如詹姆斯·麦格雷戈·伯恩斯所言，“即使总统到全国各地四处扑火，也不能掌握主动权”。

但对罗斯福来说，这场竞选活动非同寻常。与最高法院开战后，他就计划重新划分各党派势力。大多数保守派是共和党人，就让共和党成为他们的根据地吧，民主党则被他视为实现自由主义的工具。作为美国首位和平英雄，罗斯福打算凭借其知名度实现其伟大的政治改革。改革运动第一阶段成果喜人，全国人民对罗斯福的热爱未曾消退，他所到之处，人头攒动，人数之多前所未有。在俄亥俄州玛丽埃塔，一名老妇竟然在罗斯福走过的地方弯下腰捧起地上的尘土；在爱

达荷州火车必经的安静湖泊边，有人修起一座小小土台，上面竖着两面美国国旗，当总统的班列经过时，他就在两旗之间立正站好，然后恭恭敬敬举起手行军礼。

“快活人”钱德勒未得到罗斯福青睐。厚脸皮的钱德勒决心沾总统的光，人们差把他踢下站台拖走了。他被赶下车后，罗斯福还藐视地瞪他一眼，由此肯塔基州人对总统的意思就确定无疑了。在得克萨斯州，罗斯福表达了对众议员林登 · 约翰逊和莫里 · 马弗里克的垂青。在列车后部的平台上，总统任命了一位令参议员汤姆 · 康纳利深恶痛绝的得克萨斯州参议员到联邦政府任职。因其曾经给最高法院改组计划投了反对票，当康纳利听说罗斯福亲口宣布这个消息时，几乎气得语无伦次。在俄克拉何马州、科罗拉多州、内华达州和加利福尼亚州，总统对器重者的态度更慎重。来自内华达州的参议员帕特 · 麦卡伦也想沾总统的光，相较钱德勒，麦卡伦手段更高明。总体说来，总统的“外科手术”很成功，当他登上“休斯敦”号巡洋舰时春风得意。在一些大选区，包括肯塔基州，他的人已经赢得了胜利，而麦卡伦在这些选区仅仅勉强入选。对一些不太重要的选区，总统没有利用个人威信影响选举结果。

现在，总统的胃口更大了。在佐治亚州巴恩斯维尔，他厌恶地注视着坐在同一平台上的参议员沃尔特 · 乔治。当时罗斯福想把他从党内铲除，这位参议员说：“总统先生，你公开质疑我的民主信仰、调查我的备案资料，对此我深表遗憾。我接受你的挑战。”罗斯福却自满地回答道：“我们永远是朋友。”其余在场的佐治亚州政治家都战战兢兢，面对这对冤家互掐，他们试图思考如何求得自保。列车还在向北行驶，罗斯福又把南卡罗来纳州的“棉花艾德”史密斯和马里

兰州的米勒德 · 泰丁斯整治了一番。9 月初，罗斯福花了两天时间斥责泰丁斯，说他参加竞选“既想借罗斯福的威望，又想要共和党保守派的财力支持，鱼和熊掌兼得”。到了纽约，罗斯福痛骂众议员约翰 · J · 奥康纳，此人曾是总统前法律合伙人的兄弟，曾利用其众议院法案委员会主席的身份阻碍新政立法。

人民投票选举的结果对罗斯福而言是灾难性的打击，也很丢脸——唯有这一次，可以说他在选举中惨败。总统本来想搞垮的 10 个人，最终只有奥康纳被一个叫拉瓜迪亚的人搞垮了，因为这人魅力十足，背后还有霍普金斯、科克伦和老板爱德华 · 弗林做后盾。包括泰丁斯、乔治和陈腐的史密斯在内的其他人也强势当选，甚至大获全胜。具有鲜明特色的南部民主党现在成为一股强大的势力。肯尼迪总统在 1962 年悲哀地发现“自 1938 年以来，一些民主党人 25 年来一直投票支持共和党……所以，我们现在正在经历一段非常困难的时期，每当面临立法争议，就难以确保获得多数票”。

11 月，苟延残喘的共和党与生机焕发的民主党之间摩擦不断。保守派在宾夕法尼亚州击败乔治 · 厄尔，在威斯康星州击败菲利普 · 拉弗雷特，在密歇根州击败弗兰克 · 墨菲。①新当选的共和党议员有俄亥俄州的罗伯特 · A · 塔夫脱和约翰 · 布里克尔，有马萨诸塞州的莱弗里特 · 索顿斯托尔，还有纽约州的托马斯 · E · 杜威。杜威曾和雷曼竞选纽约州州长，差一点儿就获胜了，人们说杜威很可能在 1940 年当选总统。虽然民主党人依然控制着国会，但自由派在众议院的势力早已减半（林登 · 约翰逊入选了，但马弗里克落选了）。总之，共和党两年前看似要走上辉格党衰落灭亡的老路，如今却争取

---

① 民主党照顾自己人，故墨菲被任命为最高法院大法官。

到了12个州长的职位、82个众议院席位，并新增了8个参议院席位。原任共和党议员在选举中也都无往不利。

选举后的首次新闻发布会上，有人问总统："你会不会遭遇两党联合的反对派？"罗斯福回答道，他不这么认为。记者说："我这么认为！"听罢，其他记者都笑了。总统隐晦地评论道："只怪这些树离森林太近了。"

确实如总统所言。追求自由的领导所面对的挑战不在美国，而分别在世界两大洋的另一边——德国和日本。早在1935年圣诞节，罗斯福就致信巴鲁克："相比于国内事务，包括选举在内，我更担心世界局势。"如今，在最近两次选举中，他更是忧虑感倍增。美国仍然坚持不与他国联盟，那么提醒民众注意大洋彼岸遥远的威胁就极为困难了，非笔墨所能描述。但有一点似乎可以肯定，国会山暂时不会出现联盟政治。即使是反对罗斯福的中坚分子也曾经写道：如果国家面临外敌，他们会听从国家安排。蔡尔兹也承认这一点，他曾在1936年写道："战争能够转移愤怒，正像'一战'时威尔逊总统经历的那样"。他还在1938年写道："有一件事，只有一件事，可能让反对阶级的态度转变，那就是一场战争……这绝非偶然，那些虽然对罗斯福国内政策满腹牢骚的人，对总统的外交政策也只能勉强接受。"

这个现象之所以值得注意，是因为那些反对者心中承认的外交政策其实并未制定出来。那时，罗斯福对外交政策的方案还没主意，但他知道他需要制定一个。他自从开始执政就在研究外交政策，但没有成果，形势日趋急迫。12月的一天（那时距离1938年中期选举仅剩11个月），美军停靠在南京长江边的"帕奈"号军舰被日本帝国的飞机炸沉了。

剪影：20 世纪 30 年代晚期

KARPIS CAPTURED IN NEW ORLEANS BY HOOVER

There's a small hotel
By a wishing well
I wish that we were there
Together

Miss Otis regrets she's unable to lunch today, madam.

Feed it to me Gene

MAN: *They found Lefty!*
AGATE: *Where?*
MAN: *Behind the carbarns with a bullet in his head!*
AGATE: (crying): *Hear it, boys hear it? Hell, listen to me! Coast to coast! HELLO, AMERICA! HELLO. WE'RE STORMBIRDS OF THE WORKING CLASS. WORKERS OF THE WORLD . . . OUR BONES AND BLOOD! And when we die they'll know what we did to make a new world! Christ, cut us in little pieces. We'll die for what is right! Put fruit trees where our ashes are!*

Bei mir bist du schön
Please let me explain,
Bei mir bist du schön
Means that you're grand

"Isn't this Los Angeles?" inquired Flier Corrigan. "Los Angeles! This is Dublin!" he was told. Flying a $900 plane which authorities had described as "not air-worthy," traveling without official permission, passport, visa, parachute, or radio, he made the trip on $62.26 for gas and oil and has been dubbed "Wrong-way" Corrigan.

Spank the skin

Rush, says the boss, work like a hoss;
I'll take the profits and you take the loss,
I've got the brains, I've got the dough,
The Lord Himself decreed it so

NAZIS SEIZE AUSTRIA AFTER HITLER ULTIMATUM
GERMAN TROOPS ENTER, INVITED BY VIENNA

Mamma's little baby loves a union shop

Who's afraid of the big bad wolf!
The big bad wolf! The big bad wolf!

Any evening, any day
If you come down Lambeth way
You'll find us all
Doin' the Lambeth Walk — oy!

FORD BRINGS OUT MERCURY, FIRST NEW CAR SINCE CRASH

HUMPHREY BOGART
and
LESLIE HOWARD
in
THE PETRIFIED FOREST

A fine romance!
With no kiss-es!
A fine romance!
My friend, this is!

BRENDA FRAZIER CATCHES COLD ON DEBUT EVE

第六章 笼罩在原始恐怖的阴云下

1937年12月12日，就像4年后那个晴朗的星期日一样[①]，是美国海军船舶的休息日，“帕奈”号军舰上的官兵也在享受周末。这艘重达450吨的浅水军舰设计的初衷，仅仅是为了保护美国航运和美国公民免受长江沿线游击队的侵扰。但前两天，舰上的船员们都在通宵达旦地工作。南京即将被日军攻陷，蒋介石的外交官建议美国人离开南京。星期六整整一天，巡逻舰搭载美国驻华使馆人员、外国记者、摄影师和美国商人离开南京。“帕奈”号满载着人，在日军大炮近距离攻击下，起锚开航。日军炮火的侵袭不断，“帕奈”号往上游方向航行27英里后就在附近一片安静的水域停靠下来，旁边还有三艘标准石油

① 该句暗指1941年12月7日珍珠港事件。

公司的油轮。随后，美国的孤立派指责“帕奈”号为中国油轮“护航”，罪有应得。这种说法简直荒谬可笑，根据条约规定，长江是一条国际水道，插哪个贸易国国旗的船只都有，所以谈不上为任何国家护航。

事实上，“帕奈”号指挥官 J · J · 休斯少校选择在那里泊船自有原因。12 天前，驻日美国大使就把美国军舰的位置及其可能执行的任务告知了日本政府，休斯也早早给军舰插上了星条旗。攻打南京的日军军官也知道休斯的确切位置——但后来却证明，这反而造成了他和军舰以及标准石油公司油轮的不幸。下午 1 点半，两架三菱战斗机俯冲轰炸并扫射军舰和油轮，直至它们全部沉没。后来，运输幸存者的救生艇也遭到日军的机枪扫射。其中，两名美国水兵和一名平民遇难，11 名船员受重伤。美国大使约瑟夫 · C · 格鲁回忆起“缅因”号战列舰于 1898 年被炸沉的遭遇①，以为美国将对日宣战。

但事情却没有按照同样的轨迹发展。日本以各种解释和道歉为托词，美国很快接受了。美国国务院同意日本所言其攻击只是一次“失误”，可是事实并非如此。上海军事调查法庭后来发现的证据无可辩驳地表明，沉船命令是日本军官下达的。唯一可能的解释是，此次事件意在试探美国的勇气。如果是这样，攻击者有理由感到高兴。在东京，格鲁被告知，门户开放政策在中国行不通——如果中国果真关闭国门，最大的入侵者是日本皇军。这个观点其实互相矛盾，但侵略者并不在意。现在他们知道，美国是一只纸老虎。盖洛普曾组织关于“帕奈”号事件的民意测验，发现 70% 美国人赞成美国从远东完全撤出，包括撤出神职人员和传教医生。“显然，除了格鲁先生外，美国没人记得‘缅因’号沉船事件。”塞缪

① 1898 年 2 月 12 日，美国“缅因”号战列舰在西班牙殖民地古巴哈瓦那港爆炸。美国以此为借口，对西班牙宣战，美西战争爆发。——编者注

尔·埃利奥特·莫里森犀利地写道。

有些还记得此事的人可能会指出，“缅因”号被炸飞的地方离美国大陆 92 英里，而“帕奈”号沉没的地方却距离美国大陆 7 000 英里之遥。距离问题在 20 世纪 30 年代比在 20 世纪 70 年代的影响大得多，这意味着信使无法立即乘班机回国，因为不存在这样的国际航线。一年半以后，泛美航空公司才开通跨大西洋定期航线。即使只是从美国西海岸飞到美国东海岸，仍然要花一天一夜。只装载邮件的中国“飞剪”号从旧金山飞到马尼拉要花费 59 小时 48 分钟。[①]大多数美国人出国（人数很少）都乘坐远洋轮。一艘顶级蒸汽船从纽约到罗马需要 10 天。如果船长技术娴熟加上天气适宜，从加利福尼亚州出发也要 15 天才能到达东京。只要了解战前在美国人印象中，海洋浩瀚无边，这样“大萧条”时期的孤立主义就很好理解了。

当然，还有一些其他原因。和平主义者不断强调无法想象如上次那般愚蠢又恐怖的战争还要再上演一次。1918 年的美国鄙视欧洲盟友，因为它们赖账不还。英国尤其惹人讨厌，只有在东部沿海地区和南方一带，亲英派才多些。既然如此，对旧世界的不满在政治层面自然有所体现。正如理查德·H·罗维雷和小阿瑟·施莱辛格所指出的那样：“在海洋中，美国孤立派一直最喜爱太平洋，原因很简单，因为太平洋不是大西洋……孤立主义与美国政治中引入的‘欧洲观念’相悖，但它从来没有反对引入‘亚洲观念’，因为几乎没有人曾试图介绍它们。那些更激进的孤立派的确仇恨欧洲。”而且，人们可能对东部那些富有又有教养但偏爱欧洲的人仇恨更深。

1937 年，这种情绪被人们的无知所恶化。国外事务被国内萧条

---

① 1938 年夏，霍华德·休斯在不到 4 天的时间里绕地球飞行了一周，真可谓英勇无畏。很多人认为他这样做的目的是为了吸引眼球。

所掩盖，美国人无暇顾及他人的麻烦。而且每次国际危机加深，美国人的注意力就会被国内发生的事情所吸引，以下为各阶段的对比，颇具启发性：

希特勒成为独裁者	1933 年 3 月	罗斯福就任总统
德国重整军备	1935 年 3 月	新政第二个百天
意大利侵略埃塞俄比亚	1935 年 10 月	休伊 · 朗被刺身亡
德国重新占据莱茵区	1936 年 3 月	最高法院与新政之间的争斗达到巅峰
罗马–柏林轴心国成立	1936 年 10 月	罗斯福连任总统
中日战争爆发	1937 年 7 月	劳资冲突
德国吞并奥地利	1938 年 3 月	经济衰退

随着“帕奈”号军舰沉入水底的人们没有被遗忘，但正如总统在事变的两个月前就发觉的一样，为他们申冤的时机还未到。在“外出巡视”回来的路上，总统就曾在芝加哥停留，准备为公共工程署的一个名为“外链桥”的项目主持落成典礼。当天，总统下榻芝加哥枢机主教乔治 · 威廉 · 芒德莱恩家。芒德莱恩是第一个反对极权主义的高级教士（也正是这位大主教曾骂希特勒是个“奥地利的裱糊工人，破裱糊工”）。第二天，在典礼上，罗斯福放飞了一个试探性的“气球”，他说：“无法纪的现状正在世界蔓延。疾病开始蔓延时，为了控制疫情，保护社会不受疾病的危害，大家会赞成对病人进行隔离检疫。”总统说，热爱和平的国家必须和世界上各国配合。这富有文学色彩的布道是罗斯福总统的特色所在，正如总统所望，这的确引起了全国的注意，却是震耳欲聋的反抗声。社论以及私人来信都指控他是个好战者。隔离侵略者？口吻太像伍德罗 · 威尔逊了。一份具有典

型意义的电报发到了白宫，内容是：如果你“憎恨”战争，就不要试图通过这样的言论煽动战争。他已经触碰到了这个国家最敏感的神经，一夜间，他就被逼到了防守地位。后来，他向一个朋友坦言：“你努力引导人们向前，回头却发现无人跟随，这是件多么糟糕的事情啊！”

不过，还是有几个跟随他的人。芒德莱恩枢机主教就是其中之一，还有纽约的犹太教拉比史蒂芬·魏斯，以及曾任胡佛国务卿的亨利·L·史汀生。在这个“检疫”提议被否决后，史汀生写道：“罗斯福先生似乎认识到，美国尚无法接受强大的政治良药。”当然，总统小心多了。尽管国际联盟谴责日本的侵略行为，美国国务院还是平心静气地在一次会议中与日本外交官讨论远东形势，而这种行为很难被看作“检疫”。伊克斯认为总统“多少已经有放弃这个‘检疫’方案的想法了”。

其实这只是假象，富兰克林·德兰诺·罗斯福的领导工作是复杂的，说话也会前后不一致。他不是温斯顿·丘吉尔，在黑暗中孤独地呐喊。他必须留在战场上战斗，在那里展现他的才华。他很少让自己与群众意见的距离拉大。但是他也从未否定那次“检疫”献词。相反，他在默默地实施这一方案。12月21日，他说美国是不可能与20世纪的世界隔绝的，虽然他不会不惜一切代价换来和平，在安大略省金斯顿市，他保证，如果加拿大受到攻击，美国不会“袖手旁观”。

他会时常重申自己对战争的憎恶，甚至会赞赏这个自己曾经讨厌的《中立法》。罗斯福是自威尔逊以来第一位在国际事务中确立了美国国际地地位的总统，并且在孤立主义盛行时扭转了乾坤。但在国际事务中，无论总统做什么、朝什么方向，都会激起强烈抗议。双方的自由派参议员（惠勒、海勒姆·约翰逊、皮特曼和博拉）已经团结起来，共同支持美国堡垒。博拉认为，外交手段就是“强权政治”，《时代周刊》

那时仍然坚持孤立主义观点，发表文章表示担心“罗斯福过于热衷国际强权政治”，并称赞博拉，甚至一段时间内的所有国外新闻报道都加上“强权政治”这一标题。去过西班牙参加反对佛朗哥战争的美国人，会被吊销护照。日本一半的石油和废铁都是美国公司供应的，这是日本与中国打仗必不可少的。此外，国家防战委员会甚至设法禁止传播“帕奈”号被炸沉的新闻短片，因为这“难免会触怒美国人”。

就在这几个月里，戴斯委员会发现新政是共产主义性质的，但与此同时却忽略了一件事，那就是库格林神父在布朗克斯的一次集会中向纳粹敬礼并高呼“如果我们消灭所有在美国的犹太人，他们就会觉得德国的手段都不算什么了”。戴斯委员会对库格林神父的“十字军”、公民保卫联盟、基督教阵线、美国爱国者、公司以及德美同盟等这些组织的行为视而不见。右翼组织恐吓国会，有时会得逞。众议院否决了罗斯福请求拨款巩固关岛防护的提议，原因是东京很可能把此事说成是挑衅性行为。最后投票结果是 205：168，众议员兼广告商布鲁斯 · 巴顿兴高采烈地呼喊“关岛，关岛，不要算了”。这下好了，关岛丢了。珍珠港事件后一星期，日本将其占领。1944 年 8 月收复关岛时，将近 8 000 名海军陆战队员伤亡。

1937 年 4 月底，国会延长了《中立法》,《纽约时报》以社论形式报道：“在这个国家，通过了名不副实的《中立法》可能标志着孤立派情绪的高潮。”《纽约时报》太过乐观了。9 个月后，印第安纳州众议员路易斯 · 勒德洛提出一条荒唐的立法，至此才到达顶峰。勒德洛称，国会宣战也要在全国范围内的公民投票通过后才能生效。罗斯福总统写信给议长威廉 · B · 班克里德说，这样的修正案无法处理国际事务。然而，国内投票显示，73%的公民支持这个想法。第二次测验显示支持率降到了 68%，这使决议又被退回委员会。与此同时，议会投票结果为209票赞成、188票反对。幸好赞成人数不足2/3，正如罗斯福对班克黑德说的那样，美国躲过了一劫，否则其他国家将可以肆意对待美国，并逍遥法外了。

同年，墨索里尼就说“民主是风吹散的沙粒”，有时看起来确实如此。美国国务院受到《中立法》的制约，对日军的种种行为束手无策，如日军抢占中国广西省，到达中南半岛边界，并在越南凉山与法国官员交好——接下来的30年，军火通过这里，输向越南。孤立派一直是高度敏感的，有时甚至有些偏执。总统的一举一动都被看成别有用心，当英国国王和王后决定访问美国时（目的是要对“辛普森事件”做些弥补），众议员汉密尔顿·菲什危言耸听道美国会重新沦为英国殖民地，波士顿众议员乔治·霍尔顿·廷克汉说“美国的外交正在偏离轨道，走向邪恶”，参议员博拉建议总统在同英国国王和王后谈话间歇，不妨顺便问问两位，1914~1918年向美国借的213.385亿美元，何时能还。

记住反对派们的本性是非常重要的。正因为这些本性，也正因为罗斯福总统深知美国正处于危险境地，他才陷入了一种历史性的进退两难中。在接下来的几个月里，他不得不开启新的先例——扩大总统的权力。后来这些权力被那些忘记了国会才拥有宣战权的总统们滥用，但如果不这样做，用塞穆尔·埃利奥特·莫里森的话说：罗斯福总统自己也有可能因为无法履行总统誓言而自食遭受弹劾的恶果。当批评者们在国会肆行时，罗斯福与赫尔已看到欧洲发来的外交电报。1938年，他们看到了捷克斯洛伐克危机的临近，看到了希特勒的狼子野心，看到了英法两国政府一无胆量，二无应对的本领。无论是伦敦的白厅①还是巴黎的奥赛河岸奥赛码头②，都为之战栗不安，

① 白厅：英国主要政府机关所在地。——编者注

② 奥赛码头：法国外交部所在地，指代法国外交部。——编者注

唯恐战争再次爆发。当然，美国政府里也不乏对战争前景不看好的失败主义者。在上一财年，为军队配备新武器的计划被压缩到只限购 1 870 支加兰德步枪。大概因为将军们都很实际，因为要钱太凶，国会很难批准。然而罗斯福却看到了其他的出路。最固执的孤立派都相信只要将美国打造成防守的要塞之地，定能万事无虞，所以他们也愿意建立强大的海军。这便促成了罗斯福总统在 1938 年 1 月 28 日前往国会，要求拨款 10 亿美元建立“两洋”海军。

他得到了批准，国会通过了《文森海军法》。与此同时，罗斯福将霍普金斯派往太平洋沿岸视察，他想了解民航客机制造商需要多少时间能转为生产军用战机。霍普金斯后来记录：总统预感到战争正在逼近美国，“并且他坚信空中力量是克敌制胜的关键”。在 1938 年发表的声明中，罗斯福总统提出的 8 000 架战机的计划几乎令包括陆、海军高级将领在内的所有人吃惊。陆军航空队的阿诺德将军是唯一的例外，在对总司令做的报告中，阿诺德提到纳粹德国拥有 8 000 架轰炸机与战斗机，而美国只有 1 650 名飞行员、寥寥几百架老式飞机，以及 13 架还没到货的B–17 轰炸机。阿诺德将军特别强调了现代武器的交付周期非常长，这 13 架战机要等到 1938 年年底才能收到。罗斯福总统当即决定开辟绿色通道，让阿诺德扩建空军。“二战”结束后，阿诺德将军称，没有总统的支持，就无法于 1944 年在诺曼底一举击溃德国空军，盟军也不能如期在 6 月 6 日登陆。

在这多事之秋里，缺少军事编制的现实问题使得罗斯福承担起游说者的责任。从来不会有国家洗耳恭听他国讲道理，但至少要尝试。他试图以国家间的相互理解取代相互侵略，尽管这一尝试在西班牙与中国皆已失败，他仍然勇敢地致信英国首相内维尔 · 张伯伦，提出召开一个大型国际会议的建议：在不付诸武力的情况下，修订条约，保证各国都能获得所需原料。张伯伦拒绝了这一建议，因为他有自己的打算。他在回复罗斯福的提议时说，这一协议会影响大英帝国对纳粹独裁者们奉行的“新政策”。

他没有说这项措施将产生多大的影响，但世界将会见证。1938年春，希特勒大叫道：苏台德区（那里山峦叠起，戒备森严，与捷克斯洛伐克接壤）居住的德国人受到虐待。戈培尔进一步指责布拉格窝藏苏联战机，并允许苏联在捷克斯洛伐克领土上建造大型机场。尽管捷克斯洛伐克人否认，但戈培尔根本不接受，依然喋喋不休地指责。在骂声最大时，捷克斯洛伐克开国元勋、前总统托马斯·马萨里克去世了。葬礼期间，因布拉格警方镇压了苏台德区游行示威活动，故苏台德区的代表拒不出席捷克斯洛伐克议会，而希特勒磨刀霍霍，扬言要武力解决。一时间，欧洲陷入令人绝望的危机之中——美国公众通过广播也对此了如指掌。

横跨大西洋用广播报道鲜有先例。美国全国广播公司和哥伦比亚广播公司曾通过短波传送1930年伦敦海军会议摘要，6名英国广播公司播音员播送了英王乔治六世加冕的盛况。早在1938年，伦敦和芝加哥就互换广播内容，同年，美国人听到了他们的第一个东西海岸互换广播：艾尔·古德曼乐队在纽约的演奏和W·C·菲尔兹乐队在好莱坞的演出。常驻评论员洛维尔·托马斯和“快嘴”弗洛伊德·吉本斯（他一分钟竟然能说217个字）都能直接从通讯社电讯条上取材（不等新闻见报）。哥伦比亚广播公司没有固定的驻华盛顿记者，如果临时需要，就派参议员刘易斯·B·施韦伦巴赫顶缺。直到纳粹入侵奥地利（发生在捷克斯洛伐克危机爆发6个月之前），美国才开始严肃报道欧洲大事。整个欧洲一片哗然，纽约的哥伦比亚广播公司经理保罗·怀特致电在伦敦的威廉·夏伊勒，要求他做一个巴黎—罗马—柏林—维也纳—伦敦5地的“综述”，时长半小时。他问：“你能办到吗？”

夏伊勒有充分的理由说“不”。爱德华·默罗在600英里之外的维也纳，德国军队正在逼近，生命线随时都可能被掐断。即使他俩愿意干，他们还不得不在5国首都分别招聘没有经验的评论员、雇用工程师、租用发报机，协调现场直播衔接下一个城市。更何况，时间还十分紧张。纽约希望“综述”当晚能如约播出，但这一天是星期日，办事处大门紧闭，技术员都在休息，只有管理员负责通信，但他没有权力做主。而复杂的无线电行话，即使用本国语言几乎都无法理解，更不要说用英语了。技术上的困难几乎无法克服，所以说这种想法几近疯狂。但夏伊勒表示，他们会努力尝试。

他拨通了默罗的电话，当时默罗正在观看赛斯–英夸特手下的暴徒高喊“一个国家，一个民族，一个元首”在板栗树间行进。渐渐地，两个年轻的美国人一起设计出了基本框架：罗马有国际新闻社记者弗兰克·格维西，巴黎有《芝加哥每日新闻》的埃德加·安塞尔·莫勒，柏林有一位夏伊勒的朋友在报社工作，这位女议员同意牺牲自己的周末到英国广播公司工作室广播。这样，除罗马以外的所有首都信息传输的问题都解决了——那些意大利人没有想出任何方法，能够使格维西的声音跨过瑞士边境传输到日内瓦的大型发报机上。然而，他们可以通过无线电话使他和伦敦方面联系上。于是，他在公用电话亭解说，然后夏伊勒再向纽约方面复述。这样，世界新闻“综述”艰难地开始了，对于未来局势和美国舆论，都影响深远。

1914年7月，合众国际社记者卡尔·冯·威甘德就奥匈帝国对塞尔维亚的最后通牒，发了一封138字的电报，该通牒最终引发了“一战”。但威甘德却因此遭到报社批评，说他浪费。现在尽管孤立派势力很强，美国人仍想了解海外发生的一切。春末，暂无战事。捷克斯洛伐克人坚守阵地，希特勒因为打了败仗，也同意谈判。然而奥地利一被吞并，就改变了中欧的战略局面。德国扩张领土，导致捷克斯洛伐克三面受敌。之前英法两国同捷克斯洛伐克签订了条约，而捷克斯洛伐克又一直桀骜难驯，英法两国都感到极为尴尬，后悔有此约定。但是整个夏天都在谈判，看不出要发生什么大事。

9 月 12 日，希特勒到纽伦堡参加一年一度的纳粹聚会并发表演讲。正如《综艺报》所说，美国的两大广播公司对该事件的处理截然不同。全国广播公司将实况转播该讲话，但“对欧洲的骚动和紧张气氛采取轻描淡写的方针”；哥伦比亚广播公司则认为这是历史性事件，要对其进行大肆宣传。在那个星期一早上，哥伦比亚广播公司播音员告诉听众：“整个文明世界正焦急地等待着阿道夫 · 希特勒的演讲，他的一字一句都可能使整个欧洲陷入另一场世界大战中。”下午 2 点 15 分，一位播音员截断节目信号说道：“阿道夫 · 希特勒在纽伦堡纳粹年会上的讲话，关乎德国外交政策，万众期待，为了让我们的听众也能聆听这一讲话，我们暂停播放伊诺兹 · 莱特的节目……现在就转到德国纽伦堡。”该演讲由柏林一家短波广播电台转播，听起来比较清晰。第二天，《综艺报》就评论道：“这位雄辩家真是活力四射、煽动人心。让人印象最深的是，在他的鼓动下，在场成千上万名纳粹分子都疯狂高呼‘希特勒万岁’和‘胜利万岁’。”

哥伦比亚广播公司驻纽约的职员库尔特 · 埃曼在来自纽伦堡的库尔特 · 冯 · 佛斯特梅尔的帮助下，一边播放演说，一边翻译了演说各章节。《综艺报》抱怨全国广播公司工作人员“有意弱化这篇演讲的影响”，也不发表任何社论。哥伦比亚广播公司评论编辑是个毫不起眼的60岁老头，毕业于哈佛大学，具有德国血统，叫作汉斯·冯·卡尔滕博恩。下午3点36分，希特勒演说结束后，卡尔滕博恩发表了一篇周密的分析文章："阿道夫·希特勒已经演讲完了，世界也听到了他的演讲……演讲自始至终，他都明确表示，对于捷克斯洛伐克对日耳曼人的压迫，德国将不再忍气吞声。捷克斯洛伐克必须与苏台德区人达成协议。必须这么办，要不然德国人就要不客气了。"卡尔滕博恩没有漏过任何一个细节，其余再无新内容，无非就是希特勒透露28万德国人正夜以继日地奋战在齐格菲防线上。

那时，美国报纸还想和广播电台一争高下，每当有大事发生就发几期特刊。特刊很快就能印好，然后就分给报童们上街贩卖，他们大声喊着"号外！号外！重大新闻"，一时间大街小巷都有人高喊。德国、意大利、捷克斯洛伐克、法国和英格兰开始动员了，大批军队正在向那里开进，舰队也出动了，飞机被派去掩护阵地。污迹斑斑的报纸上印着张伯伦的照片，他总是带着一把雨伞，在高德斯堡、贝希特斯加登和伦敦之间来回奔走。英国孩童戴着小型防毒面具，被送到了乡下；法国人正在公园挖战壕。欧洲随时可能陷入一片火海。

数以百万计的美国人第一次在短波上听到希特勒的声音，他的仇恨之深，听众都为之震惊。从他口中说出来的日耳曼语听起来冷酷无情，如同四溢的毒液。那些能说一口流利德语的人能够直接明白他说的话（富兰克林·罗斯福就是其中之一），其余的人就只能依靠翻译了，尤其是哥伦比亚广播公司那位首席分析师，据《综艺报》讲，他在"广播历史上听众最多，他的分析最吸引人，仅次于英国国王退位时发表的演讲"。对于像卡尔滕博恩这样上了年纪的人来说，这是一场严峻的考验。从星期一算起，18天内他在纽约哥伦比亚广播公司大楼第17层的第9工作室里已经发表了85次即时广播。当工作没那么紧张时，他就在吊床上打个盹。第19天时，有人见他衣衫不整、憔悴不堪。由于公众对德国人心怀仇恨，他把名字也稍微改动了一下，改成H·V·卡尔滕博恩了。一时间，他成为美国最有名气的人物之一。

星期一晚上7点半，捷克斯洛伐克摊牌的时刻到了，罗伯特·特劳特接班主持了哥伦比亚广播公司的报道：

特劳特：当世界各国都还在回味希特勒在纽伦堡的长篇大论时，我们接下来会连续收听到伦敦、柏林、布拉格和巴黎4地发回的报道。4位播音员分别是：本台驻欧洲办事处主任爱德华·默罗、美联社记者梅尔文·怀特莱瑟、本台驻中欧代表威廉·L·夏伊勒和《芝加哥每日新闻》记者约翰·T·惠特克。现在是默罗先生从英国伦敦发来讲话……

默罗：今夜，伦敦的乐观情绪不高……

以上安排听起来非常到位。但只要是资深记者就不难发现，其实哥伦比亚广播公司人手不足。尽管他们头衔唬人，但30岁的默罗先生和34岁的夏伊勒先生其实是其仅有的两位分析师——当然在欧洲采访的也必然只有这二人。他们在欧洲大陆四处奔走，通过电话互相联系。他们把这些琐碎的报道融合在一起，这种广播方式真是超乎想象。对于他们巨大的成功，一种可能的解释是因为人们对欧洲局势知之甚少。不过要想找出真正原因，还要过些时日。几个月后，哥伦比亚广播公司派埃里克·塞瓦赖德到荷兰加强采访工作，当荷兰人得知他打算当天发回新闻报道时，惊得目瞪口呆。之前所有从荷兰发回美国的报道都是有关郁金香和风车的。在欧洲人心中，广播就是一种娱乐方式——对大多数美国人来说，他们原来也是这么想的。

让新闻媒体里的保守派感到震惊的是，通过广播电台报道欧洲的动荡局势不仅可行，而且越来越有效。卡尔滕博恩在第9工作室里任职，此时正一边喝着黑咖啡、吃着三明治，一边接收莫罗和夏伊勒草草搭伙所结成的信息通道源源不断从大洋彼岸发回的准确消息。因为欧洲本地的新闻记者受限于新闻检查，而在美国，言论自由，所以美国人比欧洲人更了解9月的危机。英国广播公司不允许丘吉尔在广播电台发表演说，有人甚至怀疑他可能会破坏和平（这样说有理可证）。一位英国的杂志编辑建议关注捷克斯洛伐克危机的听众调频收听美国的短波广播。

默罗先生很快就变得像卡尔滕博恩一样出名。9月，他自己播报了35次，还组织其他新闻记者从18个城市发回新闻报道116次。作为哥伦比亚广播公司欧洲区负责人，他是第9工作室联结欧洲大陆的纽带。信号遇有故障或声音不清时，迷惑的听众们就会听到卡尔滕博恩着急地小声说："呼叫爱德华·默罗，呼叫爱德华·默罗！"危机刚开始的几天，这种情况并不常发生。从春天开始，欧洲工作人员的数量就大幅增加，一位捷克斯洛伐克女接线员已转接100通电话。因为天气条件好，欧美两方通话也很顺畅，甚至可以和通讯员隔海召开"圆桌会议"。那些听众对照手中承索即寄的"危机地图"，收听默罗或夏伊勒与卡尔滕博恩或特劳特的对话，并且能实时了解法国向马奇诺防线或西里西亚进军的情况。如果你不想太多，这其实很像"大富翁"游戏。

9月15日，也就是危机爆发的第4天，广播电台发生了故障。各国军队已经各就各位，外交冲突异常激烈，几乎一小时就要播报一次，希特勒和张伯伦互相看不顺眼——当时还没有人知道英国首相的目光很快就会变得柔和。变天了。短波传输不同于其他普通的频率，它受大气环境的影响很大。日复一日，哥伦比亚广播公司的频道都收不到信息。卡尔滕博恩呼叫默罗也无法联通，只能靠电报发送消息。

突然，让哥伦比亚广播公司害怕的事情发生了，全国广播公司驻欧洲的工作人员已经可以接通了，并且信号很清晰。这是因为全国广播公司发现了一个绝妙的解决方法，即开通一条开普敦–布宜诺斯艾利斯–纽约的短波传输线路。这么一来，从欧洲发出的广播信号要多跑两倍距离，但是也只延迟几秒而已。后来哥伦比亚广播公司也依葫芦画瓢，尽管他们还是觉得直播更好。

大西洋的天气很糟糕（洋面发生什么事了），当时布拉格的斗争已经白热化。而捷克斯洛伐克因为固执将被他的两大盟友抛弃以示惩罚。9 月 21 日凌晨 2 点 15 分，英法两国首相直接冲到捷克斯洛伐克总统爱德华 · 贝奈斯的官邸，将他拖下床，并直截了当地告诉他，他们的政府要背弃盟约了。尽管有约在先，他们还是不会出兵；捷克斯洛伐克要么向纳粹投降，要么孤军奋战。整整一天，贝奈斯忙于和他的内阁、政党领袖和军事将领们商讨解决的办法，最后累得走路都一瘸一拐的。9 月 21 日下午 5 点左右，他的政府决定投降。捷克斯洛伐克的公报向世人解释道："我们别无选择，因为我们孤立无援。"贝奈斯说："我们已经被卑鄙地背叛了。"

下午 5 点，纽约和新英格兰地区还是上午 11 点，广播电台技术工作人员仍在抱怨海上糟糕的天气，商船上的水手嘀咕昨天黄昏时古铜色的天空很奇怪。但是无人担忧。那天晨报上的天气预报一栏并没有什么特别之处，只是写着"今日有雨，降温"。

的确只写了这样一句话。

相比后来的精良配置，1938 年美国气象局的设备仍然十分简陋。它缺乏后来那种先进的仪器，比如雷达示波器、喷气式空中观测机、装有电视摄像机的天气情报卫星等。那时的设备仍然主要是 16 世纪的气压表、17世纪的水银气压表和中世纪的风向标，海洋气象学知识更是稀缺。当时陆地上的前哨站之间可以互换气象报告，但海洋对他们来说依然是神秘的。气象学家搜集海洋的信息完全依赖商船或者飞机上的自动观测。在“大萧条”时期，政府不会允许气象学家坐着昂贵的飞机到处观察天气状况的。因此，气象学家研究大气总是心里盘算，然后胡乱猜测，很早以前他们就知道可能猜测会错得很离谱。现在这一天真的来了。

但也许不该把他们当成是无辜的替罪羊。毫不客气地说，美国气象局管理太松散。一些新技术别人已经掌握了，他们还不知道。通过研究风速和气压表读数预测一场大风暴是否会来临，这是所有合格的航海人员都应该会的事，却让经验丰富的气象预报员感到困惑。当他们急需数据时，竟也没有试图打电话互通信息，任由暴风将电线杆卷走，这确实令人感到惊讶。最讽刺的是，《纽约时报》还于9月21日发表社论表扬了气象局。单调乏味的天气预报被印在《纽约日报》第27版左下角。当时，美国历史上危害最大的飓风，也是自1815年9月23日以来第一次袭击长岛和新英格兰地区的飓风，正不断逼近，气象局竟没有发出任何预警。

要比较有效地追踪暴风的移动轨迹是可以办到的。大西洋的飓风，也就是海员所说的热带气旋，源于赤道无风带的微小气流波动，这个无风带处于撒哈拉沙漠以西、佛得角群岛以东，是东北信风和东南信风之间的一个平静区域。热带气旋刚成形时，热空气上升，冷空气下降，冷热空气的循环运动逐渐加速，又因地球自西向东自转，带动该气旋按逆时针方向旋转，向西半球行进。该气旋经过洋面的时间越长，它的威力就越大。9月16日早上9点半，巴西货船“阿勒格里特”号的船长最早目击到该飓风，当时飓风距离波多黎各东北350

英里，船长发出信号，提醒大家情况不妙。

美国距此地最近的气象站位于佛罗里达州杰克逊维尔。这个气象站在预报飓风方面最有经验。但是海洋在长岛、百慕大群岛和佐治亚州之间形成一个三角形，发生在该区域的风暴总是让美国气象学家畏惧。那里的气候最不稳定，所以他们也无法预测会发生什么。他们持续搜索是否有遇难船只发出信号，却无任何动静。若真有商船在那边，那么它们不是缺乏公德心，就是已经葬身鱼腹了。尽管情况不明，杰克逊维尔气象站仍然做出了正确的决定。9 月 18 日星期日和 19 日星期一，持续两天向外界发出警报。佛罗里达州居民对这样的事情已经习以为常，人们马上买好蜡烛，堵好窗口。许多从新英格兰地区外出的人因为担心会遭遇这场风暴，便乘坐火车回家了。那时，火车跑起来绝对比热带风暴快，但他们最终还是没能逃脱飓风这一劫。

星期一晚上，飓风从迈阿密改变方向。杰克逊维尔气象站负责任地宣布“风暴正迅速北上”，也可能会是“北偏东”。风眼估计在哈特拉斯角以南 275 英里的区域，即北卡罗来纳州旁边。如果吹到哈特拉斯角，风暴就不在杰克逊维尔气象站的辖区范围内了，而归华盛顿。那时天气预报人员就开始犯糊涂了，也因此酿成了后来的祸患。要想了解即将发生的一切，必须清楚地明白一场时速为 75 英里的飓风，不亚于 500 颗长崎原子弹爆炸所产生的威力，它所产生的电量是美国 6 个月用电量的总和。这只是普通飓风的威力，如今这场飓风的速度超过每小时 200 英里，具体有多快很难说。星期三，离气旋 90 英里处的哈佛大学蓝山天文台测量的数值始终稳定在每小时 121 英里，并且伴随着时速 186 英里的阵风。纽约市区处于风暴中心以西的远方，但帝国大厦顶楼测量到的风速已高达每小时 120 英里，华盛顿尚不知道这些。库纳德–百里公司“卡林西亚”号的船长发来报告，表示晴雨表测量的气压指数已达 27.85，这是大西洋海岸测到的历史最低气压读数之一。尽管如此，华盛顿的气象局里那些全国最有经验的气象学家将“飓风”两个字从预报中删去了。直到 9 月 21 日下午两点，风暴把大西洋城的木板路掀起，整座房屋也被吹过长岛海峡，华盛顿居然还说“热带风暴”正迅速向海洋移动。

纽约和波士顿的气象人员都听信华盛顿的话。每个气象学家都知道海面上很不平静，但热带气旋已经有 123 年未转向内陆了，他们简直不敢相信这种事情居然会再发生。热带气旋穿过南卡罗来纳州、北卡罗来纳州、弗吉尼亚州、特拉华州和新泽西州，那些安居内陆的气象预报员看到晴雨表随风眼的移动陡降又上升。他们叹了口气：“风过去了。”然而，测量仪器发出警告，风暴远远没有结束。自八点半起，飓风等压线（气压相等的连线）已经拉长成诸多椭圆形，全部指向北方。但预报员一直在说“大风方向不定”，好像今天是放飞大风筝的好日子一样。他们的愚昧无知与残酷的巧合重叠：当时恰好月亮离地球最近，太阳和月亮同时吸引潮水比平时高了一英尺，正在浪头最高时，风暴袭来了。

这是气象员始料未及的。他们的气象记录中暗含了一个臆想：既然迈阿密逃过一劫，那么天下都可大吉。他们没有看到（除了他们自己的仪器），当风暴似乎即将由哈特拉斯角向东北移动时，其路径被异常宽阔的高压面阻碍了，高压面几乎覆盖了整个北大西洋。夹在高压面和其他高压内陆之间，气旋无法移动，高压也无法释放。风力只能成倍增长。

长岛和新英格兰地区已经连续降雨 4 天 4 夜。空气异常温暖潮湿。由于气压在不断降低，耳朵也感到不适。在佛蒙特州，人们在空气中都能闻到海洋的味道。飓风最容易在温暖潮湿的地区发生，而这一次向长达600英里广阔而湿润的平坦地区斜冲过来。更糟糕的是，当气旋就快越过海岸的时候，另一个可怕的气象学原理就要产生作用了。通常飓风一登陆就会变弱，但从新英格兰地区一直到加拿大的陆地上到处是水，这意味着风暴将越吹越猛，和在加勒比海时一样强劲——它能从潮湿的空气中积蓄力量，使得风速越来越快，直到风眼移动速度达到每小时60英里，如龙卷风一般，这样看来，飓风当天晚上就会到达蒙特利尔。

从纽约下午1点的广播中可以听出一些预报员已有所醒悟，警告飓风已改变路线，“大概会袭击长岛”，这比即将在新英格兰地区听到的更可怕，但要想实施有效的预防措施已经太迟了。更何况，绝大多数人都错过了这条广播，海岸警卫队也没有接到命令。从开普梅到缅因州一线是世界上最富饶的海滨，却没有任何防护措施。许多令人难以置信的事后来为人所知。例如，一个长岛人几星期前在纽约的商店买了一个气压表，9月21日清晨被寄到，气压表读数小于29，刻度盘显示为“飓风和龙卷风”。他无法相信，拿着它摇了摇，最后把它向墙上掷去，指针读数都没有任何改变。他气急败坏地把它重新安装好，驱车前往邮局打算把它寄回原店。然而就在他离开的那段时间里，他的房子被大风刮走了。

整个事情发生得如此迅猛。前一秒气压表汞柱下降到27.95英寸，后一秒就狂风大作。一位在南海岸的人见证了这一过程，他描述道：“高空浓雾滚滚，从海洋那边快速涌动而来”。又补充说：“当浓雾越来越近，我们发现它不是雾，而是水。”狂风怒吼，打得门框噼啪作响，下午两点半，海水形成高高的水墙，不断拍打巴比伦和帕乔格之间的海滩。首阵风暴浪的力量就如此强大，连阿拉斯加州锡特卡的地震仪都有了标识。以每小时100英里向北翻腾的海浪打上佛蒙特州蒙彼利埃的窗口，白茫茫一片。由于40英尺高的凶猛海浪阵阵袭来，一些长岛居民跳上车，飞奔往内陆避难。没有人知道，有多少人因为速度不及风暴而最终丧生，据生还者后来回忆，当时他们不得不一路保持每小时50多英里的速度。离库格一英里远的地方原本是一片修剪整齐的草坪，现在草坪上翻滚着两英尺高的巨浪，附近的一处村舍被风浪冲走了，屋顶还躺着10个人。

J·P·摩根在格伦科夫的那栋价值数百万美元的房屋也被吹成了一堆碎片。西安普敦多栋有30个房间的大厦也被风刮走了，但业主根本无法重建，因为大厦所在的那片土地也随风而逝了。17个人被困在房子二楼，海水淹到了他们的胸部，他们在海水中挤作一团。后来，墙也倒了，靠近蒙陶克角190英尺高的麦卡无线电发射塔也被刮走了。布里奇汉普顿的货运站已被吹到铁轨的另一边，重达67吨的普尔曼列车在风中左右摇摆。渔船被风劈成了两半，渔民的棚屋似渔船，顺水漂向了康涅狄格州。整个海岸线已经改变了模样，但显然这还只是一个开始。纽黑文、哈特福德、斯普林菲尔德、北安普顿、佛蒙特和蒙特利尔，预计有1 300万人处在风暴要经过的路径上。但飓风若早来三个星期，预计有6 000人遇难。即使这样，巨浪翻天的长岛海峡到处是残砖断瓦，当天早上还安然舒适的村舍现在已尸横遍野。

下午3点40分，耶鲁大学那些著名的老榆树被环形风暴的前沿连根拔起，风眼到达长岛。幸存者还以为自己已经从风暴中活下来了。天气放晴了，天空一片蔚蓝，和风在残骸之间细语。然而这时，远去的咆哮之声再次临近，他们知道噩梦再次来临。事实上，这次的风暴来势更猛，因为暴风眼后的飓风威力最大。这一阶段的威力无从得知，因为经历过的人在傍晚前都不幸离世。但是我们知道，第二个风暴浪摧毁了西安普敦防浪堤，吹散了沙丘，大部分房屋被夷为平地，海水淹没了梅德斯通俱乐部高尔夫球场、蒙陶克公路和长岛纳帕圭海滩铁路，整个长岛被海水拦腰隔断。海浪最凶猛的时候，一对夫妇居然带着两只狗与一位海岸警卫队队员横渡莫里切海湾。上岸后，这个浑身湿透的女人告诉旁观者，长岛正在下沉，听者皆惊愕不已。事实上，长岛的部分地段的确已经下沉了。西安普敦的 179 栋房屋中有 153 栋已经完全消失了，其他大部分也破烂不堪，无法住人。在房屋内外，还有 29 具尸体。

实际上，长岛对 70 英里长的康涅狄格州渔岸起着防波堤的作用，包括纽黑文和布里奇波特（这两地还面临其他问题）。暴露在外的康涅狄格州海岸和蒙陶克角以东的罗得岛州面临更强大的海浪冲击，受灾最严重的城市是位于纳拉甘西特湾口的普罗维登斯。一个 100 英尺高的巨浪席卷了海湾，码头被冲垮，海浪涌到市政厅附近，路上行人几乎无一幸免。海浪把人冲出汽车，有时从车轮后冲出，从而得以生还。当风浪平息下来时，普罗维登斯市中心已经被深达 13 英尺的海水淹没，警察驾驶摩托艇在购物中心和交易大厦附近巡逻。成千上万辆汽车在水中亮着大灯，短路的汽车喇叭长鸣，像一场噩梦。

与此同时，飓风已经来到康涅狄格州和马萨诸塞州。那个下午，周围一片灰暗，风暴似乎打算遮盖其狰狞的面目。卫斯理大学那座上百年石头教堂的尖塔也被吹倒。新伦敦正发生火灾。在哈特福德和斯普林菲尔德，人们往水里垒沙袋，防止已经暴发洪水的康涅狄格河再度泛滥。难民还在等待救援——现在没人有时间救他们，其中一人就是演员凯瑟琳·赫本，她已经从她父母的夏季别墅涉水到了安全地带，一个小时后，那栋别墅就被海浪冲走了。

晚上 9 点，新罕布什尔州的达特茅斯学院受到风暴袭击，就像耶鲁大学在凌晨 4 点所遭遇的情景一样。整晚狂风暴雨大作，但第二天清晨的天空“澄澈”，如气象局乐呵呵报道的那样。各项设施还未恢复正常。据纽黑文铁路局估计，有 1 200 棵树和 700 根电线杆横亘在轨道上。途径纽约、纽黑文和哈特福德的滨海铁路试图寻找一整列失踪的火车，在新伦敦还有一条 300 英尺长的轮船横躺在铁轨上，也不知如何处理。美国航空公司正在寻找一架之前停靠在波士顿洛根机场的空飞机，它不知被风吹到哪儿去了。康涅狄格州的所有公路都封锁了。《哈特福德新闻报》把 9 月 21 日形容为康涅狄格州历史上“最具灾难性的一天”。社论说：“据不完全消息统计，没有一个社区免于受灾，全部蒙受损失。纽黑文全城停电，到处残破不堪。新伦敦的心脏地带仍是烟雾蒙蒙，废墟一片。”

红十字会报告，这次风暴总共造成 700 人死亡、1 754 人受伤、63 000 人流离失所。罗斯福总统派霍普金斯率领 10 万人北上支援灾区，这 10 万人来自陆军、海岸警卫队和公共事业振兴署。不久就恢复了供电，但是很多在风暴中造成的损失已经无法挽回。新英格兰地区为损失的树木哀伤，仅斯普林菲尔德一个城市就有 1 600 棵树被连根拔起。有人计算过，飓风刮倒的树木之多足够建造 20 万所房屋。本季苹果作物也损失惨重。一些海滩别墅在飓风中受损，海滩也被淹没，房主只得低价拍卖。因为只有 5%的受损物投过保险，许多工厂自股市大崩盘以来就业绩不佳，遭遇了飓风的重击后更是无以为继，只好歇业。

曾有一个乞丐极具想象力，他漫步在波士顿公园，身上挂着一块牌子，上面写着：“给我 25 美分，我会听你讲你的飓风故事。”一个最经典的故事讲的是纽约白厅大厦顶上的美国国旗在飓风中被撕成了碎片，而白厅大厦内离国旗几英尺远的地方就是美国气象局地区办公室。

那年秋天，长岛和新英格兰地区的难民迁移到美国其他地区，他们发现其他地区那些“消息灵通”的男男女女对这场飓风居然一无所知，感到十分惊讶。这也从一个角度反映了这次灾难的严重性。灾情发生后的24小时内，《纽约时报》一直都没能得到任何相关的可靠消息。《波士顿环球报》的编辑们虽然目睹了货轮在他们城市的海港掀翻，但直到飓风登陆两天后的星期五才开始发表采访幸存者的文章。星期日上午，《纽约时报》把零星报道东拼西凑，最终意识到美国正遭受一场史无前例的灾难，比芝加哥大火、旧金山大地震和密西西比洪水更严重。然后，这家报纸用了横跨8栏的头条讲述这次飓风。令人惊讶的是，很少有读者阅读这些内容，即使有人看了也没记住讲了什么，一星期内就抛诸脑后了，成为美国历史上被遗忘的片段。

此次灾难之所以会被遗忘，很大一个原因是美国的注意力仍集中在捷克斯洛伐克。欧洲的危机促成了大众传媒的第一次同步经验共享。和后来发生的事不同（如1954年陆军部与参议员麦卡锡对质或1963年肯尼迪的葬礼），捷克斯洛伐克的进展情况都没上电视，只靠广播，影响仍然很大。听众成为无助的旁观者，他们明白接下来发生的事情会改变他们的生活，却什么都做不了。9月29日签订慕尼黑协定后，哥伦比亚广播公司赞扬广播电台“不仅仅是新闻的传播媒介，还是一股社会力量”。

话没说错，但也不是全然如此。广播电台会让恐惧酝酿出更大的恐惧。每个人都一直希望有个皆大欢喜的结局，所以人人都寄希望于慕尼黑协定。时势造英雄，张伯伦是英国人心中的英雄，也是美国人心中的英雄。直到一段时间后，人们才意识到他只是一个懦弱老头，靠出卖坚决果敢又身陷囹圄的盟友换取希特勒不值一文的承诺。丘吉尔明白这一点，他说：“英国和法国必须在战争和耻辱之间做出选择。他们选择了耻辱，却还是要面对战争。”罗斯福心里也清楚这一点，他在给美国驻葡萄牙大使的信中写道："来自欧洲独裁者的威胁离美国越来越近了。"关于这点，默罗和夏伊勒都心知肚明。他们在巴黎见面后一致认为明年秋收后会有一场战争。H · V · 卡尔滕博恩也明白，甚至在张伯伦访问贝希特斯加登前，他就说："我感觉这只不过是暂时休战。我严重怀疑这次访问是否真的能带来和平。"

人们也开始慢慢醒悟。一项《财富》杂志的民意测验显示，只有 11.6% 的美国人认为慕尼黑协定合理，而 76.2% 的人认为美国将加入欧洲的全面战争。美国各个地区的意向皆如此。编辑评论说："这是一条大新闻，一年半前，只有约 22% 的人认为我们将在未来两三年内卷入对外战争。现在认为我们必然会卷入对外战争的人数量是之前的三倍……曾经我们还感慨'感谢上帝赐予美国大西洋和太平洋'，如今我们对安全联盟的幻想已经破灭。"

总之，捷克斯洛伐克危机把美国从长眠中唤醒，抓耳挠腮，惴惴不安。轰炸、入侵和战争突然间就要发生了，所有这一切直到上一个夏天，美国人连想都不会想。广播电台把国家变成了一个大剧院，挤满了心神不宁的观众，慕尼黑协定签订 4 个星期后，一位年仅 23 岁机智的制片人大喊一声："开始！"

新闻人撒谎骗人并非新鲜事，已有一段历史了，颇具传奇式流浪冒险的趣味，而不是完全不光彩。埃德加 · 爱伦 · 坡因《汉斯 · 普法尔历险记》成名；H · L · 门肯因为编造如何发明浴缸的故事让全国开怀大笑，这个故事竟然还被收录进了一些百科全书。最成功的案例是理查德 · 亚当斯 · 洛克的 1935 年"月亮骗局"，他告诉《纽约太阳报》的读者们"约翰 · 赫歇尔从男爵"运用"一个新原理设计的巨大望远镜"看到月球上生活着蝙蝠人，读者们不禁睁大了双眼。

坡、门肯和洛克很快就被媒体原谅了，因为就像马歇尔·麦克卢汉所说："冷媒介"不可能煽动起暴乱。但是大众传媒是"热"媒介，广播也从未像1938年万圣节前夜这样"热"过。

接受那些"热量"的是当时百老汇最多才多艺、最成功的年轻男子奥逊·威尔斯。他既是导演，又是制片人，20岁时已在广播电台节目《影子》里扮演拉蒙特·克兰斯顿一角。他身着西装扮演恺撒大帝，又以海地为背景扮演黑人麦克白——两部戏都吸金不少。当他为公共事业振兴署准备的作品《大厦将倾》在首演当天被政府下令取消时（出于政治立场的问题），威尔斯开始公然违背禁令。他和他的剧团带着观众穿过街道来到一个空剧院继续演出。后来该剧大获成功，哥伦比亚广播公司认为他是演艺界奇才，便邀请他每星期日晚8点在第一广播室广播一部剧，时长1小时。该节目并没有赞助商赞助，所以只能勉强"维持"。哥伦比亚广播公司并非高姿态而是这个时段没有太多听众，它的对手全国广播公司同时段播放的《蔡斯和桑伯恩时间》是一星期中最流行的节目。其中，唐·阿米契是主持人，多萝西·拉莫尔是歌手，表演者则是高雅喜剧艺人埃德加·伯根和他的红发木偶查理·麦卡锡。那个木偶是花35美元请芝加哥一个酒保帮他刻的，根据伯根的一幅芝加哥报童素描像。查理已经连续一年半都高坐广播电台收听率第一的宝座。它机智张狂的个性赢得了观众的喜爱，多次出现在广播电台的星期日黄金时段。

如果要在戏剧和伯根的木偶戏之间做出选择，大多数美国人会选伯根的木偶戏。万圣节前的一星期，克罗斯利和胡珀的收听率调查结果都显示有34.7%的听众收听《蔡斯和桑伯恩时间》，3.6%的听众收听威尔斯水星剧团的节目。（该项调查结果中有一点故意对广告商隐瞒了，因为这会影响他们的信心，不久我们就会谈到。但平日周末的听众比例大多如此。）当时美国的 3 200 万个家庭中约 2 750 万家有收音机。因此，当哥伦比亚广播公司在水星剧团播放柴可夫斯基的降 B 小调钢琴协奏曲前奏（水星剧团的开场曲）时，威尔斯可以预计约 100 万人会收听他的节目。10 月 30 日，这一数字增长了。

9 月 26 日，罗斯福曾经亲自发电报给希特勒，要求他停发最后通牒，提议“目前争议直接涉及的国家”召开会议，而不是兵戎相见。他建议会议立即在一个“欧洲中立国”境内召开，但希特勒根本不听——另外一些会议正在筹备中。当日，奥逊 · 威尔斯有了新灵感：为什么不把 H · G · 威尔斯的《世界之战》改编为戏剧呢？他的经纪人认为这个想法很愚蠢，剧作家霍华德 · 科赫也认为行不通，但这位年轻的制片人执意如此。他是个个性很强的人，最后他说服了其他人，于是科赫就着手把威尔斯的小说改编为威尔斯的剧本。10 月 25 日星期二，离开播还有 5 天，科赫打电话给水星剧团总编辑约翰 · 豪斯曼。他垂头丧气地说，科学奇幻小说无法改编成广播剧。水星剧团秘书也同意他的说法。“你办不到！”她大喊道，“那些老掉牙的火星人故事都是胡扯！这是要让我们自己出洋相！肯定会出洋相！”豪斯曼想把剧本换成《罗娜 · 杜恩》，但奥逊根本就没留讨论的余地，所以改编剧本变成了集体创作。星期四就要播出了，但人人都认为将沉闷无比。

后来有人（没人记得到底是谁），提了一个建议：把它变成模拟新闻播报的形式岂不是更好吗？搞得越逼真越好，甚至模仿罗斯福的声音。这是可以办到的，包括罗斯福的声音，肯尼思 · 德尔马可以胜任（后来弗雷德 · 艾伦让他扮演参议员克莱格亨而名噪一时）。在戏里扮演卡尔 · 菲利普斯的演员（他是哥伦比亚广播公司第一位广播员）钻进哥伦比亚广播公司录音资料室，再三细听这个广播评论员当时是如何半歇斯底里地描述“兴登堡”号在莱克赫斯特威爆炸的。

威尔斯本人在剧中扮演一位普林斯顿大学的科学家。他们的播报以天气报告开场，然后是舞曲和特别新闻播报。演员认为前面部分占用时间太长。威尔斯摇摇头解释说，这才显得更真实。

确实如此。捷克斯洛伐克危机期间，公众已经习惯于插播重要新闻，而且那些重大要闻最后都被证实了。事实上，广播已经被公认为重要公告的发布方式，而且广播播报的方式还让人觉得更为可信。自从 1936 年大选以来，《财富》杂志发现，比起报刊评论员，人们更相信广播播音员所言。事实上，对于许多听众而言，现实（新闻）与幻想（戏剧）之间的界线已经模糊不清。威尔斯的广播剧播出后，《综艺报》发表了一篇较为深入的分析，它说“即使向听众再三解释这只是一出戏，很多人仍把它当作真人真事”，因为“每天连播放完后，很多听众来信评论剧中的人物和事件，可见他们对待广播剧有多认真”。

此外，这仍是一个尊重名人的时代。在戏中，肯尼思 · 德尔马扮演的是“内政部长”。因为听众主要来自纽约和新泽西州，剧中还沿用了当地真实的街名，如普拉斯基高架桥、南街、23 号公路等。此外，普林斯顿大学随后的一项调查研究发现，还有些其他原因：一是，人智力上和情感上的不成熟；二是，“大萧条”带来的不安全感；（一位受访者说：“从我爷爷那时起就怪事连连，我们不知道现在还会发生什么。”）三是，“最近担心欧洲战争爆发的恐慌心理”，这一点影响最大。

威尔斯似乎也有些忐忑。戏剧开始和结束时，播音员都会特别解释，这只是一出戏。哥伦比亚广播电台也 4 次打断演播，插播同样的说明。他们觉得这样做就没什么问题了，但这一做法是假设听众会从 8 点一直听到最后，但他们想错了。这时收听率调查结果中被隐瞒的那件事就很重要了，让赞助商泄气的事就是每当进广告或是请了一个冷门艺人时，人们就会拨动无线电指针换台。每个人都喜欢埃德加 · 伯

根和查理 · 麦卡锡的表演，但他们也只是一个综艺节目的一部分而已。

水星剧团的听众相对较少但是很铁，他们首先听到柴可夫斯基主题曲，然后是导语介绍、天气报告，之后听到播音员说“我们现在带你来到纽约市中心公园广场酒店的子午房，在那里你将欣赏到雷蒙 · 拉魁罗乐队的演奏”。这时就开始不断播新闻，追踪卡尔 · 菲利普斯和皮尔森教授在新泽西州郭佛米尔镇的进展，并不断传来警笛声和人群的嘈杂声。在那一刻，8 点 12 分，查理 · 麦卡锡完成了他的第一段滑稽短剧，然后一个温柔的声音响起，开始描述蔡斯和桑伯恩牌咖啡的香味有多么浓郁。

近 600 万人旋转指针从全国广播公司调台到哥伦比亚广播公司，这时他们听到：

播音员：……我把麦克风拿近点。（停顿）现在我们相隔不超过 25 英尺了。现在你能听到吗？哦，皮尔森教授！

皮尔森：是的，什么事，菲利普斯先生？

播音员：你能给我们解释下里面的刮擦声吗？

皮尔森：可能是它的表面冷却速度不一。

播音员：你还认为这是一颗滑落的陨石吗，教授？

皮尔森：我不知道它是什么。就金属外壳来看，绝对来自外星球……反正不是地球上的。因为在坠落过程中，与地球的大气层摩擦，陨石会磨出些洞。但这东西很光滑，如你所见，是圆柱形的。

菲利普斯：请稍等！发生大事了！女士们，先生们，太糟糕了！这东西有一边开始剥落了！顶部开始像螺丝一样旋转！这玩意儿肯定是金属！

只听广播里人声鼎沸，然后主持人再回到麦克风前。

播音员：女士们，先生们，我从没见过这么可怕的东西！等一下！有人从顶部的空洞里爬出来了。是人……还是什么东西？我看见两个发光体探出黑洞向外望……难道是眼睛？可能是一张脸，也可能是……

（尖叫一片）

播音员（伴随着抽泣和干呕）：天哪，这东西像灰蛇一样扭动着从阴影里爬出来了。现在又来一条，又来一条！它们看起来就像触须。啊，我可以看到那玩意儿全身了。跟黑熊一样大，还像湿牛皮一样闪闪发光。但那张脸……真是无法形容。我再也不敢看下去了。那眼睛黑溜溜的，就像蛇一样发着微光。嘴是V形的，看不见边缘，似乎还在翕动，口水从嘴里往下滴……

播音员暂时情绪失控，停顿了片刻。乐队演奏了几小节《月光曲》。另一个播音员用冷静而又专业的声音接着说："我们现在转到新泽西州郭佛米尔镇的维尔弥斯农场。"然后又进了几小节德彪西的乐曲，那位播音员继续冷静地说："现在我们再来听听菲利普斯从郭佛米尔镇发回的报道。"菲利普斯说，当地派出警察检查该物体，但火星人却朝他们喷射火焰。此时响起一片惨叫声和非地球生物发出的尖叫声。一个谷仓起火爆炸了，然后麦克风也失灵了。刚才那位播音员小声说："女士们，先生们，由于情况失控，郭佛米尔镇直播暂时中断，显然那里的送话机发生了故障。只要一修好，我们就马上回来。"现在形势更加严峻了，新泽西州的警察已被燃成灰烬。"本州驻特伦顿区民兵司令蒙哥马利 · 史密斯陆军准将"代表新泽西州州长发表了一份公开声明，说默塞尔和米德尔塞克斯两县，西至普林斯顿，东至詹姆斯堡（都是真实的地名）全部戒严。新飞船还在着陆，刚刚奇迹般逃离魔掌的皮尔森说，外星人入侵者配备一种武器，“怎么说好呢，我想是……热射线武器”。

现在第二个播音员也忧心忡忡地说：

播音员：女士们，先生们，我要发布一个消息。虽然令人难以置信，但我们通过科学研究得出一个肯定的结论，那就是，正如我们亲眼所见的，今晚登陆新泽西州农田的奇怪生物就是火星侵略军的排头兵。

他慌里慌张地说，火星人已经歼灭了新泽西州的国民警卫队。整个新泽西州和宾夕法尼亚州东部都已戒严。总统也宣布全国进入紧急状态。内政部长（听起来就像罗斯福的声音，甚至还模仿他的措辞）请求各部门恪尽职守，并祈祷上帝保佑。美国空军被一举歼灭。一个话务员断断续续地说：

接线员：这里是新泽西州纽瓦克……这是新泽西州，纽瓦克！警告！有毒的黑色浓烟从泽西沼泽蔓延开来，到达南街。防毒面具根本没用。请尽快朝空旷地带疏散……汽车使用 7 号、23 号、24 号公路……避免行驶到交通拥堵的路段。雷蒙德大道现在黑烟弥漫……

唯一幸存的播音员雷 · 柯林斯站在纽约的屋顶上，在广播电台中间休息之前发来这段广播。只听警钟正在敲响，警告纽约市民赶快撤离城市，火星人要来了。“哈钦森河快速路还能通车。但别走通往长岛的大桥……那里堵死了。”此时背景传来唱诗声。你同时可以听到柯林斯的声音，他哽咽着读出公告：“火星人的圆柱飞船已经降落在全国各地。一艘在布法罗市郊外，一艘在芝加哥，还有一艘在圣路易斯……”

当柯林斯的讲话接近尾声时（晚上 8 点 32 分），哥伦比亚广播公司的节目主管戴维森 · 泰勒被叫出第一广播室控制间，有人打来紧急电话。他离开了，回来的时候脸色惨白。已经有 60% 的地方广播电台都中断了直播，提醒听众本故事纯属虚构，而纽约警察也包围了哥伦比亚广播公司大楼。演员和技术人员都禁止在广播剧结束后离场，因为他们需要回答一些紧急问题。当泰勒回到控制间时，柯林斯正在描述像摩天大楼一样高的火星人如何走上普拉斯基高架桥，准备涉水通过哈得孙河。还有几秒钟就休息了，所以，泰勒决定让柯林斯说完，柯林斯装成瓦斯中毒的样子说：

柯林斯：……现在他们举起了他们的金属手。完蛋了。烟冒了出来……黑烟滚滚，笼罩了整座城市。街上的人可以看到。他们正向东河跑去……数千人倒下了，像一群老鼠。现在黑烟的蔓延速度更快了。已经到达纽约时代广场。人们想跑开，但根本没有用。他们像苍蝇一样成片死去了。现在黑烟飘过了第六大道……第五大道……还有 100 码……还有 50 英尺……

4 号操作员：2X2L 呼叫电台……2X2L 呼叫电台 2X2L 呼叫电台……这里是纽约。一个人都没有了吗？还有人在电台吗……2X2L……

然后终于到了休息时间，一个固定播音员告诉听众，他们正在收听哥伦比亚广播公司奥逊 · 威尔斯和他的水星剧团节目。接下来会播放节目的下半部分，虽然下半部分讲稿措辞严谨，但已经没用了。休息前，成千上万的美国人已经尖叫着冲上街头，各州州长极力让他们的人民相信，并未宣布戒严。教堂前挤满了哭哭啼啼的人，请求主在火星人到来前赦免他们的罪行。普林斯顿大学调查发现，总共约有

170万人相信它是真正的新闻广播，约120万人忧心忡忡想为此做点什么。该研究指出，“有几个小时真可怕，从缅因州到加利福尼亚州，都有人以为那手持热射线武器的狰狞怪物已经把所有奋起反抗的美国部队消灭了。他们在劫难逃，世界末日马上就要到了”。

每个州的电话接线员都忙得不可开交。地方广播台说，人们打入的电话是以前的6倍，而纽约的哥伦比亚广播公司和警署接线总机已经被打爆。滨河大道已经难以通行，因为路上挤满了哭天抢地的民众。新泽西州北部情况最糟，因为据说那些怪物最先在那被“发现”的。一家人哭着抱成一团，惊慌的人们在田野间盲目奔跑，有车的人也如无头苍蝇般疯狂乱开，人们都拼命逃难，免得被闷死、烧死。火车站和公共汽车站人满为患，人们都惊慌失措，想赶快买到票上车，不管去哪儿。纽约有个女人打电话给美国南方汽车总站询问消息，她气喘吁吁地说：“麻烦快点，世界都要灭亡了，我还好多事没做呢。”

当多萝西·汤普森写到“这个广播节目根本不可信”时，没听过节目的人不免嘲笑那些疯狂逃难的人愚昧无知。然而，现实并非如此简单。不管汤普森小姐怎么说，《世界之战》的技术水平的确高超，即使今天听来也会令人不寒而栗。如果说恐惧心理与教育水平低、经济条件差有关，那么最易大惊小怪的该是那些小学都没读完并靠救济过活至少已达三年的人，若是有钱人也受到蒙骗就说不过去了。普林斯顿大学发现，该节目的听众中，28%的大学毕业生及35%的高收入群体竟然也相信他们听到的是真实的新闻。在南方的一所大学校园里，联谊会的女生抱成一团，哭哭啼啼，还挨个给父母打电话诀别；常青藤盟校中的一名大四学生从瓦萨女子学院访友后开车回校，当他打开汽车收音机听到里面说“普林斯顿沦陷了，黑烟遍布新泽西州，还引发了火灾”时，竟然也信以为真了。

第一广播室内，威尔斯正开开心心地跟观众道别："再见了大家，请记住今晚你得到的这个惨痛的教训，明天或后天可能会用到……如果你的门铃响起，门外却没人，那也并不是火星人！是万圣节到了。"随即，"广播中"的红灯熄灭了，水星剧团也停止了广播。这时，广播室的门铃响起，有人站在门外——他不是火星人，而是纽约警察，决心给奥逊·威尔斯一个教训，叫他终生难忘。开门前，威尔斯和豪斯曼就在控制间接了一个电话，打电话的人火冒三丈。据豪斯曼后来追忆，这通电话是"中西部某个大城市的市长打来的"。"他大喊大叫地要找威尔斯，气得几乎话都说不出来，该市的人们都跑到街上逃难，妇女和儿童蜷作一团躲在教堂里，街上各种打架斗殴，还有人趁火打劫。若真如他所知，整个事情只是一个糟糕的玩笑，他要亲自赶到纽约，朝始作俑者的鼻子挥一拳！"

他们挂了电话，门突然被撞开，广播室突然挤满了穿深蓝色制服的警察，豪斯曼所说的"噩梦"开始了——警方隐晦地表示他们的广播剧引起了无数起自杀、车祸和"发生在新泽西某娱乐场所的严重踩踏事件"。此刻，可能警方没找到他们违反了什么法律，因此两人被释放了，但更悲惨的命运等着他们——面对记者。豪斯曼记得，自从广播电台开始报道捷克斯洛伐克危机后，报纸被抢了风头，一直怀恨在心。但记者反驳说，之所以报道此事，是因为这则广播剧就是一个大新闻，的确如此。第二天早上，报纸头条都很耸人听闻：

广播掀起战争，惊动全国

全国恐慌

广播宣布

“火星人攻击地球！”

恐怖主义浪潮席卷全国

电话打爆警局

求问广播剧真假

豪斯曼苦笑着说：“戏演得惟妙惟肖啊。”戏演得确实不错。足足两天都挤走了希特勒而占领各大报纸头版。那些依然焦急不安的听众持续收听哥伦比亚广播公司的整点报时（“布–洛–瓦，布洛瓦牌手表时间，下午9点”），哥伦比亚广播公司只能每隔一小时就向听众解释一遍“毫无疑问，整个故事及所有情节都纯属虚构”。美国联邦通信委员会发表了一份声明，说这个节目“令人遗憾”，并提出了一项新的广播法规。相当长的一段时间里，都有人说威尔斯犯了法，但后来便烟消云散。那时，奥逊·威尔斯和他的水星剧团在全国一炮而红，获得了赞助商金宝汤的大力支持，不再需要哥伦比亚广播公司的资助了。后来威尔斯还被邀请到白宫参加宴会。总统把他拉到一边说：“你知道吗，奥逊，你和我是美国最好的两个演员。”他似乎是认真的，但威尔斯不知道该如何回答，只是鞠躬致谢。

《世界之战》的播出和其他大动乱一样都表明了一个道理：美国人的神经已经越绷越紧了。那时流行这样一句话，举国上下“惶惶不可终日”。《财富》杂志指出，人们开始相信劫数已定却没有说人们陷入绝望。虽然人们可能会觉得未来难以把握，但是心里都有一种力量，他们觉得20世纪30年代已经是美国的谷底，之后必将走向历史性高潮。在这方面，广播也起了作用。同时，欧洲局势日益紧张，危机逐渐加深，自然不容忽视。这段时间，美国焕发生机，弗兰克 · 布鲁克豪塞回顾那段岁月时写道："那段时间，确实许多方面都残酷无情、令人心碎，但尽管饱受煎熬、满心痛苦、失望透顶、损失惨重，人们最终扭转了局面。美国从来没有像现在这样意气风发。"而且，罗斯福号召美国人不要茫然若失。他相信，只要他还在位，在他的英明领导下，美国最终必然会走向辉煌。

有时候，夜深人静、炉灰将尽、酒意微醺之际，一般的美国人会回想起 1939 年的所见所闻，历历在目。如果他早上看《芝加哥论坛报》的话，就会知道，《芝加哥论坛报》发行人兼编辑罗伯特 · 麦考密克上校不再提倡简化拼写（如简化成"agast"，"staf"，"letlier"，"jaz"，"fantom"）。《芝加哥论坛报》的编辑对新国会联盟反对罗斯福的开支法案（"反抗施舍！"[①]）感到兴高采烈，但对某上诉法院判决小学生无须向国旗敬礼的事件却怒不可遏，对纽约儿童误认"人身保护法"为病名惊愕不已，对参议员塔夫脱首次演讲就呼吁政府厉行节俭深表赞同，为名将卢伽雷告别棒球黯然伤神，对乔 · 路易斯被"大力士"托尼 · 盖伦托打伤要缝 23 针心存敬佩，为波士顿勇士棒球队抛弃旧名改为"波士顿蜜蜂队"闷闷不乐，对新教皇庇护十二世任命保守派弗朗西斯 · 约瑟夫 · 史培尔曼为枢机主教欢欣鼓舞。那时有个共产党叛徒叫惠特克 · 钱伯斯，他到华盛顿伍德利路的阿道夫 · 伯利家里告密，政府内部有人搞颠覆活动——伯利根本不予理睬。要是麦考密克上校知道了，肯定到处打探风声。当时这个事还没人知道，后来麦考密克就要就此事兴风作浪了。

① 原文是一个影片名，中文译为《叛舰喋血记》。该片获 1936 年第 8 届奥斯卡金像奖最佳影片奖。——译者注

J · 埃德加 · 胡佛也卷入了一场战争，与他交手的不是别人，正是检察官托马斯 · E · 杜威。杜威认为联邦调查局的窃听器会侵犯隐私，一位曼哈顿的高级警官也指责胡佛“爱出风头”，是“警车里的戴维 · 贝拉斯科①”。联邦调查局局长怒气冲冲地反击：“共产党人昨日在纽约召开的一次会议上，竟指示他们两名最好的写手把我描绘成百老汇明星。”在美国退伍军人协会全国代表大会上，他说：“有些知识分子为所欲为、生活奢靡，这可不是美国的传统。应该有人出于义愤把那些堕落分子揭露出来，公之于众！”虽然那时杜威已经宣布竞选总统，但胡佛这番话可能也并不是存心针对他。

那时最畅销的唱片是希尔德加德的《深紫》。弗兰克 · 辛纳屈仍然为一份每星期 25 美元的工作疲于奔命，但有天晚上在一家酒店里，哈里 · 詹姆斯的妻子调大收音机的音量对他说：“亲爱的，听听这个男孩唱歌。”哈里被他的美妙歌声深深感动了，后来他驱车前往新泽西州恩格尔伍德市，在一家叫“乡村小屋”的路边店找到了他，并与他签约合作出唱片。他们的首张唱片《孤注一掷》虽然只卖出 8 000 张，但辛纳屈现在至少每顿都能吃上饭了。《独行侠》在 140 个广播电台每星期播放三次，听众达到 2 000 万人……贝蒂 · 戴维斯、斯宾塞 · 屈塞和弗兰克 · 卡普拉都荣获了奥斯卡奖……阿尔弗雷德 · 希区柯克导演了一个女人的失踪②……鲍比 · 布里恩不得不 12 岁就暂别影坛，因为他变声了。

在其他方面——或者借用电影圈的说法，在金钱方面，好莱坞当时正处于光辉的鼎盛时期。秀兰 · 邓波儿只有 10 岁。票房前三名分别是米基 · 鲁尼、泰隆 · 鲍华和斯宾塞 · 屈塞。每部电影都很了不

① 戴维 · 贝拉斯科：美国剧作家、舞台经理和制片人。——译者注

② 这一情节指电影《贵妇失踪案》。——编者注

起、令人称奇、引人入胜、红极一时，当红明星还在高曼的中国剧院好莱坞大道水泥未干前就留下自己的脚印。“二战”前的银幕上，明星们展现的都是美好得令人难以置信的故事。[①]朱迪·嘉兰说服骗子弗兰克·摩根给懦弱的伯特·拉尔打气[②]。在《呼啸山庄》里，劳伦斯·奥利弗、戴维·尼文和曼尔·奥勃朗三人在雾气沉沉的荒原上死命追赶（高喊着“希思克利夫！希思克利夫”）。吉恩·奥特里为西部放歌。罗伯特·多纳特扮演的奇普斯先生令人感到日不落帝国将永远“日不落”[③]。克拉克·盖博有点儿爱搞恶作剧，居然在克劳黛·考尔白[④]面前脱衣服，竟然连内衫都没穿，棉纺厂厂主被吓坏了，一星期之内，纺织品股价就下跌了 8.25 美元[⑤]。盖博在《乱世佳人》里居然爆粗口“他娘的”，该片在亚特兰大首映时，听闻此语，联盟国之女联合会主席吓破了胆。更糟的是，盖博领导了反对查尔斯·劳顿的叛变，劳顿方还一直尊称他为“克里斯汀先生”[⑥]。

---

① 以下内容均为电影里的情节。——编者注

② 这一情节源自电影《绿野仙踪》。——编者注

③ 这一情节源自电影《万世师表》。——编者注

④ 演艺圈有个有趣的现象，就是改名换姓。一代人之后，这种做法受到质疑，但在 20 世纪 30 年代，真正的艺术家是且显然该是盎格鲁–撒克逊血统的。即使饱受争议，这个习惯还是保留了下来。因此，这么做的人有：多丽丝·戴（多丽丝·卡佩罗夫）、朱迪·嘉兰（弗朗西斯·古姆）、克劳黛·考尔白（克劳黛·乔乔恩）、卡尔·马尔登（马尔登·塞库洛维奇）、劳伦斯·哈维（拉里·斯基恩）、托尼·柯蒂斯（伯尼·施瓦茨）、泰布·亨特（阿瑟·格利恩）、米基·盖纳（米基·格伯）、艾索尔·摩曼（艾索尔·齐默尔曼）、维克·戴索（维托·法里诺拉）、茱蒂·荷丽黛（茱蒂·图维姆）、丽塔·海华丝（玛格丽塔·卡门·坎西诺）、简·惠曼（莎拉·福克斯）、柯克·道格拉斯（伊索尔·达尼耶洛维奇）、丹尼·凯耶（戴维·卡明斯基）、杰克·本尼（本杰明·库比尔斯基）。

⑤ 这一情节源自电影《一夜风流》。——编者注

⑥ 这一情节源自电影《叛舰喋血记》。——编者注

乔治·阿利斯则彬彬有礼、沉着冷静，因为他一再出演历史人物，一名学校负责人竟然担忧地说，整整一代小学生长大后可能都以为但凡过去的伟人都长得像乔治·阿利斯。在片中，他表现得比格莱斯顿[①]更诡计多端，比达达尼昂和三个火枪手更足智多谋，比所有罗斯柴尔德兄弟更花钱无度。阿利斯能给观众带来快乐，但法国大革命却让他们流下太多眼泪。在《绝代艳后》里，瑙玛·希拉勇敢地坐上囚车奔赴刑台；在《双城记》中，罗纳德·考尔曼坐在瑙玛·希拉身后奔赴刑场，更是伸头就刑，在他人头落地前，知晓内情的人们了解，这是他一生中最乐意做的事，这里是他最好的安息之所。

那年冬天对于欧洲和美国来说，都史无前例地寒冷。西班牙有100万人在内战中丧命。海因里希·希姆莱禁止《时代周刊》在德国发行，亨利·卢斯对此倒很高兴。希特勒有型地站在他协助设计的大众汽车前，当时售价396美元。(它涨价了，但样式看起来几乎没变。)1939年，美国举办了两个世界博览会，可以乘坐游览列车一并参观，享受优惠。可是没多少人图这个便宜，大多数人觉得只看一个就够了，而且通常他们都会选纽约的。虽然旧金山的金门博览会设计雅致，航空馆的表演惊心动魄，灯光的布置也美轮美奂，但金门博览会没有新奇小把戏，没有宿营地，没有玉米，没有杂耍，最重要的是，没有格沃尔·惠伦。

惠伦已经53岁，但每次出席公众场合都不忘在他的翻领上别一朵栀子花，他是纽约的官方“接待员”。来访的贵宾若没得到惠伦亲自接待，没收到纽约钥匙徽章，都觉得颜面扫地，就像被断绝了外交

① 威廉·尤尔特·格莱斯顿：英国政治家，曾4次出任英国首相。——编者注

关系一样。纽约世界博览会（他称之为“明日世界”）被认为是他的杰作。为了迎接所有宾客，他致力于为他们展出所有他们能想到的，上至伟大艺术品，下至裸舞表演，从会说话、会抽烟的机器人Elektro到有300种不同语言版本的《主祷文》。“这是悖论中的悖论。”纽约世界博览会闭馆那年，西德尼·M·谢莱特在《哈泼斯》杂志上评论道：“它说好也好，说不好也不好。它既达到了粗俗疯狂的极致，又是所有灵感的巅峰之作。”《纽约时报》记者迈耶·伯杰更将其称为“疯狂牧场”。但回想起来，所有疯狂都不失其清晰的条理，虽有粗俗品味的部分，但毫不影响该活动的初衷。即使纳粹德国没来参加（它是唯一未参展的大国），也没有关系。总之，该博览技术水平极高，对于战后美国的影响也很大。

博览会中最吸人眼球的展厅是通用汽车公司的“飞出个未来”，参观人数高达每日28 000人次，每个人都坐在扶手椅上观看，随传送带移动，全程时长15分钟，他们一边观看诺曼·贝尔·格迪斯设想的1960年美国景观，一边听解说。诺曼·格迪斯的预见也不尽准确。他预测未来的美国人身材高大、褐色皮肤且充满活力，大部分时间都在娱乐。（可是他没有提到黑人，显然黑人将不复存在。）1960年美国人已厌恶家居用品，所以在此提及不多。乡村到处是纵横交错的宽阔马路。汽车都装有空调，售价只有200美元。大部分土地被森林所覆盖。住在乡村的美国人可谓最幸运，全村上下只有一家工厂，只生产单一的工业产品，生活自给自足。

发明家和工程师使用了一点儿原子能，但他们主要的动力来源是液态空气。通过大倍率的望远镜，月球比以前清楚了100倍。癌症也能治愈了，人均寿命达到75岁。房屋轻巧且可弃置，厌倦时丢弃即可。（丢在哪里并未提及。）大多数人拥有高中学历。每个村都有一个机场，由电梯把飞机从地下机库运进运出。写字楼和公寓都有1 500英尺高，旁边就是14车道收费公路。

约翰·布鲁克斯指出了诺曼·格迪斯“飞出个未来”最明显的缺陷，即他未曾提及城市的种种问题，而这将使下一代美国人面临危机。城市内高速公路交错纵横，被划分为住宅区、商业区和工业区。这片梦土只会使更多汽车更快地涌入城市，却未曾想在哪里停放。那才是诺曼·格迪斯“最为准确”的预测，让人绝望的是后来的实际情况也确实如此。正如布鲁克斯评论“飞出个未来”所言：“格迪斯所设想的‘天堂’许多已成现实，唯一的问题是，实现之后的‘天堂’看起来更像是‘地狱’。”

1939年6月中旬到纽约世界博览会参观的外国游客中有个说话结结巴巴的英国人，名为乔治六世，他承天恩担任大不列颠和北爱尔兰以及其属地的国王、印度帝国的皇帝、英联邦的元首、基督教的保卫者。陪同他的是王后（闺名为伊丽莎白·安吉拉·玛格丽特·鲍斯–莱昂），还有一大群礼宾人员、秘书和助手。这很可能是惠伦一生中最重要的时刻了。惠伦系着飘逸的白领带，满脸堆笑，亲自领着英王逛了一圈，一直恭送到海德公园才离开。

那天，罗斯福大尽地主之谊。他亲自驾驶定制的福特汽车载着这些尊贵的客人各处参观，这辆车可以手动刹车。他还给客人提供热狗，并应英王要求，倒上鲁伯特啤酒。在华盛顿，60万人夹道欢迎，约翰·南斯·加纳咯咯笑道：“英国人来啦！”凯特·史密斯应英国王室的请求唱起了《月亮爬上山顶》。整个过程都很低调，但政治意义重大。三个月前，希特勒占领了捷克斯洛伐克的残存国土。现在战争迫在眉睫，而美国总统要让全世界都知道，美国并非只有发点儿消息给威廉大街（德国外交部所在地）这么点儿能耐。美国是一个沉睡的巨人，他说，现在她正要醒来，侵略者们要当心了。德国元首承袭其一贯的魅力称美国总统是“诡辩的犹太人”，并补充说，“他妻子和黑人完全相像的样貌”表明她是个“杂种”。

德国国会崇拜希特勒，美国国会却联合起来反对罗斯福，白宫面对这样的差异，心里很不是滋味。总统要希特勒保证，不攻击弱国；威廉 · L · 夏伊勒描述当他们的首领庄严承诺不会入侵美国时，“那些大腹便便的代表们是如何哄堂大笑的”。孤立派代表参议员奈说，罗斯福“是自找麻烦”。罗斯福在中期选举中播下的种子，已经由美国参议院外交委员会收获了恶果；慕尼黑协定曾震惊全美，委员会本有望废除《中立法》，却以 12 票支持、11 票反对落空，这其中投支持票的包括沃尔特 · 乔治和盖伊 · 吉列，罗斯福早就想让他们退休了。

查尔斯 · A · 林白是影响力仅次于总统的公众人物，听他讲话的广播电台听众人数是最多的。“有人说我们的边境线在欧洲，我们绝不能被这样的宣传误导。”他说，“我们东有大西洋，西有太平洋作为天然屏障，还有什么可担忧的？海洋是一个难以克服的屏障，甚至现代化飞机也难以逾越。”他越来越强硬了。参议员阿瑟 · H · 范登堡发誓，任何情况下都不让美国人参战。那年夏天，厄尔 · 白劳德在美国弗吉尼亚大学夏季政治研究所演讲时，有人问他，斯大林是否会与希特勒结盟。白劳德后来回忆道：“我回答说，他们要结盟比我当上美国商会主席还难。” 弗里兹 · 库恩因伪造和盗窃罪被判刑，他领导的德裔美国人同盟便叫嚣说，他是罗斯福统治下的首个政治犯。8 月 20 日，希特勒首次下令让波兰割让但泽（波兰称格但斯克），第二天柏林又和莫斯科共同公布了《苏德互不侵犯条约》，波兰人真是走投无路了。然而，美国军事分析家还一直在强调波兰的道路修得不好且“路上全是泥”，似乎“二战”可能会因为天气不好而取消似的。

美国过分崇尚简单化，以至于无法理性地讨论外交政策和国家安全面临的威胁。张伯伦没明白为什么英国人的安全仰仗捷克斯洛伐克的防御工事苏台德区，美国舆论也固守海洋屏障坚不可破的偏见。但是，罗斯福和赫尔意识到，大英帝国不再是世界上最强大的稳定力量了，慕尼黑协定已经暴露了它摇摆不定的软弱。英国舰队仍然威力不减，但如果法国沦陷，英国就只能退守到岛上作战了，地理政治重心必然会西移。希特勒已宣称，他的终极目标是“整个世界”，德国特工在阿根廷也相当活跃。罗斯福相信他可以保证他这一代人不受战争侵扰，但代价极高：下一代人将不得不孤军奋战，处于绝对的劣势。林肯说，若顺应民意，万事皆可成；反之，皆不成。那么，现在的民意是什么？盖洛普博士报告65%的受访者赞成抵制德国，57%希望修订《中立法》；51%相信1939年会爆发欧洲战争，58%认为美国将被卷入这场欧战；90%表示，如果美国遭到入侵，他们会参战反击，而10%表示，即使美国没有被入侵，他们也愿意参战。

美国若宣战，无疑会引起暴动。总统不得不照顾公众的情绪，这就令他为难了。但现在他至少可以采取两项重要举措：向国会随时通报情况和加强武装力量（当年夏，美国的武装力量还不及波兰）。总统不知道（知道了也无法证实）希特勒已经决定在5月摧毁波兰，继而是英国和法国。但提供给总统的情报服务相当不错，那些堆积如山的数据都直指唯一的结论：德军准备冲出国界，侵略邻国。

7月的最后一星期，总统邀请国会政要到二楼椭圆形办公室。罗福斯请国务卿赫尔坐在他身旁，亲自展示了各种证据说明希特勒的野心，并预计盟军胜负难料。他还要求修订《中立法》。希特勒曾向罗斯福亲口承认，美国有一种力量让他印象深刻，那就是“疆域辽阔、富饶无比”。为什么不以此威逼他？根据目前的《中立法》，美国禁止向任何一方出售武器。修订《中立法》能威慑纳粹独裁者，维护和平。总统对他的客人说：“我连最后一发子弹都打出去了。现在得再装点儿子弹在弹夹里。”

他其实是在向博拉求助，因为只要他同意，参议院会一致认同。但是他不同意：“今年不会发生任何战争，所有这些恐慌都是人为造成的。”

绝望的赫尔说：“你来我办公室读读电报吧。”

博拉面无表情地说：“我在欧洲有消息来源，比起那些国务院的消息，我认为我的消息更可靠。”后来他解释其来源是外国报刊。

赫尔气得眼泪在眼眶里打转，加纳清点了赞成废除禁运令的人数后，对总统说：“嗯，长官，我们还是面对现实吧。你票数不够，就这么简单。”

罗斯福平静地对他们强调，若出事了是他们的责任，然后就问候晚安道别了。

还有一件事让罗斯福操心——国防。5 年来，美国海军这时才第一次在大西洋演习，还是以参观纽约世界博览会为借口，那是美国海军可以想到的唯一理由了。1939 年，最为难忘的海军事件莫过于“角鲨”号潜艇竟在离朴次茅斯港 240 英尺的水域中莫名其妙地沉没了。众议院已经批准 499 857 936 美元作为陆军军费，其中 5 000 万美元划给陆军航空队，计划将原有的 5 500 架飞机增购至 6 000 架，博拉用鼻子哼了一声说：“虚张声势，神经过敏。”这一次被他说对了。和英国喷火战斗机、法国纽波特战斗机及德国 Me–109 战斗机相比，美国的飞机根本就不是对手。即使是美军基地新采用的新型 P–40 战斗机也只能配备一些在螺旋桨转动时能同步开火的机关枪——这是1918 年的设计了，而且这些飞机还在试验阶段。

5 月，总统再次展现了他知人善任的能力，任命美国陆军准将乔治 · C · 马歇尔为总参谋长（他宣誓就职当日，德国入侵波兰）。马歇尔手下有 22.7 万名士兵，但只有 7.5 万人配备了武器：加兰德步枪、斯普林菲尔德步枪、20 年前制造的机关枪、1918 年停战后由欧洲运来的法国 75 毫米口径炮等。8 月，段澜中将把他的第一集团军集结起来演习。他板着脸报告兵力不足，手下缺少 24 600 人、3 063 挺机枪、 348 门榴弹炮和 180 门野战炮。相比欧洲方面，《时代周刊》评论“美国军队看上去就像几个小男孩带着玩具枪”，迪安 · 艾奇逊援引老段子评论美国军事准备不足：“上帝关照小孩、酒鬼和美国。”J · P · 摩根坐船到苏格兰射猎松鸡，他说：“如果他们发动战争，我可就不能打鸟了。”美国人的目光短浅可见一斑。

波兰时间 9 月 1 日凌晨 5 点 20 分，欧洲战争开始。当时，一架德国战机轰炸普克——这个格但斯克湾西北海岸的小渔村兼波兰空军基地。凌晨 5 点 45 分，德国“石勒苏益格–荷尔斯泰因”号战列舰打出的第一发炮弹，就直接命中了波兰建在维斯特布拉德半岛的一个军事转运仓库。德国国防军发动了第一次进攻，当时下着淅淅沥沥的小雨，天灰蒙蒙的。4 小时后，即华盛顿时间深夜两点半，总统床头的电话铃响了，是驻法大使打来的。“我是比尔 · 布利特，总统先生。”

“说吧，比尔。”

“刚接到托尼 · 比德尔从华沙打来的电话，总统先生。德军的几个师已经攻入波兰境内，战况激烈。托尼说，有报道称，德军的轰炸机在城市上空盘旋。然后电话信号就中断了……”

“好吧，比尔，战争最终还是来了。愿上帝保佑我们吧。”

刚开始时，德军进展异常顺利。德国总参谋部曾估算，他们只需一个月就能征服波兰。实际经过 11 天，战争已经基本结束，没有结束的只有希姆莱新集中营的惨叫声。9 月 25 日发行的《时代周刊》给读者介绍了一个新词："这不是领地之争，而是一场以速战速决为特征的——闪电战。"收听欧洲短波广播的美国人，每半分钟就听到一个令人振奋的 11 个音符——来自肖邦的《波兰舞曲》，这标志着虽然波兰其他地区被迅速占领了，华沙广播电台仍然是自由的。9 月 17 日凌晨 4 点，苏联军队从后方冲入波兰。华沙广播电台停止了播放。等到它再次发声时，听到的却是透着得意扬扬的纳粹德国国歌《德意志高于一切》。

肯尼思 · 克劳福德在《国家》杂志中委婉地质疑："罗斯福政府果真保持中立吗？当然不是。美国难道真的可以在下一场世界大战中置身事外吗？几乎不可能。"但是白宫却不这样说。罗斯福在 9 月 3 日的炉边谈话中宣布："美国会保持中立，但我也不能强迫每一个美国人都在思想上保持中立。"在总统的首次战时新闻发布会上，《纽约太阳报》记者菲尔普斯 · 亚当斯问道："我们真能置身事外吗？"罗斯福稍微停顿了一下，慢条斯理地回答："我不仅由衷地希望如此，也相信我们可以办到，政府也会为此努力。"罗斯福加强了拉丁美洲的防御，他建议美洲会议警告军舰，不要在加拿大以南进行海军行动，在随后巴拿马的声明中正式发出。在第二次新闻发布会上，有记者问他，美国领海向欧洲延伸的部分有多远。他含糊其辞道："美国利益要它有多远，它就有多远。"记者质疑："能延伸到莱茵河吗？总统先生。"总统大笑了起来，解释道："我仅指海洋。"

罗斯福的确在考虑这个问题。美军唯一可能与大批德军正面交锋的地方是公海。英国客轮"雅典娜"号被一艘德国 U 型潜艇击沉。在英格兰，愤怒的美国幸存者与杰克·肯尼迪（驻英大使肯尼迪22岁的儿子）座谈。这个年轻人说，“我们仍然坚持中立,《中立法》依然有效”，使大多数人很不满意。罗斯福也不满意。现在战争已经开始，他的政策也随之变化。在他看来，中立不过是指美国兵不向德国兵开枪，因此并不妨碍利用制海权帮助盟军。罗斯福对“交战潜艇”关闭了美国水域（潜艇当然是指纳粹派来的），并呼吁国会召开特别会议，说明如果他国“现购自运”，就允许它们购买美国军火。罗斯福夫人在她的专栏中曾得出这样的结论：“不管我们多么不愿意这样做，都有必要使用世界的力量保护文明，直到这个世界的精神力量足够强大，使接受裁军最后成为可能。”那才是她丈夫心中真正的“中立”。

但这并非像林白、博拉、范登堡或是惠伦的定义，甚至在起初，大多数报纸编辑也不认同。因此，“现购自运”成为战争时期第一个引起争议的话题。它标志着一个新林白的出现。9月15日，林白在一次广播电台讲话中说“这不是联合起来保护白种人反对外侵的问题”，这是“因为‘一战’的失误而产生的争端”。他的妻子安妮刚刚完成了一本新书《未来的浪潮》，她似乎认为纳粹最后获得全球胜利是必然的。但安妮的母亲在威廉·艾伦·怀特委员会工作，该委员会支持“现购自运”。时至今日，一个家庭分化了，因政见不同而争吵不休。哈罗德·伊克斯公开问：“那个残酷的独裁者一手为美国人授奖，而同样用那只手抢劫和折磨了数以千计的人类同胞，美国人怎能接受这种奖章呢？也许亨利·福特和查尔斯·林白上校愿意回答这个问题吧。”两人都曾于1938年接受过希特勒的奖章。

伊克斯的这番言论激起了德国代办的抗议，森纳·威尔斯冷冷地驳回了代办的抗议，突然间，人们热议的话题不只是中立的定义这么简单了，它已经升华为一个爱国主义的问题。罗斯福破例宣布了

“有限的全国紧急状态令”。律师和学者都面面相觑，都问何为“有限的全国紧急状态令”。其实这也没什么，只是罗斯福发出警告的一种方式而已。对于这个模糊不清的宣告，唯一努力响应的是电影院经理：每天晚上演出结束时都要播放美国国歌《星条旗》（持续了将近6年）。总统通过与孤立派的激烈交锋，最终取得胜利，他现在能拿到足够的票数了。参众两院通过了“现购自运”修正案。11月3日，抵美的英国商船开始挑选港口引航员了。

随后，立法部门暂时风平浪静，可美国人注意到了什么，或者，更准确地说，注意到缺失了什么。不是说欧洲在打仗吗？确实是，但为什么唯一打打闹闹的声音却来自伦敦的音乐厅，落幕时一个鹰身女妖唱起一首难听的民谣《我们要将我们的脏衣服挂在齐格菲防线上》。海上也有战事，但英国人掌握着主动权。西部战线上，希特勒采取的是伺机而动的战略，让法国军队的士气越来越低迷；马其诺防线上，形同关禁闭的法国陆军无所事事，越来越松懈——这就是一名英国将军口中的“世界上最强的军队”，他们“面对着26个师的兵力，竟静坐候令，躲在钢筋混凝土工事后面”。德国人把这称为“静坐战”。参议员范登堡说：“这场所谓的战争，只是25个士兵的静坐和一种对外宣传罢了。”参议员博拉把它称为“假战”，其实说得很对。

因此，20世纪30年代以饥饿的呼喊开始，却以慵懒的哈欠结尾。这次没有马恩河战役，甚至连略显大规模的边境冲突也没有。美国历史上的这个时期，国际问题将要压倒国内问题，可是作为时代标志的不过是一些小事。因为《苏德互不侵犯条约》，格兰维尔·希克斯退出了共产党，但几乎没人注意到这点。泰隆·鲍华和他的妻子安娜贝拉从里斯本飞回美国。罗德学者们被召回（拜伦·怀特进入耶鲁大学法学院学习），后来他们都觉得自己相当愚蠢，他们逃脱的只不过是一场无声的对抗而已。战争爆发的前几天，杂货商卖糖按100磅卖，罐头按箱卖，面粉按50磅卖。那些拼命囤货的人也觉得自己很蠢，因为其实粮食并不缺。

有一段时间，因为纸上谈兵而使彩头图钉供不应求，兰德·麦克纳利公司生产的大型欧洲地图也很快被抢购一空。纽约交通委员会宣布，地道可以作为绝佳的防空洞。一家在新泽西州巴约讷的标准石油公司的子公司以美国出生的海员取代了当地的德国人。一个地毯制造商把他最受欢迎的产品"独裁者地毯"更名为"自由地毯"。但当人们厌倦了，又后悔当初一时冲动所做出的决定。到了圣诞节，欧洲地图滞销了。埃尔默·罗珀发现，67.4%的人不希望参战。1940年元旦，全国人民更感兴趣的是精力旺盛的田纳西队的瘦小子们能否在玫瑰碗橄榄球赛中打败南加利福尼亚州队的肌肉男。（事实证明他们不能，南加州队最后以14∶0赢得比赛。）点唱机里唱着"安妮再也不住这里了"，邦妮·贝克虽然口齿不清，仍然高唱着"哦，约翰尼"，历数男友的种种优点。在伊利诺伊大学，Pi Kappa兄弟会的一个成员把5只新生小白鼠包在生菜里，一口吞了下去。人们在剧院遮阳棚下排起长龙，等着看贝蒂·戴维斯主演的《卿何薄命》和詹姆斯·史都华出演的《史密斯先生到华盛顿》。罗斯福总统向希特勒发出了最后一封调解信，却获悉他睡着了。然而，他睡不了多久。

美国人小像：诺曼·托马斯

他是美国的以赛亚[1]
民族的良知，
沉默者的喉舌，
无产阶级的倡导者，
贵族的叛变者，
敢于打破沉默的先知。

他6次竞选总统，可是没有一个人投票给他。然而，他没有抛弃他的理想主义陷入绝望，也不肯抛弃美国原有制度。到最后，他发现他获得的并不比那些选举成功的人少——同时，他还保持着正直的品格。

诺曼·托马斯是一个布道者。这是世代承袭下来的，深植内心。他的父亲、祖父和外祖父都曾是长老会牧师，他从小在俄亥俄州派送沃伦·G·哈宝的《马里昂明星报》，他独自练习抑扬顿挫的声调，直到后来能讲得像布赖恩、德布斯、西奥多·罗斯福一样引人入胜。

雄辩家的风格他已掌握，现在需要的是好的演讲内容。从普林斯顿大学毕业时，他还代表毕业生致毕业辞。毕业后，他环游世界，这一经历让他认识到殖民主义的邪恶。回到纽约后，他在曼哈顿破败的春天街当一名社会工作者。春天街的悲惨和贫困让他心碎，他试图

① 以赛亚：公元前8世纪希伯来大预言家。——译者注

寻找解决的方法，沃尔特·饶申布什所办的纽约协和神学院倒是为他提供了一些答案。后来他说："在纽约市贫民区生活、工作，逼我坚定不移地走上社会主义道路。战争即将打响，我更加坚持要这样做。其中很大一个因素是道德的驱使。"

1917年，战争爆发了。他在竞选中反对战争，还被人扔石头。他与罗杰·N·鲍德温一起创立美国公民自由局（后来改为联盟），1918年他致信尤金·德布斯：

> 我给你寄了一份申请书，申请加入社会党。我之所以这样做，是因为我觉得现在是激进分子站出来承担责任的时候了。我相信有必要建立一个合作制的联邦国家，并且废除我们当前不公正的经济制度，消除基于此制度上的阶级差别。

他为这些所动容：

> ……我身边充斥着各种荒谬的不平等现象、触目惊心的浪费、严酷的剥削和纯属人为导致的贫穷。

德布斯于1926年逝世，托马斯成为社会党继任领袖。他当时42岁，身高6英尺2英寸，185磅，长着一对带笑的蓝眼睛。他是个温柔的卫道士，一个好脾气的清教徒。很奇怪，他的健康状况总是受人类生存条件的影响。如果世界和平与繁荣，他也活力四射；如果世界水深火热，他的健康状况就每况愈下，但疾病从来都不能阻止他工作。

1932 年，他知道他无法当选总统，便告诫年轻的跟随者们做好失败的准备，“为你的希望而投票，而不是出于你的恐惧”。他还告诉他们：“不要为你不希望或不想得到的东西投票。”

他竞选总统提出的纲领有：公共工程、失业保险、最低工资法案、低价住房、贫民窟清除法案、5 天工作制、废除童工法案、老年人健康保险、反共产主义、公民自由、黑人的公民权利和养老金。那时，几乎所有人都认为这些建议很激进。

该纲领得到 728 860 名选民投票赞成，也包括那位来自纽约在大选中获胜的人（指罗福斯）。

托马斯的得票在 1936 年下降到 187 342 票，他知道原因是什么：“……社会党也很高兴，因为他们看到民主党人通过了一些他们很早以前就提过的政策，例如关税和贸易壁垒、劳动立法、社会立法、社会保障以及……农业政策，如徒置局。”

无论哪里有纠察线，他都参加，还到处发表政治演说，不管那里有多危险。1935 年 3 月，他在密西西比州伯德桑县为黑人佃农争取权益发表演讲，一群喝醉酒的白人暴徒把他从讲台拖下来，狠狠揍了他一顿，把他丢到县界之外。其中一个骂他：“我们不需要任何该死的北方杂种来告诉我们该怎么对待黑鬼。”

三年后，他到泽西市发表演讲，反对该市市长弗兰克 · 海格（此人说过“我就是法律”）。海格禁止公民集会，并警告托马斯不要参与其中，但托马斯还是来了。

海格让警察狠狠揍他，把他赶过哈得孙河，并下令禁止他再进泽西城。一小时后，他又回来了。警察又把他打了一顿丢了出去，他躺在曼哈顿人行道上鲜血直流。这次他到联邦法院告状，法官对市长和他的中队发出禁令，托马斯虽然缠着绷带依旧刚正不阿，他在泽西市日报广场面对广大听众谴责“海格主义”。

苏联恨他。他在苏联“大清洗”期间访问莫斯科后竟宣称：

> 相信个人尊严的人看来，只有一个标准能判断社会的好坏，这就是它在何种程度上接近人皆自由的理想。除非你相信某种无政府状态是可行的，或找到证据证明确实存在一种高人一等、为大众拥戴的统治阶级，那么人们也自然会服从。否则，除了民主制度，没有其他方法可以建立理想社会。除了民主制度，还有一条道路就是暴政。

列夫·托洛茨基呵斥道：“诺曼·托马斯自称社会主义者，那是误解。”但托马斯很坚决：必须要保持美国原有制度。他相信新政一定会让钢铁行业国有化，但他也相信，罗斯福的当选是“对美国的救赎……对福利国家的救赎，近乎一场革命”。

在“二战”中，他反对拘留日裔美国人，也反对罗斯福提出的无条件投降的要求。他认为，如果纳粹党胜利，无异于被打入“地狱最底层”，但他认为讲清楚什么是民主和平条件将更加合理。

1945年，他几乎是孤军奋战地谴责美国使用原子弹："我们将为此付出代价，我们会遭到百万人怨恨，并且那种怨恨会越来越深，直至超出我们的想象。"

1948年，他最后一次参与竞选总统，只因为他看到亨利·华莱士是如何被共产党操纵的。大选第二天，一个著名的纽约民主党人说："不该落选的人落选了。"朋友问他："你指的是杜威吗？"他说："不，是托马斯。"

在以后的岁月里，他不再作为一名候选人发表演讲，而是作为和曾经一样的传道者四处演说。1960年，他意识到必须裁军并将发生生态危机。他坚信，美国向别国提供军事援助最后将带来灾难，他也相信马歇尔计划是英明的。

一路走来，他写了20本书。他精力旺盛得令人难以置信。在他80岁时，因关节炎而一瘸一拐，可是尽管疾病缠身，身体也已变形，他依然乘汽车或火车全国到处走（为了省钱，他都睡上铺），发表演讲反对越南战争。那些曾发誓谁也不信的大学生却愿意挤在大厅里，听他谴责战争的罪恶。但他从来不鼓励他们用暴力解决问题：

好生活的秘诀就是要有正确的信仰，并且用正确的价值标准来衡量这些信仰。异议和异议者让我们重新评估这些价值并坚持真理至上。起义本身并不是一种美德。如果它是的话，我们一些英雄的水平就极低了。

曾经有记者问他什么是他多年的成就。以下是他的部分回答：

> 我想能活到我这么大的岁数，至今仍坚持信念或尝试着坚持信念，就是一种成就了……能够带着某种明确的满足入眠……因为想到自己在一些事情上付出过，比如在公民自由种族关系以及一些其他领域。我认为，在美国公众无动于衷甚至怀有敌意之前，保持社会主义的想法，也可算是一种成就吧。

1968年12月，他在睡梦中辞世，总统约翰逊、副总统汉弗莱、州长纳尔逊·洛克菲勒、美国驻联合国大使阿瑟·戈德堡、纽约市长约翰·林赛都表示哀悼，并高度赞扬了他的贡献。他一直坚持信仰，这一点每个人都认同。

但他们忘了提及诺曼·托马斯回答记者提问时的最后一句话："以上这些就是我的成就了。如果要说的话，其实并不多。"

其实并不多，只留下了一道不朽的光辉。

第七章　黑暗中的曙光

希特勒第三帝国时期，基础物理学并不存在。当时，犹太物理学是违犯法律的，而德国物理学则由位于菩提树下大街 69 号的德国科学、教育和民族文化部负责。然而事实上，1938 年 3 月之前，德国物理学界最出色的学者之一是一位犹太妇女，她就是莉泽 · 迈特纳。她与奥托 · 哈恩（1944 年诺贝尔化学奖得主）和弗里茨 · 斯特拉斯曼一起在柏林威廉皇帝研究所里进行中子撞击铀的实验，发现了中子诱发铀裂变这一惊人事实。迈特纳博士是反犹主义政策下的例外，因为她不是德国人，而是维也纳人。

德国吞并奥地利后，所有的奥地利人都成了德国公民，作为一名非雅利安人，莉泽 · 迈特纳被赶出实验室，纳粹集中营的魔爪遍布左右。于是她德高望重的同事们纷纷去拜见元首，为她求情。他们都辩护道：物理学只有对错之别，并无种族之分，正因为德国人有真理指引，所以才多次获得诺贝尔奖——获奖次数是美国人的三倍。希特勒听此大怒，随即将他们归为“白犹太人”，并下发了对莉泽·迈特纳的逮捕令。迈特纳扮成游客，逃到荷兰边境，又前往瑞典的孔艾尔夫，一个靠近哥德堡的海边小镇。另外两位伟大的物理学家——居住在哥本哈根的尼尔斯·玻尔和现居于斯德哥尔摩的哈恩，都非常好客，友善地接待了她。但是对迈特纳来说，她的事业已经被迫终结，人生也全数尽毁。

同一时期，她的同事以及美国物理学家正处于科学鼎盛时代，一项惊人的成果在五六个国家接踵而至。意大利物理学家恩里科·费米因研究中子取得的成就而获得了诺贝尔奖。剑桥的哈恩、斯特拉斯曼、玻尔和查德威克以及巴黎的约里奥–居里夫妇都走在科学的最前沿，努力寻求突破。30多年前，阿尔伯特·爱因斯坦根据他提出的相对论，抽象地测量出了原子能。爱因斯坦认为物体运动时的质量大于静止时的，其中的差异由光速界定。如今实验表明，中子撞击铀元素后，会发生核裂变，新的化学元素被发现，铀的三个同位素已在研究中，并已写出方程式。这些原理一旦得到验证，爱因斯坦的推测则很有可能成为现实，这也将成为一项伟大的成就。不过，核物理学家们并未期望世界能够认同他们，甚至连他们自己都不敢相信这一成果。1938年12月22日，当哈恩在德国《自然科学》期刊发表分裂原子现象的报告时，他总觉得自己或许搞错了：“文稿寄出去后，我对这个研究成果再次产生了怀疑，甚至希望邮出去的文稿能够返回来。”但玻尔读到这篇文章时，激动得一拍脑门，喊道：“我们怎么这么久都没想到这一点呢？”

对此，核物理学家们既欢欣鼓舞，又敬畏恐惧，对于这一研究成果的意义也意见不一。爱因斯坦告诉《纽约时报》的记者威廉 · L · 劳伦斯，核裂变不能产生爆炸。玻尔与一位同事辩论时，提出了 10 条令人信服的理由证明不可能制成爆炸装置。哈恩对此事则解释说："这必将违背上帝的意愿。"但在大西洋彼岸却传来了不同的看法。1939 年 2 月 2 日，利奥 · 西拉德（美国核物理学家）从美国寄给约里奥 · 居里的信中写道：

> 约两星期前，哈恩的文章传到我国，我们有几个人立即对铀裂变能否释放中子这个问题产生了强烈的兴趣。显然，如果它能释放出一个以上的中子，那其他一系列链式反应皆有可能。在某种情况下，这将导致爆炸性武器的产生，而且这种武器极其危险，尤其是一旦落入某些政权手里。

他并没有指明"某些政权"是哪些，但所有人都知道，也忧心忡忡——有了这种爆炸性武器，希特勒可以控制并摧毁整个世界。

出于恐惧和不安，欧洲的杰出物理学家们和莉泽 · 迈特纳一样纷纷移民。费米在离开法西斯意大利去斯德哥尔摩领奖后，在瑞典退了回程票，直接飞往纽约，前往哥伦比亚大学的实验室工作；年轻的爱德华 · 泰勒（"氢弹之父"）前往乔治 · 华盛顿大学；维克托 · F · 魏斯科普夫到罗切斯特大学任教；玻尔也整装待发，准备去普林斯顿大学投奔爱因斯坦。他建议迈特纳和她的侄子O · R · 弗里施博士暂时留在哥本哈根，继续完成这项实验。1939 年 1 月 16 日，玻尔到达纽约后，收到了迈特纳和弗里施发来的越洋电报：这项实验得到证实，他们分裂的原子释放出了两亿伏特的电。如果铀能够被控制的话，理论上它产生的爆炸力将是TNT（三硝基甲苯）的 2 000 万倍。

任何人听到这个消息，都会感到无比惊讶，无论是对消息来源还是对事实本身。他们肯定以为科学家都是不切实际的怪人——像弗兰肯斯坦博士（玛丽·雪莱所创作的科幻小说《弗兰肯斯坦》的主人公）一样，整天摆弄着各种蒸馏器、玻璃瓶和大型开关之类的东西。值得注意的是，当雷斯理·格劳维斯将军后来增聘一位工作人员和核科学家们共同工作时，他说："你的工作不简单，因为你加入的是迄今为止规模最大的'疯子团队'，我们也是付出了巨大的代价，才把这些人聚集到一起的。"科学家们虽然知道外界对自己的看法，但无动于衷。不过，战前核物理学家们这种漠不关心、随意而为的态度，在 6 年后随着一朵蘑菇云的升起而烟消云散。1939 年，"物理学家"这个词并不常见，很多美国人甚至不会念这个词。许多在大学工作的物理学博士年薪只有 1 500~1 800 美元，但他们也只好接受，因为别无选择。工厂不需要他们。1937 年，全国只招聘了 4 位科学研究人员，并且政府把多数经费都拨给了农业部，所以提供的科研经费少之又少。

好处是，科学成了无人打扰的行业。科学无国界，科学家之间对科研成果也不保密。甚至在苏联，A·I·布罗茨基于 1939 年发表了一篇关于铀元素分裂的文章，他的两个同事还在莫斯科地下通道的换气竖井里做过裂变实验。（不久，克里姆林宫便下令禁止这项实验，认为它无任何实用价值。）甚至在"国家安全"概念蔓延至这一领域时，科学家们对此也丝毫不担心。他们仍无所顾忌地与同行谈论核裂变，因为外行们根本不理解。实际上，科学家中也只有一小部分人知道核裂变的真正意义。玻尔离开丹麦之前，已经非常清楚地意识到德军可能要侵入这个弱小的国家，他还担心自己珍藏的重水——重水中一个氢分子中包含两个原子，可以有效减小中子的速率。然而，又有多少纳粹知道这些呢？寥寥无几，所以，他把重水倒入一个大啤酒瓶里，放入冰箱。就这样，丹麦沦陷 5 年，这瓶重水依然保存得完好无损。

或许只有在美国，学术自由才能最大化，也正是在这里，核武器竞赛的最初几步才得以完成，虽然都是公开进行的，但公众对此并不感兴趣。迈特纳–弗里施的电报也是用明码发送的，如果科学情报要用密码发送，是会被人耻笑的。同样，另外一次用以证实他们二人研究成果的实验也非常简陋：1 月 25 日晚，大家把哥伦比亚实验室腾出一点儿地方，邀请费米做指导，进行铀实验，并安装了示波器测量能量，然后按下开关就开始实验，结果示波器指针显示产生两亿伏特，从而再次确认了此类实验的准确性。为了深入讨论此事，所有人都转到位于百老汇街和第 119 街交汇处的哥伦比亚大学普平物理实验室的 301 演讲厅。讨论期间，演讲厅的门都没关，更不用说上锁了。任何人只要走进去，即可了解核科学的最新发展——当然，他得能够理解那些术语，以及黑板上的图表、公式、零碎板书才行。

1939 年，甚至连在华盛顿召开的会议也是对外开放的。费米和玻尔出席了当时在华盛顿举办的美国物理学会的春季会议，玻尔上台发表演讲，汇报了他们的研究成果。他直截了当地说，含有一小块铀 235 的武器如遇到慢中子撞击，所产生的威力足以炸毁哥伦比亚特区的大部分地区。演讲期间，参会者们不时出入大厅，长途致电各自学校，报告这一爆炸性信息。美国年轻人罗伯特 · 奥本海默（后来成为“原子弹之父”）在一个黄色的本子上疯狂地涂写，粗略计算着铀的临界质量。当时现场还有一位《纽约时报》的记者，但是他和他的编辑都没人能完全理解报告所蕴含的实际意义，但还是在报上发表了一篇铀裂变成果的简讯。第二天早上，路易斯 · W · 阿尔瓦雷斯博士（1986 年诺贝尔物理学奖得主）正在加利福尼亚大学理发，突然注意到了该新闻，立即从理发椅上跳了起来，不顾自己身上还围着理发时用的遮布，冲到放射实验室告诉同事们。

除了核爆炸的道德问题——随即便有人提出了，还有许多问题需要解答。之后的研究表明，铀元素并不只罕见，而且其中99.6%都是铀238，太稳定而不易发生裂变，必须从铀238中分离出铀235并达到一定纯度才可行，但这个纯度当时在美国从未尝试过。制造炸弹需要精密设计，这个任务委托给了德国难民克劳斯·福克斯①，他的政治见解颇耐人寻味。尤为重要的是，从物理理论到实际装备这样的大跨步，开支巨大，仅凭私人赞助是远远不够的。数百万美元的资金在美国只有一个人能够筹集到——罗斯福，也许他们本已想要拜访罗斯福。当时大家对原子弹道德观念还不强，而对这门科学却产生了强烈的好奇心。争论开始变得毫无意义，因为面前摆着一个事实：科学家们现在绝对相信，希特勒正在建造他自己的原子弹，而且证据显示，他甚至领先一步。

纳粹当然知道核裂变原理，源自哈恩在《自然科学》期刊上发表的那篇文章。1939年年初，两位德国物理学家就去拜访过菩提树下大街69号，并提出可以建造“铀机”的想法。同年4月，德国最杰出的6位原子科学家在柏林会晤两次，同意接受这项秘密任务。随后，反纳粹的物理学家S·傅吉博士得知此事。他无保密义务，认为各国科学界应该知道此事。于是，1939年，他在《自然科学》7月刊上发表了一篇关于铀链式反应的详尽报告，并且在接受《德意志汇报》采访时对此做了简单陈述（该报当时还未被戈培尔查禁）。因为这份材料对于一般纳粹和普通美国人来说过于深奥，所以它通过了审查，并在苏黎世以外的地区传播开来。但美国的科学家们并不知道此

① 克劳斯·福克斯：德国人，因反对纳粹逃到英国，先后在英美两国参与原子弹研究工作。1950年，被控为苏联间谍，英国判处其14年徒刑。9年后获释，前往民主德国工作。——编者注

事的来龙去脉，他们认为傅吉只透露了整件事的冰山一角，可是如果“一角”已经发展到了这个程度，那么世界已处于危机之中。1939 年夏，此事又有了进一步发展，实在令人震惊。德国突然无理由地禁止捷克斯洛伐克的铀矿出口，并禁止发布关于铀的任何新闻。由于铀的已知用途仅限于陶器和钟表夜光盘的涂饰，所以禁运只有一种解释：在菩提树下大街 69 号的科学家们肯定正在建造核武器。事实上，他们的确如此。作为德国人，他们自然要将这件事做得冠冕堂皇，于是该消息也就流传出苏黎世。该项目名为“铀计划”，由铀协会委员指导，并由位于柏林的陆军兵器局负责。

一定得让罗斯福警惕起来。可是怎么告诉他呢？在美国，知道核裂变的大部分物理学家们都是新来的外籍人士。他们无权无势，也无政治人脉，有一些甚至还在学习英语。西拉德和泰勒拜访过联邦政府，却遭白眼，甚至连诺贝尔奖得主费米也被冷落。因为陆军和海军都需要集中力量获取常规武器，没有时间和他们玩巴克 · 罗杰斯[①]的游戏。国务院认为没有任何进行紧急戒备的必要。而且，据他们所知，铀稀有但无用，捷克斯洛伐克和比利时都有。欧洲的和平日子已屈指可数，军队已开始动员，危机一触即发，驻外联络官也顾不上理会那些不修边幅的科学家们关于原子分裂的言论。

但是，有一位头发蓬乱的科学家（要说不修边幅的话，他肯定是最不修边幅的一位）可不容忽视，他就是阿尔伯特 · 爱因斯坦。爱因斯坦大名鼎鼎，只因他头发很长，后来“长头发”在美国成为科学家的代名词。7 月，华盛顿政府的官僚最后一次拒绝接见费米之时，爱因斯坦已离开普林斯顿大学，前往长岛度假。然而，当西拉德

① 巴克 · 罗杰斯：源自 1939 年美国同名科幻系列剧。讲述美国巴克 · 罗杰斯少校沉睡 400 多年后，在 25 世纪带领人们反抗暴政的故事。——编者注

和尤金 · 维格纳传话给爱因斯坦，说他们有要事一定要见面时，他竟然同意了。他们并没有明确的计划，也怀疑甚至连爱因斯坦都见不到总统。但他们想出一个更可行的方法，即可以通过爱因斯坦的朋友——比利时王太后，先通知比利时政府。不过首先当然要去长岛找到爱因斯坦，这可不容易。在那年最热的一天，他们拿着电话里所说的地址启程前往长岛。地址虽听起来像是美国城市帕乔格，实际上却是长岛配克尼克。甚至到那儿以后，他们还有些茫然。西拉德认为他们应该放弃，先回去慎重考虑。这时，突然有一个小男孩自愿带他们去爱因斯坦家。

爱因斯坦穿着拖鞋出来，亲切地迎接了他们，并带他们到书房详谈。据西拉德所说，爱因斯坦“并不知道铀能够产生链式反应，但我刚开始讲，他立即就意识到这将产生怎样的后果，并表示愿意帮助我们，就像一句成语所说：‘在所不辞’”。于是，西拉德和尤金 · 维格纳提出了求助比利时的解决方案，希望爱因斯坦写信给比利时王太后（这也许会扭转整个大战的趋势，因为希特勒计划第二年春天就占领布鲁塞尔）。他们并不确定这是否与外交礼仪相符，于是决定离开长岛后，先将其副本发给国务院，看国务院是否有意见，两星期后再发送正本。但在接下来的一星期里，他们和朋友一起讨论时，又提出了一个新的解决方案。古斯塔夫 · 斯托尔珀是《德国经济学家》前主编，他认识罗斯福的金融顾问亚历山大 · 萨克斯。为什么不直接去白宫呢？萨克斯认为这是个绝佳的想法。8 月 2 日，西拉德与泰勒（维格纳有事未能同行）一起返回长岛，爱因斯坦用德语口述了一封寄给总统的信，泰勒将它翻译成了英语。信中提及希特勒关于捷克斯洛伐克铀矿的禁运令，以及柏林正在进行的铀计划。整封信的主旨在于解释核链式反应可能产生的影响：“……它有助于建成能量强大的新型炸弹，这样的炸弹，只要运一个在港口引爆，就很可能摧毁整个港口，以及部分周边地区。”

10 月 11 日，萨克斯把这封信交给罗斯福总统，为了确认这封信不会淹没于总统堆积如山的文件中，他在总统面前将信大声读了出来。但这是一个错误，因信过长，罗斯福不耐烦了，并在最后说，政府如果在这个阶段干预是不成熟的表现。于是萨克斯请求在第二天早餐期间再一次面谈，总统终于答应再给他一次机会。萨克斯那天晚上彻夜未眠，他一遍遍地走出卡尔顿酒店，走过两个街区，走到与白宫隔宾夕法尼亚大道相对的拉法叶公园，试图找出一个办法生动展示这一可怕威胁。终于，他想出一个办法。早餐时，萨克斯向总统提起了罗伯特 · 富尔顿建议拿破仑采用他发明的汽船，当时，拿破仑认为不切实际，便拒绝了他，从而丧失了用汽船打败英国的机会。总统思考了一会儿，拿起一瓶拿破仑牌白兰地，斟满两杯。

他向萨克斯举起酒杯，并说，“亚历克斯，你要说的是别让纳粹将我们炸死。”

“确实如此。”

罗斯福召来了他的军事助手“老爹”埃德温 · 沃森将军，并给他看了爱因斯坦的这封信和萨克斯带来的一些附加文件，总统说：“老爹，我们必须有所行动。”

因此，以 S–1 为代号的秘密战争悄然开始。此事只有总统钦定的几个人知道——非常之少，甚至连副总统都全然不知。像其他战争一样，这场战争也有胜利的欢庆和英雄的诞生，而英雄并不只是实验室的那些科学家们。在罗斯福与萨克斯达成共识的 7 个月后，法国的核物理学家们完成了一个大胆的计划，以阻碍菩提树下大街 69 号的那些纳粹科学家们。德国人知道法国人几乎拥有欧洲所有的重水——185公斤，装于12个密封的铝容器中，是在1940年3月，从挪威海德鲁公司买进的。面对敌军的虎视眈眈，以弗雷德里克·约里奥-居里为首的法国科学家们将这些重水窖藏在里奥姆监狱的死牢里。纳粹知道重水就在附近，并且一直在搜寻。法国人还是成功用一艘英国运煤船将它们运出了波尔多港，与此同时，弗雷德里克·约里奥-居里也成功欺骗了德国讯问者，说重水在另一艘船上。

1940年1月，参议员博拉去世，三个月后，德军入侵丹麦和挪威，他所谓的"空头战争论"也随之结束。1940年，冲击最大的莫过于希特勒发动的西线进攻。它就像奥逊·威尔斯执导的那部为期7个星期的万圣节广播剧。每日每时，军事战略家们都在不断移动着插在地图上的彩色图钉，评论员们也不断描述着德国装甲兵如何深入盟军后方，斯图卡轰炸机如何对难民进行屠杀，以及看不到尽头的一队队金发碧眼的雅利安青年如何高喊着"希特勒万岁！"攻占荷兰、比利时，入侵法国等。但是，除了一列列穿着暗灰色军装的军人不断行进之外，很难说清究竟发生了什么事。欧洲传来的消息自相矛盾，外界完全摸不着头脑。在这场混乱中，约里奥-居里和皮埃尔·赖伐尔[①]这两类完全不同的人注定要分道扬镳。而其他人，新任领导人们，正试图凝聚士气低落的盟军部队。保罗·雷诺接任爱德华·达拉第的法国总理一职，马克西姆·威刚接替莫里斯·甘末林成为新一任法军司令官。在伦敦，张伯伦下台，丘吉尔继任首相，大西洋彼岸的人们也从此开始领略丘吉尔华丽的文采和雄辩的口才。

现在，每个美国人都已经知道何谓闪电战，但这才是其中最厉害

① 皮埃尔·赖伐尔：法国维希政府总理，战后因叛国罪被判处死刑。——编者注

的一战。德国的进攻开始于 5 月 10 日。4 天后，荷兰投降；第 16 天，比利时退出战争。接下来的一个周末，英军陷入绝望境地，不得不进行了英勇壮烈的敦刻尔克大撤退，最后只剩下号称世界最强的法国军队留在欧洲大陆孤军奋战。第 7 个星期，也就是纳粹突袭的最后一星期，美国政府接到一封电报，雷诺亲自请求罗斯福出面干预，虽言辞恳切，却并未如愿。

6 月 22 日，法国投降。德国占领巴黎，并在度假城市维希建立了一个新的法西斯政府（维希政府），由亨利 · 菲利普 · 贝当将军和赖伐尔统治。①该政府成立后的第一个行动就是缺席审判飞往英国的法国坦克部队将军戴高乐判处死刑。戴高乐将军蔑视维希政府中的官员，他坐在切尔西的一栋公寓里，写了第一批广播稿，表示既然与法国人民是同胞，必将生死与共。他和雷诺一样，也祈求美国政府的援助。丘吉尔亦有此想法，但作为优秀的政治家，他不愿亲自乞求美国帮助，而是说，在恰当的时候，“一个全新的世界，会倾注一切力量拯救和解放我们的旧世界”。

不列颠之战开始了。英国皇家空军和德国空军在英格兰上空交战，争夺英国的制空权。为了给英国抵抗派一个下马威，德国摧毁了考文垂市，成千上万的伦敦人惨死街头。但英国人并未因此畏惧，他们躲在防空洞和地铁通道里（其中有一个叫朱莉 · 安德鲁斯的 4 岁女孩，还在那里学习歌唱），英国首相正告希特勒，英国宁死也不投降：“……我们绝不会退让、失败。我们将坚持到底。我们将在法国战斗，在近海和远洋战斗。我们的空军将愈战愈勇、愈战愈强。我们将不惜一切代价保卫我们的本岛。我们将在海滩战斗。我们在哪里登

① 在法国部长、议员和文职人员从巴黎前往维希时，香榭丽舍大街上放映的是《远行地方》和《浮生若梦》这两部美国电影。

陆，就在哪里战斗。我们将在大街小巷战斗，在田野山岭战斗。总之，我们绝不屈服。”

然后，大众传媒开始发挥作用了。回想起来，当时关于“火星人进攻地球”的广播就像试航，只为缓解下人们高度紧张的神经。而这次的战争却是事实，它就发生在欧洲，它恰似美国人之前所听到的，也就无法避免情感倾向。当时并没有几个人支持纳粹。德国在国际上声名狼藉，不仅犯下暴行，而且大肆宣扬暴行。他们从一开始就枪杀人质，即使在美国，也几乎没有族群支持它。不久后，更糟糕的事情发生了，纳粹与自己的盟国意大利也开战了。随后，纳粹占领希腊，发生了一件令人难以释怀的事情：一名德军军官命令一名希腊士兵把希腊的蓝白国旗从雅典卫城上降下来，士兵照做了，旋即身裹希腊国旗走下雅典卫城的边缘护栏，默然从300英尺高的城楼上纵身一跃。

即使没有希腊血统的美国人，听闻此事也会感动。1940年，不断为英国祈祷的并非只有亲英派。法国战败前夕，埃德娜·圣文森特·米莱在《纽约时报》上写了这样一首诗：

啊，建造吧！装配吧！运送吧！捐赠吧！
英国、法国，我们都要活下去，
否则我们将孤军作战！

厄运降临到了法国。那年夏天，英国所剩的也只有英国皇家空军的勇气、丘吉尔的演讲以及莎士比亚的遗作“英国过去不会，以后也绝不会躺在侵略者的脚下”。既然莎士比亚使用的语言也是美国人的，便能唤起美国人特别的情感。1940年夏末，美国作家爱丽丝·杜尔·米勒在英国出版了一本薄诗集——最不流行的艺术形式。诗集名为“白崖”，出版三个月就已重印11次。一些读者可以整首整首地背诵，包括最后的那4行诗，言语中强烈地表达出了作者和千万读者的亲英倾向：

我是土生土长的美国人，
英国有不少我不喜欢的，还有不少我忍着的，
但没有英国的世界，
我也不愿独活。

众多主张美国应加入战争的人建议全美关注英国的命运。现在，美国人第一次意识到，美国是多么亏欠英国，以及美英两国的命运是多么休戚与共。喜欢听广播的人们（那个夏天，有些人简直寸步不离广播喇叭）可以听到德国士兵列队进入英吉利海峡港口的整齐步伐，也可以听到德国士兵们合唱《我们出征英格兰》。听起来多么令人绝望。当时美国人还不知道，接下来英国的喷火式战斗机和飓风式战斗机使英国作战告捷。9月的一个夜晚，德国空军驾驶1 500架飞机，在伦敦上空投下了440万磅炸弹。这是自1666年伦敦大火后，这座城市经历的最严重的灾难。圣玛莉里波教堂里的无价之宝——玻璃窗都被炸毁了，上议院也被一颗炸弹击中，白金汉宫惨遭5枚炸弹袭击。在地铁通道里，小女孩朱莉·安德鲁斯和其他小朋友一起唱着：

现在有炸弹来照亮我们睡觉，
拿起沙袋，盖住炸弹，把火灭掉。

超过3.2万名英国儿童被疏散到美国。按照当时的行事风格，孩子们应该有一首歌。法国沦陷，创作出歌曲《最后的巴黎》；不列颠之

战有歌曲《夜莺在伯克利广场歌唱》。现在，为了纪念英国来的小客人，叮砰巷[①]作了一首余音绕梁的歌曲：

我和姐妹们想起了那一天，
我们离开朋友，乘船离开，
我们想念那些不得不留下的朋友——
但我们只是放在心底，从不谈论。

这首歌就这样一遍接一遍地唱着，直到酒吧里的人们宁愿放弃好酒，也不想再听到这首歌，不想再谈论战争之类的话题，但又躲避不开。凯特·史密斯似乎到哪里都唱着《上帝保佑美国》。电影耗时较长，所以人们还要过好几个月才能看见《忠勇之家》，剧中，沃尔特·皮金乘着自己的小船来到敦刻尔克营救被打败的英国兵。还有一部已上映的电影《一个纳粹间谍的自白》，爱德华·G·罗宾逊在剧中饰演美国联邦调查局的侦探，整天就听着别人咬牙切齿地威胁他，比如"我总有一天会跟你算账的，侦探先生"。虽然这些电影看完后让人局促不安，但毕竟难以避免。每一个伟大的历史时刻，都会有低级庸俗的纪念品，销售员趁机发财。这次的纪念品就是这些经典电影（包括《卡萨布兰卡》，有些人认为它是历史上最伟大的电影），和一个流行而又不朽的手势，以至于自此以后的政治运动都对其善加利用。

这个手势由一位比利时难民首创，他叫维克多·德拉维利。和夏尔·戴高乐一样，德拉维利每天都会向同胞们发送短波广播，告诉他们要咬紧牙关。1940年的一个晚上，他提议，大家在各公共场

① 叮砰巷：或译为廷潘胡同，位于美国纽约，它不仅是流行音乐出版中心，也是流行音乐史上一个世代的象征和一种风格的代表。——编者注

合写上“V”字（取自“victoire”首字母，代表“胜利”）以表示相信盟军会最终胜利，同时挑衅纳粹。这是继十字符（“十”）以来最流行的符号。令人惊讶的是，“V”在不同语言可以代表那么多不同的含义。塞尔维亚语中，“V”代表“英雄”；捷克语中，“V”代表“胜利”；荷兰语中，“V”代表“自由”。英国广播公司对欧洲进行广播时，开头就采用贝多芬第五交响曲的前4个音符，3个点和1个破折号（“嘀–嘀–嘀–嗒”）——在摩尔斯电码中正好也代表“V”。于是，在欧洲各沦陷国家里，人们敲门、拉火车汽笛、按汽车喇叭以及叫服务员都用“嘀–嘀–嘀–嗒”。人们挥手打招呼时比出“V”字手势，餐厅里的刀叉摆成“V”状，停止走动的钟表也会被调成11点5分，“V”字无处不在，甚至在德国军官的私人厕所里。戈培尔试图狡辩说这所有的“V”字代表“希特勒的完全胜利”（Viktoria），但即便德国人都不相信这个说法。不久，这股热潮就越过了大西洋。美国的百货商场到处可见“V”形水钻胸针，蒂芙尼也出售上乘的“V”字钻石饰品，售价为5 000美元。

“你们以为在餐厅制造这些愚蠢的噪音，就可以赢得战争吗？”挪威吉斯林（挪威法西斯分子）的一个走狗这样嘲讽道。的确不能。希特勒的帝国比拿破仑时期的还大，希特勒拥有绝对的权力。在陆地上，他有足够的实力可以同时向四面发起进攻；在海洋上，他的300艘德国U型潜艇正扼杀着英国的生命线。现在，在他绝对统治欧洲的道路上，只剩下四面楚歌的英国正苦苦反击——除非美国出面干预。

美国人几乎只分为两派：孤立派和干涉派。尽管两派人中坚定程度各有不同，但所有干涉派认为在欧洲的这种局势下，必须有所行动。法国停战后，干涉派一片死气沉沉，“V”形标识，例如佩戴“V”

形胸针不过是种姿态。在宾夕法尼亚州珍妮特市，一个射击俱乐部的会员正练习枪法，准备击落纳粹伞兵；在华盛顿柯克兰市，一家咖啡馆把菜单上的“汉堡牛排”改名为“自由牛排”。参议员内特·钱普·克拉克和众议员费什到美国退伍军人协会大放厥词，主张孤立，被主干涉的美国退伍军人协会轰下了台。有很多流言盛传美国人就是过得太舒服了，所以正“走向软弱”，好像“大萧条”时期美国青年人什么都没经受过，整天围在一起吃香蕉船一样。甚至连爱德华·默罗都在给其父母的信中写道：“美国会为自己的舒服日子付出代价的，并且很快就会尝到恶果。”在所有的干涉派眼里，查尔斯·A·林白就是彻头彻尾的大坏人。北卡罗来纳州夏洛特市将“林白大道”改名为“阿玛街”，《纽约时报》更说他是“瞎了眼的年轻人”，自由专栏作家称他为“冯·林白[①]先生”，罗斯福总统也不客气地羞辱过他（称他为“铜斑蛇”[②]）。至此，林白愤怒地从美国陆军航空队辞职。

相当一部分人认为林白是叛国贼。他单人飞越太平洋时，人们对他崇拜有加，可现在他却与希特勒有所关联，美国人难免会认为他背叛美国、背叛人民。初期，他至少还是一个无实质作用的孤立派。“二战”爆发后的第一个月，他说道：“我们不要骗自己了，如果我们卷入欧洲的纷争，我们在和平时期也必须和他们一起。”“这场战争无非是过去在政治上屡犯错误的必然结果。”1940年，纳粹的矛头指向法国时，他又说道：“我们正面临战争的危险，并不是因为欧洲地区的冲突会干涉美国，而是因为我们美国人要干涉欧洲内部事务。我们的危机是内部危机，不需要惧怕外敌入侵，除非美国人陷入内讧或干涉

---

① “冯”为德国贵族的常用姓氏。——编者注

② 此处借铜斑蛇一意（详解见正文第234页），暗指林白敌我不分、暗中通敌等。——编者注

外部战争。”他认定干涉派正“利用一切机会，把我们一步步推向战争边缘”。

这些都是公开言论，一些干涉派可以接受，有的甚至还引以为荣。但是林白的支持者中不乏亲德派，再加上他与媒体的关系又不好，所以关于他的负面新闻被过于夸大。他不是第一个也不是最后一个认为新闻媒体唾弃自己的公众人物。不过在某些方面，他是值得同情的，例如，在他的长子被绑架并撕票后，新闻媒体的表现和行为实在令人惊讶。尽管如此，他依然只打口水战，言多必失。(一次纽约集会上，他说“大多数保持沉默的美国人，不看报纸，不看新闻，也不听广播”，却支持中立。) 在得梅因市，和参议员奈一起演说时，他差点儿摧毁了“美国第一”运动[①]。他竟然还警告在美国的犹太人保持缄默，因为犹太人“控制和影响着美国的电影、新闻媒体、广播和政府”。他说，如果美国参战，“他们罪责难逃”。这篇演说让他立即失去了所有犹太人的支持，而且托马斯 · E · 杜威也认为这番言论“不可宽恕”。

所有孤立派的言辞都咄咄逼人。那段时间最流行的词语莫过于“等同于”，罗斯福下达的每个命令都“等同于宣战”。美国参议院外交委员会主席基 · 皮特曼提议，英国应放弃本国领土，撤退到加拿大，他想这应该是希特勒所希望看到的结果。皮特曼甚至都同意纳粹可以控制大西洋地区。明尼苏达州参议员欧内斯特 · 伦迪提议美国接管英法两国在西半球的全部属地。参议员范德伯格认为“现购自运”就像喝第一口威士忌。从伦敦回来的约瑟夫 · 肯尼迪说英国为民主而战的说法是“无稽之谈”。“铁裤汉”约翰逊指责他的白宫老上

① “美国第一”运动提倡将美国放在第一位，实则孤立主义。——编者注

司“不在乎美国人民的命运”。约翰 · 福斯特 · 杜勒斯直到 1941 年 11 月还在帮助“美国第一”组织，还说道：“只有歇斯底里的人才会以为德国、意大利和日本会对我们发动攻击。”伯顿 · K · 惠勒告诉参议院，罗斯福“新的农业调整计划”是“要把 1/4 的美国青年送进坟墓”。（罗斯福反称这为“卑怯”的说法，惠勒收回此话。）也许参议院最有趣的评论来自罗伯特 · A · 塔夫脱，他说白宫不满日本对越南的日渐干涉，还说没有一位美国母亲希望自己的儿子战死在“中南半岛某个连名字都叫不出来的地方”。

“让美国远离战争！”1 000 名达特茅斯学院的学生联合署名发给总统的电报中写道。自孩童起，他们都深受孤立主义和和平主义教师的教诲，所以就算在这么短的时间内不能转变自己的想法也是情有可原的。现在他们的想法与教师所教导的背道而驰。大学教师和罗斯福一样都看到了许多问题——如果有不同点的话，那就是教师们都有些不耐烦，认为罗斯福行动不够迅速。一些怀有理想主义的学生还越过边界进入加拿大应征入伍。查尔斯 · 博尔特写了一篇干涉主义社论，发表在达特茅斯学院的校报上，这触怒了他的同学，于是他加入英国陆军，并在阿拉曼战役中失去了一条腿。但 1940 年 6 月，英国大使洛西恩勋爵在耶鲁大学的毕业典礼上发表讲话时发现，大多数学生还是希望自己能够置身事外。一些极端孤立派认为，只要英国舰队向西航行，弃祖国不顾而投奔美国，希特勒就会因征服了联合王国而满足。洛西恩试图使他的观众面对现实，他宣称孤立主义是完全不可能的，美国是无法孤立于外界事务的，如同英国。美国的财富和实力对其他政权来说极具吸引力，对希特勒或任何一个想要称霸世界的人来说，美国都令人垂涎。耶鲁大学的教师都听得热血沸腾，大多数应届毕业生却无动于衷。

罗斯福同意洛西恩的看法，将其与英国进行了更进一步的类比。英国白厅外交政策的宗旨是任何一个国家都不能单独统治欧洲大陆。这就解释了为什么马尔巴罗和惠灵顿都跨越了英吉利海峡，为什么1914年英国不能容忍德皇入侵比利时，也正因为这一点，英国陷入了战争。罗斯福相信，在历史的长河中，美国必须和大西洋地区站在统一战线上。

但1940年是总统换届年，没有一个总统任期超过两届，这使罗斯福更加为难。虽然竞选第三个任期并不违宪，但总统两任期制已成为根深蒂固的传统，他并没有打算打破传统。他本来计划1941年1月卸任，但现在这个情况，他不知如何是好。人民很有可能选出孤立派总统，这对美国来说将是无法想象的灾难。在帮助英国的同时，又赢得选举，确实太艰难。为了实现这个计谋，他认为可能不得不放弃与美国人民坦诚的一贯政策（赫尔也同意）。

欧战一开始，政府办事就已不坦诚。一架绝密的新型道格拉斯A–20轰炸机在试飞时坠毁，美联社报道伤者之一为法国空军部的施默德林先生，参议院军事委员会大发雷霆。还有一次，国务院遵照罗斯福的指示，与英国达成协议，公海自由航行权仅限于英国船只，任何德国商品（不管是产自德国还是送往德国）都可以在海上被拦截。即使船只航行于两个中立国之间，该项政策同样有效。中立国家表示抗议，但英国白厅称这是没办法的事，还在打仗嘛。敦刻尔克大撤退后，英军不仅狼狈不堪，更严重的是军备匮乏。因此，罗斯福用最快的速度将所有多余的美国新造武器运往英国。

美国当时的军事力量在世界上还不及三流国家。自股市大崩盘后，美国的基础机床制造业几乎完全消失。全国最大的锻造厂也只能制造浴缸和汽车车架，榴弹炮只能靠制造有轨电车车轴的机器。德军进攻荷兰的那天，赫尔告诉总统应到国会要求每年生产5万架飞机。罗斯福深吸一口气，最终做到了，因为即使是孤立派也坚持“捍卫美国”，国会投票同意拨款。赫尔曼 · 戈林说：“简直不敢相信！”最后美国年产6万架飞机。

罗斯福多次站在轴心国对立面的角度发表言论。意大利向法国宣战，使法国陷入极度困境时，他说：“1940年6月10日，法国没想到它被自己的邻国在背后捅了一刀。”总统竞选期间，他向英国提供了50艘超龄驱逐舰，以换取美国在西半球英国海军和空军基地99年的租赁权。此次交易甚至不合法，但它却让美国成为英国的非交战盟友。潘兴将军和乔治 · 菲尔丁 · 艾略特都对此表示支持。美国《时代周刊》报道，这是自购买路易斯安那州以来，美国为国防迈出的最重要的一步。一位孤立派参议员说：“听着，你无法抗拒这样的交易……罗斯福达成的这两笔交易，确实比我们所有人都要高明。”

驱逐舰协议签订两天后，一位耶鲁大学法律系的学生成立了一个规模最大、财力雄厚、影响力也最大的反战组织，这位学生名为小道格拉斯 · 斯图尔特，是桂格燕麦公司第一位副总裁的儿子。这个组织就是“保卫美国第一委员会”。他们认为，美国人应该为保卫美国而战，而不是为了英国——这其实是牺牲了英国这个宝贵的盟友，尽管组织成员们并没有明说。罗伯特 · A · 伍德将军后来成为该组织的领导人，他也是西尔斯 · 罗巴克公司董事会主席。

不到6个月，该委员会成员就扩大到6万人。国会山上的每一个孤立派都参与其中。小说家凯瑟琳 · 诺里斯是该运动的首席宣传员，查尔斯 · 林白是最受欢迎的发言人，而伍德、亨利 · 福特、罗伯特 · 杨、斯特林 · 莫顿、小爱德华 · 赖尔逊和莱辛 · 罗斯瓦尔多是赞助者。委员会的经费似乎取之不尽、用之不竭。一次，它同时在60家报纸上整版刊登宣传广告，抨击罗斯福的外交政策，之后又在另外79家报纸上再次宣传。约瑟夫·P·肯尼迪、艾丽斯·朗沃思和约翰·福斯特·杜勒斯的加入，使委员会颇具声望。委员会接连在麦迪逊广场花园和芝加哥召开了两次大会，与会者一听到丘吉尔的名字，就嘘声一片，这让林白很尴尬。

为了与之对抗，威廉·艾伦·怀特成立了"援助盟军保卫美国委员会"，还在全国各地形成了自己的分会——东部沿海各州是该委员会最大的支持者，并发挥了重要的作用。援助盟军保卫美国委员会收集签名、邮寄宣传册、并在保卫美国第一委员会内部散发传单，与其作对。怀特委员会发言人包括约翰·J·麦克洛伊、作家伊丽莎白·卡特·默罗（即林白的岳母），还有以罗伯特·舍伍德为首的知识分子。该委员会得到了许多大型报社的大力支持，除了《芝加哥论坛报》和《华盛顿时代先驱报》。

美国将首次在和平时期征兵，这大概是任何在职总统寻求连任过程中提出过的最有争议的议题，很显然，这次双方都动了真格。曾经，甚至是乔治·华盛顿也未能劝服国会同意在和平时期征兵。1940年，只有加拿大、古巴及一些南美洲国家，和美国一样没有实施强制性军事训练。数百万美国人还是希望维持原制度：对他们来说，这项提议就如同让他们回到他们早已逃离的欧洲。但是马歇尔将军想要士兵，况且，如果美国想要建立一个有效的国防机制，当务之急就是征兵。6月10日，罗斯福发表演说时，首次提出了这项提议，他承诺"美国的军事设备和军事训练将足以应付任何一次紧急防御任务"。其中的关键词是"训练"，随后在众议院发起的议案就是《征兵训练服役法案》。

约翰·L·路易斯表示，征兵制度是“独裁主义和法西斯主义”的体现。诺曼·托马斯、奥斯瓦尔德·加里森·维拉德和哈里·爱默生·富司迪牧师都认为征兵是不道德的行为（一位牧师预言，征兵将使青年人沦为“梅毒患者和奴隶”），劳联主席比尔·格林发表声明，虽未明确表达出自己的意思，但似乎是说只有在外族侵略美国领土时，他才会同意征兵。让埃莉诺·罗斯福尴尬的是，她最热爱的组织之一——美国青年代表大会也公开宣布其会员拒绝入伍。纽约协和神学院的20多名学生也声称拒绝登记入伍，尽管他们本就可以自动延期入征。莫霍克族印第安人也说明他们不会参战，因为自己从来就没被视为美国公民，这倒有一定的道理。

但反对参战的院外集团运气不佳。9月，委员会将征兵提案提交众议院，正值纳粹炸弹狂轰使伦敦燃成一片火海，各大报纸头条都是关于此事的照片。6月1日，盖洛普民意测验称，大众对征兵制度的支持率和反对率持平，法国沦陷后，征兵制的支持率上升到67%，而现在已增至71%。于是，国会同意暂时实施一年征兵制，规定21~35岁的青年男子必须应征入伍。一夜之间，美国最大的婚戒制造商之一——纽约的J·R·伍德父子公司的营业额增长了250%。美国掀起了一股“征兵前结婚”的热潮，因为他们以为已婚男人可以免于应征，但他们低估了对手。作为该草案的负责人，罗斯福任命了一名陆军军官负责征兵工作，他自1926年起就在研究各种征兵方案，熟知所有漏洞。这名军官就是刘易斯·B·赫尔希。

参议员惠勒曾喃喃自语，美国青年绝不会服从这种奴役性劳动法案，肯定会站起来革命。但是他们并没有这样做。10月16日，已有1 600多万美国年轻人应征登记，没有出现任何异常，而且大家的情绪似乎还很高涨。10月29日，战争部长抽出第一批应征入伍的人员，不久，成千上万邮递员们开始送信，信的开头这样写道：

> 祝贺你：
>
> 鉴于你已向当地的街区委员会报名，愿意接受军事训练，并在美国陆军或海军部队服役，现已通过审查，特此通知……

服役人员或入选者（当时出于礼貌，并不称他们为“士兵”），住进了新建的松木兵营，不久便拿着木制步枪，带着标有“坦克”二字的大厚纸箱进行军事演习。没过多久，他们就开始厌倦了。美国当时并未参战，而且他们遵守的是美国和平时期的军事机制，一向笨拙、难操纵，无法鼓舞士气。几个月后，服役人员开始烦闷地数着日子过。到了夏天，军营里到处都是用粉笔写的“OHIO”字样，寓意“10月过山”。“过山”是军营里的暗语，意思是不经批准，即可离开，也就是说，到10月时，征兵制一年的期限就满了，他们即可恢复自由。但是到了那时，他们也未能离开，因为战争即将爆发。然而即使在那时，众议院也只以203对202的票数，通过了征兵制延长18个月的提议。仅一票之差，罗斯福当时真可谓如履薄冰。

希特勒肯定希望总统另有其人，据战后调查，实际上德国政府在1940年美国总统大选中花费了不少钱，但多数都打水漂了。经手这些资金的人叫汉斯·汤姆森，是德国大使馆的一位工作人员。汤姆森多次在《纽约时报》刊登整版广告支持两党中的孤立派。在向德国总理府的报告中，他自吹自擂，说共和党政纲中的“美国第一、全民备战、争取和平”是他的功劳。他还大言不惭地说“我们这次的援助，没有走漏半点风声”。

这种说法疑点重重，因为民主党也提出了类似的政纲，承诺“除非我们遭受侵略”，否则美国军队是不会被派往海外的。这次总统竞选的关键点在于共和党候选人，就连亲英派的人也很难找到更合适的人选。纽约检察官托马斯 · E · 杜威已经赢得了所有的初选，塔夫脱也自信满满地把竞选总部的电话号码设为“ME–1940”(意思是“1940年，舍我其谁”)。不过这次的共和党全国代表大会并未受政客们的控制，因为大会代表们盼望提名一位可以打败罗斯福的候选人。大会前夕，罗斯福分别任命了共和党人亨利 · 史汀生和弗兰克 · 诺克斯为陆军部长和海军部长，这激怒了代表们。会议期间，不断有人高呼：“威尔基！威尔基！”直到第6次投票选出温德尔 · L · 威尔基为候选人，他们才作罢。

威尔基的个人品质比竞选过程要好得多。他总是会被一些小状况羁绊，比如说，演讲有时需要高声疾呼，可是他的喉咙总是受不了。9月，连续两天的演讲后，他几乎不能发声了。在伊利诺伊州的罗克艾兰县，他硬着头皮走上台，用嘶哑的声音说：“我有心——咳咳——可我的声音——咳咳。”接下来的演讲更奇怪，就像一场无声电影，只看得到嘴唇动，却听不到声音。专家告诉他，不能讲话，这是唯一的治疗方法，可是这一要求，任何总统候选人都做不到。尽管用了各种药膏和漱口药，他的嗓子依然嘶哑，不见好转，直到竞选结束后，才恢复正常。

一些共和党的老党员反对威尔基，主要原因是前不久他还注册成为民主党党员。威尔基向参议员詹姆斯 · E · 沃森寻求帮助，但老男人不屑地告诉他：“如果一个妓女想要悔过自新，并去教堂赎罪，我个人还是欢迎她的，也会为她带路，但无论如何，我不会让她当天夜晚就担任唱诗班领唱。”工人阶级总是对威尔基不满，甚至还有人往威尔基太太身上扔鸡蛋。更严重的是，共和党中那些内斗者们并未吸取1936年的教训，反而害了威尔基。一位费城的律师引述："支持罗斯福的大多都是穷人，他们一年都赚不到1 200美元，而且他们还不值得给这么多。此外，就是罗斯福的家人。"共和党全国委员会的反战广播节目对待罗斯福也很粗鲁，这反而让民众开始同情起罗斯福来。大家都说"当你的孩子在欧洲战场奄奄一息，呢喃着要见家人时，不要责怪罗斯福派他们参战——你只能责怪自己让罗斯福重新回到白宫"。

威尔基在这方面做得无可指责。战争本来是唯一可以用来攻击罗斯福的切入点，但威尔基人品太好，又讲义气，不愿落井下石，加以利用。他鼓励罗斯福运送武器军备到英国，也支持和平时期征兵制以及驱逐舰交易。他批评罗斯福不该隐瞒国会自己做交易，这无可厚非。一些老顽固总说威尔基是个应声虫，只会随大流，这对他来说是不公平的。国家安全受到威胁时，他很难采取其他立场。最过分的是，罗斯福的新任副总统候选人亨利·华莱士竟指控威尔基是纳粹的狗腿子，他完全不该受到这样的诬告。

在此期间，罗斯福一直面带微笑地处理自己的日常工作，仿佛从未听说过温德尔·威尔基这个人。罗斯福再获提名完全是由哈里·霍普金斯一手策划，哈里住在芝加哥黑石饭店一间漆成棕褐色的房间里，其浴室内设有一条直通白宫的专线电话。民主党党内提名者有法利、加纳和泰丁斯——说明自从上次4年一度的会议之后，民主党内部已分化。但是这次民主党全国代表大会显然是被人操纵了。芝加哥市长爱德华·J·凯利在市体育馆的地下室安装了一个麦克风，直通公共广播系统。到了关键时刻，一个芝加哥官员就会对着麦克风大喊"支持罗斯福"，便可引发公众追随。这名官员正是芝加哥下水道系统的管理者，共和党认为这一点颇为耐人寻味。

罗斯福竞选期间，唯一具有争议性的时刻就发生在大选5天前的波士顿。当地政界人士不停地要求他再次保证不会派遣美国青年出国参战。罗斯福告诉他们，他已多次向公众保证过这件事，早就觉得厌烦了。但最后，他还是同意了，并说道："台下的父母们，虽然这句话我已经向你们说过，但我还是会再一遍，一遍，又一遍向你们保证，你们的孩子绝不会参加任何国外的战争。"

萨姆·罗森曼提出异议，因为民主党政纲里并无此说法。他认为罗斯福应该再补充一句，"除非国家遭受侵略"。可罗斯福摇了摇头，这样说太明显了。他回答道："当我们遭受侵略时，当然要参战。如果是我国遭受入侵，那也就不算是国外的战争了，不是吗？难道他们还让我保证，除非南北战争再次爆发，我们才能动用军队吗？"约翰·甘瑟后来说，罗斯福的这种做法"不诚实"。罗伯特·舍伍德虽然曾经为这段话辩护过，但他之后说，当他的脑中一闪现"一遍，一遍，又一遍"这几个字眼时，就会感到怒火中烧。还有些罗斯福的崇拜者每次听到这些话，都会不自在。在此之前，罗斯福对美国人民都是坦诚相待的，这也是他能重返白宫的原因之一。

选举后的那天早上，约翰·L·路易斯发现美国矿工联合会大厦前面挂了一个巨型横幅，上面写着"支持辞职"[①]。民众投票最终促成了罗斯福的再次执政——2 700万对2 200万，是罗斯福从政以来第一次票数如此接近，但不可否认的是，他仍然是威尔基所称的"冠军"。大选两天后，"冠军"罗斯福又回到联合车站，得意扬扬地乘车穿过宾夕法尼亚大道回到白宫。一路上，约有20万人夹道高声欢呼，他笑容满面地站在车上，摘下他的旧呢帽向民众点头致意。追随罗斯

① 刘易斯反对参战和罗斯福连任，现罗斯福成功连任，此横幅意在讥讽刘易斯。——编者注

福的阵营依然人山人海，反对者也过来凑凑热闹。可玩味的是，当天的《华尔街日报》将罗斯福赢得竞选的消息登在了一点儿都不起眼的第6版。

在民主党全国代表大会之后和竞选之前的这段时间里，罗斯福曾探访过第一集团军的94 000名官兵。他事先传话说，不要为他鸣礼炮、奏军乐，也不用举行阅兵式和欢迎仪式（作为陆军，他们还是照例完成），罗斯福只是想看看他们的装备如何，却没多少可看。司令官报告总统："我们都用扫帚当机枪，用排水管当迫击炮。"罗斯福大笑着说，大家都一样，都在大冒险。

但也并非人人都在大冒险，比如英国。英国敦刻尔克大撤退之后，罗斯福所做的不仅是送去他能够调动的所有东西，还正往英国分派当时正在生产的P–40战斗机。这是一个明智的决定，因为英国越强大，美国就会有越多的时间备战。然而，这一明智之举却很难向美国民众解释清楚。所以，在他的第三个总统任期里，随着国内外局势的日益紧张，罗斯福也开始增强各项行动的保密性。除了需要向国会申请资金的事务，其他他都倾向于独自行动。他派遣私人特使哈里·霍普金斯等人去英国，而非遵循正常的外交渠道。直到1946年调查珍珠港事件时，美国国会才得知在1941年1月29日至3月27日期间，英国军方人员曾飞到华盛顿，与联合参谋长委员会秘密洽谈。尽管那时美英并不是盟国，但是正如T·R·费伦巴赫所说，他们是持共同目标的"协作国"。

克莱尔·布思·卢斯认为罗斯福对希特勒的手腕应该更加强硬，指责总统正在打一场"软弱战"。她说，每位领导者都有自己的标志性动作——丘吉尔做"V"字手势，希特勒高举右臂，墨索里尼昂首阔步。当被问及罗斯福有什么标志性动作时，克莱尔舔舔自己的手指，然后伸出去试了试风向。这个比喻确实很巧妙，也是事实，不过罗斯福这样做是绝对有必要的，总统应该知道美国人民的想法。内部分化的国家是不可能在战争中赢得伟大胜利的。他比美国人民先走了一步，不，甚至是两步。但如果他走得太快以致脱离了人民，那他就失去了人民，也就不可能再次宣誓就职了。本杰明·富兰克林曾写过："既要忠心地为公众服务，同时又要完全满足他们的需求，是不可能的。"

民意测验日益成为蓬勃发展的新兴产业之一。不过一些测验结果是可以预测的。纽约市市民比其他任何一个地方的人更具有干涉欧洲战争的热情，但得克萨斯州人民更想与希特勒交战，得克萨斯州的亲英派不多，但大家的爱国主义情绪强烈。美国真正热烈主战的区域是南方各州（佐治亚州没有举行过一次"美国第一"的大会）。南方各州的白种盎格鲁–撒克逊人对纳粹作战的决心是其他人的6倍，也许，正如迪安·艾奇逊所言，这是因为南方各州的英雄人物多为军人。就美国整体而言，62%的美国人赞成驱逐舰交易。那些看到祖国遭受蹂躏的国民，除了斯堪的纳维亚人，个个都对德国人恨之入骨。上层社会人士也更倾向干涉派，到1940年夏初，超过2/3的美国商界和知识界领导人赞成向英国增加物资救援，《美国名人录》中将近一半的男女名流都主张国会立即宣战。与此同时，几乎每个美国人（93.6%）都同意扩军备战。

但是也有很多测验结果是无法理解的。1939年秋，40%的美国人认为美国将被卷入欧洲战争。可是法国沦陷后，战争危机加剧之时，反倒只有7.7%的美国人持这种看法了。1940年年末，60%的美国人认为英国正在为美国的利益而战，但只有13%的美国人同意美国参战。到了 1941 年，《财富》杂志调查结果显示，67%的美国人愿意追随罗斯福总统参战，但仍有 70%的人反对战争。引述林肯总统曾在 1862 年说过的一句话："实际上，我们已经处于战争中，但人民大众还未下定决心。"

1940 年年末，《纽约时报》得出结论：美国现阶段得了"某种精神分裂症"。但有一组前后一致的数据，能够反映某种趋势。这一趋势是针对盖洛普提出的问题："你认为美国应该避免参战，还是应该不顾参战的风险尽一切力量援助英国？"回答是：

	避免参战	**帮助英国**
1940 年 5 月	64%	36%
1940 年 11 月	50%	50%
1940 年 12 月	40%	60%

在两派极端主义者的影响下，罗斯福承受着来自国会领导人、白宫助手、内阁成员，甚至还有总统夫人的巨大压力。现在想想，他当时的决策并没有像之后实际行动时那么清楚。他为英国提供了一切他能够提供的物资，动员美国发展工业，全面武装整个国家。看着航船一步步逼近德国在大西洋上的潜艇，罗斯福倒希望出起事故，从而引发全民的战斗意志，凝聚全国的战斗力量。那时他几乎没有考虑太平洋，而且据大家所知，他也没有发现一项就某些角度而言最具意义的民意测验结果。在西海岸的美国人对德国并不感兴趣，却时刻准备对日作战。

1940 年年末，罗斯福在最软弱的方面做出了第一个决策。那时英国正一败涂地，所有在前线的英军全部战败，战争资金也所剩无几。罗斯福刚赢得自己的第三次总统竞选，接着却得了鼻窦炎，为了调养身体，他乘坐"塔斯卡罗萨"号巡洋舰在加勒比海享受日光浴。

调养期间，他也考虑着英国的近况。这时，一架水上飞机降落在旁边，并送上一封丘吉尔的亲笔信——詹姆斯·麦格雷戈·伯恩斯曾说过：“这也许是丘吉尔一生中写的最重要的一封信。”信中说，英国现在已经弹尽粮绝，也没有资金再买入军火，国库存款也只剩下最后的20亿美元。美国是世界上最大的工业国。的确，在美国大选结束后两天，连希特勒都公开谈道：“至于美国的生产总值，那真是用天文数字都无法形容的。因此，在这个领域，我们不打算与其竞争。”①但是，丘吉尔觉得，这一方面正是必须要与希特勒竞争的。罗斯福总统是否有方法能在美国宪法允许的范围内，拯救英国于“水火之中”呢？

收到丘吉尔的来信时，霍普金斯也在军舰上。他一开始并没有发现罗斯福已被这封信打动，过了好一会儿，霍普金斯才意识到总统正在努力思考——霍普金斯称这种状态为“加油”，他说：“罗斯福经常这样，表面上看起来正在休息，什么都不关心，实际上正在沉思。”丘吉尔的回忆录中记载，霍普金斯而后告诉他，总统一个人坐在躺椅上，把这封信读了一遍又一遍。两天的时间，他都没有做出决定，他陷入沉思，一句话都不说。霍普金斯知道他的脾气，也没有多问他什么。“一天晚上，他突然拿出了一整套计划……毫无疑问，他已经找到解决办法了。”而这个计划既可以解决丘吉尔面临的困境，又可以让希特勒无力还击。它恰巧是众议院第1776号②法案，即举世闻名的租借法案。

12月16日，罗斯福返回华盛顿。第二天一早，他就召开记者招

---

① 1940年，慢慢警觉的美国产钢量高达6 699.3万吨，而全力开工的纳粹德国只生产了2 800万吨。

② 正是在1776年，英属北美洲殖民地（即美国）发表《独立宣言》，脱离英国。——编者注

待会说："我觉得最近只有一件事算得上特别的新闻。"接着，他讲述了美国历史上最重要的故事之一，用45分钟的时间来解释"租借"的概念。"假如我邻居家的房子着火了，我正好有一条浇花用的水龙带，如果他用我的水龙带，接上他的水龙头，我就可以帮他把火灭掉。那现在我该怎么做呢？我不会在他用之前先说'兄弟，这水龙带值15美元，你得给我钱'。那我要如何交易呢？我不想要这15美元，我只是想让他灭火之后再把水龙带还给我，仅此而已。如果火灭了而水龙带没有损坏的话，他会把它归还我，还会非常感激。如果水龙带有所损坏的话，他用'实物'偿还我就是了。"

这样比喻实在高明，而且听上去很有道理。但罗斯福提出借给英国的可不是水龙带，而是坦克、战斗机和战舰等军用物资。这些东西能在战后用"实物"偿还吗？此外，就这个比喻而言，水龙带只是租借物中最小的一部分。除了水龙带，还需要借给邻居水龙头以及其他大量昂贵的自来水设备。最终，只有总统一人能够决定借给他们什么、什么时候借和借给谁。众议院第1776号法案正式名称为"进一步促进美国国防及其他目标的法案"，这个法案授予了罗斯福其他总统从未要求过的权力，即"任何一个国家，只要总统认为它的国防对美国国防至关重要"，那么美国就可以为其提供援助。

这项措施作为先例，对后世影响深远，最后竟深刻影响到东南亚丛林。但当时，人们认为争论不过只是孤立派与干涉派两者之间的不断较量。12月29日（当夜，伦敦正遭受最严重的一次燃烧弹袭击），罗斯福发表炉边谈话，向全国人民阐释了这项法案。他说，这项法案的目的仅限于出借、出租及出售军用物品。他给敌人命名为"柏林–罗马–东京三方轴心国"，并再次保证避免参战。他说："我们必须成为民主国家庞大的军火库。"这是一次非常成功的演讲，从各方函电来看，支持者占 99%。民意测验显示，71%的人民表示赞成，其中 54%的人主张立即执行租借法案。

但现在还不能立即执行，因为国会山上的孤立派认识到这是一场“小比格霍恩河战役”[①]。汉密尔顿 · 菲什愤然说道，第 1776 号法案会削减国会的权力，“不会比德国国会的权力大”；“铁裤汉”约翰逊证明，租借法案 “是给全世界大肆派送‘糖果’（炮弹）”；参议员奈一个人整整讲了 12 个小时；密苏里州的参议员克拉克把它叫作“战争法案”。但他们现在已没有威胁性了，阿历克西 · 德 · 托克维尔早就对此发表过评论：“时间的推移、事件的发展、个人独立的思想行动，有时会渐渐破坏甚至毁灭一个观点，但表面上却没有任何变化的迹象。”这就是孤立派所面临的情况。历史的钟摆早就不再偏向他们，孤立派的忠实追随者也势单力薄。有一群自称为“抗议第 1776 号法案母亲十字军”的人在弗吉尼亚州参议员卡特 · 格拉斯的办公室门前静坐示威，格拉斯还出动了联邦调查局，并且告诉媒体：“你们真的有必要调查下她们到底是不是母亲，为了我们整个国家，我真希望她们不是。”

罗斯福的竞选经理已经把所有共和党温和派的人都拉拢过来了，一个都不落。当华盛顿州参议员霍默 · 博恩问及过去干涉派难以回答的问题时（“比战争更糟糕的是什么”），佛蒙特州参议员沃伦 · 奥斯汀回答道：“在我看来，如果希特勒奴役了整个世界，那将比战争更糟糕，甚至比死亡都糟糕。”听众们鼓掌欢呼，博恩只好溜去休息室躲着。1941 年 2 月 11 日，威尔基为租借法案做证，并确保其通过。他说：“在这种情形下，只能授予罗斯福特别的权力，这也是民主国

① 1876 年，美国政府军与苏族印第安人在小比格霍恩河开战，结果政府军全军覆没，此处寓意为“生死之战”。——译者注

家的传统。”1941 年 3 月，该法案通过了，罗斯福向国会申请先拨款 90 亿美元——这也使国内外购买军火的资金增至 260 亿美元。伦敦到处都飘扬着美国国旗。希特勒说，就算有租借法案，“英国照样会沦陷”。在意大利，墨索里尼控制下的新闻媒体威胁道：“罗斯福的这种做法可能会在太平洋上引起英美两国意想不到的麻烦。”但这时还有谁会关注希特勒说些什么呢？

现在美国的工业发展正呈现迅猛的势头。重工业雇用 300 万名新工人，生产新军工设备。装配线上到处都拉着红、白、蓝三色的横幅，上面写着“时间紧迫”，以示警醒。政府成立了国家监管机构，自从总统与大企业间存在矛盾以来，这还是第一批一流管理人才来到华盛顿。美国人民开始面临物资短缺，哈罗德 · 伊克斯已将 150 艘油轮移交英国，导致美国油轮减少了 40%，并造成了东海岸的第一次油荒。

早在 1941 年 2 月，墨索里尼就已经下令关闭美国在巴勒莫和那不勒斯两地的领事馆。罗斯福也关闭了意大利在底特律和纽约两处的领事馆予以还击，接着他宣布全国进入“无限紧急状态”，冻结了德国和意大利在美国的资产，扣留了轴心国和被轴心国控制的其他国家的船只，包括法国维希政府的“诺曼底”号，“以防他们采取破坏行动”。美国陆军航空队宣布，将训练 8 000 名新飞行员援助英国皇家空军。罗斯福把 10 艘海岸警卫队快艇（禁酒令时期用以缉私的老驱逐舰），移交英国，而且他还不顾红海正有战事的事实，宣布埃及中立，从而使其成为非战区，保证美国货轮在红海自由航行。4 月 9 日，美国和格陵兰签署了一项条约，承诺美国将保护格陵兰免受侵略，作为交换条件，格陵兰允许美国在该地建立气象站及其他基地。美国发表简报称格陵兰上的德国气象人员已全部被“清除”。总统则宣称，保卫格陵兰对整个西半球的安全至关重要。

但是西半球范围到底有多大？参议员塔夫脱多次提出这个问题，但白宫给出的回答总是含糊其辞。那年春，宾夕法尼亚大道两边（国会与白宫）讨论最热烈的话题是护航问题。盖洛普首次报告中说，绝大多数民众对此全持否定态度。参议院内部的民意测验结果显示，45名参议员同意美国军舰护送货轮至大西洋中途，但这还遭到了40名参议员的反对。此外，英国海军总部提供的令人震惊的数据表明，德国U型潜艇在大西洋之战中大占上风。如果罗斯福想要把租借物资运到英国，那他必须要在海上施展妙计，而且一定要足够大胆，不能畏惧参议院中塔夫脱等人的反对。

2~3月，德国狙击手和潜艇组成了所谓的“狼群”战队，共击沉和捕获了22艘船只（11.5万吨）。虽然美国船厂可以帮忙修理英国损坏的船只，但远远不够，因为大西洋几乎快成为德国的领海了。罗斯福宣布，东海岸往东向大西洋延伸1 000英里以内为美国的“安全带”——记者们调侃地称之为“贞洁带”。与此同时，他还透露，美国军舰正与英国军舰“合作”。4月11日，他致电丘吉尔说，“美国将把安全区延伸至约西经26度”，他请求首相能够让英国海军“极其保密”地将他们的护航日期、计划和目的地告知美国海军部队，“这样我们的巡逻队就可以把新界限以西的所有船只和飞机搜寻出来”。正如费伦巴赫所指：“就是在这种情形下，做出的这个决策——秘密的军事命令，美国正式介入北大西洋战争。”

6月，赞成美国护航的人数比例上升到52%，75%的人认为，如果英国没有美国的护航就会战败的话，那他们支持护航计划。但是罗斯福的想法依然令人难以捉摸。诺克斯和史汀生已公开表示支持护航，总统却告诉记者，他对此表示反对，并且还反对派遣美国军队出国参战。我们现在知道，他那是口是心非。沃尔特·李普曼看出了总统言语中的不可信之处，于是撰写了一篇言辞尖刻的专栏，指责罗斯福总统对美国人民“花言巧语、拐弯抹角，甚至对他们故意屈尊、过度紧张”。然而，作为总统，罗斯福知道必须要团结全国的力量，他也知道，如果美国军舰在公海遭受袭击，全国人民势必会团结起来，这正是他采用现行策略的原因——造成此类不可避免的事故。

第一起事故发生在4月10日，但事态甚小。美国的“尼布拉克”号驱逐舰从一艘被鱼雷击中的荷兰货轮上救下了几名幸存者，然后通过声音探测器发现了一艘德国U型潜艇，并用深水炸弹将其赶走。就连罗斯福也无法对此小题大做。直到英国每月都要丧失40万吨的货运物资时，罗斯福才觉得他必须要有所行动。正如他告诉媒体的：“如果我们就这样袖手旁观，等到德军侵略到家门口时，我们就只有死路一条。”因此，他将西半球的范围明显扩大，几乎扩大到了北海。这次新举措的幕后推动者是海军作战部长，他于6月17日给霍普金斯送去一份备忘录，提议派美国海军陆战队第一旅去救援在冰岛作战的英军，并让他们时刻“备战”。备忘录的背面，签署：同意。罗斯福。

7月7日，美国海军陆战队在冰岛首都雷克雅未克登陆。罗斯福发表声明指出，他应冰岛政府邀请派兵入驻冰岛，目的是防止别国“利用冰岛的海军和空军基地，来对付西半球”。这种说法真是荒谬。按照轰炸机航程计算，雷克雅未克距离纽约3 900英里，但距离柏林只有2 800英里。这是在“保护”冰岛，以防别国染指。看着他们一再仿效这种自己过去常用且常奏效的策略，纳粹终于愤怒了。德国海军想要对美国航运发动潜艇战，但希特勒意识到罗斯福正在翘首以待这起事故作为借口，所以他并没有上钩。希特勒命令海军上将埃

里希 · 雷德尔尽一切可能严加避免美国的船只遭到袭击。他补充说，他当然也理解德国潜艇可能会无意中弄错。这一点，罗斯福也知道。美国军队和船舰入驻冰岛就是直接表示美国要介入大西洋之战。伯恩斯对此写过一段话："如果说，援助英国以不参战与援助英国以参战，这两者之间有一条界线的话，那罗斯福清楚地跨过了这条界线的时间很有可能就是 1941 年 7 月。"

这也正是希特勒不得不自我控制的时候。两星期前，6 月 22 日星期日，他下了一个最大胆的赌注：他决定北起北极，南到乌克兰，在 2 000 英里的战线上进攻苏联。此时如果说有一样东西他最不想要的话，那就是另竖一个敌人。权衡各方利害，他猜想，这次新的入侵在美国未必完全不受欢迎。的确如此。《时代周刊》的一篇评论表明，普通美国人对德国和苏联可能都不大信任，评论说："两大极权主义世界强国现在就像是从泥沼里跳出来的史前巨兽，半瞎且野蛮凶猛，相互厮杀。"参议员哈里 · 杜鲁门说，他希望"纳粹能够杀死更多的苏联人，苏联人杀死更多的纳粹"。因为这句话，斯大林永远都不会原谅他。华盛顿的将军和海军上将们认为苏联败局已定，提议无须往那里运送物资。但罗斯福和霍普金斯表示反对。10 月 1 日，美国与苏联外交官签订 10 亿美元的租借条约，苏联的货轮开始长途跋涉，历尽千难万险往返于摩尔曼斯克与美国之间。

霍普金斯与租借法案协调员埃夫里尔 · 哈里曼，以及他们的一些工作人员正在美国联邦储备委员会大楼的 17 个房间里工作，这些房间还是委员会匆忙清理出来的。战争也在不断改变着华盛顿的面貌。五角大楼和国务院新大楼在那年秋天竣工，林荫大道上的各种临时大楼也在兴建——尽管"一战"时期的一些"临时"建筑依然在使用。到处都出现了一些新人，他们日后颇具名望。在美国"奥古斯塔"号巡洋舰上，诺克斯的一位年轻助理与总统简要地协商了劳工问题。随舰日志上记录了该助理名为“艾德莱 · 史蒂文森”①。在路易斯安那州陆军军事演习期间，罗伯特 · 谢罗德告诉埃里克 · 塞瓦赖德，“一定要去见见艾森豪威尔上校，他比其他任何人更能说明情况。”结果见报时，艾森豪威尔的照片附注是：“D · D · 厄尔森冰中校”②，艾森豪威尔不禁笑了起来。（他苦笑道：“至少前两个缩写字母写对了。”）

在美国，霍普金斯是仅次于总统，权力最大的人。他在白宫二楼的东南角有自己的办公室，就在总统的家庭私人住宅区域内。丘吉尔出于对他的敬佩和尊重，称他为“万物之要爵士”，伦敦人民也很信任他。1941 年 7 月底，霍普金斯在唐宁街 10 号的花园里与丘吉尔会面时说，总统想在“一个僻静的海湾”与首相会面。丘吉尔闻言非常高兴，他非常愿意亲自见见这位首席盟友，而且这次会面也具有一流的宣传价值。他们选了世界上最荒凉的地方之一——加拿大纽芬兰东南部的普拉森舍海湾。8 月 9 日，美国“奥古斯塔”号巡洋舰及其护送舰队停在了英国“威尔士亲王”号战列舰及其护送舰队的旁边，两国舰队一并前行，数量之多，阵势之大，足够进行一次大规模海战，这也许正是当时的想法。所有的会议均在“奥古斯塔”号上举行，除了星期日那天罗斯福越过跳板到英国战列舰上做礼拜。美英两国全体船员合唱完圣诗《哦王啊，我们永远的保障》之后，丘吉尔告诉罗斯福：“我并没有宗教信仰，但我要感谢上帝，感谢在这一时期，有你这样的伟人执掌美国政府。”在这三天多的时间里，两国首脑与双方

---

① 艾德莱 · 史蒂文森：后任伊利诺伊州州长，其后被两度提名为民主党总统候选人，后出任美国驻联合国代表。——编者注

② 艾森豪威尔名为“D · D · Eisenhower”，报纸错登为“D · D · Ersen-being”。——编者注

工作人员协商了一系列事宜，还一起拍照留念，并起草了一份联合声明，叫作“大西洋宪章”。

双方各自回到伦敦和华盛顿后，就把会议照片发给各大新闻媒体，同时，《大西洋宪章》也以联合公报的形式向全世界发布了。公报主张自由国家的人民有权利选择本国的领导人、收复被武力占领的本国失地、彼此自由贸易、以平等原则获取原材料、帮助改善贫穷落后的国家、打败侵略者，并享有公海自由航行权，从物质的匮乏和精神的恐惧中解脱出来。这大多是基于罗斯福最近的国情咨文所述（咨文中还包括言论自由和信仰自由的权利）。9月，有15个反轴心国国家，包括苏联（颇具讽刺意味），都纷纷表示赞成《大西洋宪章》。但奇怪的是，《大西洋宪章》的真实原文版却不存在。一名记者向罗斯福提出这个问题时，总统回答道：“据我所知，它还没有任何文本。我没有，英国也没有。你们所能得到的最近似材料，是‘奥古斯塔’号和‘威尔士亲王’号无线电发报员发布时的手稿……并没有正式的文件。”

即便如此，大家都表示理解，而且宪章并不局限于和平时期的战略方针。罗斯福回到白宫后，宣布他已通过行政命令解决了护航问题。美国战舰将在冰岛以西海域为商船护航，同时在海上熄灯以备战，尽管那些被护航的货轮被设定为美国船只，但行动计划上显示，海军规定 “任何国家的轮船”都可以寻求保护。

接下来要再发生事故的话，就很可能要交战了，事实上也的确如此。9月4日，在冰岛海域，德国U–652号潜艇指挥员发现自己遭到深水炸弹的轰击，同时还发现水面上有一艘驱逐舰。很显然，那些战舰是英国的，而且想置他于死地。但他错了，那些深水炸弹确实是从一架英国飞机上投下的，但“基尔”号驱逐舰却属于美国。“基尔”

号舰长看到两枚鱼雷朝自己袭来，他采取回避战略，并发射深水炸弹自卫。德国U–652号潜艇和美国“基尔”号驱逐舰都未受损坏，但事实上，德国打响了德美战争第一枪。罗斯福将德国此次做法称为“海盗行为”，并下令海军部队不再“搜索即巡捕”，而是“搜查即毁灭”——换句话说，一发现德国船只就开火。纳粹和美国在海上等于已不宣而战，对此，在美国国内，民意测验显示2/3的美国人赞成开战。

10月15日，德国“狼群”战队袭击了位于冰岛以南400英里的英国护航队。护航队司令官发电请求救援，前去营救的是由“奇尔尼”号带领的5艘美国战舰。“奇尔尼”号是美国最好的驱逐舰，投入使用只有一年时间。它的侧翼受到鱼雷袭击，尽管最后没有沉没，但美国人民还是第一次看到了“二战”中本国人员伤亡名单：2人受伤，11人失踪，大概已经遇难了。总统宣布，这次战争并非意外，纳粹早就制订好一个长期计划，准备把美国船只全部赶出海域。他还说，历史已经见证了是谁打响的第一枪，“我们美国人民已经准备好战舰，即刻准备战斗，时刻准备好捍卫我们的国家”。

两星期后，另一艘驱逐舰“劳本 · 詹姆斯”号，在冰岛海域执行护航任务时，驶进了德国U型潜艇的鱼雷射程内。这次，美国驱逐舰被击沉了，船上100多名美国水兵因此遇难。此次沉船事件轰动了美国新闻界，伍德 · 格斯为此还写了一首叙事歌谣：

他们都是谁呢？告诉我，他们都是谁？
“劳本 · 詹姆斯”上是否有你的朋友？

此时，真正的战争热遍及全国，但国会山上的那些孤立派仍无动于衷。总统认为，目前的紧张局势下，《中立法》中的一些条款已经过时了。例如，其中一项条款禁止美国商船携带任何比船长手枪或鱼叉枪威力更大的武器。总统认为，应该废除此类法令，取而代之的是，允许美国货轮全面武装，并运送货物至各交战国港口。本来租借法案就已经激发了国会内部前所未有的争论，此番论战更激烈，并且相较上次的票数，这次获胜优势更加微弱——参议院中多出 13 票，众议院中多出 18 票。除非事态急转直下，否则国会是不会通过宣战提议的。不过罗斯福那时也还不确定是否宣战。根据 1940 年 9 月 27 日的德国、意大利、日本签订的《三国同盟条约》，如果美国与签约国中的任何一国进行全面战争，就意味着其他两国也将对美宣战。罗斯福尚不确定美国是否已有足够的力量能够同时对付德国和日本。

罗斯福与他的顾问们越思虑这些问题，就越困扰。这 17 个月来，罗斯福一步步前进的同时，制定各项政策，不断暗中挑衅希特勒，想激起这位日耳曼人的愤怒，并由此让他大开杀戒。可是希特勒从没被激怒，偶尔还能利用这一点。德国海军上将雷德尔看到美国源源不断地向英国运送物资，很担心，曾两次恳求希特勒进行反击，他还列举了美国海军的 20 个挑衅行为，希望以此刺激希特勒。然而，希特勒依然从容镇定，还反过来劝告他要耐心，他表示一旦打败苏联，就会“严加”对付罗斯福。罗斯福下达对德国海军部队“搜查即毁灭”的命令后，雷德尔再次恳求，要么让他攻击美国战舰，要么就把德国潜艇从大西洋上全部撤回。希特勒摇了摇头说，很快“与苏联的战争就能见分晓，到那时，再把德国‘狼群’战队调去全面攻击美国海军也不迟”。

罗斯福原本希望，让美国舰队出入与德国有冲突的线路，那么早晚就会产生矛盾，引起公开的敌对战争。但是希特勒一直都是审时度势的高手，总是选择一再忍让、视而不见。世界另一端的日本虽也屡次遭到类似这样的挑衅，但种种迹象表明，他们也并没有上钩。而现在，大家都聚集在华盛顿，要与美国谈判。谈判时间拖得越久，轴心国就越有时间征服全世界。罗斯福感到自己无能为力了。“他已经黔驴技穷了。”舍伍德之后说，“他使尽浑身解数，如今一筹莫展。”舍伍德和华盛顿的人民都忧虑重重，想着还不如在圣诞节前赶到纽约，看看戏院正在演出什么新剧呢。

11 月底，乔斯 · 费勒和鲁思 · 维尔克的制片公司宣布，百老汇即将上演洛厄尔 · 巴林顿新推出的一部喜剧《海军上将的贤内助》，一些在城外已观看过的观众说这出剧还真是笑料百出，主要叙述了一名驻夏威夷海军军官的妻子野心勃勃，想要倚仗一位驻华盛顿的叔叔帮她的丈夫升官。这部剧曝光了军队内部的裙带关系，人们都说这是“跟海军开了一个善意的玩笑”。该剧原定于 1941 年 12 月 10 日星期三在百老汇大剧院上演。

剪影：战前美国

MAN WITH PICKAX ASSASSINATES TROTSKY IN MEXICO

And now — "Gangbusters!" The only national program to bring you authentic police histories! Gangbusters, America's crusade against crime!

A man without a woman
Is like a ship without a sail

WONDER DRUG
SCIENTISTS FIND
"BLOOD PLASMA"

ANNOUNCER: *The Lone Ranger!* (Bugle) *Heigh-ho Silver!* (Salvo of pistol shots) *A fiery horse with the speed of light; a cloud of dust and a hearty "Heigh-ho Silver!" The Lone Ranger! With his faithful Indian companion Tonto, the daring and resourceful masked rider of the plains led the fight for law and order in the early western United States! Nowhere in the pages of history can one find a greater champion of justice! Return with us now to thrilling days of yesteryear, when out of the past come the thundering hoofbeats of the great horse Silver! THE LONE RANGER RIDES AGAIN!*

LONE RANGER: *Come, Silver! Let's go, big fella! Heigh-ho Silver! Away!*

HITLER BEGINS WAR ON RUSSIA, WITH ARMIES ON MARCH FROM ARCTIC TO THE BLACK SEA

Thanks for the memory
Of sentimental verse, nothing in my purse
And chuckles when the preacher said
"For better or for worse."
How lovely it was!

What's cookin', good-lookin'?

FDR BUDGET HITS 8.8 BILLION

CLAGHORN: *Claghorn's the name, Senator Claghorn. I'm from the South.*
ALLEN: *Yes, I know. You're from the South . . .*
CLAGHORN: *When I'm in New York I never go near the Yankee Stadium.*
ALLEN: *Now wait a minute . . .*
CLAGHORN: *I won't even go to see the Giants unless a southpaw is pitchin'.*
ALLEN: *Well, look, now . . .*
CLAGHORN: *And I refuse to watch the Dodgers unless Dixie Walker's playin'.*
ALLEN: *Now wait a minute . . .*
CLAGHORN: *Stop interruptin', where's your manners?*
ALLEN: *Manners! I have . . .*
CLAGHORN: *Stop interruptin'. You might learn something.*
ALLEN: *Listen, if I ever learn . . .*
CLAGHORN: *Your tongue's waggin' like a blind dog in a meat market.*

Last week in Wilmington, Del., Du Pont's sheeny, much-publicized hosiery went on sale, sold quickly when salesgirls claimed that one pair of them would outwear four of silk, that they would dry in ten minutes when washed

DRIVES FROM CHI TO INDIANAPOLIS IN SIX HOURS

POPE'S AIR RAID SHELTER IN VATICAN NEARLY READY

And strictly entre nous
Darling, how are you
And how are all the little dreams
That never did come true? . . .
And thank you so much

BEARS, LED BY LUCKMAN, WHIP REDSKINS 73-0

$2 complete with 20 blades Schick injector razor

第八章　战争边缘的美国

1940年春，德国发动闪电战期间，凯特·史密斯一直祈祷上帝保佑美国，当时的美国与“大萧条”时期相比，已经发生了巨大的变化，但与20世纪70年代初的超级大国还存在很大差距。西方国家战争的爆发并未给美国带来真正的繁荣，而美国参战后却做到了。1941年，罗斯福第三次总统就职后的第二天早上，《下午报》（马歇尔·菲尔德于7个月前成立的无广告报纸）用整个头版刊登了一幅衣衫褴褛的失业人群的照片。这种情景在美国很常见。那时，全国有近900万人失业，近300万人登记在公共事业振兴署名单上，30%的黑人需要救济。这距离1929年美国股票大崩盘已经超过11年了。在20岁左右青年人的记忆里，美国经济就从未健康稳定地发展过。而他们的父辈基本上都成长于“一战”期间，但在“二战”前，他们就已经看到自己的儿女如何为了生存而磨炼得既坚韧又强大。

1941 年春，国家急需扩充兵力。所以，罗斯福组织了一次全国营养会议，希望能找到陆军医疗队拒绝了近半数选择性征兵制召集来的青年的原因。他们的调查结果可以说任何福利部门工作者都心知肚明，因为最大的也是唯一一个原因就是 10 多年来美国人营养不良。根据 1940 年的人口普查，超过一半的儿童生活在年收入不到 1 500 美元的家庭里，1/4 的人口依然靠务农为生，而一般的农民年收入只有 1 000 美元。1939 年秋末，托莱多市的学校还因为缺乏资金而停课两个月。在曼哈顿，没有一技之长的普通职工利用英国布里斯托尔被炸毁时留下来的残砖断瓦，为东河大道修建地基，每年薪资也只有 832 美元。

即使是这样，来访美国的欧洲人还嘲笑美国的物质生活，现在的欧洲年轻人再不会觉得美国人在战前多么备受呵护了。尽管农村的电气化建设正在稳步发展，但依然有 3/4 的农场只能使用煤油灯。就全国整体而言，平均每 7 个美国人才有一部电话，每 5 个美国人才有一辆汽车；1/4 的家庭没有自来水，1/3 的家庭没有抽水马桶；大多数美国人八年级后就辍学了。在华盛顿，参议员瓦格纳提出了健康保险计划，但是由于美国医学协会的说客大肆抨击，该计划最终没有通过。对于 5~15 岁的儿童来说，最大的杀手是风湿性心脏病。

美国总人口为 1.32 亿。人口统计专家认为，美国人口数量不会再扩大了。只有 17%的已婚妇女有工作——尽管已婚妇女就业的数量已悄然增长不少，20 世纪 30 年代就增加了约 50 万。已婚妇女们大多都是一边做家务，一边听广播肥皂剧，其中受欢迎的是《维克和萨德》，还会听一些新推出的配乐广告，其中一首名为《金吉达香蕉》的小调，每星期竟然播放 2 700 次。

当时美国的国民生产总值为每年900亿美元，道琼斯工业平均指数也基本在150上下浮动。简而言之，这些数字表明，美国经济依然低迷。后来成为《纽约邮报》经济版唯一一位记者的西尔维娅 · 波特对当时存在的通货紧缩现象做了生动的描述：单身公寓每月需支付25美元，热狗每个5美分，电影票每张20美分，大多数杂志一份10美分，一顿饭45美分，手表维修费平均每月10美分，1/5瓶威士忌1.25美元，一般情况下，与朋友打赌只投注5美分。

商人仍然把这些问题归咎于政府干预、工会不合作、联邦政府开支太大、工人太懒，以及罗斯福拒绝接受胡佛关于允许“合理调整”工资和物价的提议。卡罗琳 · 伯德提出了另外一种意见：20世纪30年代的美国商人并不是真正优秀的商人。他们都觉得国家的繁荣主要是依靠华尔街的金融家们以及那些所谓的基础行业，例如钢铁产业，但他们都忽略了真正的关键——消费者及其所需的廉价商品和各种服务。“随着人口的增长，人们对鞋子、药品、食物、肥皂、香烟、衣服和汽车汽油等的需求会直接上涨。”伯德小姐指出：“公共汽车、卡车、天然气、电力、商店、洗衣店和美容院也都有很大的商业空间。”在战前的最后几个月里，《财富》杂志以惊讶的语气报道，自股市大崩盘以来，有一个行业得到了迅猛的发展，即一次性产品制造业，其中包括纸巾、纸杯、纸碟、不能回收的瓶子和卫生巾，男士在避孕套上的花费比理发要多得多。

从某种程度上讲，有些产品并未被放手生产，因为企业家们隐约感觉到，这些产品对人们无益。妇女们应该洗碗，她们没有理由吃完饭把餐具一扔就了事。免下车服务是不对的，因为让事情变得过于简单了。由于缺乏远见等各种各样的原因，富有的企业家拒绝投资超市、邮资计费器、空调、滑雪场、霓虹灯、晶体管、胶合板以及汽车旅馆等行业。除了富人，大家不知道消费信贷。大多数人都用现金支付小额账单，银行为了限制支票账户，提高了账户的最低余额。当时如果有人提议，银行为储蓄者保密，或提供给他们“先度假，后付款”的旅游服务，会令人大吃一惊，就像社会上的模范人物当众出丑一样。

很多改变战后美国面貌的新发明，都在珍珠港事件之前就已经完成了。不仅包括雷达，甚至还有电视机，那个时候工程师们已经在进行研究制造它们的收尾工作。1939 年 4 月 30 日，全国广播公司进行了一项电视广播实验，曼哈顿接收到来自格沃尔 · 惠伦的纽约世界博览会的画面，尽管早期杜蒙牌电视机上的显示屏很小，但曼哈顿的人们还是可以接收到。当时哈佛大学的查尔斯 · 道斯教授认为电视肯定不会流行起来，因为“它只能在一个半明半暗的房间里观看，还需要不断的检查”。荧光灯照明也已进入人们的日常生活，而且就像尼龙和涤纶掀起了纺织界的革命一样，塑料制品也正慢慢取代各种产品中的钢、铝、锌、镍，从方向盘到钢笔（之后还有圆珠笔）等。1940 年春，伊格 · 西科斯基在康涅狄格州布里奇波特市首次试飞直升机，一位记者描述这架直升机是“一个稀奇古怪、状如纺锤的机器”。某杂志推测西科斯基的直升机在战场上可能有一定的作用。

此时，美国的汽车还未成为某位社会评论家所称的“傲视群雄的战车”，但已经在往这个方向发展了。奥兹莫比尔汽车打广告说，他们增加了 57 美元的成本，用以安装所谓的“液压离合器”，可以及时免除换挡。林肯 · 飘逸敞篷车也有一个神奇的按钮，按下就可以起落篷顶。听此消息，一向保守的底特律汽车业成员都耸耸肩膀，表示不相信，就像在和平时期最后的几个月里，出版行业都很鄙视口袋书公司的出版计划一样。该公司发行的第一批平装书——詹姆斯 · 希尔顿的《消失的地平线》，只在部分杂货店出售，每本 2.5 美元。

任何人只要对这样的新发展有先见之明，肯定能够大赚一笔。但有时，没有先见之明也是一件好事。希特勒在横扫欧洲期间，华盛顿正在制订计划，以扩大预扣税原则的应用范围，其中还包括社会保险和联邦个人所得税。1939 年 9 月 2 日，《纽约时报》第 20 版刊登了一则简要新闻，大体内容是有一位名为 A · H · 罗福的研究员在向国际肿瘤会议做报告时，描述了他在小白鼠身上涂抹烟焦油从而引发癌症的实验过程。

1941 年秋，如果去远方，肯定得坐火车。新提取的柴油燃料达到了其高效率和流行的顶峰。车站里到处都是戴红帽子的搬运工。路基也一直在维修保养，这样卧车旅客（至少在低铺位上的乘客）就能够好好休息了。还有服务员会帮你擦鞋、提行李，到了起床时间，他们还会轻轻地为乘客拉开绿色的窗帘。如果离开时，你给他 50 美分小费，他会说“先生，谢谢你”，这是他们由衷的谢意。在火车上进餐也是一件令人愉悦的事情，桌上都铺着干净的亚麻桌布，菜单上各种食物应有尽有，人人彬彬有礼。

大家都不愿乘坐飞机，可能是因为飞机上食物难吃、机场距离远，而且还存在恐惧心理。但可以肯定的是，飞机的服务质量和航班安排都在不断改进，而且泛美航空公司推出的第一个穿越大西洋的航班 Yankee Clipper 只用 26.5 个小时就可以把你从长岛带到里斯本，但那时大多数人并不会这样急着赶路。你也可以选择自己开车，不过就是受点儿苦。莫利特公园大道和宾州收费公路才开放不久，其他的高速公路还只是两车道或三车道，而且途经的每个城镇都要限速，超速罚款用以补贴当地警员的工资。沿途旅社更是少之又少，而且评价都不高。为此，J · 埃德加 · 胡佛还带头发起过一个反对此类旅社的运动。胡佛在《美国杂志》上写了一篇文章，称这类旅社（汽车旅馆的前身）是一个“滋生疾病、贿赂、腐败、欺骗、强奸、逼良为娼、偷窃和谋杀的温床”。而且，他还提醒人们，那些夫妇们正在用的床垫，很有可能之前就被那些发生“不正当关系”的人们玷污过。

火车穿过一些居民区时，看不到那些打折店或路边食品店的广告牌。像高速公路一样，这些商店在很久以后才会出现在人们的视线中。那时候，人们还未过分依赖私家汽车。他们工作、购物或上学，都乘坐公共交通工具。自那时起，被取消的公交线路不计其数。但我们还可以了解有轨电车的发展，1940 年，全国电车铁路轨道达 19 600 英里，到 20 世纪 60 年代末，就已经减少到 2 049 英里，而且其中大部分已废弃不用。

火车站附近都有至少一家维多利亚时代的酒店，这种酒店具有孟莎式屋顶，服务员们随时待命，而且每晚只需一美元就可享用干净的床铺。服务员随时都可提供酒水。只需三美元就可以叫来镇上的妓女，如果是军人的话，两美元即可。酒店的餐厅既安静又便宜，如果你想要更热闹一些，可以去四周找个小餐馆，有点唱机和当地八卦消息。有一些俚语连 20 世纪 70 年代的年轻人都不一定听得懂，比如他们不说“派对”，而说“狂欢”；不说“分开”，而说“滚开”；把“风流汉”叫作“色狼”；如果你想让一个“色狼”“滚开”，你就说“赶紧消失”、“去死”、“干掉你”或“吹走你”；如果一个女孩对一个男孩有意思，就可以夸他“有风度”、“可爱”、“俏皮”或是“时髦”；与这个男孩单独在一块儿的时候，女孩可能会发现他有点儿“呆”，不过要是他非常机灵的话，一个“亲吻”就足可让女孩儿接下来都顺从他了。

这些酒店、餐馆、电影院、妓院等都是推销员们常转的地方。如果你去拜访朋友或走亲戚，他们会去车站接你。如果你是一个男人，还来自有钱人家，那就很有可能穿着双排扣格子花呢西装，而你的亲戚朋友也有可能住在后来被称为“内城”的地方。但哪儿有繁华的毕肯山市区，哪儿就有像布鲁克莱恩那样的郊区，所以你完全可以止步于此了。因为当时格林尼治和温内特卡的郊区生活与20世纪70年代的莱维敦和帕克·福莱斯特是截然不同的。战前，郊区都住着富裕人家，他们独享这里，而且都接受过预科学校和大学的教育，郊区也是地位尊贵的象征——不是购物中心，而是乡村俱乐部的延伸。这里住着作家约翰·P·马昆德笔下的人物，住着约翰·奥哈拉所羡慕的人们，住着詹姆斯·古德·科森斯认识的人——共和党白人新教徒中的上层中产阶级。为了在海厄尼斯港能有一处自己的房子，就算是约瑟夫·P·肯尼迪也要与人竞争才能得到。如果说一个天主教徒勉强可以的话，犹太人根本没有机会。住在这里的肯尼迪的邻居们，像他在夏令营或冬季游轮出游期间一样，大力宣扬自家“严格执行饮食标准”。如果住在这里的孩子们出去读大学的话，他们也会成立自己的小团体，不会盲从他人。

战前，除了担心这里太偏僻，郊区的生活还是很惬意的。这里的老房子宽敞，新豪宅高雅。“大萧条”时期，花一两万美元就可以在这里买下一栋大房子。尽管这里到处都在不断修建有现代感的建筑，但人们最喜爱的还是都铎王朝和殖民地时期的建筑风格。工人们除草劈柴，父亲们打高尔夫，母亲们修整花园，年轻的男女们会在每个星期六晚上去俱乐部跳跳舞。没有人抱怨有压力、有竞争。大家都穿着灰色法兰绒布料的衣服，要是有人举止失礼，就有可能被俱乐部开除。夏天傍晚，一家人坐在庭院里，草坪上摆放着各种各样的家具，有个被称为“滑翔机”的摇摆式沙发，老年人坐上去很舒服（青年人肯定坐不住）。约会时，大家不会穿蓝色牛仔裤，因为这种布料的衣服只有牛仔和体力劳动者才会穿。青少年们不仅形成了自己的潮流，也想像他们的长辈一样尊贵、体面，没有什么可以阻碍他们。即使战争来临，所有人也都认定这些有背景的男孩们日后肯定会成为军官，部队也这样认为，因为特权世袭已经根深蒂固。无论怎样，这种趋势是必然的。

但是美国黑人青年的前途就大不相同了。吉姆·克劳法（歧视黑人制度）事实上已经成为军事机构的潜规则之一。1940 年，陆军中只有两名黑人军官，而海军中一个都没有。黑人士兵通常集中在“港口”营，主要负责装卸船上货物，只有三个团接受黑人战斗兵。黑人水手也仅限于在食堂工作，如果他们足够幸运的话，也许会有机会穿着白色短外套，站在一旁等候军官差遣，只要军官开口说话，他们就要深鞠躬。1942 年年初，艾森豪威尔整理的各种资料，都是关于所谓“军队有色人种问题”的（没有人认为这是其他肤色人的问题）。他发现这个问题确实难以解决，但他取消了对战地记者报道种族事件的限制，这也算是一次进步。一些记者与他争论，担心国内的一些“好事者”会夸大相关事件。艾森豪威尔将军否定并反问他们，美国到底为什么要打这场仗。

记者们并不知道如何回答这个问题。但是如果有人来自南卡罗来纳州，就可能会指出，那里的立法会通过了一项决议，宣称美国军队是“为白人至上而战”。战争开始前的最后几星期里，种族歧视观念盛行于乡村地区。犹太人已经被禁止与著名的律师事务所来往，去医学院读书有名额限制，“只收基督教徒”的工作，他们无权应聘。密西西比州众议员约翰 · 兰金曾经站在国会大厅的正中央，骂一位新闻记者是“小犹太人”，没有一位同事责备他。但反犹太主义从来没有像反黑人种族主义这么厉害。参议员“大人物”西奥多 · G · 比尔伯是兰金的老乡，同样来自密西西比州，他典型的“比尔伯式”语言一次又一次地让正式会议活跃了起来，例如“我们南方人一定要把种族界线画得更重”、“白人才是耶稣基督的福音”、“告诉那些同情黑人的美国佬，你们都下地狱去吧”。

密西西比州某地的一个栅栏外挂着一块标牌，上面写着“寻找复活节彩蛋：白人儿童，早上 9 点半；黑人儿童，下午 3 点半”。同样的，在梅生迪克生线[①]以北地区，白人种族主义也相当盛行。国会拒绝通过不可以对黑人处以私刑的提议。《巴尔的摩太阳报》自认为是一份开明的报纸，却在报道中称，联邦工作赈济营里“黑人妇女们住在以布当墙的小屋里”这则新闻是恶意诽谤，但实际上，这是事实。在著名的莱因兰德离婚案里，丈夫声称他不知道自己的妻子有一半黑人血统，于是妻子艾丽斯 · 莱因兰德不得不脱掉上衣来证明他先前肯定是知道的。埃德加 · 胡佛是歧视黑人节目《阿莫斯和安迪》的忠实粉丝，他向罗斯福总统报告说：“关于种族关系的分歧，有很大一部分源于共产党组织的活动。”芝加哥著名的黑人报纸《芝加哥保卫者报》，提醒南方读者不要再幻想了，北方并不需要他们。

留在南方的人民却意味着要饱经磨难。他们不仅要受到 T · 尤金 · 康纳等流氓恶棍的欺辱（此人后来竟然成为负责伯明翰市公共安全的一把手），而且还要穷苦度日，南方城市居民的平均年收入才 634 美元，农村只有 566 美元。而纽约和底特律市的居民年收入是

① 梅生迪克生线：美国南北战争之前的南北区域分界线。——编者注

南方的两倍，于是100万美国黑人开始向北方迁移，但也只能住在北方的贫民窟。为了能够拥有更好的衣食条件和教育环境，他们不得不忍受社会对他们的歧视和困难重重的生活。许多在这段时间美国北部贫民窟出生的孩子，成长为20世纪60年代奋勇反抗的英雄人物。

早期从他们中诞生的英雄人物多为黑人音乐家和运动员，如杰西·欧文斯（美国田径明星）和乔·路易斯。体育新闻类作家称路易斯是史上最优秀的职业拳击手——当时他第9次成功卫冕，他也认识到了自己在社会中所扮演的角色。他说："我要诚实地比赛，这样其他黑人才会有机会和我取得一样的成就。如果我要诡计，做对不起他们的事，会让他们很失望。"在他的崇拜者中，有一位名叫马尔科姆·艾克斯（原名马尔科姆·利托），他在自传中写道："每一个黑人男孩刚学会走路，就想成为下一个'褐色轰炸机'（乔·路易斯的绰号）。"

许多美国最动听的音乐，都在这些年灌的唱片里。但白人相当歧视黑人音乐家，这是美国的耻辱。本尼·古德曼打破种族界线，让黑人特迪·威尔逊加入了自己的乐队，但酒店经理不允许威尔逊与乐队一同在舞池演奏。在纽约，技艺超群的杜克·埃林顿乐队可以在百老汇大街洛氏国家剧院演奏，但不允许在派拉蒙剧院和斯特兰德剧院表演。对他们来说，更糟糕的则是各地的巡回演出，每天连找个地方吃饭、睡觉都会惨遭羞辱。一次，古德曼带领乐队到南方巡演，有两个警察硬要逮捕莱奥内尔·汉普顿，幸好他们的局长及时出现（因为局长是个爵士音乐迷），汉普顿才得救。比莉·哈乐黛出入宾馆时都不得不走后门。在底特律市，某剧院经理觉得比莉作为黑人皮肤显得不够黑，于是她只好化妆，让自己的皮肤更黑些。一次，比莉跟阿蒂·肖的乐队一起去南方巡演时说："我几乎每次吃饭、睡觉或上厕所，都要像全国有色人种协进会那样斗争一番，现在事情已经到这个地步了。"

偶尔他们也会出口恶气。珀尔·贝利就谈过她曾在芝加哥某中餐馆与服务员对峙的经历。她回忆说，当时一个中国服务员走过来，"刚开始说的语言我并不怎么懂，但……最后一句总是'我不接待'，我却听得清清楚楚。够了。于是，我用东方人的说话腔调，慢慢地说：'你们以为我来美国是摘棉花的吧？但我听说，你们到美国只能当洗衣工。所以，哥们儿，还是接待我们吧！'你知道接下来发生了什么吗？他真的接待了我们"。黑人爵士歌手莉娜·霍恩在某个关押第一批俘虏的战俘营里，做了一个很无畏的举动，公然挑衅白人。当时，战俘营的指挥官让前排都坐满德国俘虏，而监管监狱的黑人士兵反而坐在最后面，于是，莉娜慢慢从台上走下来，走到过道上，背对德国白人，面对黑人同胞们唱起了歌。

罗斯福总统想把民权法案项目推迟到战后，但形势所迫，他不得不有所行动。黑人领袖眼睁睁看着联邦政府把大量资金都投入国防工厂，而对申请工作的黑人置之不理。1941 年春，卧铺车厢搬运工兄弟会联盟负责人A·菲利普·伦道夫对总统说，政府这样做实际上就是支持种族歧视，如果继续这样的话，他就要在华盛顿发起一次大规模抗议游行。总统仍犹豫不决。于是，伦道夫调集了兄弟会联盟的成员们，定于 7 月 4 日举行游行。罗斯福担心他们的游行会影响国家团结，终于在 6 月 25 日做出让步，发布第 8802 号行政命令，成立公平就业措施委员会。命令规定，所有雇主、工会必须"在国防工业中为所有工人提供充分而平等的就业机会，不能因种族、信仰、肤色或民族不同而有所歧视”。但该项命令未能充分贯彻实施，所有那些期盼立竿见影的黑人领导者感觉还是失败了。不管怎样，这毕竟是一个具有历史意义的时刻，自此之后，大规模的黑人工人运动开始出现，后来历任美国总统都得面临这一挑战。

在政府内部，埃莉诺·罗斯福和哈罗德·伊克斯二人对美国黑人遭受不公平待遇这件事最为敏感，他们两人的努力在战前美国民权史上留下了灿烂的一页。玛丽安·安德森在当时被认为是世界上最优秀的歌手，托斯卡尼尼曾夸赞她：“你这样的声音，真是百年不遇。”但她也是一名黑人。一次，一个叫玛丽·约翰逊的红头发女记者，聪明机灵却好事，听说安德森计划在宪法大厅举办一场音乐会，便想从中使坏。约翰逊小姐知道，宪法大厅属于美国革命女儿会。于是，她便去拜访美国革命女儿会主席小亨利·罗伯特夫人，问她女儿会对此事有何打算。拥有绝对权力的罗伯特夫人斩钉截铁地说，这个计划即刻叫停。自此以后，无论是玛丽安·安德森，还是其他黑人艺术家都从未在宪法大厅表演过。

全国有色人种协进会的沃尔特·怀特采取了下一步行动。他提出，要想让大家关注到革命女儿会的种族歧视事件，有一个好方法，让安德森小姐在华盛顿开办一场免费的露天演唱会。安德森同意此事，协进会一致认为林肯纪念堂是最合适的地方，但没有内政部长的同意，那里是不允许举办音乐会的。伊克斯听说了革命女儿会的事情后，便致电白宫。当时总统正准备前往沃姆斯普林斯，伊克斯恳请他稍等片刻，他即刻赶到。罗斯福详知此事后，就命令伊克斯负责举办这场大型露天音乐会，并且规模越大越好。

埃莉诺·罗斯福听闻此事，宣布退出革命女儿会，她接受怀特的建议，和伊克斯一起发动内阁成员、最高法院大法官、参议员、众议员及一些其他杰出社会人士，组成了一个蓝带发起委员会，以促成安德森的音乐会。音乐会以美国革命女儿会之前做过的事情为宣传点，大力提高了关注度，这真是用钱都买不到的。被邀请的赞助商中，只有几个借口自己的地位不方便参与如此有争议的活动而没来，绝大多数还是出席了，包括外交使节团。音乐会现场共有 7.5 万名观众。从开场第一首歌《美国》到结尾曲《没有人知道我的烦恼》，观众们都沉醉其中。结束后，大家纷纷涌向歌手安德森，局面难以控制，好几次几乎发生踩踏事件。在所有人都把手伸向安德森小姐时，怀特注意到有一个穿着复活节服饰、身材瘦小的黑人女孩，泪水浸湿了她的脸颊，虽然年纪不大，但伸出的双手却布满体力劳动的痕迹。怀特后来说："从这个女孩的眼神中就可以看到她心里在说'玛丽安 · 安德森能做到的，我也可以做到'。"

这起不平凡的事件吸引了百万人的注意，但不能就此误认为，美国人在珍珠港事件前夕都忙于国家大事或议题。事实上，大多数美国人那时候都在全神贯注地处理个人问题、生活琐事和工作事务。甚至在底特律市，尽管工程师们正在研究意大利菲亚特轻型坦克的弱点，但是人们谈话中最常见的话题却是销售。这是底特律的销售业最蓬勃发展的一年。汽车经销商已经售出 500 万辆汽车，这令老板们笑得合不拢嘴，也令前来咨询的英国官员们惊讶万分。亨利 · 福特刚开始以关闭福特公司为威胁，不愿意接受国防订单，接着又坚称无论如何都不为加拿大制造飞机，这让英国人更加惊诧。哈特福德市的普拉特 · 惠特尼集团负责为驱逐机（也就是后来人们所说的战斗机）制造引擎，但困难重重。格伦 · L · 马丁公司签订了一份 1.31 亿美元的合同，以制造 1 000 架B–26 轰炸机，最后却只有 20 架上了装配流水线。

在好莱坞，卢韦拉·帕森斯和赫达·霍珀为女演员多萝西·拉莫尔的慷慨举动而欢欣鼓舞，因为她刚把自己在电影《她的丛林之爱》中所穿的布裙捐献给了洛杉矶历史科学和艺术博物馆，博物馆也欣然接受。城市的另一个角落，作家F·斯科特·菲茨杰拉德的遗体却静静地躺在一家简陋的殡仪馆里，多萝西·帕克在他面前站了很久，然后轻轻地说："你这个'浑蛋'，还真是可怜！"这一年，很多名作家相继离世，6个月内，菲茨杰拉德、詹姆斯·乔伊斯、舍伍德·安德森、弗吉尼亚·伍尔夫先后离开了。

1941年，《波士顿晚报》在连续发行了111个年头后，宣布停业。这是一个不祥之兆：美国报纸产业开始陆续倒闭，虽然历时较长、过程缓慢，但规模巨大。在接下来的20多年里，1/4的日报类报纸都消声匿迹了。作为《波士顿晚报》编辑们的母校，哈佛大学为它的停业悲叹。哈佛大学和当时这个巨变时期所有的大学一样，思潮汹涌，需要一份能够直言不讳的报纸。1941年，W·H·奥登发表了他的诗作《焦虑的时代》，威廉·巴雷特出版了《什么是存在主义》一书，亨利·卢斯所著的《美国世纪》震惊了所有非沙文主义者，约翰·皮尔·毕晓普在《凯尼恩评论》上发表的文章，对"艺术"的前途表示乐观。毕晓普看到欧洲目前的战争是美国文化发展的大好机会，于是，他欢迎欧洲的知识分子和艺术家前来美国避难，并认为他们应该会留下来。他写道："艺术的前途将在美国，因为只有在这儿，知识分子们可以既不受国家的限制，继续向前探索，又不受权贵的干扰，发表新的研究成果。"

当订阅者反复研究毕晓普那充满希望的文章时，有一个叫约瑟夫·R·麦卡锡的人赢得了威斯康星州第10区的选举，并成为一名巡回法院法官。此人先前是乡下养鸡户，后半工半读，先后做过加油站值班员、洗碗工、馅饼烘烤师和道路修建队铲土工，才完成了法学系的学业。斯皮罗 · T · 阿格纽是巴尔的摩伐木工人互助保险公司的理赔人。惠特克 · 钱伯斯现在体型肥胖，穿着松松垮垮的蓝色西装，一脸沮丧，是《时代周刊》的三流书评家。阿尔杰 · 希斯依然住在华盛顿P街 3210 号，是国务院一颗冉冉升起的政治明星。如果施乐静电复印机在 20 世纪 30 年代中期就已发明，那希斯就无需用他的伍德斯托克牌打字机抄录文件，钱伯斯也就无法证实他的指控，那么钱伯斯的支持者理查德 · 尼克松能否赢得全国关注，成功入主白宫，也就充满疑问了。现在想想这些事情，都还是会惊恐万分。

对体育记者而言，1941 年并不景气。只有一匹名叫“海洋饼干”的赛马还值得一写。鲍伯 · 斐勒能投出一场无安打比赛，乔 · 迪马吉奥轻松地连续赢得 56 场比赛。然而，卢 · 格里格于 6 月逝世，芝加哥大学退出了校际橄榄球赛，戴维斯杯、怀特曼杯和温布尔登网球公开赛也因战争被陆续取消。原定在赫尔辛基举行的奥林匹克运动会，后来也被迫暂停。体育版的编辑们会报道职业橄榄球赛的赛况，但显得并不积极，因为当时橄榄球还没有那么受欢迎。不过球迷中有一位海军少尉约翰 · F · 肯尼迪，1941 年 12 月 7 日（珍珠港事件爆发之日），他还去观看了那场华盛顿红人队的主场比赛。

那是个天气晴朗的金秋，美好的秋色正适合为青年们送别。等到战后和平时期，黄叶纷飞的秋天再度来临时，昔日的青年已经失去了青春，有的还失去了生命。而那些女孩，待到士兵们坐着军舰回国时，都已近中年，身材也没有那么婀娜苗条了。那时美国女孩的平均身高为 5 英尺 5 英寸（比现在矮），体重为 120 磅（比现在重），这确实令人惊异。也许，往事已模糊不清，不过从当年人们的穿衣打扮上可略知一二。1941 年秋，最流行的发型就是及肩童花头，或者卷曲波波头。她们让头发自然垂在背后，穿过校园，一个个像极了年轻的女神，这正如弗雷德里 · 刘易斯 · 艾伦所说："这些女孩，从背后看，个个都是大美女。"

女大学生们平时都穿着及膝袜，跳舞时穿上露肩蝉翼纱礼服。如果在史密斯学院，她们的日常校服就是毛衣或毛衣外套，并佩戴一串珍珠（瓦萨学院的女孩们喜欢戴三串）。她们穿的鞋子多是宽帮低跟的。那些走读的女生大多用发带将头发束起来，穿着露腰服装，但在公共场合裸露就是反常行为了，魅力尽失。男孩们的穿着就不太吸引人了，他们的上衣翻领偏宽，裤管偏胖。现在看当年的老照片，肯定会尴尬无比。白衬衫（1941 年百货商店里每件两美元）是当年的标准服装。情侣在当时是早期消费者，感恩节一过，他们就开始跟着广告语说："在科蒂香水的遐想中，祝你圣诞快乐！"

在好彩牌香烟赞助的流行歌曲比赛中，《上帝保佑美国》排名第三。年纪稍大点儿的人们，每次听到希尔德加德唱《多佛的白色悬崖》时，都会不禁哽咽。但是"摇摆世代"依然坚持其爱好。由于他们的喜爱，5 年里唱片的销量翻了 100 倍。他们一起争论谁才是最佳女歌手（马莎 · 蒂尔顿、海伦 · 奥康纳和玛丽昂 · 赫顿三人最受追捧），一有机会，他们就会去听现场演奏。纽约西 52 街被称为"摇摆音乐街"。在那些像名门、玛瑙俱乐部和凯利艺术团的地方，你可以听一整晚上贝西伯爵、班尼 · 伯瑞根和巴德 · 弗里曼等歌手的演奏。T · 多尔西在纽约人旅馆的露台客房开唱，古德曼在宾夕法尼亚酒店的曼哈顿大厅演出。如果真的想疯狂摇滚到底，你和同伴们还可前往百老汇大街的玫瑰岛舞厅，那里四面的墙壁都镶嵌了镜子，天花板上挂满彩灯，像星星一样，而且舞女们个个着装入时。

有些人怀疑这些单纯天真的摇滚青年们背后肯定有不少把戏，他们猜对了，性爱是摇滚的一部分。如果有个女孩听到她魅力不凡的约会对象一直对她唱“请你给我一些让我能够记住你的东西吧”，便准确地知道他想要的是什么。林德夫妇调查发现，平均每10个采访者中有7个承认自己有过婚前性关系。无疑，大学生中这类人相对较少，“但名义上的处女”比例确实比较高，大多数大学生不考虑结婚问题。一直到“二战”后很长一段时间，中产阶级美国人都认为早婚是底层社会中特有的现象。所以大学生们为了避孕，不得不依赖金赛博士（性学教授）后来所称的“发泄代用物”（避孕套）了。

可以想象，老一辈肯定不喜欢这些所谓年轻人的习惯。原哥伦比亚大学教育学院教授威廉·H·克伯屈就叹息道：“传统道德的约束力”已消失殆尽，鉴于他一直在课堂中大力抨击传统价值观，这次他说的话还真是让人有些不适应。罗马教皇呼吁天主教的女教徒们，不要再穿那些“不正派的服装”，但这样的劝说没有任何意义，因为那时候她们所穿的衣服除了露出小腿、双手和脸部外，其他部分都遮得严严实实，也许他指的是穿泳装的时候吧。《纽约时报》真的讨论过这个问题，并且对那些“在海滩上几乎一丝不挂的人们”表示强烈抗议。

在洛杉矶郊区阿罕布拉，高中女生刚搬进一栋新大楼后，发现只有一间共用的大浴室，也就是说，大家以后都得赤裸相对，集体洗澡。16岁的琼·阿夫利娜·劳伦斯对此很抵触。她宁愿体操课不及格，也不愿让别的女生看着她裸身洗澡。她的父亲是一名工程师，对女儿的这种羞怯行为表示完全支持。于是，琼向法院提起诉讼，申请禁令，理由是让她当众裸体是不道德的行为，违反了加利福尼亚州禁止在公共场合脱衣的法令，并侵犯了宪法赋予她的生活权、自由权和追求幸福权。她的做法得到了大多数人的支持，特别在同龄人中颇受欢迎。而且，她的275名同学联合签署了一份请愿书，要求设立私人浴室。

法官进退两难。他认为在这点上法院应该顺着学校。既然学校的大楼已经建成，女生们可以选择集体洗浴，也可以脏着不洗，所以并没有下发禁令。然而，纽约州的法官们就没这么好说话了。关于罗素伯爵三世（哲学家伯特兰·阿瑟·威廉·罗素）的案件，也许最能说明战前人民如何拘泥于礼，以及20世纪70年代美国人如何放荡不羁。学术界的人都知道伯特兰·罗素特立独行，他的那些惊世骇俗的想法已经超越了爱和婚姻。此外，他在数学界和哲学界也颇有成就，同时也是大西洋两岸最优秀的诗歌作家，并曾在加利福尼亚大学伯克利分校和芝加哥大学任教。当他答应担任纽约市立大学市立学院的教授和哲学系系主任时，纽约市立大学市立学院喜出望外，并这样描述他：一位长着蓝眼睛、高鼻梁、凹下巴的长者。还有人写道："英国的上流人士一定觉得罗素是个疯子。"

纽约主教派的主教牧师威廉·T·曼宁本身就是个英国人，但他认为罗素伯爵只是一个伤风败俗的老头儿。并且他在给报社编辑的一封信中也这样说，他首先引述了罗素所著书中的一段话（"人类只有欲望，没有道德标准……不为繁衍后代的话，性关系纯属个人私事，与国家或是邻居都完全无关"），然后问道，这样的一个人如何能给后人树立一个好的榜样。纽约市立大学市立学院代理校长回答道："我们只是邀请罗素先生来教授数学和逻辑课程，并不会谈及他的个人伦理观和道德观。"

于是，罗素在第一回合胜出。但是，这种愤慨的行为正如所预料的那般很快就在各地蔓延开来。赫斯特报系、爱尔兰老修道会、美国天主教女儿会、路德教徒公会、浸礼会牧师联合会、美国退伍军人协会等组织都纷纷通过决议，投信报社，并举行集会和抗议游行。纽约市高等教育委员会就此召开常务会议，但投票显示，罗素这位哲学家还是得到了多数票的支持。因此，第二回合，罗素再次胜出。

要是在今天，这件事恐怕就到此结束了——即使设想任何一个现代主教发起这样的圣战，看起来也是完全不可能的。然而，在20世纪40年代初，却有很多家长都愿意竭尽全力挽救自己的孩子以防其变坏。纽约市布鲁克林区一位牙医的妻子琼·凯太太就是这样一位母亲。她总是想着，假如自己的小女儿长大了，并考上了纽约市立大学市立学院，然后碰到罗素这样的恶魔教师，该如何是好？凯太太向约瑟夫·戈尔斯坦律师咨询，约瑟夫代表她以纳税人的身份向法院上诉。他们拿着4本罗素伯爵所著的书，来到纽约最高法院大法官约翰·麦吉罕面前。戈尔斯坦形容这些书“淫荡、色情、贪欲、猥琐、污秽、放荡、刺激性欲、龌龊、下流、虚伪、极不道德”，而且“思想狭隘”。

麦吉罕法官是依靠坦慕尼协会的推选才成为法官的。当他受理这起案件时，就知道能引起强烈反响。麦吉罕法官从新闻剪报中知道关于罗素的流言四起，说他曾主持一个英国裸体区、容忍同性恋、喜爱淫秽打油诗等。于是，他热血澎湃，提笔就写下一篇长达17页颇具讽刺意味的判决书，一气呵成。麦吉罕说，纽约市高等教育委员会所做的这个决定，实际上等于在纽约市立大学市立学院开办“下流讲座”。他还说，学术是自由的，但这并不代表教师可以在课堂上告知学生，任意性交是正当的，更何况罗素还是外国人。于是，麦吉罕法官宣布纽约市立大学市立学院对罗素的任命无效，欲将罗素这个恶人打下地狱。然而，罗素最终成为哈佛大学全职教授——哈佛大学高兴至极。

对于这起案件的来龙去脉，罗素本人刚开始并不清楚。但当一个记者告诉他法官的判决时，他倒吸口气，然后说："我还真是大开眼界了，不知该如何说，如何想了。我只想让大家知道，我并不像曼宁主教那样对性问题有如此强烈的兴趣。"他授权美国公民自由联盟以他的名义应对此事。之后不久，他开始为此焦虑。三年后，他回到英国，成为以最尖酸刻薄的语言批判美国的评论家之一。

1940年春，帕特 · 瑞安和迪克 · 尼克松订婚，6月举行婚礼后，两人在惠蒂尔市一个车库楼上租了一套公寓。1941年12月6~7日周末，他正考虑申请一份政府内的工作。在惠蒂尔市西北12英里外，有个女孩叫诺玛 · 琼 · 贝克，当时只有15岁，却非常性早熟。她把时间都用于看电影，而非自己十年级的课程。迪安 · 艾奇逊正离开华盛顿市加利福尼亚大街上的一家殡仪馆，在那里他刚刚向路易斯 · 布兰代斯法官的遗体鞠躬告别。12月7日早上，艾奇逊在他位于马里兰州的农场接待拜访者阿齐博尔德 · 麦克利什和他的太太，他们来帮忙收拾树林里砍下的木柴，中午一起野餐。罗斯福总统这时正坐在他的椭圆形办公室里，穿着一件旧毛衣，一张张翻看自己收集的邮票。汉密尔顿 · 菲什正庆祝他的53岁生日。哈里 · S · 杜鲁门参议员正在写信，他想为密苏里州的小商贩们争取更多的国防生产合约。理查德 · 惠特尼4个月前就假释出狱了，现在正在一个朋友家里休息。在得克萨斯州的山姆 · 休斯敦要塞，陆军准将德怀特 · D · 艾森豪威尔正在睡午觉，近来正在举行军事演习，他负责调度工作，所以精疲力竭。唐纳德 · 纳尔逊曾是一名很有能力的主管，现在在华盛顿协助政府调动经济发展，这时他正在马里兰州农场和哈洛德 · 伊克斯以及他的红头发的年轻太太享受周末午餐。参议员奈正在去匹兹堡的途中，准备参加孤立派的集会。迈伦 · 泰勒在纽约圣母俱乐部的“领圣体”早餐会上，刚刚赞扬了罗马教皇和罗斯福总统为维护和平所做的努力。三天前，《芝加哥论坛报》还极力证明罗斯福是一名好战者，为此还公布了一些高度机密的计划（都是那些为了应对紧急情况而制订的战前准备计划），表明美国有意于 1943 年以 500 万军力进攻德国，因此周末晚宴上，司法部的律师们认真考虑、集思广益是否指控麦考密克上校（《芝加哥论坛报》的老板）叛国。诺曼 · 梅勒正在哈佛大学橄榄球场参加候补队橄榄球赛。爱德华 · R · 默罗正在小心刮胡子，因为晚上他准备去参加罗斯福总统的晚宴。70 岁的科德尔 · 赫尔正在前往坐落在白宫旁边的国务院、陆军部和海军部共用的旧大楼的路上。他刚刚紧急安排了这次会议，因为两名日本外交官说有要事相求。

那个周末，最畅销的两本书是玛格丽特 · 利奇的《华盛顿醒醒吧》和玛格丽特 · 斯蒂恩的《太阳是我的祸根》。

星期日的各大报纸都刊登了美日美森轮船有限公司开通夏威夷航线的广告。

那天清晨，珍珠港上空出现敌机，飞机两翼带有日本的旭日徽。敌机非常精准地投炸弹，不但严重炸损了美国太平洋舰队，还摧毁了珍珠港基地。2 403 名美国人在此次事件中丧生。

这次袭击恐怕永远也无法解释清楚，因为它是一次错误挑衅下的非理性反应——或许，更准确地说，是一系列挑衅下的反应。周末发生的这场灾难，损失惨重，也是两国长期不合的结果，这大概要从两年前说起。两年前，国会在参议员范登堡的强烈要求下，终止了 1911 年的美日贸易协定。接着，赫尔通知东京政府，未来两国间的贸易，只能以单日计。当时，沃尔特 · 李普曼强烈反对这项行动，认为这容易引起战争。李普曼写道，这个举动将让美国“陷入挑战大国的处境”。其实他们做的还不只这些。这起事件引发了接下来一系列的外交行动，让日本人紧张不安，不仅颜面尽失，还丧失了重要物资的进口途径，最后，连他们军队的生命线——石油都无从进口了。

现在看来，这一切都很明了，但在当时，却不那么明显。美国政府一直忙于大西洋上的事态发展，对太平洋上的事情最多就是瞥一眼。对总统而言，亚洲问题主要关乎道义。日本是侵略方，就应该打道回府，而希特勒才是国际和平的最主要干扰者。总统不想在两条战线上同时作战，所以他始终希望与日本谈判，就这样一直拖到12月6日，他致电日本裕仁天皇，要求日军从中南半岛撤退。如果这个电报可以及时到达，那几乎可以肯定，历史的轨迹会有所改变。格鲁是美国驻日大使，他希望华盛顿能够采取温和态度，但是赫尔及国务院的高级顾问们都支持强硬态度，他们之所以这么强硬，是因为国会，包括大部分孤立派甚至是参议员惠勒都极力反日。

而法国、荷兰和比利时的相继沦陷，完全改变了亚洲的战略局势。这三国在亚洲的殖民地国家，现在几乎都无法自卫，这让美国觉得应给予关怀。1940年9月4日，赫尔警告日本不要插手越南事务。当月晚些时候，总统宣布，不再向西半球以外的国家运送废钢铁，除了英国。日本深受这个他们所谓的“不友好行为”的刺激，第二天就与德国和意大利签订了《三国同盟条约》。

1941年夏，事态已经发展到无法挽回的地步。7月24日，日本军队正式占领中南半岛，包括越南地区。两天后，罗斯福总统冻结了日本在美国的所有资产，这就意味着日本再也不能来美国买石油了。英国采取了同样的行动。这个问题虽然严重，却不致命，因为日本国内石油的首要来源是荷属东印度群岛，那里每年可向日本售出 180 万吨石油。接着就出现了真正的致命一击。荷兰驻雅加达殖民地的总督冻结了日本在雅加达的资金，并立即终止了当时仍然有效的石油合同。日本首相近卫文麿意识到这是一次真正的危机。事实上，日本军队的坦克、飞机所用的每一滴石油都依赖进口。更糟糕的是，日本海军虽然始终劝说别人要有耐心，这时却也同陆军一道要求开战。民用石油立即实行配给。9 月，日本大使野村吉三郎到达华盛顿时，非常伤心地告诉媒体："现在全东京连一辆出租车都没有了。"

日本最多只能支撑几个星期了。圣诞节之前，他们还可以靠私人来源弄点儿石油，因为英美公司在中立国有一些石油储备，但是现在多一天都等不了了。近卫首相把日本政府的要求传达给格鲁，如果美国政府停止向蒋介石供应军备，不再在太平洋上修建新的防御工事，并帮助日本天皇解决原材料和市场问题，日本答应不再以中南半岛为军事基地，在"解决"完中国的问题后就从中国撤退，并且"保证"菲律宾中立。格鲁提醒华盛顿政府，日本天皇身边有一批比近卫更坏的亲信，如果美国不对近卫客气点，近卫很可能会被这些人中的某一个取代。赫尔并没有听进去，仍送去强硬的最后通牒：日本必须从中国和中南半岛撤出所有军队，废除《三国同盟条约》，并与邻国签订互不侵犯条约。

赫尔似乎觉得美国可以以任何方式对待日本。就政治局面而言，他确实可以这样做。但若如此强硬的文书发到柏林，或许全国各地"美国第一"委员会的会员们都会召开大会，而国会也可能会弹劾赫尔。但是，格鲁也预测对了，10 月 16 日近卫首相下台，东条英机继任，他被称为东方最凶猛的鹰派人物。

禁运中的日本现在已自认无计可施了。他们不得不参战，除非从中国撤兵，但这对他们来说是无法想象的。他们开始磨刀。美国的情报机关获取了日本密电代码，因而知晓日本的每一步行动。11 月 22 日，东京致电仍在华盛顿谈判的野村和来栖三郎，提醒他们，一个星期内，“事情将自然发生”。11 月 27 日，美国陆军通信兵破解了在华盛顿的来栖和在东京的山本五十六之间的通话。他们运用一种语音代号，即用“梅子小姐”代指赫尔，“君子小姐”代指罗斯福总统，“婚姻问题”代指日本在华盛顿的谈判。山本问：“今天的婚姻问题进展如何？”来栖回答道：“与昨天跟梅子小姐谈得没多大不同。”接着，山本又问：“看来小孩儿是不是要出生了？”来栖非常肯定地回答道：“是的，看来小孩即将出生，并且还会是个健康、强壮的男孩。”11 月 29 日，美国最后又监听到了一次通话。一位日本大使馆公务人员问道：“告诉我什么时候是零点。否则我无法进行外交。”东京那边的人轻声说：“好吧，那我就告诉你，零点就是珍珠港时间 12 月 8 日”——也就是美国时间 12 月 7 日。

华盛顿这时已明白，谈判只不过是一个毫无意义的幌子，日本只是在拖延时间。而且，他们还知道，一场战争即将到来，并且掌握了确切时间。但鉴于这次攻击的目标位置无法明确，所以华盛顿政府就给夏威夷和菲律宾的司令官发了这样一条电报：

> 此急件的目的是提醒你们，战争即将来临。以太平洋地区和平与稳定为目的的美日谈判现已停止，日本预计在接下来的几天内会发起武力侵略行动。做好适当的防御部署，并准备实施 WPL–46 所规定的任务计划。

WPL–46 是一项作战计划。12 月 6 日，夏威夷陆军司令沃尔特 · 肖特将军又接到陆军情报机构的一封电报：

美日谈判实已陷入僵局。战争一触即发，预计会出现颠覆性活动。

肖特断定，颠覆性活动可能与瓦胡岛上的日本侨民有关。因此，他下令，把所有的飞机集中到机场中央，翼尖对翼尖——这样一来敌军的飞机一出现，就可以立即全部炸毁。肖特和太平洋海军司令官赫斯本德·E·金梅尔上将决定不执行 WPL–46 作战计划。他们认为，让全军一直处于戒备状态会让他们精疲力竭。事实上，官员和士兵们照常在星期六晚上休息。美国的太平洋舰队——94 艘舰艇，包括 8 艘战列舰和 9 艘巡洋舰，是美国现存的唯一一支可以抵抗日本进一步进攻的武装力量，但在当时并没有设立特别的警戒。

所有这一切都令人困惑不已。肖特和金梅尔后来证实，他们两人都没有想到珍珠港真的会遭到袭击。然而，军事历史上也的确很少有作战前就已经知道敌军计划的情况。美日两国分居太平洋两岸，长期以来都考虑过对珍珠港发动突然袭击的战略计划。1932 年，美国海军在珍珠港实行军事演习，日本就已经注意到了。日本对这些非常感兴趣，因为自 1931 年起，日本海军士官学校的每位毕业生都会被问到一个问题："你认为应怎样对珍珠港发起一次突然袭击？"1941 年 1 月，格鲁大使提醒华盛顿政府，日军可能会偷袭珍珠港。（他在日记中写道："最近日本流言四起，说美日谈判一旦失败，日本就很有可能实施一次大规模的偷袭珍珠港行动。不过我猜想，在夏威夷的老兄们肯定不会坐视不管吧。"）秘鲁驻日大使也听说了同样的传言，特意通过格鲁转告华盛顿这个消息。可是美国的军事机构并无任何反应。穿条纹裤的外人！秘鲁佬！关于战争，你们懂什么！

但有些美国人早已清楚地看到了未来。1941 年 7 月，理查德蒙德 · 凯利 · 特纳（后出任海军作战计划科科长）曾说夏威夷“可能”是日本的进攻目标，他也预料到日本很有可能进行空袭。海军部长诺克斯在给陆军部长史汀生的信上写道：“战争将从突袭珍珠港正式开始。”到处都是警告的预兆。12 月 3 日，也就是珍珠港事件发生 4 天前，在美国截获的一封东京密报中询问 “珍珠港上空是否有观测气球”。12 月 5 日，在火奴鲁鲁的联邦调查局特工告诉珍珠港最高指挥部，日本领事馆正焚烧机密文件。金梅尔上将甚至提醒他的下属说：“日本可能会在宣战前偷袭珍珠港。”他自己后来却不记得了。

当时究竟发生了什么？ 4 年后，随着美国在战争中获胜，国会调查金梅尔和肖特所应对的这场灾难，却依然没有找到答案。指挥官失策了，这件事证据确凿，可是为什么呢？其中一部分原因可能在于美国人出于各种复杂的因素，比如说民族沙文主义，并没有把日本人放在眼里。他们觉得日本人看起来身材矮小，戴着厚眼镜，一嘴龅牙，而且还是罗圈腿，实在可笑。人人都知道美国可能对日作战，但没有一个人相信。这场战争虽无法避免，却让人难以置信。8 月 11 日,《时代周刊》报道：“美国海军的防御能力……还是非常了不起的。”11 月 24 日，又报道华盛顿官方人员感觉“十有八九美国要与日本打仗了”。12 月 8 日，瓦胡岛被轰炸成一片火海，当日的那期周刊正在印刷，内容还反映了美国人普遍的信心：“从仰光到火奴鲁鲁，每个士兵都已进入作战状态。”

每个日本士兵才是真正已进入作战状态，军队如箭在弦，准备进攻马尼拉、中国香港和马来亚。几个月的计划和演习已经培养了他们团结合作、共同努力的信念。保密工作也做得相当到位：外国情报人员没打探到任何有关进攻的消息，甚至连流言都没有听过。但日本人最终却弄巧成拙，聪明反被聪明误。日本外交花招的关键本是先向美国宣战，然后在美国人还未反应过来的时候，轰炸珍珠港。时至 20 世纪 70 年代，25 年来的战争都是不宣而战的，也许现在看来不算什么，但在 1941 年，大多数的国家都是先宣战后进攻，否则会被认为是背信弃义。

根据东京计划的时间表，两名在华盛顿的日本使节应在 12 月 7 日上午 10 点 20 分打电话给赫尔，预约当天下午 1 点会面。东京发了一个共有 14 条内容的电报给这两名大使，最后一部分谈及断绝日美外交关系，措辞小心谨慎，实际上是向美国宣战。按照原计划，在赫尔拿到这份文件 20 分钟后，日本的战斗飞机起飞并包围整个珍珠港。上午 10 点 20 分，野村按照东京指令安排了这次会面，之后就发现出了大事：昨天，当他离开大使馆时，解码员还在加班翻译这封很长的电报，可是，今天是星期六，解码员已提前下班，而这封长电报仍需 2~3 小时才能翻译完成，这让野村大吃一惊。当时已将近 11 点，即使他们争分夺秒，也来不及了。

美国东部标准时间中午 12 点 32 分（夏威夷时间早上 7 点 2 分），瓦胡岛上的一名雷达操作员向上级报告大规模飞机群即刻到来。可他的上级军官却告诉他不用在意，雷达上显示的很有可能是从美国大陆飞过来的美国飞机。华盛顿时间下午 1 点 20 分，日本正式开始轰炸珍珠港。下午 1 点 48 分，海军电信主管接到紧急通知，要求接收华盛顿与火奴鲁鲁往来的电路，并时刻留意火奴鲁鲁传来的紧急消息。1 点 15 分，火奴鲁鲁发来电报：

> NPM 1516 号
>
> Z ϕ F2 183 ϕ ϕ F3 ϕ F4 ϕ 2F ϕ 0
>
> 发电人：太平洋司令部总司令

发送至：美国大西洋和盟国海军总司令，美国亚洲舰队总司令，海军作战部长办公室

珍珠港遭受空袭，并非演习。

下午2点5分，野村和来栖来到国务院、陆军部和海军部共用的旧大楼。他们看起来很狼狈，因为过去的三个小时内，他们在忙着翻译电报，又摸索着打字。这份文件有不少错字，可是他们已经来不及再打一份了。当他们进入这栋大楼时，赫尔的电话响了，是总统打来的。总统把刚得知的一些消息告诉了赫尔，证实了之前美国陆军通信兵破译的那份情报。罗斯福让赫尔照常接见野村和来栖，但是不要提及珍珠港，态度冷淡地打发走他们便是了。

下午2点21分，这两位日本大使终于到了赫尔的办公室。野村呈上刚刚翻译完的电报，抱歉地说："我本来奉命今天下午1点就把此电文上交给你的。"

赫尔气得颤抖地说："你为什么要在下午1点的时候把它交给我？"

"我也不是很清楚。"野村回答道。①

赫尔扫了一眼电报，然后愤怒地说："我不得不说，在过去9个月我们双方的谈判中，我从来没有说过一句假话……而且我担任政府公职50年来，也从没看到过这样一份谎话连篇、事实扭曲的文件。就你们说的那些鬼话，我到现在都无法想象世界上还有哪国政府能够说得出口。"

野村正准备开口，只见赫尔朝门边点了下头，示意他们离开。

---

① 日本使节究竟事前知道多少情况，无从知晓。普遍的看法是，他们和赫尔一样，除了突袭目标不知道外，其余的都知道。

过了一会儿，美联社驻各地分社都收到了一则消息：

急电

华盛顿消息——白宫宣称：日本袭击珍珠港

奇怪的是，全国只有一家广播网中断了原本的节目，播放战争爆发的新闻。共同广播公司当时正在播放道奇队对巨人队在波罗球场的职业棒球赛，突然被播音员莱恩·斯特林切断，报道了该新闻。而全国广播公司和哥伦比亚广播公司仍然继续播放塞米·开的小夜曲和本台音乐节目。这两家广播公司都计划两点半再播放新闻，所以就决定让听众们等到那时候。但在这期间，事态又出现了新的进展：

公告

美联社华盛顿12月7日讯：罗斯福总统今日发表声明，日本军队已突袭夏威夷珍珠港。

日军同时也对瓦胡岛上所有海军和军事机构发动了袭击。

总统的简要说明是由总统秘书斯蒂芬·厄尔利对外宣读的，没有立即说明详细情况。

白宫发表该声明时，日本使节野村和来栖正在国务院。

急电

华盛顿消息——日本再次向马尼拉陆军和海军基地发动空袭。

第二则急电只是传闻，并非事实，但菲律宾也只逃过了一天。第二天，日军的零式战斗机就到达了菲律宾上空，发现麦克阿瑟和肖特做法一样，把飞机集中在克拉克机场中央，于是轻而易举地全炸毁了。直到这时，各个广播台才停播原定节目，转而播放任何它们所得到的关于事态发展的消息，不管是真实新闻，还是传言。

数以万计的美国人直到下午 3 点准备收听哥伦比亚广播电台播放的纽约爱乐乐团的音乐会时，才得知珍珠港事件，这其中还包括海军上将切斯特 · 尼米兹。他当时正打开收音机，刚听到新闻的第一句话（“今日日本袭击珍珠港”），就立即站起来出门去了。随后大家才知道，他当时是去接替不幸的珍珠港海军上将金梅尔的工作。同时，山姆 · 休斯敦要塞的电话响起，吵醒了艾森豪威尔准将，随后他太太听到他说了几句“真的？什么时候？我这就来”，之后就只见他往门外奔去，边走边穿衣服，还边回头对太太说他要去总部一趟，不知道什么时候能回来。

毋庸置疑，一些人听到这个消息，免不了做出些奇怪的反应。莱恩 · 斯特林中断了道奇队对巨人队在波罗球场的棒球赛广播后，许多球迷怒气冲冲，纷纷打电话询问比赛情况。菲尼克斯市也出现了类似的情况，市民们都在给《亚利桑那共和报》打电话，生气地质问：“你们知道芝加哥熊队对红雀队的比分现在是多少吗？除了战争新闻，你们就没有其他可播报的吗？”在丹佛市，KFEL 广播电台取消播放一档宗教节目，于是有人致电质问广播电台是不是认为播报战争新闻比传播福音更为重要。棕榈泉市的一个小女孩说道：“所有人都知道战争将要发生，所以为什么要浪费这么美好的星期六下午去担心呢？”在泽西市，一位老人大笑着说：“哈哈！上次你们说什么火星的新闻，我们都惊恐万分，那时我就猜到你们还会这样吓我们的！”一位记者采访参议员奈关于此事的态度，奈可能预料到自己不久后就会在政坛销声匿迹，所以只低声说了句：“我觉得这个消息非常可疑。”

但是参议员惠勒却与大众的情绪同步。他说："现在我们唯一能做的就是把他们打得落花流水，打得去见阎王爷！"这个星期日之前，全国人民的意见还存在分歧，连罗斯福在上星期白宫午餐会上都说，就算日本侵略了菲律宾，他也不能确定国会是否同意对日宣战。然而现在，全国前所未有地团结一心。日本已经偷袭了珍珠港，野村和来栖两位日本使节依然还装模作样地在华盛顿与美国谈判和平事宜，再加上美国人一直都不信任所谓的"黄祸"。所有这些原因，最终导致战争演化为一场打击阴险狡诈的日本人的圣战。

海军部长打电话告诉罗斯福日本袭击珍珠港这个消息后，罗斯福倒吸一口气："不可能！"罗斯福和诺克斯想法一样，认为日本最有可能最先袭击的是菲律宾。没有一个美国官员，包括马歇尔将军，能料到日本会像现在这样空袭夏威夷，因为日本的精锐部队都集中在中南半岛，并准备随时攻下马来亚、新加坡以及荷属东印度群岛的油田，而珍珠港与这条战线相隔甚远。要是在军事演习中，珍珠港确实是个符合逻辑的目标，但就 1941 年 12 月的整体局势来看，它与之毫无关联。但现在，美国认清了严酷的事实。日本正准备一举歼灭美国海军，赢取战争。美国除了几艘已出海的航空母舰外，其余的都被日本击沉了，包括 8 艘战列舰、9 艘巡洋舰和多艘驱逐舰。美国已经不再拥有太平洋舰队了。

美国总统罗斯福和赫尔通完电话后，呆坐了整整 18 分钟。他或许在祈祷，或许在计划，又或许只是在适应这个新处境。他就这样一动不动地一直坐着。然后抬起头，亲自口述了第一条新闻公报。他很镇静，同样地，整个华盛顿也出奇地镇静。当然还会有些例外，比如一些激进的爱国者砍倒了在华盛顿开船坞附近的一棵日本樱花树。民防办公

室主任菲奥雷洛 · 拉瓜迪亚坐在一辆巡逻警车上到处巡视，向市民大喊："冷静！冷静！冷静！"——但同时又通过广播电台宣布："千万不要以为我们这里就一定安全。"与此同时，一大群人聚集在日本驻美国大使馆的街对面，看着大使馆内因焚烧文件而从烟囱里冒出的一股股烟，一位妇女说，就像"我曾在佐治亚州瓦尔多斯塔市看过的实施私刑一样"。

但无人把日本大使馆工作人员拖出来吊死，拉瓜迪亚也冷静下来了，没有人再想砍倒第二棵樱花树。这时总统也正快速而有效地处理各项事务：召集内阁成员讨论、打越洋电话给丘吉尔、向国会领导人简要汇报了情况、命令国防工厂加强警卫、通知赫尔随时向南美洲各国政府了解最新情况，还和马歇尔将军一起检查了陆军部署。爱德华 · 默罗得知这个消息时，正在火树俱乐部打高尔夫，他想着和总统的晚餐之约恐怕要取消了，但是罗斯福太太还是给珍妮特 · 默罗夫人打来电话说，"无论怎样，大家都要吃饭的，你们还是来吧"。

尽管总统不在，他们还是一起吃了饭。白宫里总统可爱的椭圆形办公室突然间就成为三军总司令部。森纳 · 威尔斯站在一旁，罗斯福口述了第二天要发布的战争公告。有时门一打开，罗斯福那洪亮的嗓音就会响彻整个大厅："昨天，逗号，12 月 7 日，逗号，1941 年，破折号，一个永远无法忘记的可耻的日子，破折号，美利坚合众国突然遭受日本帝国海军和空军的蓄意袭击，另起一段，美国原本打算与日本和平相处，逗号，并应日本的请求，逗号，依然与日本政府和天皇进行谈判，希望能维持和平……"

默罗觉得自己该走了，可是好几次罗斯福太太去询问总统的意思，总统都说让他留下来。晚上 11 点时，默罗太太先回家了。一个半小时后，已是午夜，罗斯福拖着疲惫的身躯回来了，邀请默罗吃点儿三明治，喝点儿啤酒。他把默罗当自己人，把所有发生的事情都告诉他，他说了珍珠港的损失，还说政府中的每个人，包括他自己、诺克斯和史汀生，都无法相信这是真的。他们怎么都想不通，为什么这么大的一个军事基地就如此不堪一击，并遭受如此巨大的损失。他仍然在惊讶，仍然在生气。

“我们的飞机竟然摆在地上被炸毁了！”他一遍又一遍地说，同时用拳头捶着桌子，“摆在地上！”

那天晚上，华盛顿市民密密麻麻地挤在宾夕法尼亚大道对面的拉法叶公园里，有的人在唱《上帝保佑美国》，但更多的人只是安静地站在那，面向白宫。其实没有什么可看的，白宫一片漆黑，北面大门的大灯也有史以来第一次熄灭了。白宫管家亨丽埃塔 · 内斯比特正在测量窗子的宽度，准备做遮光窗帘。西行政大道已经戒严，因为这里离总统办公室太近。而工程师正在白宫的地下室里，用粉笔画线，准备打通一条隧道穿过东行政大道，通往财政部大楼的老地下库房——如果华盛顿遭到轰炸，这儿就是最安全的避难所。

摩根索部长已经下令将白宫的守卫人数加倍。国务院、陆军部和海军部共用的那栋旧大楼的屋顶上，士兵们在黑夜里架好了高射炮，而在他们下面，就是几天前赫尔面见两个卑鄙可耻的日本大使的房间。这栋旧楼的第 5 层正被改造成一个兵营，驻扎着高射炮兵。这时，再没有人觉得这些防范措施是多此一举的了。

楼下，马歇尔将军正准备离开。一位总统顾问问他，为什么关于夏威夷的消息出入这么大，这位将军回答道，每场战争都会出现各种流言，而且有时候人们根本分不清真假。他还解释说：“我们都处在战争的迷雾中。”

在芝加哥，一大群人围着一个报摊，想买《芝加哥论坛报》号外。一个矮胖妇人路过这儿，向一个陌生人问道："这在干什么？"他回答："太太，我们在打仗啊！大家都在嚷嚷这事。"她又问："这样啊，那你还知道些什么？我们要和谁打仗？"这则轶事一时间被大家拿来逗趣儿，也确实值得一笑。其实这个问题提到了重点，因为总统总是把大西洋放在战略首位。那天下午，丘吉尔给罗斯福打来电话问道："总统先生，日本的这起事件到底是什么情况？"罗斯福给出肯定回答，说是事实："他们袭击了我们的珍珠港，现在我们在同一条船上了。"然而，美英两国真的是在同一条船上吗？美国国内愤怒之火全都指向日本，珍珠港事件并不能怪罪于德国纳粹。尽管国会议员们也相当激动，但是如果提出两条战线同时作战，国会肯定还是不会同意的。即使国会最后同意对欧洲轴心国宣战，国内人民的意见也会再次出现分歧，就不会像现在这么士气高涨了。

但对同盟国来说，幸运的是，阿道夫 · 希特勒已经完全失去理智了。他在苏联征战的重压下，已经快吃不消了。他开始越来越不能控制自己的火暴脾气，而且开始凭直觉做决定——也就是他所说的，自己"艺术性"的一面。12 月 8 日，他离开东普鲁士"狼堡"，匆忙乘火车赶回柏林，因为日本正以《三国同盟条约》为依据，要求德国对美宣战。希特勒本可以忽略日本的要求，反正他也不是第一次反悔了，而且袭击珍珠港这起事件即使德国拒绝援助也可以说情有可原，因为条约上只要求德国和意大利在日本本土遭受袭击的情况下援助日本。如果德国坐视不管，日本也无计可施。日本和德国分别处在地球的两边，中间夹了个苏联。

这正是希特勒的顾问们所考虑的。除了里宾特洛甫犹豫不决外，希特勒身边的人都劝他，德国现在树立的敌人已经太多了，不能再加上美国。但这时，希特勒却想起了他向裕仁天皇的外相许下的口头承诺："如果日本与美国开战，德国一定会立即采取必要措施。"他还说："如果我们不站在日本那一边，《三国同盟条约》在政治上就名存实亡了。"但其他纳粹头子并没有被说服。12 月 8~11 日，东京正焦虑不安的时候，纳粹头子们日夜争论，僵持不下。最后，希特勒终于说出了他的真实动机——报复。由于德军在苏联漫无边际的大草原上频频受挫，希特勒对美国驱逐舰在大西洋上的所作所为备感愤怒。总而言之，罗斯福的不断挑衅最终让希特勒忍无可忍。根据战后纽伦堡国际法庭提供的材料，希特勒表示，德国对美宣战的"首要原因"是"美国早就朝我们的船只开枪了"。"在这场战争中，美国扮演了强有力的角色，正是他们的这些行为挑起了战争。"因此，他宣布正式进入与美国的战争状态。墨索里尼跟着希特勒也对美宣战——到现在，他已经完全是希特勒的跟屁虫了。突然间，罗斯福的所有问题都解决了。国会别无他法，斟酌许久后，于星期四当天对德宣战。迪安·艾奇逊认为，希特勒这样做实在是"愚蠢至极"，后来他在一篇文章中写道："最后，无比愚蠢的敌人帮我们解决了进退两难的处境，也清除了我们的疑虑，使我们的人民团结一心，开始走上了那既漫长又艰难的捍卫国家利益的道路。"